InWEnt – Internationale Weiterbildung und Entwicklung gGmbH

Daniel Eisermann

Die Politik der nachhaltigen Entwicklung

Der Rio-Johannesburg-Prozess

Mit einem Vorwort von Bärbel Höhn
Ministerin für Umwelt und Naturschutz,
Landwirtschaft und Verbraucherschutz
des Landes Nordrhein-Westfalen

Bonn 2003

Themendienst des Informationszentrums Entwicklungspolitik Nr. 13

Mit der Reihe "Themendienst" kommt das Informationszentrum Entwicklungspolitik (IZEP) der InWEnt – Internationale Weiterbildung und Entwicklung gGmbH der wachsenden Nachfrage nach aufbereiteter Information entgegen. Sie bringt in unregelmäßiger Folge Übersichtsberichte über den Stand des Wissens in ausgewählten Bereichen der entwicklungspolitischen Diskussion. Die im IZEP und anderen Dokumentationsstellen vorhandene Information – Monographien, Zeitschriftenaufsätze, Graue Literatur, Forschungsarbeiten u.a. – wird konzentriert, analysiert und systematisch dargestellt.

Mit dieser Aufgabe betraut das Informationszentrum Entwicklungspolitik ausgewiesene wissenschaftliche Fachkräfte. Die von den Autorinnen und Autoren der Themendienste vertretenen Meinungen stimmen nicht unbedingt mit den Meinungen der InWEnt gGmbH überein.

Der vorliegende Themendienst wurde erstellt mit finanzieller Förderung des Ministeriums für Umwelt und Naturschutz, Landwirtschaft und Verbraucherschutz des Landes Nordrhein-Westfalen

Best.-Nr. P 17/13/2003

InWEnt – Internationale Weiterbildung und Entwicklung gGmbH
– Informationszentrum Entwicklungspolitik –
Tulpenfeld 5, 53113 Bonn
Tel. 0228/24 34-5; Fax 0228/24 34-766
E-Mail: izep@inwent.org
Internet: www.inwent.org/izep

Redaktion: Heidrun Peters, M.A.

Themendienst 13
Bonn 2003/1. (2500)

ISBN 3-934068-77-4

Titelgestaltung: Gudrun Näkel-de Noronha, Köln
Titelfotos: Archiv Mehrl, Frankfurt a.M.

Inhalt

Vorwort von Bärbel Höhn　　5

Einführung
Johannesburg – ein neues Signal zum Aufbruch?　　11

1. Kapitel
Die Vorgeschichte von Rio　　21

2. Kapitel
Der Erdgipfel und die Agenda 21　　26

3. Kapitel
Zur Ausprägung des Nachhaltigkeitsleitbildes　　32

4. Kapitel
Globale Strukturpolitik und die Rolle der Weltkonferenzen　　39

5. Kapitel
Von der Globalisierung zur nachhaltigen Entwicklung　　46

6. Kapitel
Armutsbekämpfung und Entwicklungsfinanzierung　　56

7. Kapitel
Die demokratische Dimension der Nachhaltigkeit　　70

8. Kapitel
Geschlechtergerechtigkeit als Querschnittsaufgabe　　79

9. Kapitel
Zur Architektur des Rio-Johannesburg-Prozesses 85

10. Kapitel
Strategien für nachhaltige Entwicklung 99

11. Kapitel
Zentrale Handlungsfelder der globalen Umweltpolitik 121

12. Kapitel
Partnerschaft mit der Wirtschaft 139

Schluss
Johannesburg – Erfolg oder Rückschritt? 149

Glossar 161
Abkürzungen 167
Zeittafel 170
Linksammlung zum Johannesburg-Gipfel 172
Literaturverzeichnis 174

Anhang
Dokument 1: Rio-Deklaration (1992) 194
Dokument 2: Planung zur Arbeitsorganisation des WSSD 199
Dokument 3: Entwurf der Politischen Deklaration für
 den Weltgipfel in Johannesburg 202
Dokument 4: Johannesburg-Erklärung (2002) 205
Dokument 5: Durchführungsplan des WSSD 210

Der Autor:

Daniel Eisermann, Dr. phil; geb. 1966; Politikwissenschaftler, von 1992 bis 2000 Mitarbeiter am Seminar für Politische Wissenschaft der Universität Bonn; seit 2000 freie Tätigkeit als wissenschaftlicher Berater mit Schwerpunkt Internationale Beziehungen und Entwicklungspolitik.

Vorwort

Der Weltgipfel für nachhaltige Entwicklung in Johannesburg liegt jetzt fast ein Jahr zurück. Einschätzungen und Schlussfolgerungen aus den Ergebnissen des Weltgipfels liegen vor. Einige Medien schreiben von „verpassten Chancen", „Stillstand" und bestenfalls „Schadensbegrenzung" und die Bewertung des Weltgipfels von Seiten der Nichtregierungsorganisationen und vielen Ländern des Südens fällt ebenfalls eher nüchtern aus. Regierungsvertreter des Nordens dagegen ziehen zumeist eine positive Bilanz.

Ich möchte auf den folgenden Seiten eine kurze Bewertung der Ergebnisse des Weltgipfels geben und zu der in den Medien und von verschiedenen anderen Seiten geäußerten Kritik Stellung nehmen.

Wenn der „Geist von Rio" und die Aufbruchstimmung beim Weltgipfel für Umwelt und Entwicklung 1992 beschworen werden, muss man sich die veränderten weltpolitischen Rahmenbedingungen vor Augen halten, die im Unterschied zu 1992 jetzt vorherrschen.

Die Konferenz der Vereinten Nationen für Umwelt und Entwicklung 1992 fand vor dem Hintergrund des Zusammenbruchs der ehemaligen Sowjetunion und dem Fall der Mauer statt. In Johannesburg versammelten sich die Delegierten fast genau ein Jahr nach den Anschlägen des 11. September und im Lichte steigender Zurückhaltung der einzigen noch verbleibenden Supermacht gegenüber Aspekten der nachhaltigen Entwicklung.

Der Gipfel in Rio, auch „Erdgipfel" genannt, machte das Konzept der nachhaltigen Entwicklung salonfähig. Er brachte mit zwei völkerrechtlich bindenden Konventionen einen Durchbruch in den Bereichen Biodiversität und Klimaschutz sowie bei der Anerkennung der Rolle der Nichtregierungsorganisationen.

Doch obwohl Rio einen Meilenstein in der Geschichte der Umwelt- und Entwicklungspolitik darstellt, müssen wir konstatieren, dass der sich anschließende Rio-Prozess bereits zwei Jahre später in große weltwirtschaftliche Turbulenzen geriet, die zur Stagnation, wenn nicht zum Rückschritt der globalen Umwelt- und Entwicklungspolitik führten. Der Primat des Freihandels begann sich global zu etablieren. In Marrakesch 1994 wurde die Welthandelsorganisation gegründet, die sich die globale

Handelsliberalisierung auf die Fahnen schrieb. Der Öffnung der Märkte galt nun die Priorität des Nordens und eben nicht der Armutsbekämpfung oder dem Umweltschutz. Die Mittel für Entwicklungszusammenarbeit wurden in den "Nach-Rio-Jahren" sogar reduziert, statt wie versprochen, gesteigert. Der Ausstoß des Treibhausgases Kohlendioxid stieg trotz der in Rio beschlossenen Weltklima-Konvention seither global um neun Prozent an. Die Zahl der vom Aussterben gefährdeten Tiere und Pflanzen hat weiter zugenommen, obwohl die Biodiversitäts-Konvention eine Trendwende einläuten sollte. Sauberes Wasser wird knapp – es häufen sich jetzt in bestimmten Weltregionen die Verteilungskonflikte, die leicht zu internationalen Konflikten und auch zu Kriegen werden können. Dies sind nur einige Beispiele aus einer Liste von negativen Entwicklungen.

Vor diesem Hintergrund ging es in Johannesburg darum, die in Rio eingegangenen Verpflichtungen zu bekräftigen und den Rio-Prozess wiederzubeleben. Vor allem aber sollten in Johannesburg konkrete Maßnahmen zur Umsetzung von Nachhaltigkeitspolitik beschlossen werden. In diesem Sinne ist Johannesburg auch als „Arbeitsgipfel" bezeichnet worden – im Gegensatz zu Rio, wo die Entwicklung von Visionen und der Beschluss völkerrechtlicher Instrumente im Vordergrund standen.

Die Vorzeichen des Weltgipfels für nachhaltige Entwicklung waren jedoch schlecht. Die Vorverhandlungen von Johannesburg verhalfen kaum zu einer optimistischen Sicht auf mögliche Gipfelergebnisse. Insbesondere die USA nahmen eine kompromisslose Blockadehaltung ein, nicht nur was einzelne Ziele betraf, sondern per se gegenüber multilateralen Verpflichtungen auf UN-Ebene. Demzufolge war die Erwartungshaltung im Bezug auf die Ergebnisse von Johannesburg gering. Es ist umso erfreulicher, dass die meisten wichtigen Themen in Johannesburg aufgegriffen wurden und in einigen Bereichen auch Zeitziele vereinbart werden konnten.

Ich will hier nicht auf die Ergebnisse im Einzelnen eingehen, da diese in der vorliegenden Publikation besprochen werden. Dennoch möchte ich kurz bemerken, dass der elementare Zusammenhang zwischen Armut und Zugang zu Wasser (Trinkwasser und Abwasserentsorgung) und Energie intensiv diskutiert wurde und dass dies auch im Abschlussdokument des Weltgipfels deutlich wird. Auch die bislang heftig umstrittene Förderung erneuerbarer Energien nahm einen bedeutenden Platz auf der Tagesordnung ein, und es wurde eine beträchtliche Erhöhung des weltweiten Anteils erneuerbarer Energieträger beschlossen.

Auch für die Zukunft des Multilateralismus gab der Weltgipfel ein positives Signal. Die meisten Staaten in Johannesburg haben gegen die von den USA favorisierte Tendenz, auf das unilaterale Politikprinzip zurückzufallen, am Prinzip der multilateralen Abkommen und der „common but differentiated responsibility" festgehalten.

Dabei haben die EU und Deutschland eine sehr positive Rolle gespielt. Ein Beispiel findet sich im Bereich der Energiepolitik: Aufgrund erheblichen Widerstandes von Seiten der USA und der OPEC-Länder konnten die Delegierten sich nicht auf ein quantifiziertes Ziel (15% bis 2010) zur Steigerung des weltweiten Anteils erneuerbarer Energien einigen. Daraufhin unternahm die EU auf deutsche Initiative hin einen Vorstoß, in dem sie in einer gemeinsamen Erklärung zusammen mit rund 80 weiteren Staaten die Festlegung klarer Zeitpläne zur Erhöhung des Einsatzes erneuerbarer Energien ankündigt. Volker Hauff nennt das den „Multilateralismus der verschiedenen Geschwindigkeiten", d.h. einzelne Staaten übernehmen eine Vorreiterrolle, anstatt sich mit einem Ergebnis auf kleinstem gemeinsamen Nenner zufriedenzugeben.

Bedauerlicherweise wurden Fragen wie die Reform der internationalen Institutionen, z.B. die Einrichtung einer eigenständigen Umweltorganisation unter dem Dach der Vereinten Nationen oder einer UN-Weltkommission „Nachhaltigkeit und Globalisierung", nicht ernsthaft beraten. Dennoch wurden diese Themen am Rande der Verhandlungen immer wieder diskutiert und es besteht Hoffnung, dass sie in Zukunft auch wieder auf der Tagesordnung stehen werden.

Die Konferenz von Johannesburg hat neben den offiziellen Ergebnissen aber auch einen wichtigen Beitrag zur Kommunikation von Multiplikatoren geleistet. Außerhalb des Konferenzzentrums in Sandton fanden eine Vielzahl von Veranstaltungen und Aktivitäten statt, die mittelfristig für die Umsetzung der Ziele des Weltgipfels sehr bedeutend sind. Ich möchte hier beispielhaft das sogenannte Ubuntu-Zelt nennen, in dem verschiedene Staaten, Regierungs- und Nichtregierungsorganisationen ihren Beitrag zur Nachhaltigkeit in Form der Darstellung von Best-Practice Beispielen und Partnerschaften vorgestellt haben, aber auch den Tagungsort der NROs in Nasrec.

Wenn man allein näher beleuchtet, was die Umsetzung der Leitidee von Rio und Johannesburg in NRW bedeutet, dann wird klar, was sich weltweit tut. NRW hat sich im Rahmen des bundesdeutschen Pavillons im Ubuntu-Zelt mit den Themenschwerpunkten Zukunftsenergien, Nachhaltiges Wirtschaften, Agenda 21 und Eine-Welt-Politik sowie der Partnerschaft mit der südafrikanischen Provinz Mpumalanga präsentiert.

Interessierte konnten sich an einem NRW-Infodesk über die konkreten landespolitischen Aktivitäten in den genannten Themenfeldern informieren. Zudem nutzte NRW die zentrale Bühne im deutschen Pavillon, um im Rahmen von Podiumsdiskussionen und Präsentationen die landespolitischen Aktivitäten zu erläutern und mit internationalen Partnern zu diskutieren. Die Veranstaltungen wurden gemeinsam mit der Effizienzagentur NRW, der Landesinitiative Zukunftsenergien, der Agenda 21 NRW und Vertreterinnen und Vertretern aus der NRW-Partnerprovinz Mpumalanga organisiert und gestaltet.

Ein weiteres von der NRW-Landesregierung mitfinanziertes Projekt, das in Johannesburg vorgestellt wurde, ist das Frauenkunstprojekt Visible Visions. Das Projekt beschäftigt sich mit dem Leben der Frauen in der Nähe des Konferenz-Ortes, die in der Regel keinen Zugang zu den Medien haben. Die unterschiedlichen Arbeiten, die dabei entstanden sind, schaffen neue, ungewohnte Perspektiven auf die nachhaltige Entwicklung. Die Ausstellung wird dieses Jahr auch im Karl-Ernst-Osthaus-Museum in Hagen und im Bonner Frauenmuseum zu sehen sein.

Diese und zahlreiche weitere Veranstaltungen und Ausstellungen haben gezeigt, dass es jenseits der Regierungsverhandlungen schon jede Menge Akteure gibt, die bereit sind, bei der Umsetzung einer globalen Nachhaltigkeitsstrategie eine Vorreiterrolle zu übernehmen, und die nicht erst auf den Abschluss internationaler Vereinbarungen warten wollen.

In NRW steht das Leitbild der nachhaltigen Entwicklung schon lange im Zentrum der Landespolitik. Dieses Leitbild zielt auf den intelligenten Umgang mit natürlichen und sozialen Ressourcen, es ist die attraktive Zukunftsvision für Wirtschaft und Gesellschaft. Wir beginnen in NRW mit dem praktischen Agendaprozess und machen ihn zum Motto des Regierungshandelns. Die Politik der Landesregierung konzentriert sich auf die Initiative und Moderation des Agenda 21-Prozesses in NRW, wir organisieren diesen Prozess als übergreifende Nachhaltigkeitsstrategie gemeinsam mit den Partnern aus Wirtschaft und Wissenschaft, Gewerkschaften, Umwelt-, Eine-Welt- und Verbraucherorganisationen, Kirchen und anderen gesellschaftlichen Gruppen.

Der wesentliche Beitrag der entwickelten Industriestaaten des Nordens zur nachhaltigen Entwicklung wird darin liegen müssen, dass sie ihr enormes technologisches Potential aktivieren, um energie- und ressourceneffizient zu wirtschaften, und diesen technologischen Vorsprung mit den Ländern des Südens fair teilen. NRW ist dafür aufgestellt. Es gibt große technologische Potentiale, die wir im Rahmen von Know-How- und Dienstleistungstransfers einbringen werden. Wir streben faire Partnerschaften und freundschaftliche Kontakte mit den südlichen Ländern und Regionen an. Dabei steht der produktionsorientierte Umweltschutz mit angepassten Technologien für die Länder des Südens mit im Vordergrund.

Als Bundesland mit einer bedeutenden Energietradition leisten wir einen besonders ehrgeizigen Beitrag zu den nationalen Klimaschutzzielen, insbesondere zur CO_2-Reduktion. Wir bauen derzeit unsere Spitzenstellung bei den regenerativen Energien aus, die wir einer langjährigen konsequenten Förderpolitik verdanken. Windkraft und Solarenergie, Biogasanlagen und Geothermie sind Exportschlager für einen international orientierten Maschinen- und Anlagenbau, der in NRW beheimatet ist. In diesem Zusammenhang freuen wir uns besonders über die von Bundeskanzler Schröder in Johannesburg angekündigte internationale Konferenz für erneuerbare Energien, die im Juni 2004 in Bonn stattfinden wird. Die Einberufung dieser Konferenz bedeutet einen wichtigen Impuls für den Themenkomplex erneuerbare Energien und Energieeffizienz.

Nordrhein-Westfalen hat eine lange Tradition als weltoffenes Land. Weltoffenheit und Nachhaltigkeit – beide Begriffe passen als neues globales Leitbild gut zusammen. Dabei hat die Nachhaltige Entwicklung eben nicht nur technologische Aspekte. Wir brauchen ein neues Wertebewusstsein. Wir suchen im eigenen Land nach neuen Antworten unter den Stichworten Bürgerbeteiligung, Zivilgesellschaft und Rechtsstaatlichkeit. Ob in Bürgerinitiativen, Unternehmen oder Behörden – überall arbeiten Menschen daran, Ansätze einer neuen, gerechten Ordnung auf globaler Ebene zu entwickeln. Wissenschaftler und Praktiker nehmen diese Entwicklung inzwischen auf. Wir müssen unser eigenes Grundgesetz beim Wort nehmen, das uns verpflichtet, Gerechtigkeit zu üben in sozialer und ökologischer Hinsicht. „Eigentum verpflichtet. Sein Gebrauch soll zugleich dem Wohle der Allgemeinheit dienen." – So lautet Artikel 14, Absatz 2 unseres Grundgesetzes. Um diesen Auftrag des Grundgesetzes aufzunehmen, müssen wir selber im Innern eine Kultur der Solidarität und Kooperation entwickeln und pflegen.

Generell gilt: Der Norden darf nur dann ernsthaft von dem Süden Lösungswege bei globalen Umweltproblemen erwarten, wenn er selbst die Weltwirtschaft gerechter gestaltet; im Sinne der Menschenrechte und im Interesse der armen Länder. Das betrifft insbesondere die längst überfällige Öffnung der Märkte des Nordens für die Produkte der Länder des Südens. UNO-Generalsekretär Kofi Annan verlangt in diesem Sinne einen humaneren Weltmarkt „der für alle offen ist und allen nutzt". Denn nur wenn wir den Ländern des Südens die Möglichkeit einräumen, sich wirtschaftlich und sozial zu entwickeln, werden wir auch die Grundlage für Frieden auf dieser Erde schaffen. Deshalb müssen wir das Leitbild der Nachhaltigen Entwicklung als eine Strategie an der Schnittstelle zwischen Umwelt und Entwicklung forcieren, bei der es im Kern um die Bewahrung der natürlichen Lebensgrundlagen als Voraussetzung für eine prosperierende Wirtschaft und menschenwürdige Existenz aller Menschen geht.

Der vorliegende Themendienst soll allen Interessierten die Möglichkeit geben, sich eingehend über den Rio-Johannesburg-Prozess zu informieren, und dazu beitragen, in der aktuellen Diskussion das erforderliche Hintergrundwissen zu vermitteln. Dadurch soll eine wachsende Zahl von kundigen Bürgerinnen und Bürgern in ihrem Engagement für nachhaltige Entwicklung – auch über den Johannesburg-Gipfel hinaus – bestärkt werden.

Bärbel Höhn

Ministerin für Umwelt und Naturschutz,
Landwirtschaft und Verbraucherschutz

im Juli 2003

Einführung

Johannesburg – ein neues Signal zum Aufbruch ?

Vor zehn Jahren fand im Juni 1992 in Rio de Janeiro die Konferenz der Vereinten Nationen für Umwelt und Entwicklung (UNCED) statt, die zum Ausgangspunkt einer qualitativ neuartigen Zusammenarbeit in der globalen Umwelt- und Entwicklungspolitik wurde. Der „Erdgipfel" in der brasilianischen Millionenstadt setzte in bislang nicht gekannter Form den Teufelskreis von Umweltzerstörung und Armut auf die Tagesordnung der Weltpolitik. Der Schutz der natürlichen Lebensgrundlagen wurde zum unerlässlichen Bestandteil eines Entwicklungsprozesses erklärt, der sowohl den Bedürfnissen heutiger als auch künftiger Generationen gerecht werden müsse. Konventionen zum Klimaschutz und zur biologischen Vielfalt wurden unterzeichnet. In der Agenda 21, jenem in Rio verabschiedeten umfassenden weltweiten Handlungsprogramm für das 21. Jahrhundert, wurden die von den Teilnehmern für notwendig erachteten Beiträge der internationalen, der staatlichen ebenso wie der wirtschaftlichen und zivilgesellschaftlichen Akteure dargelegt und eingefordert (BMU 1997b).

Ein Jahrzehnt danach fällt die Bilanz ernüchternd aus. Oft ist mittlerweile zu hören, der in Rio angestoßene Prozess habe sich als Fehlschlag erwiesen. So listet der aktuelle Bericht „GEO-3" des UN-Umweltprogramms Besorgnis erregende Fakten zur Lage der Menschheit und des Ökosystems Erde auf. Globale Umweltveränderungen, die durch menschliche Eingriffe in den vergangenen Jahrzehnten hervorgerufen wurden, werden auf unabsehbare Zeit andauern und sind nicht mehr rückgängig zu machen. Fast ein Viertel aller Säugetierarten wird weltweit als bedroht eingestuft. Werden in den nächsten dreißig Jahren keine dringenden Maßnahmen ergriffen, könnten 70 Prozent der Landfläche auf der Erde durch Straßenbau, Siedlungen, Bergbau und sonstige Weiterentwicklungen der Infrastruktur beeinträchtigt werden. Wenn die globale Politik, Wirtschaft und Gesellschaft im gleichen Zeitraum von den Kräften des Marktes allein bestimmt würden, müssten im Jahr 2032 mehr als die Hälfte der Weltbevölkerung in Gegenden leben, die von extremem Wassermangel betroffen sind. Und dies sind nur einige Beispiele aus dem genannten Bericht. Die Kluft zwischen reichen und armen Regionen wächst unterdessen weiter. Weltweit müssen derzeit ungefähr 2,8 Milliarden Menschen mit weniger als einem oder zwei Dollar pro Tag ihr Auskommen sichern (UNEP 2002a).

Auf vielen Feldern bestehen demzufolge eher Stillstand und Rückschläge bei der Umsetzung der Ergebnisse von Rio und einer Reihe weiterer UN-Konferenzen. Jedoch sind auch positive Trends zu verzeichnen. Bei der Begrenzung des Treibhauseffekts ist zwar noch kein Durchbruch abzusehen, gleichwohl markiert das im Jahr 1997 ausgehandelte und derzeit vor dem Inkrafttreten stehende Kyoto-Protokoll einen politischen Wendepunkt. Trotz des späteren Abrückens der Vereinigten Staaten wurde eine für die Industrieländer verbindliche Reduzierung ihrer Treibhausgas-Emissionen um insgesamt rund fünf Prozent festgeschrieben. Allem voran erfuhr das im Jahr 1992 zugrunde gelegte Leitbild der nachhaltigen Entwicklung eine ungeahnte Verbreitung und Übertragung in die unterschiedlichsten Politikfelder. Das Grundprinzip der nachhaltigen Entwicklung, dass wir nicht auf Kosten unserer Kinder und Enkel leben können, ist heute als selbstverständlich anerkannt. Ein Jahrzehnt nach dem berühmten Erdgipfel besteht mit der seit langem geplanten Überprüfungskonferenz „Rio+10" die Möglichkeit, die Weichen für die Sicherung der natürlichen Lebensgrundlagen und die weltweite Armutsminderung neu zu stellen.

Die Terroranschläge vom 11. September 2001 in den Vereinigten Staaten und die sich daran anknüpfenden Ereignisse haben, wie nicht anders zu erwarten, die weltpolitischen Prioritäten speziell aus westlicher Sicht neu ausgerichtet. Die internationale Öffentlichkeit wird, so ist zu hoffen, den wichtigen Themen von „Rio+10" künftig das notwendige Maß an erhöhter Aufmerksamkeit schenken. Die Auseinandersetzung mit der neuen Dimension des Terrorismus und dessen Ursachen ist ohnehin im weiteren Sinne eine Aufgabe und Herausforderung gerade für die Entwicklungspolitik, entspringt der Terrorismus doch in erster Linie den sozialen, politischen und ökonomischen Realitäten der betroffenen Regionen und nicht ausschließlich einer bestimmten theologischen Wurzel. Ebensowenig taugt der 11. September als Symbol einer unaufhaltsamen Zuspitzung des Nord-Süd-Konflikts. Die Terroristennetzwerke der neuen Art verfolgen anscheinend nicht die Absicht, in den Armutsgebieten Afrikas, Asiens oder Lateinamerikas eine Mobilisierung von Solidarität zu erzeugen, sondern sie beziehen ihre Botschaften auf Konflikte zwischen der arabisch-islamischen und der westlichen Welt. Nichtsdestoweniger werden in der ambivalenten Reaktion vieler Entwicklungsländer auf die Ereignisse die aus den Tiefenstrukturen der Nord-Süd-Beziehungen resultierenden Ressentiments sichtbar (Hamm u.a. 2002b: 3 f.).

Unbeschadet der dramatischen Geschehnisse des zurückliegenden Jahres trafen in der südafrikanischen Metropole Johannesburg vom

26. August bis 4. September 2002 insgesamt mehr als 22.000 Delegierte zum „Weltgipfel für nachhaltige Entwicklung" der Vereinten Nationen (World Summit on Sustainable Development = WSSD) zusammen. Unter ihnen befanden sich erwartungsgemäß eine große Zahl von Staats- und Regierungschefs sowie Regierungsvertreter bzw. die Mitglieder der nationalen Delegationen und Abgesandte der internationalen Organisationen; ferner die unübersehbar vielen Fachleute der Nichtregierungsorganisationen mitsamt einem bunten Heer von Beratern und Vertretern der zahlreichen involvierten Interessengruppen (Stakeholder), die in der Gesamtdramaturgie der Konferenz einen mitwirkenden Part einnahmen. Hierzu gehörten neben den Experten der Umweltverbände und der Entwicklungsorganisationen und -initiativen auch die Akteure aus dem Bereich der Privatwirtschaft, deren Beitrag aus heutiger Sicht gegenüber der Perspektive von Rio eindeutig höher veranschlagt wird, und die von anderen Stakeholder-Gruppen der Zivilgesellschaft (Gewerkschaften, Landwirtschaftsverbände, Frauen- und Menschenrechtsorganisationen, Lokale Initiativen, indigene Völker usw.) entsandten Teilnehmerinnen und Teilnehmer.

Ein Jahrzehnt nach dem vielversprechenden Auftakt von Rio hat die Folgekonferenz von Johannesburg eine Bilanz hinsichtlich der erzielten Erfolge und Ergebnisse gezogen. Konkret ging es im einzelnen darum, in welcher Weise die Teilnehmerstaaten die Agenda 21 umgesetzt und die seit dem Jahr 1992 abgeschlossenen Konventionen von Rio und seinen Folgekonferenzen ratifiziert und implementiert haben[1]. Daneben haben zahlreiche aufgetretene Probleme und Hindernisse eine Erörterung gefunden. Ein allgemeiner Erfahrungsaustausch darüber, welche Lehren im einzelnen zu ziehen sind, hat sich über sämtliche Themenbereiche erstreckt. Auch mögliche neue Vorgehensweisen und strategische Handlungsfelder waren Gegenstand der Beratungen auf dem Weltgipfel. Schließlich ist mit dem Blick über Johannesburg hinaus die vorrangige politische Frage gestellt, auf welche Gebiete die maßgeblichen Akteure in den kommenden Jahren ihre Anstrengungen konzentrieren werden und welche neuen Verpflichtungen nicht zuletzt die Regierungen eingehen wollen. In dieser Richtung werden kritische Beobachter die Konferenzdokumente besonders sorgfältig prüfen, denn hieran muss der Erfolg des politischen Großereignisses wesentlich gemessen werden.

---

[1] Die Rio-Konventionen (1992) betrafen den Klimaschutz (UNFCCC) und die biologische Vielfalt (CBD) und sind ebenso wie die Wüstenkonvention (CCD) von 1994 inzwischen in Kraft getreten. Zu erwähnen ist auch das Kyoto-Protokoll zum UNFCCC (1997). 1998 und 2001 traten die Rotterdam-Konvention über die Informationspflicht beim Handel mit bestimmten toxischen Stoffen, der Prior Informed Consent (PIC), und die Konvention zum Verbot langlebiger organischer Schadstoffe (POPs) hinzu. Zum Stand der Umsetzung siehe die Übersicht im 9. Kapitel.

Auch wenn die definitiven politischen Resultate des Johannesburg-Folgeprozesses nicht vorherzusagen sind, lassen sich aus der Vorbereitung und dem Verlauf des Weltgipfels eine Anzahl von vorläufigen Schlussfolgerungen ziehen.

Für viele Beobachter bietet sich auf dem Gebiet der nachhaltigen Entwicklung ein unübersichtliches Bild. Die inhaltlichen Themen umfassen, um nur einige der Bereiche zu nennen, die Bekämpfung der Armut und Nachhaltigkeitsstrategien in der Gesundheitspolitik, Umwelt- und Ressourcenschutz im weitesten Sinne (Schutz der Wälder, Trinkwasserversorgung, effizienter Energieverbrauch, ökologische Produktionsweisen, Technologietransfer usw.), die Rolle des Privatsektors, Aspekte der Globalisierung und eines fairen Welthandels bis hin zu Fragen der Entwicklungsfinanzierung und institutionellen Reformen im Hinblick auf den Fortgang des Prozesses nach Johannesburg. Von einer übergreifenden Bedeutung sind ferner der Bereich Gute Regierungsführung (*Good Governance*) sowie der Querschnittsaspekt der Geschlechtergerechtigkeit.

Schien es 1992 von der Gewichtung her berechtigt, von einem „Umwelt- und Entwicklungsgipfel" zu sprechen, so signalisiert allein die Bezeichnung „Weltgipfel für nachhaltige Entwicklung" ein im Prinzip unbegrenztes Themenfeld der Nachhaltigkeit. Die Regierung Südafrikas hat überdies dem Titel des Weltgipfels die „3 Ps" hinzugefügt: *People – Planet – Prosperity* (Menschen, Planet, Wohlstand), die den Begriff der Nachhaltigkeit übersetzen sollen und jeweils für die soziale, ökologische und wirtschaftliche Komponente des Gesamtvorhabens stehen.

Die Vieldeutigkeit des Leitbildes der nachhaltigen Entwicklung wird oft beklagt. In der Praxis resultieren daraus nicht geringe Probleme oder Differenzen bei seiner konkreten Umsetzung. Es ist keine Übertreibung, wenn festgestellt wird, dass sich der Nachhaltigkeitsbegriff heutzutage wie „ein semantisches Chamäleon" verhält, unter dem die beteiligten Akteure je nach ihrem spezifischen Interesse willkürlich etwas anderes verstehen (Stephan 2002a). In der entwicklungspolitischen Diskussion werden die Begriffe „Nachhaltigkeit" und „nachhaltige Entwicklung" praktisch synonym verwendet[2]. Der zweite Ausdruck ist präziser, weil er entsprechend dem Leitbild der Agenda 21 unmittelbar den globalen entwicklungspolitischen Bezug herstellt. Und tatsächlich hat sich eine

---

[2] So verwendet z.B. der von der Bundesregierung im Jahr 2001 berufene Rat für Nachhaltige Entwicklung die Kurzbezeichnung „Nachhaltigkeitsrat". Bei „Nachhaltigkeitsstrategien" ist freilich stets genau darauf zu achten, inwieweit darin der Akzent auf den entwicklungspolitischen Nord-Süd-Bezug gelegt wird.

inhaltliche Akzentverlagerung zwischen Rio und Johannesburg insofern vollzogen, dass das Gastgeberland Südafrika und andere Regierungen des Südens keinen Zweifel daran gelassen haben, die Dimension „Entwicklung" dieses Mal gegenüber den global-ökologischen Themen deutlicher in den Vordergrund zu rücken. So wie der Süden dies schon seinerzeit auf dem Rio-Gipfel angestrebt hat, wollten die ärmeren Staaten in Johannesburg die vom Norden gewünschten umweltpolitischen Verhandlungen dazu nutzen, wirtschafts- und entwicklungspolitische Forderungen geltend zu machen (Sachs 2002: 41).

In Deutschland hat sich ein zunehmend breiteres Verständnis von Nachhaltigkeit bzw. nachhaltiger Entwicklung herausgebildet, auf das näher einzugehen sein wird. Grundsätzlich hat das Leitbild nachhaltiger Entwicklung unmittelbar nach dem Erdgipfel von Rio in die Ausrichtung der deutschen Entwicklungszusammenarbeit Eingang gefunden. So wurde, um ein Beispiel zu nennen, ein sogenanntes Schuldenumwandlungsprogramm noch im gleichen Jahr aufgelegt. Einer bestimmten Ländergruppe wurde die Chance eingeräumt, den Schuldendienst auf Forderungen aus der Finanziellen Zusammenarbeit (FZ) für die Finanzierung von Umweltschutzvorhaben zu verwenden; allerdings machten in der Praxis nur wenige Länder von dieser Möglichkeit Gebrauch (Deutsche Welthungerhilfe; terre des hommes Deutschland 2001: 15). Bis zum Ausklang der Ära Kohl, so kann man verkürzend sagen, wurde von der Bundesregierung die umweltpolitische Dimension der Nachhaltigkeit sehr stark betont, ohne dass damit etwas über den Grad der Umsetzung ausgesagt wäre. Nach dem Regierungswechsel von 1998 verkündete die neue Koalition den Ansatz, die Entwicklungspolitik als Baustein einer ressortübergreifenden „globalen Strukturpolitik" aufzufassen. Nach dieser Maßgabe wurde neben dem vorrangigen Ziel der Armutsbekämpfung das ergänzende Konzept der Nachhaltigkeit, in Betonung der ökologischen ebenso wie der sozialen und ökonomischen Dimension, programmatisch aufgewertet (Wieczorek-Zeul 2000a; BMZ 2001b: 60-69).

Ziele und Struktur des Themendienstes

Der vorliegende Themendienst verfolgt die Absicht, vor dem Hintergrund des Weltgipfels in Johannesburg einen aktuellen Überblick über die Politik der nachhaltigen Entwicklung zu vermitteln. Dabei werden vorrangig die genuin entwicklungspolitischen Gesichtspunkte herausgearbeitet. Angesichts der Spanne der vorhandenen Einzelfelder, Sektor- und Querschnittsthemen der Nachhaltigkeitspolitik musste eine beschränkte Auswahl der zu behandelnden Aspekte getroffen werden. Dennoch soll die Darstellung es ermöglichen, nach einem historischen Rückblick zur Entstehung des Nachhaltigkeitsleitbildes einen Eindruck von der Fülle der auf der Weltkonferenz anstehenden inhaltlichen Fragen zu gewinnen. An vielen Beispielen werden vorhandene sachliche Querverbindungen zwischen den Einzelthemen, aber auch zwischen dem Johannesburg-Gipfel und anderen großen Weltkonferenzen der vergangenen Jahre aufgezeigt. Damit wird letztlich eine Perspektive eingenommen, die dem Nachhaltigkeitsgedanken insgesamt zugrunde liegt, der von einer integrierten Betrachtungsweise ökologischer, ökonomischer, sozialer und politischer Fragen ausgeht.

Die folgende Darstellung kann eine umfassende wissenschaftliche Analyse des Rio-Folgeprozesses nicht ersetzen. Auch geben die Erfahrungen und Resultate des Gipfels in Südafrika erst ansatzweise nähere Auskunft darüber, wie die Teilnehmerstaaten die konkreten Aussichten für die kommenden Jahre beurteilen. Genaueren Aufschluss über eine Fortschreibung des Rio-Johannesburg-Prozesses wird ohnehin erst die längerfristige Entwicklung liefern.

Zu den in Johannesburg behandelten einzelnen inhaltlichen Aspekten und zum gesamten Rio-Prozess liegt eine Fülle von Veröffentlichungen vor. Für den Themendienst wurden in erster Linie deutschsprachige Publikationen herangezogen, ohne dass Vollständigkeit angestrebt wurde. Die benutzte Literatur und die Quellen werden im Literaturverzeichnis nachgewiesen. Daneben sind einige ergänzende Hinweise sinnvoll. Zunächst ist eine Mehrzahl von Websites zu erwähnen, die für jeden interessierten Beobachter des Geschehens ein unentbehrliches Zugriffsmittel darstellen, um das weitgefächerte Themenspektrum besser zu überblicken. Angefangen von den Vereinten Nationen oder staatlichen Akteuren wie der Bundesregierung stellten fast alle denkbaren Stakeholder-Gruppen sowie eine Anzahl von politischen Beratungsinstitutionen umfangreiche Informationen zur Verfügung[3]. Als faktenorientierte Einführung in einige Hauptbereiche der nachhaltigen Entwicklung, ausgehend vom *Global-Governance*-Ansatz, seien die „Globalen Trends" empfohlen, die die Stiftung Entwicklung und Frieden regelmäßig herausgibt (Globale Trends 2002). In der SEF-Schriftenreihe ist auch ein Band zu den übergreifenden institutionellen Fragestellungen erschienen, die mit der Serie von UN-Weltkonferenzen der neunziger Jahre und damit auch dem Rio-Folgeprozess verbunden sind (Fues; Hamm 2001).

---

[3] Zu Einzelheiten siehe die Linksammlung im Anhang.

Im Vorfeld des Weltgipfels für nachhaltige Entwicklung mangelte es an aktuelleren Monographien, die den Rio-Folgeprozess in übergreifender Perspektive behandeln. Ein Grund dafür ist, dass sich erst relativ spät abzeichnete, welche genaueren Schwerpunkte tatsächlich im Zentrum der Verhandlungen stehen würden. Außerdem machte sich eine indirekte Abhängigkeit von den Ergebnissen und Vorentscheidungen mehrerer anderer Konferenzen (WTO-Konferenz in Doha im November 2001, UN-Konferenz zur Entwicklungsfinanzierung in Monterrey im März 2002) bemerkbar. Erwähnung verdient eine aktuelle Schrift von Wolfgang Sachs (2002), der anlässlich der bevorstehenden Johannesburg-Konferenz zum „globalen Konflikt um Gerechtigkeit und Ökologie" engagiert Stellung bezieht und eine kritische Bilanz der Entwicklung seit dem damaligen Erdgipfel zieht. Der Band ergänzt eine im Mai 2002 vom gleichen Autor redigierte und von der Heinrich-Böll-Stiftung herausgegebene Publikation. In diesem „Jo'burg-Memorandum" präsentiert eine internationale Autorengruppe eine Bestandsaufnahme der globalen Nachhaltigkeitsdiskussion aus zivilgesellschaftlicher Perspektive und formuliert eine Agenda für das nächste Jahrzehnt, um die Ziele und Beschlüsse von Rio zukünftig effektiver umzusetzen (Heinrich-Böll-Stiftung 2002).

Zwei andere Neuveröffentlichungen ziehen ebenfalls eine pessimistische Bilanz von „Rio+10". In dem einen Fall wird besonderes Gewicht auf eine Standortbestimmung der deutschen Nachhaltigkeitsdebatte gelegt (BUND; Misereor 2002). Das Sammelwerk knüpft dabei an die ältere, für die Nachhaltigkeitsdiskussion hierzulande sehr einflussreiche und fruchtbare Studie *Zukunftsfähiges Deutschland* an (BUND; Misereor 1996). Ein weiterer Band versammelt eine Reihe von Aufsätzen zu den „Mythen globalen Umweltmanagements" und thematisiert aus unterschiedlicher Perspektive die „Sackgassen nachhaltiger Entwicklung" (Görg; Brand 2002).

Für den vorliegenden Themendienst wurden neben einer Anzahl von amtlichen Publikationen (z.B. der Vereinten Nationen) insbesondere Beiträge aus Zeitschriften ausgewertet. Unter den Periodika verdienen vor dem aktuellen Hintergrund des Weltgipfels mehrere Sonderausgaben und Themenhefte zur nachhaltigen Entwicklung Beachtung. Dabei lassen sich die unterschiedlichen Perspektiven und Standpunkte gut vergleichen, die aus primär ökologischer Sicht, dem Blickwinkel der Nichtregierungsorganisationen oder seitens der Praxis der staatlich finanzierten Entwicklungszusammenarbeit eingenommen werden[4].

---

[4] Gemeint sind das Sonderheft „Nachhaltigkeit in Zeiten der Globalisierung" der Zeitschrift *politische ökologie* (76/2002), mehrere *Rundbriefe* (3/2001; 1/2002; 2/2002) des Forums

Die nachfolgende Darstellung zur Politik der nachhaltigen Entwicklung wird an mehreren Stellen ein Augenmerk auf die deutschen Beiträge zu dem in Rio begonnenen Gesamtprozess legen. Für die generelle Perspektive der Darstellung gilt, dass vorrangig die entwicklungspolitischen Aspekte der globalen Nachhaltigkeitspolitik herausgearbeitet werden. Gegenüber der Nord-Süd-Dimension treten daher die für die Umsetzung der Ziele von Rio ebenso bedeutenden (und kontrovers diskutierten) innenpolitischen Anstrengungen Deutschlands u.a. in der Umwelt- und Energiepolitik hinsichtlich der angestrebten Beeinflussung ökologischer Indikatoren, beispielsweise beim „Umsteuern" in der Energiepolitik, zurück. Eine Reihe wichtiger Fragen wie etwa die Ergebnisse der Agendaprozesse auf kommunaler Ebene oder das Themenfeld „Bildung für nachhaltige Entwicklung" werden aus Platzgründen weitgehend ausgeblendet oder nur zusammenfassend erwähnt.

Die ersten beiden Kapitel eröffnen mit einem Rückblick auf die Vorgeschichte des Erdgipfels von 1992 und die Ergebnisse von Rio einschließlich der Agenda 21, dem weiterhin maßgeblichen Schlüsseldokument der globalen Nachhaltigkeitspolitik. Dann stehen im dritten Kapitel das Leitbild der nachhaltigen Entwicklung und seine inhaltliche Ausformung im Blickpunkt. Hierbei werden die verschiedenen Dimensionen des Nachhaltigkeitsansatzes, wozu die Ökologie ebenso wie die soziale und wirtschaftliche Entwicklung gehört, herausgearbeitet. Schließlich ist der Stellenwert des Johannesburg-Gipfels, dem eine ganze Serie von sogenannten Weltkonferenzen vorangegangen ist, im Zusammenhang einer globalen Strukturpolitik zu bestimmen (viertes Kapitel).

In welchem Verhältnis, so ist im Anschluss zu fragen, steht das Thema nachhaltige Entwicklung zu der Diskussion über die ökonomischen und sozialen Folgen der Globalisierung? Besonders interessant ist zum einen der Einfluss, den der Ordnungsrahmen der Welthandelsorganisation (WTO) auf die Politik der nachhaltigen Entwicklung ausübt (fünftes Kapitel). Die Johannesburg-Agenda hat damit zu kämpfen, dass sich ihre Ergebnisse überwiegend nicht in völkerrechtlichen Verträgen niederschlagen werden, so dass sich globale Nachhaltigkeitspolitik wesentlich auch im Forum der WTO-Gremien Geltung verschaffen muss. Zum anderen ist ausschlaggebend, inwiefern sich die Armutsbekämpfung,

---

Umwelt & Entwicklung zur Vorbereitung des Weltgipfels sowie eine Sonderausgabe der Zeitschrift *Akzente* der GTZ zum Thema „Globale Umweltpolitik: Von Rio nach Johannesburg" (2002). Ebenso widmeten *E+Z - Entwicklung und Zusammenarbeit* (4/2002) und *epd-Entwicklungspolitik* (7/2002) eine aktuelle Ausgabe dem Themenschwerpunkt Nachhaltige Entwicklung.

die heute an der Spitze der entwicklungspolitischen Strategien steht, in das Gesamtpanorama einfügt (sechstes Kapitel). Kann es gelingen, den Ansatz der Armutsbekämpfung mit der Nachhaltigkeitspolitik zu einem schlüssigen handlungsorientierten Gesamtkonzept zu vereinigen? Darüber hinaus sind politische Aspekte wie „Gute Regierungsführung", die Rolle der Zivilgesellschaft und die demokratische Dimension der Lokalen Agenda 21 von Bedeutung (siebtes Kapitel). Als Beispiel für einen wichtigen Querschnittsaspekt wird das Thema Geschlechtergerechtigkeit aufgegriffen, das in allen sektoralen Feldern der Nachhaltigkeitspolitik durchgehend Geltung beansprucht und in Johannesburg an vielen Stellen der Verhandlungen eine Rolle spielt (achtes Kapitel).

Hieran folgend wird die Architektur des Rio-Johannesburg-Prozesses umrissen, ausgehend von den Etappen des Folgeprozesses seit 1992 und der Schilderung der Aufgaben der UN-Kommission für nachhaltige Entwicklung (CSD). Es wird der politisch-organisatorische Rahmen beschrieben, in dem sich der Johannesburg-Gipfel und speziell der Vorbereitungsprozess inklusive der insgesamt vier Vorkonferenzen (*PrepComs*) vollzogen hat. Weiterhin wird die Entstehung der herausragenden politischen Ergebnisdokumente im Zuge des Vorbereitungsprozesses dargestellt (neuntes Kapitel).

Im zehnten Kapitel geht es um „Strategien für nachhaltige Entwicklung". Damit ist an dieser Stelle nicht gemeint, eine kritische Bilanz der Umsetzung der Rio-Beschlüsse durch einzelne Regierungen zu ziehen. Als Ausgangspunkt gilt vielmehr, wie die Staaten ihrer aus der Agenda 21 übernommenen Verpflichtung nachgekommen sind, nationale Nachhaltigkeitsstrategien auszuarbeiten. Welche Folgerungen ergeben sich für die Unterstützung der Entwicklungsländer in diesem Bereich? Und welchen Ansatz weisen die vorgelegten Strategien der Europäischen Union und Deutschlands auf? Ein kurzer Blick richtet sich auch auf die Bundesländer und die Kommunen, die sich ebenfalls an der Umsetzung der Agenda 21 beteiligen.

Schließlich werden einige ausgewählte strategische Handlungsfelder der globalen Umweltpolitik im Aufriss behandelt. Worin liegt ihr jeweiliger Stellenwert für Johannesburg und die Zukunft, welche Erfahrungen sind im vergangenen Jahrzehnt gemacht und welche neuen Perspektiven gewonnen worden? Die inhaltliche Auswahl konzentriert sich auf den Schutz der biologischen Vielfalt, die globalen Schwierigkeiten mit der zunehmenden Wasserknappheit und der Desertifikation sowie das Thema Klimaschutz (elftes Kapitel). Über die Umweltfragen hinaus wird aber, wie angedeutet, die wirtschaftliche und soziale Dimension der nachhaltigen Entwicklung den Eckpunkt der Vereinbarungen und Absprachen auf dem Weltgipfel bilden. Zum Abschluss wird daher dem Problem nachgegangen, wie eine verbesserte Partnerschaft mit der Wirtschaft zur nachhaltigen Entwicklung im Zeitalter der Globalisierung beitragen kann und welche Rolle internationale Konzerne in einem möglichen „globalen Deal" einnehmen (zwölftes Kapitel).

Auch wenn überzogene Erwartungen nach dem Verlauf der Vorbereitungsphase kaum gehegt wurden, erhofften sich Beobachter auf der ganzen Welt, dass von Johannesburg eine Aufbruchstimmung ausgehen würde – ein neues Signal zum gemeinsamen weltweiten Handeln im Sinne der nachhaltigen Entwicklung. In welchen Bahnen eine solche Politik verlaufen könnte, das ist in den nachfolgenden Kapiteln durchgehend ein zentraler Anknüpfungspunkt. Die Politik der nachhaltigen Entwicklung sollte, so lautete jedenfalls die ursprüngliche Überlegung, mit neuen Initiativen versehen und auf möglichst vielen Gebieten von konkreten Aktionsplänen begleitet, nach dem Weltgipfel einen neuen internationalen Anlauf unternehmen – um sich den gewachsenen Herausforderungen der Einen Welt wirksamer zu stellen, als dies in den zurückliegenden Jahren seit Rio der Fall war.

Ob die auf dem Weltgipfel erzielten Verhandlungsfortschritte dem erklärten Anspruch gerecht wurden, versucht ein angesichts des geringen zeitlichen Abstandes noch als vorläufig zu verstehendes Resümee am Schluss zu beantworten. In diesem Zusammenhang werden die wesentlichen Ergebnisse und Neuerungen von Johannesburg zusammengefasst und kurz bewertet.

1. Kapitel
Die Vorgeschichte von Rio

Der Begriff der Nachhaltigkeit hat sich zu einem Modewort entwickelt, ohne dass immer hinreichend deutlich wird, wovon eigentlich genau die Rede ist. Tatsächlich lässt sich das populäre und zugleich wegen seiner inhaltlichen Unschärfe viel kritisierte Leitbild der nachhaltigen Entwicklung einige Zeit zurückverfolgen, bis es in dem Bericht der Brundtland-Kommission Ende der achtziger Jahre fortentwickelt und dann in den Beschlüssen von Rio, vor allem in dem zentralen Strategiedokument, der Agenda 21, seinen Niederschlag gefunden hat. Das Leitbild *Sustainable Development* in seiner heutigen Ausprägung umfasst die einzelnen Säulen – ökologische, soziale und ökonomische Aspekte – der bekannten „Nachhaltigkeitstrias", die oft um eine eigenständige vierte Säule Verwaltung bzw. Gute Regierungsführung ergänzt wird. Bis heute ist das Leitbild aber niemals verbindlich definiert worden, und es gibt keine einheitlich anerkannte oder vorherrschende Auslegung, was sich auf die politische Praxis und öffentliche Diskussion auswirkt. Bevor auf das Leitbild in seiner heutigen Ausprägung eingegangen wird, ist es zunächst angebracht, einen kurzen Blick auf die jahrzehntelange Vorgeschichte des Erdgipfels von 1992 zu werfen.

Am Anfang stand die Erkenntnis einer weltweiten ökologischen Krise, verbunden mit einer allerdings nur langsam um sich greifenden Einsicht, dass eine konzertierte Reaktion der Weltgemeinschaft auf diese Überlebensfrage der Menschheit unumgänglich sei. Das Wissen um die Begrenztheit der natürlichen Ressourcen verbreitete sich, zunächst eher zögernd, seit Anfang der sechziger Jahre. Das Konsumwachstum, das nach dem Zweiten Weltkrieg in der westlichen Welt aus einem beispiellosen wirtschaftlichen Aufschwung hervorgegangen war und den ärmeren Staaten der Dritten Welt als Zielvorstellung ihrer eigenen wirtschaftlichen und sozialen Entwicklung vor Augen stand, musste langfristig auf seine ökologischen Grenzen stoßen. Und es war bei näherem Hinsehen kaum zu leugnen, dass der direkte und indirekte Verbrauch der reichsten zehn Prozent der Weltbevölkerung an Energie, Fläche, Wasser, Luft und anderen Naturgütern nicht auf die übrigen neun Zehntel ausgedehnt werden konnte, ohne dass die Erde schließlich ökologisch kollabieren würde.

Schrittweise wurde daher die Notwendigkeit einer international koordinierten Umweltpolitik anerkannt. Andere Politikfelder, angefangen bei der Sicherheitspolitik, zählten seit jeher unbestritten zum Aufgabenbereich der Staaten. Entscheidend war, dass, nachdem zunächst in einzelnen

Industriestaaten wie z.B. den Vereinigten Staaten mit ersten innenpolitischen Maßnahmen gegen die Luft-, Boden- und Gewässerverschmutzung begonnen worden war, sich im weiteren Verlauf des Jahrzehnts die Erkenntnis einer weltweiten „Umweltkrise" ausbreitete, die die internationalen Beziehungen vor bisher nicht gekannte Probleme stellte (Kaiser 1970).

Hinzu war das Bewusstsein um die Begrenztheit und drohende Erschöpfung der natürlichen Ressourcen getreten. Dies war namentlich in dem Aufsehen erregenden Bericht an den Club of Rome (1971) über *Die Grenzen des Wachstums* zum Ausdruck gekommen, der neben den akuten Gefahren der zunehmenden Umweltzerstörung die Bedrohung durch eine weltweite Rohstoffknappheit ausmalte (Meadows u.a. 1972). Das Modell der nachholenden wirtschaftlichen Entwicklung, das war entscheidend, konnte unter diesen Vorzeichen nicht länger Geltung beanspruchen. Die Diskussion ging in den nächsten Jahren weiter, bis mit der Veröffentlichung des *Global-2000*-Berichts an den amerikanischen Präsidenten Carter im Jahr 1980 das neue Bewusstsein von der globalen Herausforderung einen Höhepunkt erreichte. Die voluminöse Studie hatte ein Team führender Wissenschaftler erarbeitet, die detailliert ausgestaltete Szenarien zur Entwicklung der Weltbevölkerung und der fortschreitenden Auszehrung der natürlichen Ressourcen bis zum Jahr 2000 entworfen hatten (G*lobal 2000* 1980).

Weltumweltpolitik und Nord-Süd-Konflikt

Schon lange zuvor hatte sich auch auf Ebene der Vereinten Nationen der Gedanke verbreitet, dass eine Art von internationaler Koordination der Umweltpolitik nötig sei. So berief die Generalversammlung der Vereinten Nationen bereits im Jahr 1968 eine Weltkonferenz über die Umwelt des Menschen *(United Nations Conference on the Human Environment* = UNCHE), die schließlich im Juni 1972 in Stockholm stattfand. Dieser erste „Umweltgipfel" machte seinerzeit einen klassischen Nord-Süd-Konflikt sichtbar. Die Länder des Südens stuften Umweltschutz weiterhin als vermeintlichen Luxus ein und brandmarkten die umweltpolitischen Forderungen der reichen Staaten als neokolonialistisch und unannehmbar. Der Ostblock hielt sich abseits und verwies die Umweltprobleme in die ausschließliche Verantwortung des industriellen Kapitalismus[5]. Trotz der relativen westlichen diplomatischen Isolierung

---

[5] Äußerer Anlass für das Fernbleiben der Sowjetunion und einiger anderer Staaten war die Teilnahme der Bundesrepublik (als Mitglied der WHO) an der Stockholmer Konferenz, während die DDR, die wie die Bundesrepublik noch kein UN-Mitgliedstaat war, nicht eingeladen wurde. Später nahm die Sowjetunion an der Arbeit von UNEP vollständig teil (Birnie 1993: 341).

sowohl den Entwicklungsländern als auch den sozialistischen Staaten gegenüber konnte als Kompromiss vereinbart werden, ein Umweltprogramm der Vereinten Nationen (*United Nations Environment Programme* = UNEP) mit Sitz in der kenianischen Hauptstadt Nairobi einzurichten, also bewusst in einem Entwicklungsland.

Beginnend mit der Annahme des Washingtoner Artenschutzabkommens im Jahr 1973 kam es zu einer Reihe unterschiedlichster Verträge, Konventionen und Protokolle zum Schutze der Umwelt, deren Umsetzung zu einigen wichtigen Erfolgen führte. So konnte z.B. der generelle und unbedachte Einsatz giftiger Substanzen wie DDT, Blei, Asbest, Dioxinen usw. eingeschränkt werden. Ein umfassendes konzertiertes Herangehen an die globale Umweltkrise war damit aber nicht verbunden. Die erneut zunehmende Konfrontation zwischen West und Ost, das aus der militärischen Rüstung resultierende Haushaltsdefizit in den USA und das Hochschnellen der Zinsen, die wachsende Überschuldung der ärmeren Staaten – alle diese miteinander zusammenhängenden Faktoren führten dazu, dass die achtziger Jahre weithin als „verlorenes Jahrzehnt" für die Lösung der globalen Probleme angesehen wurden, in dessen Verlauf bereits vorhandene positive Ansätze vorläufig steckenblieben. Erinnert sei auch an das Schicksal des 1980 vorgestellten Berichts der Nord-Süd-Kommission („Brandt-Bericht") *Das Überleben sichern*, der den Überlegungen zur Entwicklungsfinanzierung besondere Bedeutung beimaß (Brandt 1980). Die unmittelbare politische Wirkung blieb hinter den Erwartungen der Kommission zurück, dafür sollte der innovative Ansatz der Brandt-Kommission bald Schule machen.

Es war das besondere Verdienst der Vereinten Nationen und der UN-Sonderorganisationen, in den achtziger Jahren das Wissen um die weltweite ökologische Krise wachgehalten zu haben. Große Bedeutung erlangte dann die überwiegend mit Entwicklungsländervertretern besetzte Weltkommission für Umwelt und Entwicklung (*World Commission on Environment and Development* = WCED), die unter Leitung der ehemaligen norwegischen Umweltministerin und (ab 1986) Ministerpräsidentin Gro Harlem Brundtland von 1984 bis 1987 im Genfer Palais Wilson tagte. Bei den Mitgliedern handelte es sich um in ihren Ländern bzw. international anerkannte Politiker, Wissenschaftler, Juristen und Diplomaten[6]. Die Vereinten Nationen hatten der Kommission den Auftrag

---

[6] Die 22 Mitglieder der Kommission entstammten 21 Staaten (13 aus Entwicklungsländern, 9 aus Industrieländern). Unter den Teilnehmern waren neben Gro Harlem Brundtland und Vizepräsident Mansour Khalid (Sudan) u.a. Susanna Agnelli (Italien), Volker Hauff (Deutschland), Maurice Strong (Kanada) und der heutige CSD-Vorsitzende Emil Salim (Indonesien).

erteilt, langfristige Umweltstrategien zu formulieren und dabei nach neuen Wegen Ausschau zu halten, die Ziele der Entwicklung und des Schutzes der natürlichen Ressourcen im Einklang miteinander zu verfolgen. Am Ende präsentierte die Brundtland-Kommission im April 1987 ihren berühmten Bericht *Unsere gemeinsame Zukunft*, der bei den Verantwortlichen und der Weltöffentlichkeit das Gebot des gemeinsamen Handelns anmahnte und dabei insbesondere die erheblichen Nord-Süd-Disparitäten in den ökologischen Zusammenhang stellte (Hauff 1987).

Seither konnte der Westen nicht länger seine Mitschuld an den gravierenden ökologischen Zerstörungstrends abstreiten oder relativieren. Zudem beobachteten Mitte der achtziger Jahre amerikanische Satelliten die von einer Anzahl von Wissenschaftlern seit einiger Zeit vorhergesagte Ausdünnung der Ozonschicht der Erdatmosphäre. Als Verursacher wurden vor allem die in der Natur nicht vorkommenden Fluorchlorkohlenwasserstoffe ausgemacht. Unaufhaltsam brach sich die Überzeugung Bahn, dass diese globale Herausforderung nur durch gemeinsame Anstrengungen bewältigt werden könnte. Das galt ebenso für den Treibhauseffekt, die globale Erwärmung, die mit dem ansteigenden Kohlendioxidgehalt in der Atmosphäre in einen kausalen Zusammenhang gebracht wurde. Im Jahr 1988 bereits wurde das *Intergovernmental Panel on Climate Change* (IPCC) eingerichtet, um sich mit der Klimaproblematik auseinanderzusetzen. Mit der Klimadiskussion eng verknüpft war von Beginn an die Frage des Schutzes der tropischen Regenwälder, der in den späteren Konventionen zu den Themen Klima und biologische Vielfalt berücksichtigt wurde. In den Jahren unmittelbar vor dem Erdgipfel in Rio de Janeiro setzte sich in den reichen Ländern die Auffassung durch, die maßgebliche Ursache für die weltweite Umweltkrise in dem verschwenderischen Wohlstandsmodell des Nordens zu sehen. Umgekehrt wurde den Ländern des Südens deutlich, dass eine ökologisch dauerhafte – „nachhaltige" – Entwicklung in ihrem ureigensten Interesse lag.

Aus einer Reihe von Gründen findet ein übergroßer Anteil der weltweiten Umweltzerstörung in den Entwicklungsländern statt (von Weizsäcker 1997: 113 f.). So besitzen die äquatornahen Regionen von Natur aus eine relativ höhere Artenvielfalt als die gemäßigten Zonen, so dass der Verlust von Lebensraum einen statistisch höheren Artenverlust nach sich zieht. Entwicklungsländer weisen meist eine hohe Bevölkerungsvermehrung auf, verbunden mit entsprechender Siedlungs- und Landnahme. In den Klimazonen, in denen die meisten Entwicklungsländer liegen, tragen Wasser und Wind den Boden besonders leicht ab. Zudem tendieren die finanzschwachen Südländer zum Verzicht auf teure Umweltschutzmaßnahmen, stattdessen tasten die Armen vielfach die letzten ökologischen Ressourcen an, um ihren täglichen Lebensunterhalt zu sichern. Der asymmetrische Handel zwischen Industrie- und Entwicklungsländern hat zur Folge, dass heute im Vergleich zur oft kritisierten Kolonialzeit ein Vielfaches an Biomasse in den Norden exportiert wird. Überdies mindert die ungehemmte Förderung von Erzen, Öl und anderen Rohstoffen rasch die Vorräte und führt vor Ort zu beachtlichen ökologischen Schäden. Nicht nur bezüglich der letzten Faktoren, wo dies evident ist, besteht ein enger Zusammenhang der wirtschaftlichen Ausrichtung der wohlhabenden Gesellschaften, ihrer Investitions- und Entwicklungspolitik mit der sich verschlechternden Situation in den ärmeren Weltregionen.

Dennoch erschien trotz eines wachsenden Problembewusstseins die globale Umweltkrise aus Sicht der Industrieländer und aus der Perspektive des Südens in einem unterschiedlichen Licht. Während erstere häufig einen Zusammenhang mit der Überbevölkerung herstellen, sind für die Entwicklungsländer die ökologischen Probleme seit jeher in erster Linie eine Folge der Verschwendung der natürlichen Ressourcen durch den Norden und der katastrophalen Armutsverhältnisse im Süden. Der Brundtland-Bericht wies auf die Tatsache hin, dass Ende der achtziger Jahre netto jährlich bis zu rund 40 Milliarden Dollar aus den Entwicklungsländern an den Norden flossen, größtenteils für die Zinsen des Schuldendienstes (Hauff 1987: 72). In diese Rechnung waren bereits sämtliche Kapitaltransfers, speziell aus der Entwicklungszusammenarbeit, eingeflossen, die von einer ursprünglich noch weit höheren Summe der Kapital- und Sachwertströme von Süd nach Nord abgezogen wurden. Als Reaktion darauf forderten die Entwicklungsländer einen Schuldenerlass und einen kostenfreien Technologietransfer in die ärmeren Staaten. Von den Industrieländern wurden als Therapievorschläge seit langem das Prinzip einer „grünen Konditionalität" bei Entschuldungsmaßnahmen – d.h. deren Verbindung mit umweltpolitisch wirksamen Maßnahmen der südlichen Staaten – und ein verstärkter Transfer von Umweltschutztechnologie geltend gemacht.

2. Kapitel
Der Erdgipfel und die Agenda 21

Der Brundtland-Bericht wurde der Generalversammlung unterbreitet und trug maßgeblich dazu bei, dass die Vereinten Nationen im Jahr 1988 beschlossen, zwanzig Jahre nach dem Stockholmer Umweltgipfel eine Weltkonferenz für Umwelt und Entwicklung (*United Nations Conference on Environment and Development* = UNCED) anzuberaumen, die dann als „Erdgipfel" von Rio de Janeiro in die Geschichte eingehen sollte. Zeitlich fiel das Geschehen mit dem Ende des Ost-West-Konflikts zusammen. Die Aussichten auf bevorstehende Abrüstungsschritte weckten damals allerorten Hoffnungen auf eine ökonomische wie entwicklungspolitische „Friedensdividende". Der politische Fahrplan für den Gipfel sah konkret vor, die bereits seit Jahren diskutierte Klimarahmenkonvention und eine neu hinzugekommene Konvention zum Schutz der biologischen Vielfalt rechtzeitig zum Abschluss zu bringen und in Rio unterzeichnen zu lassen. Die Weltkonferenz erhielt sodann als eigentlichen Auftrag die Erarbeitung eines auf das kommende Jahrhundert zielenden globalen Aktionsprogramms für Umwelt und Entwicklung.

Zuletzt erschien der politische Erfolg jedoch unsicher. Im Vorfeld des Gipfels wurden vier Vorbereitungskonferenzen, *PrepComs* genannt, abgehalten, an denen so gut wie alle Mitgliedstaaten der UNO und eine steigende Anzahl von Beobachtern teilnahmen. Auf der letzten vierwöchigen *PrepCom*, im März 1992 in New York, waren beachtliche Spannungen mit den Vereinigten Staaten hervorgetreten, die dem Zustandekommen der Konvention über die Biologische Vielfalt Widerstand entgegensetzten. Paradoxerweise machte diese Erfahrung es am Ende den Entwicklungsländern leichter, sich mit den Zielen der Konvention zu identifizieren, die bereits in Rio von hundertfünfzig Regierungen unterschrieben wurde. Der im Herbst 1992 neu gewählte amerikanische Präsident Bill Clinton legte dann die politischen Bedenken der USA beiseite und unterschrieb die Biodiversitätskonvention im Frühjahr 1993.

Dagegen war zur Enttäuschung vieler Beobachter anstelle der „Erdcharta", die ursprünglich als zentrales Dokument hatte gelten sollen, aufgrund des Widerstandes aus den USA, aber auch von Seiten der Entwicklungsländer wie Indien lediglich nur eine unverbindliche politische Erklärung, die „Rio-Deklaration" zustande gekommen. Die „Rio-Deklaration über Umwelt und Entwicklung" beinhaltete 27 Grundsätze, die die wesentlichen Prinzipien festlegten, die das Verhalten der Staaten untereinander sowie zu deren Bürgern im Sinne einer Förderung der nachhaltigen Entwicklung bestimmen sollen[7]. Die Erklärung bildete einen sorgfältig austarierten Kompromiss zwischen Industrie- und Entwicklungsländern ab, der bereits auf den Vorbereitungstreffen ausformuliert war und in Rio ohne Neuverhandlung angenommen wurde, weil befürchtet wurde, dass eine Diskussion sonst jede weitere in Rio angestrebte Vereinbarung blockieren könnte.

Um die Nachwirkung von Rio besser zu verstehen, muss man sich vor Augen führen, dass der Erdgipfel vom 3. bis 14. Juni 1992 bereits von seinen Ausmaßen her und seiner Atmosphäre wegen ein denkwürdiges Ereignis war. Es nahmen rund 50.000 Delegierte aus aller Welt teil, darunter 103 Staats- und Regierungschefs, 22.000 Vertreter von Nichtregierungsorganisationen, die ein viel beachtetes Parallelforum zum Gipfel abhielten, sowie Tausende weiterer Teilnehmer, die alle relevanten Interessengruppen, die Vereinten Nationen, die Wirtschaftsverbände, die Gewerkschaften usw. repräsentierten. Insgesamt bildeten fünf Dokumente das politische Resultat der Gipfelkonferenz: die Rio-Deklaration, die erwähnten Konventionen zum Klimaschutz und zur Biologischen Vielfalt, die nunmehr zur Unterschrift aufgelegt wurden, eine Waldgrundsatzerklärung, und ein „Agenda 21" genanntes globales Aktionsprogramm für nachhaltige Entwicklung im Süden und im Norden[8].

Die Agenda 21 als zentrales Strategiedokument der Nachhaltigkeitspolitik

Dieses von 178 Staaten unterzeichnete mehrhundertseitige Dokument stellt ein detailliertes – obzwar völkerrechtlich unverbindliches – Pflichtenheft für die weltweiten Herausforderungen des 21. Jahrhunderts dar. Es befasst sich mit nahezu sämtlichen denkbaren Umweltproblemen, die im weitesten Sinne das Verhältnis von Entwicklungs- zu Industrieländern betreffen. Die Vielfalt der behandelten Themenkreise zeigt die auf den nächsten Seiten wiedergegebene Inhaltsübersicht. Die Agenda 21 ist ein dynamisches Programm, d.h. Ausgangspunkt und Grundlage für einen Prozess, dessen Ziele und Akteure und Akteurinnen deutlich benannt werden. Sie gliedert sich in die Teile „Soziale und wirtschaftliche Dimensionen", „Erhaltung und Bewirtschaftung der Ressourcen für die Entwicklung", „Stärkung der Rolle wichtiger Gruppen" und „Möglichkeiten der Umsetzung".

---

[7] Die Rio-Deklaration (1992) ist im Anhang (Dokument 1) abgedruckt.
[8] Die wichtigsten (übersetzten) Beschlüsse von Rio einschließlich des internationalen NRO-Forums sind in einem Band der Stiftung Entwicklung und Frieden dokumentiert (SEF 1992: 171-274).

Agenda 21

Inhaltsübersicht

1. Präambel

I. SOZIALE UND WIRTSCHAFTLICHE DIMENSIONEN

2. Internationale Zusammenarbeit zur Beschleunigung nachhaltiger Entwicklung in den Entwicklungsländern und damit verbundene nationale Politik
3. Armutsbekämpfung
4. Veränderung der Konsumgewohnheiten
5. Bevölkerungsdynamik und nachhaltige Entwicklung
6. Schutz und Förderung der menschlichen Gesundheit
7. Förderung einer nachhaltigen Siedlungsentwicklung
8. Integration von Umwelt- und Entwicklungszielen in die Entscheidungsfindung

II. ERHALTUNG UND BEWIRTSCHAFTUNG DER RESSOURCEN FÜR DIE ENTWICKLUNG

9. Schutz der Erdatmosphäre
10. Integrierter Ansatz für die Planung und Bewirtschaftung der Bodenressourcen
11. Bekämpfung der Entwaldung
12. Bewirtschaftung empfindlicher Ökosysteme: Bekämpfung der Wüstenbildung und der Dürren
13. Bewirtschaftung empfindlicher Ökosysteme: nachhaltige Bewirtschaftung von Berggebieten
14. Förderung einer nachhaltigen Landwirtschaft und ländlichen Entwicklung
15. Erhaltung der biologischen Vielfalt
16. Umweltverträgliche Nutzung der Biotechnologie
17. Schutz der Ozeane, aller Arten von Meeren einschließlich umschlossener und halbumschlossener Meere und Küstengebiete sowie Schutz, rationelle Nutzung und Entwicklung ihrer lebenden Ressourcen
18. Schutz der Güte und Menge der Süßwasserressourcen: Anwendung integrierter Ansätze zur Entwicklung, Bewirtschaftung und Nutzung der Wasserressourcen
19. Umweltverträglicher Umgang mit toxischen Chemikalien einschließlich Maßnahmen zur Verhinderung des illegalen internationalen Handels mit toxischen und gefährlichen Produkten

20. Umweltverträgliche Entsorgung gefährlicher Abfälle einschließlich der Verhinderung von illegalen internationalen Verbringungen solcher Abfälle
21. Umweltverträglicher Umgang mit festen Abfällen und klärschlammspezifische Fragestellungen
22. Sicherer und umweltverträglicher Umgang mit radioaktiven Abfällen

III. STÄRKUNG DER ROLLE WICHTIGER GRUPPEN

23. Präambel
24. Globaler Aktionsplan für Frauen zur Erzielung einer nachhaltigen und gerechten Entwicklung
25. Kinder und Jugendliche und nachhaltige Entwicklung
26. Anerkennung und Stärkung der Rolle der eingeborenen Bevölkerungsgruppen und ihrer Gemeinschaften
27. Stärkung der Rolle der nichtstaatlichen Organisationen – Partner für eine nachhaltige Entwicklung
28. Initiativen der Kommunen zur Unterstützung der Agenda
29. Stärkung der Rolle der Arbeitnehmer und ihrer Gewerkschaften
30. Stärkung der Rolle der Privatwirtschaft
31. Wissenschaft und Technik
32. Stärkung der Rolle der Bauern

IV. MÖGLICHKEITEN DER UMSETZUNG

33. Finanzielle Ressourcen und Finanzierungsmechanismen
34. Transfer umweltverträglicher Technologien, Kooperation und Stärkung von personellen und institutionellen Kapazitäten
35. Die Wissenschaft im Dienst einer nachhaltigen Entwicklung
36. Förderung der Schulbildung, des öffentlichen Bewusstseins und der beruflichen Aus- und Fortbildung
37. Nationale Mechanismen und internationale Zusammenarbeit zur Stärkung der personellen und institutionellen Kapazitäten in Entwicklungsländern
38. Internationale institutionelle Rahmenbedingungen
39. Internationale Rechtsinstrumente und –mechanismen
40. Informationen für die Entscheidungsfindung

Quelle: BMU (1997b)

Jedes Kapitel enthält zahlreiche praktische Anregungen, wie konkreter Fortschritt zu erzielen sei – ob im multilateralen, bilateralen oder innergesellschaftlichen Rahmen. Im Hinblick auf die Umsetzung der veranschlagten Maßnahmen werden ebenfalls deren Finanzierung, der zugehörige Technologietransfer und die institutionelle Absicherung des Folgeprozesses im System der Vereinten Nationen mitbehandelt. Und wie ein roter Faden durchzieht auch die Erkenntnis, dass „Bildung eine unerlässliche Voraussetzung für die Förderung einer nachhaltigen und zukunftsfähigen Entwicklung" ist, die gesamte Agenda. In fast jedem Kapitel (gebündelt dann in Kapitel 36) wird auf bildungspolitische Maßnahmen im Sinne einer Querschnittsaufgabe gedrängt, um die vorhandenen Probleme zu kommunizieren und ein Nachhaltigkeitsbewusstsein zu stärken.

Bis heute stellt die Agenda 21 für alle diejenigen Bereiche, die in der Zwischenzeit nicht durch Konventionen und sonstige Vereinbarungen rechtlich ausgestaltet worden sind, den maßgeblichen Bezugsrahmen in der Diskussion über nachhaltige Entwicklung dar. Die Agenda 21, die Nachhaltigkeit zum weltweiten Maßstab politischer Zukunftsplanung erhob, ließ den vorherrschenden Geist erkennen, der die meisten Ergebnisse von Rio kennzeichnete. Obwohl nämlich überall von einer „globalen Partnerschaft" die Rede war, wurde bereits in der Präambel kein Zweifel daran gelassen, dass die erfolgreiche Umsetzung vorrangig von den Regierungen abhängt. Zur Verwirklichung einer nachhaltigen Entwicklung verlangt die Agenda 21 ausdrücklich „politische Konzepte, Pläne, Leitsätze und Prozesse auf nationaler Ebene" (Präambel, 1.3). Daneben standen die Verpflichtung zur internationalen Zusammenarbeit und erste Ansätze zu einer *Global Governance*-Architektur im Bereich der nachhaltigen Entwicklung. So wurde zur Begleitung und Überwachung der Agenda 21 die UN-Kommission für nachhaltige Entwicklung eingesetzt (*United Nations Commission for Sustainable Development* = CSD), von der noch die Rede sein wird.

In der Präambel wurde außerdem festgehalten, dass zur Umsetzung der Agenda 21 substanzielle zusätzliche Finanzflüsse zugunsten von Entwicklungsländern erforderlich seien, um die beschriebenen globalen umwelt- und entwicklungspolitischen Ziele zu erreichen (1.4). Es wurde ein Finanzierungsmechanismus über die globale Umweltstelle der Weltbank (*Global Environment Facility* = GEF) vereinbart, über welchen die Entwicklungsländer in größerem Ausmaß mitbestimmen können, als dies sonst bei der Weltbank üblich ist. Dabei stand der Umfang der benötigten Finanzmittel in einem durchaus nicht unrealistischen Verhältnis zu den Aufgabenstellungen. Nach Berechnungen des UNCED-Sekretariats hätte die vollständige Umsetzung der Agenda 21 in den Entwicklungsländern Mittel in Höhe von mehr als 600 Milliarden Dollar jährlich erfordert, von denen die Industrieländer anteilsmäßig rund 125 Milliarden Dollar aufbringen sollten[9]. Dies entsprach ungefähr dem Betrag, den die Länder des Nordens ohnehin hätte leisten müssen, um ihr altes Versprechen endlich einzulösen, mindestens 0,7 Prozent des jeweiligen Bruttosozialprodukts für die Entwicklungszusammenarbeit einzusetzen (von Weizsäcker 1997: 122).

Ein Kontrastbild zu den unverbindlichen Absichtsbekundungen der Agenda 21 boten die Bereiche, die durch die neuen Rechtsinstrumente abgedeckt wurden. Neben der Konvention über die Biologische Vielfalt beinhaltete vor allem die Klimarahmenkonvention, die von den USA sofort unterzeichnet wurde, weitreichende Absichtserklärungen und Verpflichtungen. So hieß es in den Zielbestimmungen (Artikel 2), dass die Treibhausgaskonzentrationen auf einem Niveau stabilisiert werden sollten, das eine gefährliche, vom Menschen hervorgerufene Beeinflussung des Klimas verhindert. Auch wenn man die Festlegung auf verbindliche Fristen vermied, wurde klargestellt, dass dieses Niveau in einer Zeitspanne erreicht werden soll, das den Ökosystemen erlaubt, sich „natürlich" an die klimatischen Veränderungen anzupassen. Die wissenschaftliche Diskussion über das Ausmaß der Klimaveränderungen stand erst am Anfang, und so gab es die unterschiedlichsten Prognosen über das Tempo der drohenden Erwärmung. Wie Artikel 3 festhielt, durfte indes die verbleibende wissenschaftliche Ungewissheit keinen Grund liefern, die notwendigen Maßnahmen zu vertagen.

Wegweisend für andere Themen der Agenda 21 wurden die weitergehenden Verpflichtungen und Verfahrensweisen der Klimaschutzpolitik, soweit sie in der Rahmenkonvention festgeschrieben wurden[10]. So verpflichteten sich die Unterzeichnerstaaten in Artikel 4, regelmäßig aktualisierte und genau aufgeschlüsselte Berichte über ihre Beiträge zum Treibhauseffekt abzugeben und nationale Handlungsprogramme zu dessen Abschwächung zu entwerfen, über deren Erfüllung wiederum berichtet werden sollte. Im Geiste des Nachhaltigkeitsleitbildes wurden, wie auch in den späteren Rio-Konventionen, die sozioökonomischen Ursachen der Probleme und deren Lösungsansätze mit einbezogen. Es

---

[9] Vgl. Agenda 21, Kapitel 33.18. Die jährlichen Gesamtkosten waren auf den Zeitraum 1993 bis 2000 bezogen und schlossen alle Finanzierungswege ein (eigene öffentliche Leistungen, privater Sektor, Entwicklungsbanken, multilaterale und bilaterale Hilfsprogramme usw.).
[10] Der Schutz der Erdatmosphäre wird auch in Kapitel 9 der Agenda 21 behandelt, was ausdrücklich keine über die Klimarahmenkonvention hinausgehenden rechtlichen Verpflichtungen der Staaten begründet.

handelte sich daher gleichzeitig um eine Umwelt- wie Entwicklungskonvention. Erstmals wurden völkerrechtliche Grundlagen für die internationale Entwicklungszusammenarbeit etabliert. Es wurden nicht nur auf nationaler Ebene der Vertragsstaaten politische Initiativen mit tiefgreifenden Auswirkungen auf Wirtschaft und Gesellschaft verlangt. Die Industrieländer verpflichteten sich nach dem in der Konvention mehrfach wiederholten Prinzip der „gemeinsamen, aber unterschiedlichen Verantwortung" (*common but differentiated responsibilities*) zugleich, die Entwicklungsländer bei der Umsetzung technologisch und finanziell zu unterstützen. Dabei sollten sie sich ausdrücklich nicht auf die bloße Umweltagenda beschränken, sondern auch die wirtschaftliche und soziale, d.h. eben nachhaltige Entwicklung fördern.

Schließlich schuf die Klimarahmenkonvention einen ständigen institutionellen Apparat, mit Vertragsstaatenkonferenz, Sekretariat, einem wissenschaftlichen und einem Überwachungsausschuss. Diese Strukturen und Merkmale fanden ihre Entsprechung in vergleichbaren Regelungen der Biodiversitätskonvention. Das Muster der institutionellen Verstetigung und kontinuierlichen Überprüfung, das bei alldem deutlich wurde und künftig auf zusätzliche Themenfelder übertragen werden sollte, macht unbeschadet aller später verzeichneten Rückschläge und Frustrationen den Einschnitt von Rio deutlich. Vermutlich am treffendsten haben das diejenigen Kritiker des Rio-Prozesses interpretiert, die bedauernd darauf hinweisen, dass der Erdgipfel in der Rückschau den Abschluss der weltweiten ökologischen Protestbewegung markierte (Sachs 2002: 23). Diese wurde nun mehr und mehr in von Regierungen beeinflusste Denkweisen und in reformorientierte politische Umsetzungsprozesse eingebunden, ohne dass ein Erreichen der ursprünglich hochgesteckten Forderungen und Ziele unbedingt näher rückte.

3. Kapitel
Zur Ausprägung des Nachhaltigkeitsleitbildes

Die Diskussion, die zur Entstehung des Konzepts der nachhaltigen Entwicklung geführt hat, reicht strenggenommen bis in die Anfänge der Ökologiediskussion der fünfziger und sechziger Jahre zurück, als die Probleme der potenziell grenzüberschreitenden Umweltverschmutzung – der Große Smog von London (1952), Chemiekatastrophen und Öltankerunglücke – ins öffentliche Bewusstsein traten. Auf der Weltkonferenz über die Umwelt des Menschen in Stockholm im Jahr 1972 (UNCHE) wurden dann erstmals die Probleme von Umweltzerstörung und Entwicklung gemeinsam auf internationaler Ebene diskutiert und somit das Themenfeld für „Nachhaltige Entwicklung" definiert. In der Erklärung von Stockholm hieß es, der Schutz und die Verbesserung der menschlichen Umwelt beeinflusse „die Wohlfahrt der Völker und die wirtschaftliche Entwicklung in der ganzen Welt" und verpflichte deshalb sämtliche Regierungen.

Auf den Kompromisscharakter des ersten Umweltgipfels wurde bereits hingewiesen. Es ging um den Versuch, die widerstrebenden, vordringlich um ihr wirtschaftliches Fortkommen bemühten Entwicklungsländer davon zu überzeugen, dass Umwelt- und Entwicklungspolitik keine immanenten Gegensätze bilden und Umweltprobleme nicht ohne Berücksichtigung wirtschaftlicher und sozialer Gesichtspunkte aufgegriffen werden können. Letztlich wurde es den Entwicklungsländern mit einer Formel wie in der Erklärung nahegelegt, sich für den Umweltschutz auszusprechen, ohne spürbare Abstriche an ihren entwicklungspolitischen Zielen machen zu müssen. Hierin lag unbestreitbar eine Hypothek für die Zukunft eingeschlossen, denn dieser Interessenausgleich, dem entschiedene Ökologen mit Skepsis begegneten, musste in der Praxis dazu führen, die Lösung der globalen Umweltprobleme im Zweifelsfall den Prioritäten der Entwicklungsökonomie unterzuordnen.

Von „Eco-Development" zur Brundtland-Kommission

In der Folge wurde das Umweltprogramm der Vereinten Nationen (UNEP) mit Sitz in Nairobi eingerichtet. In den ersten Jahren skizzierten UNEP und andere Fachkommissionen Ansätze für einen alternativen, auf umwelt- und sozialpolitische Verträglichkeit zielenden Entwicklungspfad, der die grassierende Kritik an den Grenzen des westlichen Wachstumsmodells aufnehmen sollte (Meadows u.a. 1972). Es war Maurice Strong, der erste Exekutivdirektor des Umweltprogramms (und spätere Generalsekretär der UNCED), der im Jahr 1973 für diese neue Entwicklungsstrategie den Begriff „Eco-Development" prägte. Unter der Bezeichnung wurden schließlich in den siebziger Jahren eine Reihe entwicklungspolitischer Konzepte entwickelt, die jedoch weder hohe Bekanntheit noch breite Akzeptanz erreichten. Für das spätere Leitbild der nachhaltigen Entwicklung kam dem *Eco-Development*-Konzept aber eine Vorreiterrolle zu. Die wesentlichen Elemente des damaligen Ansatzes waren (Born 2002: 31) :

- die Befriedigung der Grundbedürfnisse und Sicherung einer angemessenen Lebensqualität mit Hilfe der eigenen Ressourcenbasis
- soziale Sicherheit und die vorausschauende Solidarität mit zukünftigen Generationen
- Maßnahmen zur Schonung der Ressourcen und der natürlichen Umwelt
- die Partizipation der Betroffenen sowie
- begleitende und unterstützende Erziehungs- und Bildungsprogramme

Das ganze Konzept war in erster Linie als Entwicklungsansatz für die überwiegend ländlichen Regionen des Südens gedacht. Eindeutig standen ökologische Aspekte wie Ressourcenschutz oder die Bewahrung der Ökosystemfunktionen im Vordergrund. Unter den zahlreichen Folgekonferenzen zu Stockholm ist die Erklärung von Cocoyok (Mexiko) im Jahr 1974 hervorzuheben. Dort wurde der Zusammenhang zwischen Umwelt und Entwicklung aus Sicht des Südens dahingehend neu definiert, dass Armut als eine Hauptursache für Umweltzerstörung und Bevölkerungswachstum anerkannt wurde. Das Konzept der Grundbedürfnisstrategie wurde als angemessene Reaktion auf armutsbedingte Umweltzerstörung akzentuiert; für ein globales ökologisches Gleichgewicht wurde zudem eine Harmonisierung von Unterentwicklung und Überkonsum für erforderlich gehalten. Weitergeführt und vertieft wurde dies durch den aus einem internationalen Gemeinschaftsprojekt hervorgegangenen Dag-Hammerskjöld-Bericht *Was tun?* von 1975, der für eine die Grenzen der ökologischen Tragfähigkeit nicht überschreitende „andersartige Entwicklung" plädierte (Harborth 1993: 30 f.)

Schließlich wurde in der *World Conservation Strategy* im Jahr 1980, die gemeinsam von den internationalen Naturschutzorganisationen IUCN (The Conservation Union), WWF und den Vereinten Nationen (UNEP) erarbeitet wurde, der Begriff Nachhaltige Entwicklung eingeführt. Das Konzept der „nachhaltigen Nutzung" (*sustainable use*) wurde im ökologischen Sinne geprägt und konkretisiert. Eine zentrale These lautete, dass ökonomische Gewinne aus einer übermäßigen Ausbeutung der Natur nur auf Zeit möglich sind. So lehnte die *World Conservation Strategy* die unkontrollierte Jagd auf Wildtiere ab und verlangte Nutzungsformen, welche dem Überleben der Arten nicht abträglich sind (IUCN u.a. 1980). Nichtsdestoweniger wurden in den Folgejahren die Zusammenhänge zwischen Armut, Entwicklung und Umweltschutz weiterhin wenig beachtet. Der Umschwung sollte erst mit der Brundtland-Kommission eintreten.

Der im Jahr 1987 fertiggestellte Bericht der Weltkommission für Umwelt und Entwicklung machte den Begriff und die Zielvorstellungen der nachhaltigen Entwicklung erstmals einer größeren Öffentlichkeit bekannt. Dank einer konsensfähigen Formulierung und einer optimistischen Einschätzung der Machbarkeit von nachhaltiger Entwicklung fand der Brundtland-Bericht weiten Anklang. Eine neue Perspektive und Ausweitung des Konzepts der nachhaltigen Entwicklung entstand durch den hohen Stellenwert, welcher der Befriedigung der grundlegenden Bedürfnisse der gegenwärtigen und der zukünftigen Generationen eingeräumt wurde. Nachhaltige Entwicklung sei, so wurde definiert, eine „Entwicklung, die die Bedürfnisse der Gegenwart befriedigt, ohne zu riskieren, dass künftige Generationen ihre eigenen Bedürfnisse nicht befriedigen können"[11] (Hauff 1987: 46). Die seither oft zitierte Formel ist allerdings nur begrenzt aussagefähig, und sie bedarf, schon im Brundtlandt-Bericht, der näheren Ausfüllung und Konkretisierung, um den Verdacht einer inhaltlichen Beliebigkeit auszuräumen.

Erschwerend kommt hinzu, dass der Begriff „Sustainable Development" wegen seiner Mehrdeutigkeit schwer zu übersetzen ist; *sustainable* kann u.a. mit „tragfähig", „dauerhaft", „zukunftsfähig" oder „nachhaltig" wiedergegeben werden. Erst schien es sich im Deutschen einzubürgern, ähnlich wie im Französischen (*développement durable*) von „dauerhafter Entwicklung" (Hauff 1987) zu sprechen, doch dann setzte sich „nachhaltige Entwicklung" durch. Der Begriff „Nachhaltigkeit" existiert seit langem und ist von Beginn mit der Frage nach den natürlichen Grundlagen des Wirtschaftens verbunden. „Nachhaltigkeit" war in Deutschland bereits im 18. Jahrhundert zeitgleich mit der Waldwirtschaft eingeführt und zum Leitprinzip der Nutzung erhoben worden. Vorausgegangen waren schon seit dem Spätmittelalter Beispiele praktisch erprobter Nutzungsbeschränkungen, um dem zunehmenden Holzmangel zu beggnen. Eine nachhaltige Forstwirtschaft beruht auf dem Grundsatz, nur so viel an Holz zu schlagen, wie durch Neupflanzung an Bäumen nachwachsen kann. Das Nachhaltigkeitsprinzip hat nach diesem Verständnis eine systemerhaltende Funktion (Nutzinger 1995).

Heute soll das Prinzip der Nachhaltigkeit soweit möglich im weltweiten Maßstab auf Ökologie, Ökonomie und Gesellschaft übertragen werden. Nach dem Brundtland-Bericht sollten neben der intergenerationalen Gerechtigkeit – mehr Wohlstand heute darf nicht zulasten künftiger Generationen gehen – die Grundbedürfnisse der Armen (Wohnung, Wasserversorgung, Hygiene, Gesundheitsfürsorge), d.h. die intragene-

---

[11] Im englischen Original: "Sustainable development is development that meets the needs of the present without compromising the ability of future generations to meet their own needs."

rationale Gerechtigkeit die überwiegende Priorität genießen. Nachhaltigkeit als Leitbild einer zukunftsfähigen Entwicklung läuft auf ein ethisches Postulat hinaus (Kurz 2002: 90). Nachhaltige Entwicklung bedeutet, die Verbesserung der politischen, wirtschaftlichen und sozialen Lebensbedingungen der heutigen Menschen mit der langfristigen Sicherung der natürlichen Lebensgrundlagen für zukünftige Generationen in Einklang zu bringen. Hierzu gehört u.a. die Stabilisierung des Bevölkerungswachstums, der Erhalt der Ressourcenbasis und eine Neuorientierung der Technologiepolitik[12]. Industrie- und Entwicklungsländern sollte das Eingehen auf eine Strategie der nachhaltigen Entwicklung damit erleichtert werden, dass eine Belebung des Wirtschaftswachstums trotz des damit zusätzlich verbundenen Ressourcenverbrauchs ausdrücklich als Ziel genannt wurde. Der Bericht übernahm zudem den exportbasierten Wachstum-durch-Handel-Ansatz, wonach Wachstum vor allem durch Ausfuhren und die Importnachfrage anderer, in der Regel höher entwickelter Regionen und Länder stimuliert wird (Harborth 1993: 62 ff.).

Nachhaltigkeit als globaler Handlungsrahmen

Der vom Brundtland-Bericht mitinitiierte Rio-Gipfel sollte die Fragen eines ausgewogenen und integrierten Ansatzes für Umwelt und Entwicklung auf weltweiter Ebene klären. Von einer beachtlichen dauerhaften Wirkung war der Vorbereitungsprozess zur Konferenz: In den meisten Ländern wurden Interessen- und Basisgruppen in die Vorbereitung einbezogen. Dadurch konnte die Idee der nachhaltigen Entwicklung tatsächlich weltweit verbreitet und eine Auseinandersetzung mit dem Thema gefördert werden. Dass es sich bei UNCED selbst um eine Konferenz souveräner Staaten handelte, stimmte mit den Handlungserfordernissen einer weltweiten Zusammenarbeit in den Bereichen Umwelt und Entwicklung nicht mehr überein. In den mannigfaltigen Foren am Rande des Gipfels trafen indessen Politiker, Wirtschaftsvertreter und Delegierte der Nichtregierungsorganisationen z.B. aus dem Umweltbereich aufeinander, um die Konferenzthemen aus dem Blickwinkel der Zivilgesellschaft zu erörtern. Seit Rio und der Agenda 21, die der Stärkung der Rolle wichtiger gesellschaftlicher Gruppen einen großen Stellenwert einräumt, ist anerkannt, dass Partizipation und eine möglichst aktive Beteiligung der Betroffenen, darunter z.B. die ländliche Bevölkerung oder indigene Gemeinschaften, ebenso wie der Dialog mit den wirt-

---

[12] „Nachhaltige Entwicklung" ist also nicht mit dem in der Entwicklungszusammenarbeit schon länger gebräuchlichen Begriff der Nachhaltigkeit von Projekten und Programmen gleichzusetzen, der auf deren „Lebensfähigkeit" nach Abschluss der finanziellen und personellen Unterstützung durch die Geber abzielt (Bohnet 1998: 9).

schaftlichen Akteuren zu den Merkmalen einer Politik der Nachhaltigkeit gerechnet werden.

In der Rio-Deklaration verpflichteten sich schließlich über 150 Regierungen zum Leitbild der nachhaltigen Entwicklung, das der Brundtland-Bericht in seinen Konturen vorgezeichnet hatte. Die Deklaration erkennt Souveränität und Eigenverantwortung der Staaten über ihre natürliche Ressourcen sowie ein Recht auf Entwicklung an. Damit ein Entwicklungsprozess nachhaltig ist, muss Umweltschutz ein integraler Bestandteil sein, denn Umwelt ist untrennbar mit Entwicklung verbunden: „Eine nachhaltige Entwicklung erfordert, dass der Umweltschutz Bestandteil des Entwicklungsprozesses ist und nicht von diesem getrennt betrachtet werden darf."[13] Armutsbekämpfung wird als Grundvoraussetzung für nachhaltige Entwicklung gesehen. Die Befriedigung der Bedürfnisse der gesamten Weltbevölkerung ist daher das Ziel. Gesondert wird auf die Lage der Entwicklungsländer hingewiesen: „Vorrang gebührt in erster Linie der besonderen Situation und den besonderen Bedürfnissen der Entwicklungsländer, vor allem der am wenigsten entwickelten Länder und der Länder, deren Umwelt am verletzlichsten ist. Internationale Maßnahmen im Bereich Umwelt und Entwicklung sollen auch auf die Interessen aller Länder gerichtet sein."[14]

Es geht beim Leitbild der nachhaltigen Entwicklung, das mit der Förderung der Demokratie und dem Schutz der Menschenrechte eine weitere Dimension einschließt, um das Ausbalancieren gegenläufiger Tendenzen der Weltgesellschaft. So gibt es den ungleichen wirtschaftlichen Wettbewerb der Industrie- und Entwicklungsländer, der wechselseitige Vorteile durch den Handel nicht ausschließt, und die politisch-ökonomische Konkurrenz zwischen den einzelnen sozialen Gruppen im Inneren der Staaten. Kontrastiert wird dies durch die dynamische Verflechtung von Globalökologie und Weltgesellschaft, die ein gemeinsames Handeln im weltweiten Maßstab erforderlich macht, so hinsichtlich der Gefahr der zunehmenden Armut in den Entwicklungsländern. Dabei erfolgte in Rio, über Widerstände hinweg, eine inhaltliche Gewichtung und bewusste Festlegung der Perspektive: „Globale Umweltprobleme definieren den harten Kern der ‚Weltproblematik' und damit auch das zentrale Entwicklungsproblem der Weltgesellschaft." (Becker 1995: 34)

Das Leitbild der nachhaltigen Entwicklung erlebte seine Karriere in einer Zeitphase, als nach dem Ende des Ost-West-Konflikts die überkomme-

---
[13] Grundsatz 4 der Rio-Deklaration, die im Anhang des Themendienstes vollständig abgedruckt ist.
[14] Grundsatz 6 der Rio-Deklaration.

nen Entwicklungstheorien und -modelle einer kritischen Überprüfung unterzogen wurden (Menzel 1992). Als globaler Handlungsrahmen kam die Agenda 21 deshalb zweifelsohne dem Bedürfnis vieler Akteure entgegen, sich in der Entwicklungsdebatte vor dem Hintergrund der wachsenden globalen Herausforderungen neu zu orientieren. Von den bisherigen „klassischen" Entwicklungstheorien und -modellen, die, einmal abgesehen von dem Konzept der kulturellen Bedingtheit der Entwicklung, überwiegend als ökonomische Wachstumstheorien zu verstehen sind, unterscheidet sich das Konzept der nachhaltigen Entwicklung dadurch, dass es primär nicht darauf abzielt, geschehene Entwicklung (und Unterentwicklung) zu erklären. Das Konzept legt stattdessen für künftige Entwicklung ein neuartiges Ziel fest, indem tendenziell Einschränkung statt Expansion im bisherigen Sinn empfohlen wird. Zudem wird gesagt, was *nicht* geschehen darf, damit die ganze Welt entwicklungsfähig bleibt (vgl. Einleitung, Thiel 2001: 16). Es handelt sich in erster Linie um einen normativ-teleologischen Ansatz, dessen strategische Aspekte jedoch, und das macht zu einem Großteil den politischen Reiz aus, ebenfalls deutlich ausgeprägt sind.

Der Wert des Nachhaltigkeitsansatzes ist nicht nur aus Sicht der Entwicklungsländer daran zu messen, inwiefern das Konzept tatsächlich in praktische Politik umgemünzt werden kann und welchen Beitrag es zugunsten einer langfristigen Lösung bestehender globaler Gerechtigkeitskonflikte zu leisten vermag. Dabei ist die gesteckte Aufgabe enorm. Im Hinblick auf einen fairen Interessenausgleich zwischen Reich und Arm sollen, ausgehend von den größeren Aktionsspielräumen des Nordens, die Voraussetzungen für ein neues nachhaltig-zukunftsfähiges Wohlstandsmodell geschaffen werden, das für den Süden technisch wie ökonomisch in realistischen Zeiträumen umsetzbar ist und die Verschwendung ökologischer Ressourcen wirksam einschränkt (BUND; Misereor 1996). Die Idee der „nachholenden Entwicklung" wurde in Rio bei näherem Hinsehen eher modifiziert denn aufgegeben. Die Regionen des Südens haben weiterhin den Reichtum des Nordens vor Augen. Auf dem Weg in die Zukunft sollen sie jedenfalls möglichst nicht den überholten, von Versäumnissen überschatteten Entwicklungspfad der Industriegesellschaften, die selbst in Richtung Nachhaltigkeit umgebaut werden müssen, durchlaufen.

4. Kapitel
Globale Strukturpolitik und die Rolle der Weltkonferenzen

Nicht erst seit Rio gilt die herkömmliche Entwicklungspolitik als überlebt. Gefragt ist nicht mehr allein die projektbezogene Entwicklungshilfe von gestern, sondern eine Strukturpolitik, die sich auf allen Politikfeldern den Herausforderungen der Globalisierung im Nord-Süd-Rahmen stellt. Die westlichen Staaten betreiben, damit kein Missverständnis entsteht, weiterhin – am Leitbild der Nachhaltigkeit und stärker als bisher an Effizienzkriterien orientiert – Entwicklungszusammenarbeit im finanziellen, technischen und personellen Bereich. Ergänzend stellt die moderne „Eine-Welt-Politik" an die wohlhabenden Industriegesellschaften vordringliche Aufgaben, die daheim gelöst werden müssen, um auf verschiedenen Sektoren, etwa in der Umwelt-, Energie-, Technologie- oder Bildungspolitik, den Aufbau eines nachhaltigen Wohlstandsmodells zu ermöglichen.

Einhegung der ökonomischen Globalisierung

Überwölbt wird das Ganze durch den Versuch, den sichtbaren Umbruch im Nationalstaatensystem als Signal zum Aufbau einer kooperativen Weltordnung zu begreifen. Eine „Weltordnungspolitik" (*Global Governance*) soll die aus einem globalen Krisenempfinden heraus entstandene politische Antwort auf das Zeitalter der Globalisierung sein. Diesem Ansatz liegt die Vorstellung zugrunde, dass eine Weltpolitik notwendig ist, die das aus der Intensität globaler Probleme abzuleitende „Weltgemeinwohl" über die spezifischen Einzelinteressen aller Staaten stellt (Hauchler; Messner; Nuscheler 2001: 17) [15]. Kollektives globales Handeln setzt ferner die Herausbildung einer legitimierten globalen Handlungsfähigkeit und eine funktionstüchtige *Global-Governance*-Architektur voraus. Elemente globaler Staatlichkeit sind heute in ersten Ansätzen vorhanden (UN-Sicherheitsrat, Internationaler Strafgerichtshof). Auch haben sich seit dem Ende der Ost-West-Auseinandersetzung Prozesse zur Bildung globaler Regelsysteme verstetigt, während gleichzeitig die Selbstbindung zahlreicher Staaten an globale Normen im Zunehmen begriffen ist. Das wichtigste Instrument bei der Herausbildung globaler Regelwerke war die Serie von Weltkonferenzen der Vereinten Nationen seit Beginn der neunziger Jahre, unter denen der Erdgipfel von Rio politisch herausragte.

---

[15] Der aus der wissenschaftlichen Debatte stammende Begriff wurde durch den Bericht der *Commission on Global Governance* popularisiert (Kommission für Weltordnungspolitik 1995).

Trotz der vermehrten globalen Handlungszusammenhänge hat sich indes das Grundmuster internationaler Zusammenarbeit bislang nicht entscheidend verändert. Die zwischenstaatlichen Beziehungen basieren nach wie vor überwiegend auf der freiwilligen Interaktion souveräner Einzelstaaten. Auch die Aktivitäten der multilateralen Institutionen, angefangen bei den Vereinten Nationen und den Bretton-Woods-Organisationen, haben keinen Durchbruch zu einem neuen Grundmuster der internationalen Beziehungen herbeigeführt. Zu diesem Befund trägt in nicht geringem Maße das Übergewicht der einzigen verbliebenen Weltmacht USA bei, die auf Grund ihrer wirtschaftlichen und politisch-militärischen Dominanz wenig Neigung verspürt, sich weitergehenden internationalen Verpflichtungen zu unterziehen und die eigene Handlungsfähigkeit z.B. im UN-Rahmen einzuengen[16]. Der amerikanische Unilateralismus schaffe ein „Weltordnungsproblem", diagnostizieren Kritiker (H. Müller 2000). Unter Präsident George W. Bush hat sich der unilateralistische Stil der amerikanischen Außenpolitik weiter verstärkt. Er ist in den für die nationale Souveränität besonders sensiblen Fragen zu beobachten, was die Auslösung militärischer Einsätze notfalls ohne Mandat des UN-Sicherheitsrates betrifft, und setzt sich auf anderen Feldern fort, vom Boykott des neu eingerichteten Internationalen Strafgerichtshofes bis zur Ablehnung der Klimaschutzbestimmungen des Kyoto-Protokolls.

Zu den Vorbehalten führender Großmächte gegen verbindliche globale Regelwerke tritt vielerorts Zurückhaltung bei den gleichfalls auf die Wahrung ihrer Souveränität bedachten Entwicklungsländern. Daher ist es erstaunlich, was mit dem innovativen Instrument der Weltkonferenzen – den „Baustellen für Global Governance" (Fues; Hamm 2001) – dennoch erreicht wurde. In dem zurückliegenden Jahrzehnt bewährten sich die Vereinten Nationen, unter den genannten eingeschränkten Bedingungen, als zentrales Forum bei der Aushandlung und Schaffung globaler Normsysteme. Der seit Anfang 1992 amtierende UN-Generalsekretär Boutros Boutros-Ghali war bemüht, die Probleme der Entwicklungsländer, insbesondere die Probleme Afrikas in das Zentrum weltweiten Interesses zu rücken. Die bereits länger geplante Serie von Weltkonferenzen wurde während seiner Amtszeit zu einem politischen „Kontinuum" ausgebaut, indem jede Konferenz auf der anderen aufbaute und gleichzeitig in kumulativer Weise zu dem Erfolg der nachfolgenden Konferenzen beitragen sollte. Mehrere Themenfelder sollten außerdem während der

---

[16] Die amerikanische Tendenz zum Unilateralismus hat zudem eine innenpolitische Ursache in den – verglichen mit den von der Regierungsmehrheit dominierten europäischen Parlamenten – umfassend geltend gemachten Kontrollbefugnissen des Kongresses gegenüber der Exekutive (Dembinski 2002).

gesamten Konferenzserie auf der Tagesordnung stehen, darunter die Förderung der Frauen (Boutros-Ghali 2000: 197).

Weltkonferenzen waren keine Erfindung der neunziger Jahre. Einige Themenfelder waren in den Jahrzehnten zuvor bereits Gegenstand großer UN-Konferenzen gewesen, wie im Falle des Stockholmer Umweltgipfels von 1972. Trotzdem besteht ein qualitativer Unterschied zu der Serie von Weltkonferenzen zwischen den Jahren 1990 und 1996. Diese fanden nicht nur unbehindert von dem in der Zwischenzeit überwundenen Ost-West-Konflikt statt. Es handelte sich auch insofern um echte „Weltkonferenzen", weil sie nicht mehr von einem scharfen Nord-Süd-Gegensatz überlagert schienen (DSE 1997: 11 f.). Angetrieben von dem Bewusstsein durchdringender Probleme auf der ganzen Erde, ging von diesen Großveranstaltungen, die von vielen Staats- und Regierungschefs besucht wurden (Gipfelcharakter), ein Ansporn zur globalen Kooperation aus, der weltweit Widerhall fand. Kennzeichnend waren ferner die intensiven Vorbereitungsprozesse, die Einbeziehung und Mitwirkung zahlreicher nichtstaatlicher Akteure, konkrete Aktionspläne, die verabschiedet wurden, Vorkehrungen, um die Implementierung der Beschlüsse zu überwachen, mit Sekretariaten und Folgetagungen. Der erste „Gipfel" des neuen Stils war der Weltkindergipfel in New York im Jahr 1990, dem zwei Jahre später der Erdgipfel von Rio nachfolgte. Zumeist trugen die verabschiedeten Beschlüsse und Aktionspläne, wie z.B. die Agenda 21, keinen bindenden Charakter. Dafür enthielten sie konkrete Zeitpläne, quantifizierte Ziele oder Ankündigungen, völkerrechtlich verbindliche Vereinbarungen (nach dem Modell der Rio-Konventionen) abzuschließen. Es gab Zusagen, die benötigten menschlichen, finanziellen und technologischen Ressourcen bereit zu stellen. Natürlich gab es von Beginn auch Enttäuschung, nicht nur bei Nichtregierungsorganisationen, über wenig aussagekräftige Formelkompromisse, später dann über nicht eingehaltene Vorgaben. Es überwog aber der eindrucksvolle ganzheitliche Ansatz. Die Themen wurden nicht isoliert, sondern im Gesamtzusammenhang der anderen globalen Themenfelder behandelt, was unweigerlich Überschneidungen zwischen den Gipfelthemen mit sich brachte. Mit Rio am ehesten zu vergleichen ist der Weltsozialgipfel von Kopenhagen (1995). Konzentrierte sich Rio am stärksten auf Umweltfragen, fokussierte Kopenhagen auf das Thema der sozialen Gerechtigkeit. Beide Konferenzen fuhren fort, das Bestehende aufzugreifen und mit innovativen Neuansätzen zu verbinden. Bemerkenswerterweise scheiterten aber beide mit ihrem jeweils kühnsten Projekt, der „Erdcharta" bzw. der in Kopenhagen nicht zustande gekommenen „Internationalen Sozialcharta" (Gsänger 1997: 86).

Die Weltkonferenzen seit Beginn der neunziger Jahre (Überblick)

1990	Weltkonferenz „Bildung für alle"	Jomtien, Thailand
1990	Weltkindergipfel	New York, USA
1992	Konferenz für Umwelt und Entwicklung	Rio de Janeiro, Brasilien
1993	Zweite Weltmenschenrechtskonferenz	Wien, Österreich
1994	Dritte Konferenz für Bevölkerung und Entwicklung	Kairo, Ägypten
1995	Weltgipfel für soziale Entwicklung	Kopenhagen, Dänemark
1995	Vierte Weltfrauenkonferenz	Peking, China
1996	Zweite Weltkonferenz für Wohn- und Siedlungswesen (Habitat II)	Istanbul, Türkei
1996	Welternährungsgipfel	Rom, Italien
2000	UN-„Millenniumsgipfel"	New York, USA
2001	Dritte Konferenz über die am wenigsten entwickelten Länder (LDC-Konferenz)	Brüssel, Belgien
2001	Weltkonferenz gegen Rassismus	Durban, Südafrika
2002	Konferenz zur Entwicklungsfinanzierung	Monterrey, Mexiko
2002	Weltgipfel für nachhaltige Entwicklung	Johannesburg, Südafrika
2003	Weltgipfel zur Informationsgesellschaft (geplant)	Genf, Schweiz

Die zweite Phase des Weltgipfels zur Informationsgesellschaft mit einem stärkeren Akzent auf den Problemen der Entwicklungsländer soll im Jahr 2005 in Tunis stattfinden.

Anmerkung:

Die Zuordnung zur Kategorie der „Weltkonferenzen" speziell in den Fällen nach 1996 ist nicht eindeutig. Nicht aufgenommen sind Sondersitzungen der Generalversammlung, beispielsweise der „Rio + 5"-Gipfel in New York (1997) oder der „Sozialgipfel + 5" in Genf (2000).

Niedergang des Weltgipfel-Modells?

Tatsächlich erwies es sich mit der Zeit als problematisch, dass kein „System der Weltkonferenzen" existiert. Das Leitbild der nachhaltigen Entwicklung, in Rio verkündet, lag auch den anderen Gipfelkonferenzen in unterschiedlicher Akzentuierung zugrunde. Auch dies trägt bis in die Gegenwart zu dem verschwommenen Bild darüber bei, welche Themen genau zum Feld der Nachhaltigkeitspolitik zu rechnen sind. Im Vorbereitungsprozess von Johannesburg war diese Unsicherheit spürbar, erschien die Agenda, der ganze zusammenhängende Komplex von Handels-, Finanz- und Umweltfragen, vielen Beteiligten als zu unübersichtlich. Mitten in der Vorbereitungsphase spannten sich Verbindungsstreben zu anderen UN-Konferenzen. Im März 2002 fand in Monterrey (Mexiko) erstmalig in der Geschichte der Vereinten Nationen eine Internationale Konferenz zur Entwicklungsfinanzierung (*Financing for Development*) statt, im Juni hielt die Welternährungsorganisation (FAO) in Rom einen Folgegipfel fünf Jahre nach dem Ernährungsgipfel von 1996 ab[17] – beides in enger zeitlicher Verknüpfung mit Johannesburg. Die schwerfällige multilaterale UN-Diplomatie wirkt unter diesen Bedingungen überlastet. Die erdrückende Themenvielfalt bei der nachhaltigen Entwicklung wachse dem System allmählich über den Kopf, urteilten erfahrene Fachleute im Juni 2002 nach dem Vorbereitungstreffen zum Johannesburg-Weltgipfel auf der indonesischen Insel Bali[18].

Überdies ist der politische Ruf der Weltkonferenzen in den vergangenen Jahren verblasst. Das verwundert nicht, wenn man bedenkt, dass nach einer Abfolge glanzvoller Großereignisse in den Jahren bis 1996 das Hauptgewicht nicht länger auf ehrgeizigen Deklarationen und der Verkündung von Aktionsplänen liegt, sondern auf praktischen Umsetzungsstrategien und der Überprüfung des Erreichten. Was die politische Mobilisierungswirkung betrifft, die von einem solchen Ereignis ausstrahlen kann, liegt inzwischen das warnende Beispiel eines praktisch gescheiterten Weltgipfels vor, der in Südafrika stattfand. Bei der „Weltkonferenz gegen Rassismus" brach Anfang September 2001 in Durban der Nord-Süd-Gegensatz an der Einschätzung des Kolonialismus in unerwarteter Schärfe auf. Mit Verspätung einigten sich die Delegierten auf eine Schlussdeklaration, die einen hinzugekommenen Streit über die Beurteilung des Nahostkonflikts nur notdürftig überdeckte (zuvor hatten die USA und Israel ihre Delegationen unter Protest abgezogen).

---

[17] Der „Welternährungsgipfel – fünf Jahre danach", ursprünglich für November 2001 angesetzt, war wegen der Wirkung der Anschläge vom 11. September verschoben worden.
[18] Vgl. den Bericht zum Vorbereitungstreffen in Bali („PrepCom IV FINAL") des *Earth Negotiations Bulletin* (ENB, Bd. 22, Nr. 41, 10.6.2002, hier: S. 14).

Mehr noch als diese konjunkturellen Belastungen des Gipfelmodells machte es dem Rio-Folgeprozess zu schaffen, dass das entwicklungspolitisch vordringliche Themenfeld der internationalen Handels- und Finanzpolitik von den UN-Konferenzen ausgespart wurde. Die Festlegung eines Ordnungsrahmens für die Globalisierung vollzieht sich außerhalb der Vereinten Nationen, deren Funktionen und damit die Möglichkeiten globaler Strukturpolitik dadurch geschmälert werden. Die Industriemächte koordinieren ihre Politik in Wirtschafts-, Finanz- und zunehmend auch in allgemeinen Fragen in dem informellen Beratungs- und Steuerungsgremium der G 7/G 8, das sich aus den seit 1975 abgehaltenen Weltwirtschaftsgipfeln entwickelt hat (Klemp 2000: 114)[19]. Die Zuständigkeit der G 8 ist praktisch unbegrenzt. Beim jüngsten Gipfel in Kananaskis (Kanada), im Juni 2002, stand offiziell eine neue Entwicklungspartnerschaft mit Afrika an der Spitze der Tagesordnung. In Reaktion auf die Kritik an der exklusiven Zusammensetzung der G 8 wurde vor vier Jahren die Gruppe der Zwanzig (G 20) gegründet, die als informelles Dialogforum der Finanzminister und Notenbankgouverneure aus Industrie- und Schwellenländern dient, während die ärmsten Länder (LDC) ausgeschlossen bleiben[20]. Das Gremium berät über Fragen zur Stabilität des internationalen Finanz- und Währungssystems. Inzwischen erweiterte es seine Aufgaben um die Beschäftigung mit den Herausforderungen der zunehmenden Integration durch die Globalisierung und die Kooperation bei Maßnahmen zur Bekämpfung der Finanzierung des internationalen Terrorismus.

Diese informellen Foren schaffen jedoch insbesondere keinen Ersatz dafür, dass der zentrale Bereich der Regulierung der internationalen Handelsbeziehungen von den Vereinten Nationen ferngehalten wird. So waren die Regierungen zwei Jahre nach Rio zum Abschluss der Uruguay-Runde des GATT im Januar 1995 in Marrakesch zur Gründung der Welthandelsorganisation (WTO) geschritten und Verpflichtungen zu einer fortschreitenden Liberalisierung des Welthandels eingegangen. Die meiste Macht in der neuen Organisation ruht nicht zufällig wieder bei einer informellen Runde, der sogenannten „Quad-Gruppe" (USA, Japan, Kanada, EU). Die WTO, die ihren Sitz in Genf hat und mit dem System

---

[19] Zur Gruppe der Sieben (G7), an deren Beratungen auch die EU-Kommission teilnimmt, gehören die USA, Japan, Kanada, Deutschland, Großbritannien, Frankreich und Italien. Das Gremium wurde 1998 für die weltpolitischen Beratungen um Russland auf die G 8 erweitert. Russland nimmt an den finanz- und wirtschaftspolitischen Beratungen der G 7 bislang nicht teil, soll aber nach einem Beschluss des G-8-Gipfels in Kananaskis (Juni 2002) künftig zum gleichberechtigten Mitglied aufsteigen.
[20] Mitglieder der G20 sind die G8-Staaten (einschließlich der EU), Argentinien, Australien, Brasilien, China, Indien, Indonesien, Mexiko, Saudi-Arabien, Südafrika, Südkorea, die Türkei sowie die Bretton-Woods-Institutionen.

der Vereinten Nationen nicht verbunden ist, beansprucht auch die Zuständigkeit für das Aushandeln weiterer Abkommen und die Schlichtung von Handelskonflikten unter den Mitgliedstaaten. Der aus dem GATT hervorgegangen WTO liegen als Grundsätze die *Liberalisierung*, der vollständige Abbau von Handelsbarrieren, und die *Nichtdiskriminierung* zugrunde. Dazu gehört, dass die jeweils günstigsten Zoll- und Handelsvorteile, die ein Vertragspartner einem anderen Partner einräumt, nach dem Meistbegünstigungsprinzip automatisch für alle WTO-Mitglieder gelten. Ausnahmen im Handel mit Entwicklungsländern (Zollpräferenzen) sind nach wie vor möglich.

Als Endziel einer liberalen Weltordnung erscheint am Horizont das Aufkommen einer zollfreien Welt, eines auch von nichttarifären Hemmnissen befreiten Weltbinnenhandels, für den die Rahmenbedingungen durch multilaterale Regelungen festgelegt und politisch abgesichert werden. Auch wenn in der Präambel der WTO die Förderung nachhaltiger Entwicklung und der Umweltschutz als Ziele Erwähnung finden, drohen die unbeabsichtigten Auswirkungen einer Öffnung der Märkte im Zuge der verschärften Standortkonkurrenz auf einen beschleunigten Verbrauch der natürlichen Ressourcen hinauszulaufen. Ferner besteht die Sorge vor einem Unterbietungswettlauf von Umweltstandards zur Erreichung von Handelsvorteilen („Umweltdumping"). Kritische Beobachter der Globalisierung urteilen pessimistisch: „Marrakesch schlug Rio" (Heinrich-Böll Stiftung 2002: 13). Verantwortlich dafür sei auch die bewusste politische Offenheit der Agenda 21, die einer konsensorientierten Sichtweise verpflichtet ist, so mit der Empfehlung in Kapitel 2, nachhaltige Entwicklung durch Liberalisierung des Handels zu fördern und dafür zu sorgen, „dass sich Handel und Umwelt wechselseitig unterstützen" (2.3). Zudem wurde von den Regierungen erwartet, „unter der Berücksichtigung der Ergebnisse der multilateralen Wirtschaftsverhandlungen im Rahmen der Uruguay-Runde" ein offenes und diskriminierungsfreies multilaterales Handelssystem zu unterstützen (2.9).

Gegenwärtig wird die Diskussion über nachhaltige Entwicklung jedenfalls von der Globalisierungsdebatte erheblich beeinflusst und überlagert. Die Globalisierung der Weltwirtschaft, die sich durch die zunehmende weltweite Verflechtung der Güter-, Dienstleistungs-, Kapital- und Finanzmärkte auszeichnet (bei einer relativ geringen Integration der Arbeitsmärkte), hat durch die Gründung der WTO weiter Auftrieb erhalten. Die vielfältigen Auswirkungen der Globalisierung und die Zwänge, denen jeder Staat hinsichtlich der Anpassung an den weltweiten ökonomischen und technologischen Strukturwandel unterworfen ist, führen dazu, dass die Themen von Rio aus der Sicht vieler Staaten einem Zielkonflikt unterliegen. Ohnehin haben aus einer verkürzten Perspektive, die eigentlich mit Rio überwunden werden sollte, wirtschaftlich-soziale Faktoren – im Norden die Verringerung der Arbeitslosigkeit und die Wohlstandssicherung, im Süden neben dem Wohlergehen der Eliten der Kampf gegen die millionenfache Armut – meistens Vorrang vor einer Inangriffnahme der globalen Umweltprobleme. Dabei macht gerade die Vorstellung von der Vernetzung der verschiedenen Dimensionen – ökologisch, wirtschaftlich und sozial – den Kern der Nachhaltigkeitspolitik aus.

5. Kapitel
Von der Globalisierung zur nachhaltigen Entwicklung

Die Globalisierung hat am Beginn des neuen Jahrhunderts eine Eigendynamik entfaltet, die gleichzeitig bedeutende Chancen und Gefahren einschließt. Die wichtigsten Ursachen der Globalisierung liegen in der Liberalisierung, der Privatisierung sowie den abnehmenden Transport- und Kommunikationskosten. Eine treibende Kraft sind die internationalen Konzerne, die Kapital, Güter und neue Technologien in immer neue Länder hineinbringen. Dank der Öffnung der Märkte ist der Welthandel viel schneller gewachsen, als dies sonst zu erwarten gewesen wäre. Die Ausweitung des Welthandels beschleunigt die ökonomische Entwicklung, sofern die Exporte eines Staates der Motor des Wirtschaftswachstums sind. Der Wohlstand von Millionen Menschen in den asiatischen Industrie- und Schwellenländern ist einem solchen exportinduzierten Wachstum zu verdanken. Die Globalisierung eröffnet zudem vielen Menschen im Süden bisher ungeahnte Zugriffsmöglichkeiten auf verfügbares Wissen, wenngleich der „digitale Graben" zwischen Industrie- und Entwicklungsländern, die zur Informationstechnologie nur eingeschränkt Zugang haben, auf absehbare Zeit fortbestehen wird (Afemann 2001).

In letzter Zeit ist jedoch die Kritik an den sozialen Auswirkungen der Globalisierung gestiegen und die von den Verfechtern des Wegfalls aller Handelsschranken angekündigten wirtschaftlichen Vorteile auch für die Entwicklungsländer werden bezweifelt. In vielen Regionen des Südens hat die Globalisierung der Weltwirtschaft weder die Armut verringert noch ökonomische und soziale Stabilität gewährleistet. In Asien und Lateinamerika haben schwere Finanzkrisen das wirtschaftlich-soziale Gefüge einer Anzahl von Schwellenländern zerrüttet. Der afrikanische Kontinent versinkt im Elend, ohne dass davon besonders viel Notiz genommen wird. Die den Schuldnerländern verordneten rigiden Strukturanpassungsprogramme des Internationalen Währungsfonds (IWF), die sich mit Strategien der Armutsbekämpfung nur schwer vereinbaren lassen, haben in der Zwischenzeit viele Kritiker auf den Plan gerufen. Einer der renommiertesten ist der frühere Chefvolkswirt der Weltbank und Wirtschaftsnobelpreisträger Joseph Stiglitz, der den Bretton-Woods-Institutionen bei der Erfüllung ihres Auftrags ein von „Marktideologie" beherrschtes Politikversagen und mangelnde Offenheit für alternative Strategien vorwirft (Stiglitz 2002).

Ins Auge fällt auch die wachsende Bewegung der Gegner einer neoliberal dominierten Globalisierung. Seit der WTO-Ministertagung in Seattle (1999) ist die teilweise auch von gewalttätigen Aktionen begleitete Protestserie gegen internationale Konferenzen und Symbole der Globalisierung, mit einem Höhepunkt im vorigen Jahr beim G-8-Gipfel in Genua, nicht mehr abgerissen.[21] Es hat sich eine vernetzte – ihrerseits die Chancen der Globalisierung für eigene Zwecke ausnutzende – zivilgesellschaftliche Bewegung für eine demokratische Kontrolle und Regulierung der internationalen Finanzmärkte herausgebildet. Bekannt geworden ist der Ruf nach Einführung einer Devisenumsatzsteuer zur Eindämmung der Währungsspekulation (Tobin-Steuer). Den größten Erfolg hat bislang die internationale ATTAC-Bewegung, die in Frankreich ihren Ausgang nahm[22]. Zu ihren Forderungen zählt neben der Einführung einer Devisenumsatzsteuer die soziale und ökologische Gestaltung der Welthandelsordnung und die Lösung der Schuldenkrise des Südens (Wahl 2001: 354).

Von Doha nach Johannesburg

Wie kritisch die vorgeschlagenen Instrumentarien im einzelnen bewertet werden mögen, mit dem Ruf nach einer „gestalteten Globalisierung" wird implizit das Leitbild der nachhaltigen Entwicklung einer unregulierten Globalisierung entgegengehalten, die sich so gut wie ausschließlich im Kraftfeld eines liberalen Weltmarktes vollzieht. Eine tendenziell ungesteuerte Globalisierung basiert demgegenüber auf der Gleichung, dass Freihandel Wachstum erzeugt und ein solches Wachstum schließlich den Aufschwung des Südens nach sich zieht. Entsprechend sah die Ende 1993 abgeschlossene Uruguay-Runde einen weiteren Abbau von

---

[21] Eine unmittelbare Folge der Protestaktionen ist darin zu sehen, dass z.B. WTO-Konferenzen oder G8-Gipfel inzwischen an für Demonstrationen abweisenden oder geographisch abgelegenen Orten abgehalten werden, wie in der Hauptstadt Katars, Doha, oder im kanadischen Bergdorf Kananaskis.
[22] Der Name der 1998 gegründeten Organisation ATTAC steht für *Association pour la taxation de transactions financières à l'aide aux citoyens* (Vereinigung zur Besteuerung von Finanztransaktionen im Interesse der Bürger).

Zöllen und nichttarifären Handelshemmnissen vor. Dabei waren vom Abbau nichttarifärer Handelshemmnisse besonders der für die Südregionen bedeutende Handel mit Agrargütern und der Welttextilhandel betroffen. Die Entwicklungsländer beklagen dennoch Probleme bei der Umsetzung einer Fülle neuer juristischer und administrativer Verpflichtungen und streben eine weitere Liberalisierung der Agrar- und Textilmärkte an. Deutlich wurde aber auch, dass es den Entwicklungsländern noch jahrelang schwergefallen ist, den mit der Umwandlung zur WTO eingeleiteten Rollenwechsel von „Trittbrettfahrern" im GATT zu formal gleichberechtigten Mitgliedern der Welthandelsorganisation mit entsprechenden Rechten und Pflichten zu nutzen (Wiemann 1999: 32).

Nach der von Protesten überschatteten WTO-Konferenz in Seattle, die im Jahr 1999 keinen Konsens über eine weitere Liberalisierung des Welthandels im Rahmen der geplanten „Millenniumsrunde" herstellen konnte, wurde zwei Jahre danach, im November 2001, auf der vierten WTO-Ministerkonferenz in Doha (Katar) eine neue Verhandlungsrunde eingeläutet. Die *Doha Development Agenda* verknüpft die bereits begonnenen Verhandlungen zum Agrar- wie Dienstleistungsabkommen mit Veränderungen an anderen WTO-Abkommen sowie neuen Liberalisierungsschritten[23]. Zu den Themen der neuen Welthandelsrunde gehören z.B. die Begünstigung umweltfreundlicher Güter und Dienstleistungen, daneben aber auch umweltschädliche Fischereisubventionen, Umweltgütesiegel und Fragen der biologischen Vielfalt. Dass Entwicklungsfragen im Zentrum der Doha-Runde stehen sollen, begrüßte UN-Generalsekretär Kofi Annan in seinem Bericht zur Implementierung der Agenda 21 als hoffnungsvolles Zeichen (ECOSOC/CSD 2002: 5). Kritiker wiesen allerdings frühzeitig darauf hin, dass das weitreichende neue Mandat von Doha einen Schatten auf den Weltgipfel für nachhaltige Entwicklung werfen und dessen politische Bedeutung beeinträchtigen würde, indem die WTO wichtige Themenfelder des Johannesburg-Prozesses in den eigenen Regulierungsbereich überführe (Menotti 2001).

Als Gewinnerin in Doha wurde überwiegend die Europäische Union gesehen, die einige wichtige Ziele durchsetzen konnte. Dazu gehört gerade, dass der kontroverse Bereich „Handel und Umwelt" als Verhandlungsgegenstand aufgenommen wird. Die meisten Entwicklungsländer hatten sich entschieden dagegen gestemmt; sie interpretieren vom Prinzip her Umweltstandards – ebenso wie Gesundheits- und Sozialstandards – primär als den Versuch der Industrieländer, sich zusätz-

---

[23] Die Ministererklärung und andere Dokumente der *Doha Development Agenda* sind auf der WTO-Website dokumentiert und erläutert: <www.wto.org/english/tratop_e/dda_e/dda_e.htm>

liche Wettbewerbsvorteile zu verschaffen. Eine Quelle andauernden Streits bleibt z.B. die Anwendung des Abkommens über sanitäre und phytosanitäre Standards (SPS). Davon betroffen sind die Agrarexporte von Entwicklungs- in Industrieländer, welche oft strengere Standards eingeführt haben, die von den Entwicklungsländern teilweise nicht erfüllt werden können. Dies ist nur ein Beispiel typischer Interessenkollisionen. So treten zwischen der WTO-Ordnung und den Zielen einer globalen Nachhaltigkeitspolitik Konflikte in Richtung der ökologischen Dimension auf. Die Interessen großer Konzerne und andererseits auch das Streben der Entwicklungsländer nach wirtschaftlichem und sozialem Fortschritt tendieren dazu, den globalen Umweltschutz hintanzustellen. Umgekehrt sollte das Regelwerk der Globalisierung den Entwicklungsländern eine größere Chancengleichheit eröffnen und unfaire Handelsschranken beseitigen.

Offensichtlich haben die Ergebnisse von Doha die Ausgangssituation des Johannesburg-Gipfels nicht unbeträchtlich beeinflusst. So will die WTO z.B. das offene Verhältnis zwischen multilateralen Umweltabkommen (MEA) und den WTO-Regeln klären. Die WTO besitzt ein wirksames Streitfallverfahren zur Durchsetzung ihrer Regeln. Bislang hat es noch keinen Streitfall zu einem internationalen Umweltabkommen gegeben, aber es besteht eine beachtliche Rechtsunsicherheit auf diesem Gebiet, da sich beide Materien unabhängig voneinander entwickelt haben (Knirsch 2002: 44). Die einklagbaren Handelsregeln drohen ein Übergewicht einzunehmen und die Funktion der multilateralen Umweltabkommen abzuschwächen. Eine Aufgabe des Johannesburg-Prozesses wird offenkundig darin liegen, den Stellenwert der internationalen Umweltabkommen hervorzuheben. Auch dem Abschluss der Ratifizierungsprozesse bei noch nicht in Kraft getretenen Umweltabkommen kommt große Bedeutung zu. Wenn Konflikte zwischen Handels- und Umweltrecht innerhalb der WTO ausgetragen werden, scheint Schaden unvermeidlich, solange die WTO-Abkommen nicht um „ökologische Leitplanken", etwa durch den Vorrang für multilaterale Umweltabkommen oder die Einführung von Umweltstandards, ergänzt werden (Greenpeace 1999).

Andere Forderungen gehen in Richtung einer Demokratisierung der WTO. Im Widerspruch zu dem weitreichenden Mandat der Welthandelsorganisation stehen bislang die geringfügigen demokratischen Kontrollmöglichkeiten, eine mangelhafte Transparenz, die geringen Beteiligungsmöglichkeiten und die fehlende Rechenschaftspflicht gegenüber den Vereinten Nationen, den Parlamenten der Mitgliedstaaten und gegenüber der Öffentlichkeit. Eine Reform müsste speziell die Einflussmöglichkeiten der Entwicklungsländer stärken. Zuletzt wurde anlässlich der WTO-Ministerkonferenz in Doha von Vertretern der Entwicklungsländer beklagt, dass ihre Regierungen im Vorfeld und während der Konferenz von politisch zentralen Entscheidungsprozessen der Industriestaaten konsequent ausgeschlossen worden seien. Wichtige Entscheidungen seien in informellen Zirkeln gefallen, zu denen Delegierte des Südens nicht zugelassen waren. Auch das Sekretariat der Organisation lege in der Praxis eine einseitige Haltung an den Tag und trage dazu bei, die Entwicklungsländer in der WTO politisch zu marginalisieren (Kwa 2002).

Eine grundlegende Aufwertung der Nachhaltigkeitsaspekte wäre mit der Gründung einer Weltumweltorganisation als Gegenstück zur WTO möglich, für die bereits viele Vorschläge auf dem Tisch liegen. Einige Varianten sehen vor, eine zentrale Organisation um das UN-Umweltprogramm herum aufzubauen, eventuell in Verbindung mit einem zu schaffenden „Weltumweltgerichtshof", während andere pragmatische Überlegungen eher dahin gehen, existierende Umweltabkommen besser zu koordinieren und als Grundlage zur Lösung von Streitfällen gemeinsame Prinzipien und Schlüsseldefinitionen verbindlich festzulegen (UNU/IAS 2002b). Dieser Gedanke, dessen Umsetzung sich in einem längeren Prozess vollziehen könnte, ist nicht nur unter Nichtregierungsorganisationen verbreitet. Auch die Bundesregierung hat sich zuletzt in ihrer nationalen Nachhaltigkeitsstrategie für eine Stärkung des UN-Umweltprogramms ausgesprochen mit der ausdrücklichen Perspektive, UNEP zu einer Weltumweltorganisation fortzuentwickeln. Parallel dazu schloss sich die Regierung auch dem Vorschlag des Nachhaltigkeitsrates an, nach dem Vorbild der Brundtland-Kommission eine Weltkommission zum Thema Nachhaltigkeit und Globalisierung einzusetzen. Im Vordergrund soll hierbei nicht die Schaffung neuer Verwaltungsstrukturen stehen, sondern eine politische Initiative, um Globalisierung entsprechend den Grundsätzen der Nachhaltigkeit zu gestalten (Bundesregierung 2002: 126).

Wie kann „nachhaltiger Handel" schon heute in ein praxisrelevantes Konzept der nachhaltigen Entwicklung eingepasst werden, das den ökologischen wie den sozialen und entwicklungspolitischen Aspekt gleichermaßen einschließt? Laut einer Definition der Europäischen Kommission sollte eine nachhaltige Handelspolitik den Handel mit Gütern ebenso wie mit Dienstleistungen betreffen und folgende Aspekte umfassen: das Bemühen um die Integration des Nachhaltigkeitsansatzes in alle nationalen Entscheidungsprozesse, dazu die Ermutigung an die teilhabenden Regierungen, Nachhaltigkeit in ihrem jeweiligen Verantwortungsbereich zu fördern, und vor allem den Grundsatz, dass die

Handelspolitik die Nachhaltigkeitspolitiken auf anderen Gebieten nicht behindern soll[24]. Der Nord-Süd-Aspekt wird hier von der Tendenz her ergänzend eingeblendet, ein Eindruck, der sich später bei der Darstellung der EU-Nachhaltigkeitsstrategie bestätigen wird. Bei der WTO-Konferenz in Doha setzte sich die Europäische Union dann, wie erwähnt, konkret für die Aufnahme von Verhandlungen über „Handel und Umwelt" und einen Dialog über das Verhältnis zwischen Handelsregeln und Umweltabkommen ein.

Als bedeutsam wurde registriert, dass die EU am Rande der Konferenz die Anerkennung dafür erreichte, dass ihr Präferenzhandel mit den AKP-Ländern nicht gegen WTO-Regeln verstößt. Die Handelsliberalisierung zwischen der EU und den AKP-Staaten steht im Mittelpunkt des im Juni 2000 in Cotonou (Benin) abgeschlossenen neuen EU-AKP-Partnerschaftsabkommens, das die Aushandlung sogenannter „Wirtschaftspartnerschaftsabkommen" zwischen der EU und den AKP-Staaten spätestens bis zum Jahr 2008 vorsieht und Nachhaltigkeitsaspekte im weitesten Sinne betont. Das Leitmotiv des Abkommens ist die Integration der ärmsten Länder in die Weltwirtschaft, um damit wirksam zur Armutsbekämpfung beizutragen. Dagegen ist die ökologische Dimension der Nachhaltigkeit eher komplementär berücksichtigt, soweit jedenfalls im Text weitaus häufiger von „nachhaltigem Wachstum" als von Umweltaspekten die Rede ist[25]. Das Angebot zu einem gerechteren Welthandel kam ebenso deutlich in einer im Vorfeld zur LDC-Konferenz der Vereinten Nationen (Mai 2001) getroffenen Entscheidung zum Ausdruck. Demnach will die EU den 49 ärmsten Ländern (LDC) für ihre Produkte einen quoten- und zollfreien Zugang einräumen. „Alles außer Waffen" (*Everything but Arms*) lautet seitdem die Devise für den Zugang zu den europäischen Märkten; davon sind nur wenige Agrarprodukte für eine Übergangsfrist ausgenommen.

Allerdings mehren sich seit einiger Zeit die Zweifel, ob die ärmsten Länder von einer Öffnung der Industriemärkte tatsächlich in dem erhofften Ausmaß profitieren können, selbst wenn es zu einer spürbaren Abschwächung des Agrarprotektionismus der Industriestaaten kommen sollte. Am Ausgang der Kritik steht die Überlegung, dass der zusätzliche Güterexport der LDC realistischerweise nur bei Produkten zu erwarten ist, die sie jetzt schon ausführen, also bei Rohstoffen und Agrargütern.

---

[24] Sustainable Trade. Civil Society Dialogue. Next steps in our dialogue. November 2000. Towards sustainable trade: Frequently asked questions
<www.europa.eu.int/comm/trade/csc/faqs.htm#1>
[25] Wortlaut des Abkommens:
<www.europa.eu.int/comm/development/cotonou/agreement_de.htm>

Capacity-Building als Instrument der nachhaltigen Entwicklung

Die Stärkung von personellen und institutionellen Kapazitäten (*Capacity Building*) der Entwicklungsländer im Bereich Handel, Umwelt und Entwicklung stellt für die Zukunft der nachhaltigen Entwicklung ein weiteres wichtiges Thema dar. Auf der WTO-Ministerkonferenz in Doha vereinbarten im November 2001 einige der etablierten Mitgliedsländer insgesamt 30 Millionen Schweizer Franken zusätzlich für den sogenannten *Global Trust Fund* der Welthandelsorganisation bereitzustellen, um den ärmsten Entwicklungsländern Beratung und Hilfestellung bei der geplanten neuen Handelsrunde zukommen zu lassen (U. Schmidt 2002).

Aber es sind größere Anstrengungen nötig, damit die ärmsten Länder in die Lage versetzt werden, ihre Interessen im Sinne eines Welthandelssystems zu vertreten, das Umwelt- und Entwicklungsgesichtspunkte integriert. Einen von Johannesburg ausgehenden Impuls zu Gunsten entsprechender Anstrengungen von UNEP, UNCTAD und WTO erhoffte sich u.a. das UN-Umweltprogramm. Örtliche und regionale Institutionen müssten in den Prozess der politischen Schwerpunktsetzung und in die Aktivitäten im Bereich des Capacity-Building einbezogen werden. Ohne ein solches Capacity-Building an den politischen Schnittstellen sei nachhaltige Entwicklung nicht zu erreichen (DESA/CSD 2002b: 10).

Dieses Postulat ist auf sämtliche relevanten Johannesburg-Themen zu übertragen. Dem Capacity-Building war daher nicht zuletzt bereits in der Agenda 21 ein gesonderter Abschnitt (Kapitel 37) gewidmet. Der Aufbau leistungsfähiger Institutionen durch eigene Anstrengungen bei gleichzeitiger Zuhilfenahme auswärtiger Beratung und Unterstützung stellt einen genuin entwicklungspolitischen Kern des Nachhaltigkeitsansatzes dar, der sich auf alle Dimensionen (ökologisch, ökonomisch, sozial) auswirkt. Capacity-Building führt zudem auf die Leitvorstellung einer Guten Regierungsführung (*Good Governance*) hin, die in der internationalen Entwicklungszusammenarbeit grundsätzlich unterstützt und ebenfalls unter dem Rubrum der Nachhaltigkeit – vielfach unter dem Titel einer eigenständigen „vierten Säule" – eingefordert wird[26].

---

[26] Auf den Begriff *Good Governance* wird im 7. Kapitel näher eingegangen.

Auch wenn man zwischen einzelnen Gruppen der ärmsten Länder näher differenziert, ergibt sich, dass sie allesamt kaum Fertigwaren exportieren. Deren Anteil an den Weltausfuhren ist von 25 Prozent im Jahr 1950 auf 75 Prozent im Jahr 1996 kontinuierlich angestiegen. Negativ betroffen sind die LDC-Anbieter auch von vergleichsweise höheren Transport- und Kommunikationskosten, den marktverzerrenden Agrar- und Exportsubventionen der Industrieländer und den nichttarifären Handelshemmnissen wie Antidumping-Maßnahmen, Produktstandardanforderungen, technischen und Gesundheitsstandards usw., die den Zugang zu den nördlichen Märkten versperren (Kappel 2001). Die ärmsten Staaten verfügen bei alldem nicht über genug eigene Mittel oder die Kompetenzen, diese und ähnliche Probleme zu überwinden.

Die Spannungen, die sich aus dem Verlangen des Südens nach einer gerechteren Weltordnung und gleichberechtigten Entwicklungschancen ergeben, erstrecken sich auf eine weitere bedeutende Konfliktlinie der globalen Nachhaltigkeitspolitik. Es klang bereits an, dass das Streben des Südens nach wirtschaftlicher Expansion zu den Zielen des globalen Umweltschutzes in Widerspruch geraten kann. Dabei enthielt das Leitbild der nachhaltigen Entwicklung ausdrücklich das Bekenntnis zu wirtschaftlicher Entwicklung und damit auch zu wirtschaftlichem Wachstum. Im übrigen machte das Beispiel der Brundtland-Kommission Schule, die die Ausdrücke „nachhaltige Entwicklung" und „nachhaltiges Wachstum" synonym gebrauchte und damit eine anhaltende begriffliche Verwirrung gefördert hat (Schmitz 1996: 106). Wachstum soll auf der ganzen Welt unter Berücksichtigung umweltpolscher Beschränkungen beschleunigt werden, um auf diese Weise die ärmeren Staaten dabei zu unterstützen, ihre Volkswirtschaften zu diversifizieren, soziales Elend zu beseitigen sowie umweltgerechte Technologien und geeignete Managementformen weiter zu entwickeln. Unentschieden blieb in der Agenda 21, in welcher Weise „Entwicklung" und „Wachstum" zusammenhängen oder sogar miteinander gleichzusetzen sind. Der Nachhaltigkeitsbegriff wurde seines ökologischen Ursprungs entkleidet, urteilen Kritiker aus der Umweltbewegung. Nicht selten vernimmt man den Vorwurf, vor und in Rio sei ein bedenklicher Perspektivwechsel eingetreten, die Bedeutung von Nachhaltigkeit habe sich verschoben: „von Naturschutz zu Entwicklungsschutz" (Heinrich-Böll-Stiftung 2002: 15). Tatsächlich lässt sich, auf die Politik der nachhaltigen Entwicklung bezogen, das Grunddilemma einer wachstumsorientierten Globalisierungsstrategie formulieren. Niemand bestreitet mehr, dass der westliche Lebensstil mit seinem hohen Ressourcenverbrauch kein direktes Vorbild sein kann. Einprägsam ist das Bild des „ökologischen Fußabdrucks", das eine Methode veranschaulicht, um das Maß der von der Bevölkerung eines Territoriums beanspruchten Ressourcen darzustellen[27]. So benötigt ein Europäer im Durchschnitt drei Hektar Land. Statistisch gesehen stehen aber jedem Menschen nur ungefähr anderthalb Hektar Land zur Verfügung, die darüber hinaus mit Millionen Tier- und Pflanzenarten geteilt werden müssen. Um den Einfluss auf die Umwelt, also den ökologischen Fußabdruck, zu verringern, liegen mehrere Ansätze vor, die in einem Konzept zusammengeführt werden könnten: Erhöhung der ökologischen Produktivität der Natur, optimale Nutzung der natürlichen Ressourcen und die Verringerung des Individualkonsums (Wackernagel; Rees 1997).

Der Grundwiderspruch zwischen Nachhaltigkeit und Wachstum, das implizit auf den Verbrauch natürlicher Ressourcen hinausläuft, ist damit nicht aufgehoben. Umweltverträglichkeit und Ressourcenverfügbarkeit setzen dem Wachstum sowohl in Industrie- wie Entwicklungsländern Schranken. Manche Wissenschaftler glauben sogar, dass in den Industrieländern eine inhärente Grenze bereits erreicht sei und dass sich die höheren Wachstumsraten früherer Jahre nicht mehr erzielen ließen (Daly 1999; Zinn 1998). Radikale Globalisierungsgegner gehen noch weiter und argumentieren, die kapitalistische Wirtschafts- und Produktionsweise stehe grundsätzlich einer effizienten Nachhaltigkeitspolitik im Wege. Bei einem „ökologisch-sozialen" Kapitalismus, so lässt sich diese Position zusammenfassen, handele es sich um ein Wunschbild, denn der wachstumsorientierte Industriekapitalismus gehe unweigerlich mit einem steigenden Ressourcenverbrauch einher. In diesem Kontext leben auch mancherorts Vorstellungen eines zukunftsfähigen „Öko-Sozialismus" auf (Sarkar 2001).

Grundsatzkritik am Ansatz von Rio

Ohne hier zu vertiefen, was möglicherweise Wunschbild ist oder nicht, verdient der Punkt Beachtung, ob Nachhaltigkeit nicht zumindest in den Industriegesellschaften mit ihrem ungeschmälerten Ressourcenverbrauch auf das Postulat einer, am Wachstum gemessenen, stagnierenden oder schrumpfenden Ökonomie hinauslaufe. Wettbewerbsdruck kann unbestritten auch zu einem effizienteren Umgang mit den Ressourcen zwingen und dazu führen, dass sich umweltschonender technischer Fortschritt schneller ausbreiten kann. Ob die immanente Logik des marktwirtschaftlichen Systems im globalen Maßstab zukunftsfähig und mit dem Prinzip der Nachhaltigkeit in Übereinstimmung zu bringen sei, nötigt jedoch auch den Befürwortern einer „ökologischen Modernisie-

---

[27] Das Bilanzierungsinstrument schätzt Energieflüsse und Konsumeinheiten in einer Gebietskörperschaft ab und rechnet diese in Wasser- und Landflächen um. Die ermittelte Fläche entspricht dem „Fußabdruck", den die entsprechende Einheit im Naturhaushalt hinterlässt.

rung" hin und wieder Zweifel ab. So merkten schon vor Jahren die Autoren der Studie des Wuppertal-Instituts *Zukunftsfähiges Deutschland* an einer Stelle an: „Erst wenn sich in der Zukunft herausstellt, dass eine Verbrauchsreduktion von Energie und Stoffen mit der Systemdynamik der Marktwirtschaft nicht vereinbar ist, müssen andere Wege des Wirtschaftens überlegt werden. Nur in diesem Fall wäre die Gesellschaft vor die Wahl gestellt, entweder das marktwirtschaftliche System grundlegend zu ändern oder auf die ökologische Anpassung in Richtung Zukunftsfähigkeit zu verzichten." (BUND; Misereor 1996: 373)

Das Leitbild der nachhaltigen Entwicklung entwirft freilich ein anderes, ein zuversichtlicheres Panorama, das ein kooperatives Zusammenwirken der relevanten Akteure bei allen vorhandenen Interessengegensätzen grundsätzlich für möglich und notwendig hält. Der „Stärkung der Rolle der Privatwirtschaft" (Kapitel 30) ist ein eigener Abschnitt in der Agenda 21 gewidmet. In der Entwicklungszusammenarbeit spielt überdies das Modell der Entwicklungspartnerschaft mit der Wirtschaft (*Private Public Partnership* = PPP) eine wachsende Rolle. Das Engagement der Privatwirtschaft, so die Überlegung, soll langfristig in Investitionen münden. Im Rahmen von PPP wirken öffentliche Entwicklungszusammenarbeit und Privatunternehmen zusammen, etwa bei der Schulung von Fachkräften oder bei Infrastrukturmaßnahmen. Angestrebt werden Joint-Ventures oder andere Formen der Kooperation mit Unternehmen des Gastlandes. Auf Ebene der Vereinten Nationen hat Generalsekretär Kofi Annan mit dem *Global Compact* eine Initiative ergriffen, internationale Konzerne für die Ziele der nachhaltigen Entwicklung zu gewinnen. Gestützt auf neun Prinzipien will dieses Forum vorbildliches Handeln in den Bereichen Arbeit, Menschenrechte und Umwelt befördern[28].

Für den Süden schließlich stellt sich die Lage bei alldem eindeutig dar. Zum Leitbild der nachhaltigen Entwicklung gehört, dass die ärmeren Länder Anspruch auf faire Entwicklungschancen haben. Allerdings werden wachsende Realeinkommen, selbst bei einem frühzeitigen Einsatz moderner Technologie, in einem größeren Ressourcenverbrauch pro Kopf und höheren Umweltbelastungen resultieren. Doch mit steigenden Einkommen, argumentieren die Ökonomen, wächst wiederum auch die Nachfrage nach sauberer Umwelt. Untersuchungen scheinen zu belegen, dass sich Umweltbelastungen im Entwicklungsprozess gewöhnlich zunächst erhöhen, bevor Realeinkommensschwellen erreicht sind, ab denen dann eine Stabilisierung und Reduktion einsetzt (Golding; Winters 1995). Daneben steht die Vision, dass die Entwicklungsländer, einen

---

[28] Zum Themenfeld Global Compact und PPP siehe das 12. Kapitel

ökonomischen Aufschwung südlicher Regionen vorausgesetzt, den ressourcenintensiven Produktions- und Konsumtionsstil der Industrieländer umgehen und den direkten Sprung ins postindustrielle Solarzeitalter wagen sollten (Heinrich-Böll-Stiftung 2002: 23 f.). In jedem Fall muss der Norden alles versuchen, die ärmeren Länder dabei zu unterstützen, Entwicklungsstadien, die mit einer besonders niedrigen Ressourceneffizienz verbunden sind, rasch zu überwinden und einen zukunftsfähigen Entwicklungspfad einzuschlagen.

6. Kapitel
Armutsbekämpfung und Entwicklungsfinanzierung

Ein Phänomen der letzten Jahrzehnte ist die Entstehung einer globalen Mittelschicht, die sich aus der Mehrheit der Bevölkerung in den nördlichen Ländern und den gesellschaftlichen Eliten in den Entwicklungsländern zusammensetzt. Dies hat zur Folge, dass der klassische Nord-Süd-Gegensatz heute einer unscharfen Vorstellung gleicht und möglicherweise auf die Dauer fallengelassen werden sollte. Falls es eine Trennlinie der Globalisierung gibt, teilt diese nicht mehr schematisch die nördlichen von den südlichen Ländern. Stattdessen verläuft, bildlich gesprochen, ein Graben quer durch die Nationen zwischen einer globalisierten Konsumentenklasse einerseits und einer sozial deklassierten Mehrheit andererseits (Sachs 2002: 78 ff.)[29]. Armut als ein weltweites, nicht auf den Süden beschränktes Problem anzusehen und die soziale Dimension des Nachhaltigkeitsansatzes hervorzuheben, waren maßgebliche Anliegen der Konferenz von Rio. Sie lieferte damit auch einen wichtigen Anstoß für die Einberufung des Weltgipfels für soziale Entwicklung in Kopenhagen im Jahr 1995, der unter den anderen UN-Weltkonferenzen am ehesten der Bedeutung des Erdgipfels nahekam.

Das Problem von Entwicklung im Zeitalter der Globalisierung wurde aus modifizierter Perspektive erneut aufgegriffen. In bisher nicht dagewesener Weise setzte der Kopenhagener Gipfel die Themen Armut, Arbeitslosigkeit und soziale Ausgrenzung auf die Tagesordnung der Weltpolitik. Verabschiedet wurden eine ehrgeizige Schlusserklärung mit zehn vereinbarten Zielsetzungen – wie z.B. der Abbau der absoluten Armut in Zeiträumen, die jedes Land selbst bestimmen soll, oder die

---

[29] Kritik mag aber hervorrufen, wenn die Armen in den Industriegesellschaften, „Arbeitslose, Alte und Nichtkonkurrenzfähige", ohne Differenzierung der vom Kreislauf der Weltwirtschaft ausgegrenzten Mehrheit, d.h. den südlichen Globalisierungsverlierern zugerechnet werden (Sachs 2002: 79).

Erhöhung des Volumens der für die soziale Entwicklung bestimmten Mittel – und ein Aktionsprogramm, das sich auf nationale und internationale Umsetzungsebenen bezieht[30]. Dennoch wollten die Regierungen keine völkerrechtlichen Verpflichtungen eingehen, und auf internationaler Ebene wurde der Aufbau einer Weltsozialordnung verschoben. So vermochte sich die Vorstellung nicht durchzusetzen, Globalisierung müsse eine Internationalisierung der Sozialpolitik, speziell auch in der Arbeits- und Sozialgesetzgebung, nach sich ziehen (Gsänger 1998: 59). Verbesserungen bei den im Aktionsprogramm aufgeführten Schlüsselindikatoren, so der universelle Zugang zur Grundbildung und zu Basisgesundheitsdiensten oder eine Lebenserwartung von mindestens sechzig Jahren, sind nicht in dem angekündigten Zeitrahmen eingetreten.

Der Weg zu den Millennium-Entwicklungszielen

Der Kopenhagener Gipfel hat freilich einen beträchtlichen Einfluss auf die Neuausrichtung der internationalen Entwicklungszusammenarbeit gehabt. Die Programme der internationalen Institutionen und bilateralen Geber erreichten seither bei der Konzentration auf die Ziele der globalen Armutsbekämpfung ein höheres Maß an Konvergenz. Als Koordinierungsgremium der bilateralen Geberländer bewährte sich in diesem Zusammenhang der Entwicklungshilfeausschuss (DAC) der OECD, der 1996 in seinem Dokument *Shaping the 21st Century* (S21) die in Kopenhagen beschlossenen sozialpolitischen Zielsetzungen zu einer überschaubaren Zahl sozial- und umweltpolitischer Ziele verdichtete (OECD/DAC 1996). Darunter befand sich bereits die Absicht, bis zum Jahr 2015 den Anteil der weltweit in absoluter Armut lebenden Bevölkerung zu halbieren. Mit einiger Verzögerung erfuhr die globale Armutsstrategie der OECD die Unterstützung vieler Regierungen. Und komplementär zu S21 nahmen schließlich IWF und Weltbank eine Umsteuerung der bisherigen Strukturanpassungspolitik gegenüber den verschuldeten Staaten des Südens vor (Fues 2001: 165 f.). Im Zentrum steht seit 1999 die Armutsbekämpfung mit dem Schwerpunkt auf nationalen Länderstrategien, den *Poverty Reduction Strategy Papers* (PRSP).

Auf diese Weise verstärkte sich der Trend zu einem nach Handlungsfeldern aufgefächerten, homogenen Leitbild der Entwicklungszusammenarbeit. Bei näherer Betrachtung ist im Zuge der Aufwertung sozialpolitischer Ziele der Ansatz der nachhaltigen Entwicklung mit dem seit dem

---

[30] Vgl. Bericht des Weltgipfels für soziale Entwicklung (auszugsweise Übersetzung des Dokuments A/CONF.166/9 vom 19.4.1995)
<www.un.org/Depts/german/conf/socsum/socsum1.htm>

ersten Bericht zur menschlichen Entwicklung vom UNDP propagierten Entwicklungsziel verschmolzen. *Human development* definierte das Entwicklungsprogramm der Vereinten Nationen als einen „Prozess zur Erweiterung menschlicher Wahlmöglichkeiten" (UNDP 1990: 10). Der Mensch und nicht die Wirtschaft stehe im Zentrum des Entwicklungsprozesses. Demnach sollen drei Kriterien herausragen: ein langes und gesundes Leben, Bildung und ein anständiger Lebensstandard. Es fragt sich indes, ob dem Freiheitsdrang des Menschen und dem Streben nach gesellschaftlicher Mitwirkung nicht mehr Gewicht beizumessen ist (Holtz 1997: 23)[31]. In den Vereinten Nationen wird jedenfalls auch mit dem Ausdruck der nachhaltigen menschlichen bzw. menschenwürdigen Entwicklung (*sustainable human development*) operiert, was nicht unbedingt zu größerer begrifflicher Klarheit beigetragen hat.

Sichtbar wird bei alldem jedoch, wie sich die Weltkonferenzen programmatisch beeinflusst und gemeinsam ausgestrahlt haben. Als vorläufiger Höhepunkt einigten sich im September 2000 insgesamt 191 Nationen unter Anwesenheit von 147 Staats- und Regierungschefs in der Abschlusserklärung des Millenniumsgipfels der Vereinten Nationen in New York auf eine Reihe von Entwicklungszielen. Diese *Millennium Development Goals* – auf die sich die OECD-Länder größtenteils schon vier Jahre zuvor unter der Bezeichnung *International Development Goals* geeinigt hatten (OECD/DAC 2002: 125) – sind in einem Fahrplan unter der Bezeichnung „Kompass für die Umsetzung" näher ausgebreitet; sie fassen die Hauptergebnisse der Weltkonferenzen der vorangegangenen Dekade zusammen[32]. Durch die Millenniumserklärung der Vereinten Nationen haben diese Ziele nun globale Anerkennung und Gültigkeit erhalten. In systematisierter Form umfassen die acht Ziele – von denen die meisten bis zum Jahr 2015 erreicht sein sollen [33] –:

---

[31] Auch der auf die Definition des UNDP hin entwickelte Human Development Index, der vor allem auf den Indikatoren Lebenserwartung, Alphabetisierungsrate der Erwachsenen und Basiskaufkraft für einen würdigen Lebensstandard basiert, lässt politische Indikatoren vermissen (Holtz 1997: 65).
[32] Vereinte Nationen. Generalversammlung. Kompass für die Umsetzung der Millenniums-Erklärung der Vereinten Nationen. Bericht des Generalsekretärs, 6.9.2001, A/56/326 <www.uno.de/sg/millennium/A_56_326.pdf>
[33] Die acht Millennium-Entwicklungsziele (*goals*) werden am Ende des in der letzten Anmerkung zitierten Berichts mit 18 Zielvorgaben (*targets*) und 48 Indikatoren präzisiert. Vgl. auch die von der Weltbank auf einer eigenen Homepage erstellte, nach Zielen und Regionen differenzierende Statistik: <www.developmentgoals.org>

1. die Beseitigung von extremer Armut und Hunger,
2. den Abschluss der Primarschulbildung für jedes Kind,
3. die Förderung der Gleichstellung der Geschlechter und die Ermächtigung der Frauen,
4. die Senkung der Kindersterblichkeit,
5. die Verbesserung der Gesundheit von Müttern,
6. die Bekämpfung von HIV/Aids, Malaria und anderen Krankheiten,
7. die Sicherung der ökologischen Nachhaltigkeit und
8. den Aufbau einer weltweiten Entwicklungspartnerschaft.

Innerhalb des Zeitrahmens wurden konkrete Ziele markiert. So soll der Anteil der Menschen, die von weniger als einem Dollar pro Tag leben, bis 2015 um die Hälfte gesenkt werden. Zudem soll auch der Anteil der Menschen, die unter Hunger leiden, um die Hälfte verringert werden. Die Benachteiligungen von Mädchen und Frauen sollen auf allen Ausbildungsstufen beseitigt werden. Die Sterblichkeit von Kindern unter fünf Jahren soll um zwei Drittel und die Müttersterblichkeit um drei Viertel der derzeitigen Rate gesenkt werden. Schwere Krankheiten wie Aids oder Malaria sollen zum Stillstand gebracht und allmählich zum Rückzug gezwungen werden. Die Grundsätze der nachhaltigen Entwicklung sollen in der nationalen Politik übernommen werden. Der Anteil der Menschen, die über keinen nachhaltigen Zugang zu gesundem Trinkwasser verfügen, soll bis 2015 um die Hälfte gesenkt werden. Und bis zum Jahr 2020 sollen erhebliche Verbesserungen in den Lebensbedingungen von zumindest einhundert Millionen Slumbewohnern erzielt werden. Der achte Punkt zielt auf ein Entgegenkommen in der Schuldenfrage und auf ein offenes Handels- und Finanzsystem, das auf festen Regeln beruht, vorhersagbar ist und nicht diskriminierend wirkt.

Manche Ziele scheinen aus heutiger Sicht in der vorgegebenen Zeitspanne so gut wie unerreichbar. Die bisherigen Instrumente zur Hungerbekämpfung etwa blieben hinsichtlich ihrer Wirkung weit hinter den Erwartungen zurück. Der Generaldirektor der Welternährungsorganisation (FAO), Jacques Diouf, rechnete auf dem Ernährungsgipfel in Rom im Juni 2002 vor, dass das Ziel, bis 2015 die Zahl der gegenwärtig 800 Millionen unterernährten Menschen zu halbieren, nicht mehr zu realisieren sei[34]. Wesentliche neue politische Initiativen beschloss der Gipfel nicht. Besonders wenig Hoffnung macht auch der Kampf gegen die Ausbreitung des Aids-Virus. Zum Auftakt der 14. Welt-Aidskonferenz in Barcelona stießen die Vereinten Nationen im Juli 2002 einen Hilferuf aus. Man befinde sich nach bislang schätzungsweise

---

[34] Vgl. „FAO: Bis 2015 ist die Halbierung der Zahl der Unterernährten nicht zu erreichen". In: Frankfurter Allgemeine Zeitung vom 11.6.2002.

20 Millionen Toten seit Beginn der achtziger Jahre immer noch nicht auf dem Höhepunkt der Epidemie. Es sei mit 68 Millionen Aidstoten in den kommenden zwei Jahrzehnten zu rechnen, wenn die Welt den Kampf gegen die Krankheit nicht massiv verstärke. Weltweite Armut und die daraus resultierende mangelhafte finanzielle Ausstattung der Aidsbekämpfung wird als Hauptgrund für die verheerende Prognose genannt. Sprecher der Vereinten Nationen übten deshalb in erster Linie scharfe Kritik an der Zurückhaltung des Nordens und forderten zugleich die betroffenen Staaten etwa in Afrika auf, eigene Zusagen schneller umzusetzen und den Anteil der Ausgaben für Gesundheitsprävention in den staatlichen Budgets nach oben zu schrauben[35].

Auch die Situation der Kinder und Jugendlichen, denen der Rio-Gipfel eine Funktion als wichtige Gruppe bei der Umsetzung der Agenda 21 eingeräumt hatte (Kapitel 25), gibt unverändert zu großer Sorge Anlass. Eine negative Parallele zur mangelnden Primarschulbildung ist die anhaltende Kinderarbeit. Aus einer neuen Studie der Internationalen Arbeitsorganisation (ILO) in Genf geht hervor, dass jedes sechste Kind auf der Welt zwischen fünf bis siebzehn Jahren zum Erhalt der Familie beitragen muss. Dies geschieht überwiegend in Entwicklungsländern; insgesamt seien 70 Prozent der betroffenen Kinder in der Landwirtschaft, Fischerei oder Jagd beschäftigt (ILO 2002). Die globale Armut vor allem in ländlichen Regionen ist der Hauptgrund für diese Erscheinung. Im Mai 2002 fand in New York mit einer Sondersitzung der Generalversammlung die wichtigste internationale Konferenz zum Thema Kinder seit dem Weltkindergipfel von 1990 statt. Die Teilnehmerstaaten einigten sich auf den Aktionsplan *Eine kindergerechte Welt*, der helfen soll, den „Kreislauf der Armut" zu durchbrechen und die Lage der Kinder in den nächsten 15 Jahren entscheidend zu verbessern. Der Plan knüpft rhetorisch an die Ziele des Millenniumsgipfels an und legt den Schwerpunkt auf vier wesentliche Bereiche: Verbesserung der Gesundheitsversorgung, Zugang zu umfassender und qualifizierter Ausbildung, den Schutz der Kinder vor Missbrauch, Gewalt und Ausbeutung sowie den Kampf gegen Aids[36].

Die Armutsbekämpfungsstrategien (PRSP)

Diese Beispiele beleuchten eindringlich den zentralen Stellenwert, den heute in der internationalen Entwicklungszusammenarbeit die Armutsbe-

---

[35] Neben der katastrophalen Lage in Schwarzafrika und der Entwicklung in Asien konzentrierte sich die Konferenz auf die alarmierende Zunahme der HIV-Infektionen in Osteuropa. Arne Perras: UN geißeln Aids-Politik der reichen Länder. In: Süddeutsche Zeitung, 8.7.2002.
[36] Vgl. den Aktionsplan *Eine kindergerechte Welt* (A/S-27/19/Rev.1) in deutscher Übersetzung: <www.un.org/Depts/german/gv-sondert/gv27_ss/as2719_rev1.pdf>

kämpfung einnimmt. Sie ist der genuin entwicklungspolitische Strang einer globalen Nachhaltigkeitsstrategie. Unter Führung der Weltbank hat sich mit den *Poverty Reduction Strategy Papers* (PRSP) ein Paradigmenwechsel angebahnt, der von der einseitig wirtschaftszentrierten Strukturanpassungspolitik der neunziger Jahre wegführt (Eberlei 2000). Hieran nahm die Bundesregierung einen nennenswerten Anteil mit der auf dem Kölner G-8-Gipfel im Jahr 1999 auf deutsche Initiative hin lancierten, erweiterten Entschuldungsinitiative für die hochverschuldeten ärmsten Länder (HIPC)[37]. Seitdem gilt die Entschuldungsinitiative als Vorzeigeobjekt einer ambitionierten globalen Strukturpolitik. Zum ersten Mal werden hier Entschuldung auf internationaler Ebene, Gute Regierungsführung und Armutsbekämpfung in den betroffenen Ländern miteinander verknüpft. Als Voraussetzung für den Schuldenerlass wurde ein umfassendes Konzept der Armutsbekämpfung verlangt, das die jeweilige Regierung unter ausdrücklicher Beteiligung der Zivilgesellschaft ausarbeiten muss. Auf diese Weise soll die Entschuldungsinitiative als wirksames Instrument zur Armutsbekämpfung genutzt werden. Die eingeleiteten PRSP-Prozesse sollen sich nach entsprechenden Leitlinien der OECD zudem am Nachhaltigkeitsleitbild ausrichten (OECD/DAC 2001a).

Gemeinsam mit anderen Geberländern hatte sich Deutschland intensiv für eine Umorientierung des Internationalen Währungsfonds (IWF) und der Weltbank eingesetzt. Der Hebel für die Reform der Bretton-Woods-Institutionen war die Entschuldungsinitiative, weil die Voraussetzung für den Schuldenerlass das Konzept zur Armutsbekämpfung (PRSP) ist, an dem sich alle Geber, auch und besonders die multilateralen Organisationen, orientieren. Da auch der IWF die in eigener Verantwortung (*ownership*) entwickelten Armutsbekämpfungsstrategien der Entwicklungsländer unterstützt, wird der an rein makroökonomische Zielgrößen orientierte Ansatz der Strukturanpassung überwunden. Die Initiative gilt als so erfolgversprechend, dass sie mittlerweile über die hochverschuldeten ärmsten Länder hinaus erweitert wurde. PRSP sind heute auch Voraussetzung für die Vergabe vergünstigter Weltbankkredite. Um für den Entschuldungsmechanismus bzw. die Vergabe von Neukrediten wirksam zu werden, müssen die Strategien von IWF und Weltbank gebilligt werden. Sie sind prozessorientiert angelegt, d.h. eine Fortschreibung der Strategien ist ausdrücklich vorgesehen[38]. Inzwischen sind

---
[37] Die Kölner Initiative (HIPC II) knüpft an die erste Entschuldungsinitiative (HIPC I) von 1995 an.
[38] Die Entschuldungsinitiative und die PRSP werden von der Weltbank dokumentiert (<www.worldbank.org/hipc>). Das vom BMZ finanzierte Portal <www.prsp-watch.de> des Verbandes Entwicklungspolitik (VENRO) bietet in Kooperation mit dem Institut für Entwicklung und Frieden (INEF) der Universität Duisburg länderbezogene Informationen zu den jeweiligen PRSP-Prozessen.

allerdings Zweifel geäußert worden, inwieweit die ersten vorliegenden Strategiepapiere den erklärten Anspruch erfüllen, makroökonomische Reformen und Armutsbekämpfung wirksam zu integrieren und damit die herkömmliche Strukturanpassungspolitik zu überwinden. Kritisiert wird insbesondere auch, dass zwar vorhandene Umweltprobleme Erwähnung fänden, aber Gesichtspunkte der ökologischen Nachhaltigkeit in den Strategiepapieren lediglich eine nachrangige Rolle spielten. Im Vordergrund stünden exportorientierte Wachstumsstrategien, die in den konkreten Fällen offenließen, wie in Zukunft soziale Fehlentwicklungen und eine stärkere Umweltbelastung vermieden oder wirksamer eingeschränkt werden könnten (Walther 2002)[39].

Der deutsche Betrag zur Entschuldungsinitiative wird auf 10 Milliarden Dollar bei einem Gesamtumfang von 70 Milliarden taxiert und ist im nationalen Rahmen in ein weiter reichendes Gesamtkonzept eingebettet. Auch Bundeskanzler Schröder hatte sich auf dem Millenniumsgipfel zu dem Ziel bekannt, die weltweite Armut innerhalb von fünfzehn Jahren zu halbieren. Als eines der ersten Länder hat die Bundesrepublik deshalb im April 2001 ihr *Aktionsprogramm 2015* zur Bekämpfung der globalen Armut beschlossen, das sich als richtungweisend versteht. Darin wurde der deutsche Beitrag zu dem gemeinsamen internationalen Ziel in zehn vorrangigen Aktionsfeldern formuliert; darunter fallen auch die Initiative zum Schuldenabbau oder die Beteiligung der Armen bzw. der Zivilgesellschaft insgesamt an der Erarbeitung der Armutsstrategien. Weitere Felder sind u.a. die Erhöhung der aktiven Teilhabe der Armen an der wirtschaftlichen Dynamik, das Eintreten für Reformen im Agrarbereich zur Verwirklichung des Rechts auf Nahrung, die Schaffung fairer Handelschancen, die Gewährleistung sozialer Grunddienste und die Respektierung der Kernarbeitsnormen (Menschenrechtsschutz), friedliche Konfliktbeilegung, *Gender*-Aspekte wie die Förderung der Grundbildung von Mädchen und Frauen und als weiterer Punkt der Zusammenhang von Armut und Umweltzerstörung (BMZ 2001a).

Im Sinne einer globalen Nachhaltigkeitspolitik, die diesen Namen verdient, gilt es in Zukunft, speziell die Verbindung zwischen Armut und Umweltzerstörung deutlicher herauszuarbeiten. Natürliche Ressourcen dienen nicht nur zur Lebenserhaltung (saubere Luft, Wasser, fruchtbare Erde usw.), sondern stellen auch das wirtschaftliche Vermögen für Hunderte von Millionen Menschen dar. Die Abtragung des Erdreichs durch Erosion, Entwaldung, eine übertriebene Verwendung von Chemikalien oder unangemessener Wassergebrauch und Versalzung

---

[39] Die Autorin gelangt zu diesem Ergebnis nach einer Analyse der vorliegenden Armutsstrategien für Bolivien, Burkina Faso, Mauretanien, Tansania und Uganda.

bedeuten den Verlust von Einkommensgrundlagen für Kleinbauern und verurteilen sie zur Armut. Unzureichender Zugang zu Bildung und Informationen erschweren es den Armen, verfügbare natürliche Ressourcen auf nachhaltige und vernünftige Weise zu verwalten. Auch dies trägt zum Verlust von lebensunterhaltenden Möglichkeiten und biologischer Vielfalt bei. Wasserverschmutzung – z.B. infolge eines unzureichenden Zugangs zu Informationen über richtiges Management – macht das Erdreich unfruchtbar, gefährdet Fischbestände, schafft gesundheitliche Probleme und betrifft die Armen in größerem Umfang. Armut reduziert betroffene Menschen in ländlichen Gegenden häufig auf ertragsarmes Land und trägt somit zu Erosion, erhöhter ökologischer Verwundbarkeit, Erdrutschen usw. bei.

Wie diese Beispiele demonstrieren, ist Armut vorwiegend ein ländliches Problem. Von den 1,2 Milliarden Menschen, die in extremer Armut leben, darunter mehrheitlich Frauen, sind zwischen 60 und 80 Prozent in ländlichen Regionen beheimatet (Deutsche Welthungerhilfe; terre des hommes Deutschland 2001: 38). Vor diesem Hintergrund hielten auf der LDC-Konferenz im Mai 2001 in Brüssel, die sich mit den Schwierigkeiten der ärmsten Länder befasste, die Regierungen dieser Länder den reichen Staaten vor, dass der Wert der Armutsbekämpfungsstrategien nicht zuletzt darin bestehen müsse, Strukturen und Verfahren der Hilfsprogramme zu harmonisieren und ein vermehrtes Augenmerk auf die Probleme des Landwirtschaftssektors zu legen (OECD/DAC 2002: 56). Ein weiterer Ansatzpunkt ist auch hier das Capacity-Building. Zugang zu Informationen über ein vernünftiges Management der natürlichen Ressourcen dürften wesentlich zur Armutsminderung beitragen und zur Verringerung der Auswirkungen von Armut auf die Umwelt. Aufforstungsprogramme könnten eine nachhaltigere Grundlage der Ressourcen sichern, von der Arme profitieren. Internationale Kooperation ist nötig, um umweltgefährdende Anbaumethoden durch umweltfreundliche zu ersetzen und die globalen Ressourcen zu schützen.

In Johannesburg sollte der Gesamtkomplex Armutsbekämpfung großen Raum einnehmen. So hat auch der UN-Generalsekretär dem Kapitel „Armutsbekämpfung und die Förderung zukunftsfähiger Lebensweisen (*sustainable livelihoods*)", das der Reihenfolge in der Agenda 21 entsprechend am Beginn seines Berichts zur Umsetzung der Agenda 21 seit Rio steht, viel Gewicht eingeräumt. Es ist in die Abschnitte Armut in ländlichen Regionen bzw. in städtischen Siedlungen, „demographische Dynamik", nachhaltige Gesundheit und Bildung eingeteilt (ECOSOC/CSD 2002: 12-20). Dabei verlaufen die Fronten auf diesem

Beispiel für einen integrierten Ansatz: Armutsbekämpfung, Ressourcenschutz und die Rechte lokaler Gemeinschaften

Lokale Gemeinschaften pflegen in vielen Fällen seit Jahrhunderten einen traditionellen Lebensstil, der natürliche Ressourcen in schonender Weise nutzt. Ihre Existenz ist von der Ausdehnung der Siedlungsflächen, dem Ressourcenhunger der industriellen Lebensweise und der erzwungenen Anpassung an die moderne Zivilisation bedroht. Die Agenda 21 würdigt die „Anerkennung und Stärkung der Rolle der eingeborenen Bevölkerungsgruppen und ihrer Gemeinschaften" (Kapitel 26) und den Beitrag der ländlichen Bevölkerung insgesamt (Kapitel 32) für die Umsetzung der Ziele von Rio. Politische Rechte und der Schutz der natürlichen Umwelt sind besonders dann verbunden, wenn es um Bevölkerungsgruppen geht, deren Lebensweise unmittelbar von den Früchten der Natur abhängt. Bekannt ist, dass lokale Gemeinschaften häufig zum Überleben seltener Nutzpflanzensorten und damit zur biologischen Vielfalt beitragen. Der mehrdimensionale Ansatz der Nachhaltigkeit verlangt auch in ähnlichen Fällen, die Rechte lokaler Gemeinschaften auf natürliche Ressourcen und auf Fortführung ihrer Lebensweise zu gewährleisten. Einige Entwicklungsländer registrieren bereits die Vorteile wirtschaftlicher und ökologischer Natur, die solch ein Vorgehen erbringt.

So werden z.B. in der Sahelzone die Vorzüge der nomadischen Viehwirtschaft neu entdeckt, seitdem sich die Erkenntnis durchsetzt, dass sowohl vom gesicherten ökonomischen Ertrag her wie unter ökologischen Gesichtspunkten nomadisches Leben und Wirtschaften für viele regenarme Gebiete eine optimale Lösung darstellt. Die Landwirtschaft verbraucht viel Wasser und bringt wegen der dünnen Humusdecke auch in guten Jahren nur geringe Ernten hervor, bis nach einiger Zeit Regen und Wind die in der Trockenzeit unbedeckte Ackerkrume forttragen und der Boden damit unfruchtbar wird. In Mauretanien wirkte die GTZ jüngst beratend an der Rückkehr der als Wanderhirten lebenden Tuareg in deren angestammte Heimatregionen mit (Mensing 2002). In den Jahrzehnten zuvor waren viele der Nomaden zur Sesshaftigkeit – meist in die wachsenden Slums der Hauptstadt Nouakschott – gedrängt worden. Um die Nutzung vitaler Ressourcen wie Wasser kam es außerdem mit sesshaften Bauern häufig zu Konflikten. Der Staat und zivilgesellschaftliche Gruppen zogen schließlich an einem Strang. Ein im Jahr 2000 verabschiedetes Gesetz soll die Mobilität der Wanderhirten und ihrer Herden künftig absichern. Mit dem von der Bundesregierung geförderten Projekt wurde Mauretanien ferner bei der Umsetzung der Wüstenkonvention und der Konvention über die biologische Vielfalt unterstützt.

Gebiet unübersichtlich. Die meisten Regierungen des Südens hissen zwar gerne das Banner der Armutsbekämpfung, aber in der Regel repräsentieren ihre Forderungen beispielsweise nach erleichtertem Marktzugang oder Kapitalinvestitionen in erster Linie die auf Wachstumssteigerung konzentrierten Interessen der gesellschaftlichen Eliten in ihren Ländern. Existenzrechte für die Armen, deren Notlage oft primär von einem Defizit an Macht herrührt, und Umweltaspekte haben demgegenüber geringere Priorität (Heinrich-Böll-Stiftung 2002: 21 f.).

Es war indes unrealistisch zu erwarten, dass solche Grundwidersprüche sich auf dem Gipfel in Johannesburg oder in dem danach einsetzenden Folgeprozess kurzfristig auflösen ließen. Es ist an den Charakter eines Weltgipfels zu erinnern, auf dem Regierungen wie seinerzeit in Rio de Janeiro vor einem riesenhaften Feld zusammenhängender, z.T. schier unlösbarer Aufgaben standen und nach politischen Gemeinsamkeiten und diplomatischen Kompromissen suchen mussten, um die Hoffnung auf ein gemeinsames kooperatives Herangehen an die globale Krise realistisch erscheinen zu lassen. So war schon auf dem Erdgipfel vor zehn Jahren eben bewusst keine strategische Prioritätenfestlegung zwischen globalen Umweltproblemen, der Armutsreduzierung und dem traditionellen wachstumsorientierten Ansatz der Entwicklungspolitik erfolgt. Vielmehr hatten die Regierungen u.a. konstatiert, Armutsbekämpfung durch „Förderung des Wirtschaftswachstums in den Entwicklungsländern" und einkommenschaffende Programme voranzutreiben (Agenda 21, Kapitel 3).

Perspektiven der Entwicklungsfinanzierung

Das signifikanteste Indiz für den Handlungswillen der Industriestaaten, mit einer Strategie der weltweiten Armutsbekämpfung Ernst zu machen, sind neben dem Schuldenerlass weitere Ansätze zur Finanzierung sozialer Entwicklung. Bereits der Kopenhagener Sozialgipfel hatte 1995 in seinem Aktionsprogramm verschiedene Reformprojekte in diesem Bereich aufgegriffen (Klingebiel 1996: 211 f.). Dazu gehörte auch die Erneuerung („möglichst bald") des jahrzehntealten – und dann auf dem Millenniumsgipfel bekräftigten – Versprechens der westlichen Geberländer, wenigstens 0,7 Prozent ihres Bruttosozialprodukts als öffentliche Entwicklungshilfe (ODA) zu leisten. Demgegenüber stehen die tatsächlich erreichten Werte, die bei den meisten Geberstaaten zuletzt überwiegend durchschnittlich bis zu 0,3 Prozent erreichen (BMZ 2001b: 214)[40].

---

[40] Die OECD (DAC) berechnete die von Deutschland geleistete öffentliche Entwicklungshilfe für die Jahre 1999 und 2000 auf 0,26 bzw. 0,27 Prozent Anteil am BSP/BNE (Bruttonationaleinkommen). Vgl. die jährlich aktualisierten statistischen Angaben:
<www1.oecd.org/dac/htm/aidglancehome.htm>

Bekannt wurde auch die sogenannte 20:20-Initiative. Darunter versteht man freiwillige bilaterale Vereinbarungen zwischen interessierten Partnern in Nord und Süd, welche sich gegenseitig dazu verpflichten, durchschnittlich 20 Prozent der ODA bzw. 20 Prozent des Staatshaushalts grundlegenden Sozialprogrammen zu widmen.

Zukunftsweisend, wenngleich auf Ebene der Regierungen kaum konsensfähig, waren die ebenfalls in Kopenhagen diskutierten Ideen, Globalsteuern zur Finanzierung sozialer Entwicklung einzuführen. Das meiste Aufsehen erregte der Vorschlag einer Besteuerung spekulativer Devisentransaktionen (Tobin-Steuer[41]). Die Ablehnungsfront hat inzwischen zu bröckeln begonnen, und die Tobin-Steuer findet auch außerhalb des Lagers der Globalisierungsskeptiker Befürworter. In Deutschland gab das BMZ vor der Monterrey-Konferenz zur Entwicklungsfinanzierung eine Studie *Zur Durchführbarkeit einer Devisentransaktionssteuer* in Auftrag (Spahn 2002). Das Gutachten des Finanzwissenschaftlers Paul Bernd Spahn kam zum Ergebnis, eine Devisenumsatzsteuer mit einem geringen Satz von etwa 0,01 Prozent sei wirtschaftlich sinnvoll, um zur Stabilisierung der Wechselkurse beizutragen, und liege speziell im Interesse der Entwicklungs- und Schwellenländer. Für deren Währungen würde, falls Kursschwankungen einen vordefinierten Korridor überschritten, eine Zusatzabgabe zur Anwendung kommen, die größere spekulative Attacken auf die betreffenden Währungen abwehren soll. Auch ohne Einbeziehung von Dollar und Yen, so Spahn, könne mit einer entsprechenden Reform in Europa ein Anfang gemacht werden. Das BMZ kommentierte Spahns „Zwei-Säulen-Konzept" wohlwollend[42]. Der Streit um die Tobin-Steuer wird jedenfalls über Monterrey, wo Entwicklungsministerin Heidemarie Wieczorek-Zeul die Spahn-Studie vorstellte, und den Weltgipfel von Johannesburg hinaus weitergehen[43].

Ein weiteres innovatives Finanzierungsinstrument schlägt im Sinne des Nachhaltigkeitsgedankens eine direkte Brücke zur Sicherung des Zugangs aller Menschen zu den globalen Gemeinschaftsgütern und zum Schutz der Umwelt. Die *Global Public Goods* sind in die Entwicklungsdiskussion durch einen 1999 im Auftrag des UN-Entwicklungsprogramms (UNDP) vorgelegten Bericht eingeführt worden (Kaul; Grunberg; Stern 1999). Darin wurde der volkswirtschaftliche Begriff der allen zur Verfügung stehenden (meist vom Staat bereit-

---

[41] Die Steuer ist nach dem kürzlich verstorbenen Nobelpreisträger James Tobin benannt, der das Konzept zum ersten Mal 1972 vorgestellt hatte.
[42] BMZ, Studie „Zur Durchführbarkeit einer Devisentransaktionssteuer" – Hauptaussagen und Schlussfolgerungen. Berlin, 20.2.2002 <www.bmz.de/themen/imfokus/financing/tobin.pdf>
[43] Die *Tobin tax* wird seit langem erörtert (Walther 2001: 188-200), zur jüngsten Diskussion vgl. die Informationsseite der Organisation WEED: <www.weedbonn.org/tt/texte.htm>

gestellten und gesicherten) öffentlichen Güter, also z.B. die Rechtsordnung, eine intakte Umwelt oder das Bildungssystem, auf die globale Ebene übertragen. Unterschieden werden natürliche Güter wie die Atmosphäre, von Menschen produzierte Güter, speziell Wissen, und von der Politik bereitgestellte Güter wie die Stabilität der Finanzmärkte, Frieden und Sicherheit. Eine allgemein akzeptierte Definition und Abgrenzung ist aber bislang nicht erzielt worden. Als Hauptschwächen bei der Bereitstellung globaler öffentlicher Güter werden ein Zuständigkeitsdefizit, das sich vor allem aus der Trennung von Außen- und Innenpolitik ergibt, ein Partizipationsdefizit auf weltweiter Ebene und ein Anreizdefizit zur internationalen Kooperation ausgemacht. Die erwähnte Studie empfiehlt eine Trennung zwischen der konventionellen Entwicklungshilfe (ODA) und einem neuen Budgetposten. Diese zusätzlich für die globalen Güter zur Verfügung gestellten Mittel sollten nicht aus den herkömmlichen Entwicklungsetats finanziert werden.

Das zur Unterstützung armer Länder einzuführende Finanzierungsinstrument soll für alle Ausgaben zugunsten globaler Prioritäten genutzt werden, ohne deshalb die bisherige Entwicklungszusammenarbeit einzuschränken. Vorstellbar sind beispielsweise Abgaben für den Verbrauch von Kohlendioxid (CO_2); ebenso sind Entgelte für den Flugverkehr, für die Nutzung der Weltmeere durch den Schiffsverkehr oder Nutzungsverzichte zum Schutz global wertvoller Umweltressourcen eine Möglichkeit. Die letzten Punkte (Entgelte für Flug- und Schiffsverkehr bzw. die Nutzungsverzichtserkärungen) griff der Wissenschaftliche Beirat der Bundesregierung Globale Umweltveränderungen (WBGU) in einem im Februar 2002 publizierten Gutachten auf und plädierte für eine zweckgebundene Verwendung der so gewonnenen Einnahmen zugunsten der nachhaltigen Entwicklung (WBGU 2002a). Nachdem letztlich aber bei der Monterrey-Konferenz im März 2002 beim Punkt globale Gemeinschaftsgüter kein Fortschritt erzielt wurde, was die Festlegung, die mögliche praktisch-institutionelle Handhabung, geschweige denn die Finanzierung betraf, ist es auch bei diesem Thema in Johannesburg nicht zu konkreten Ergebnissen gekommen. So hat sich auch die verschiedentlich geäußerte Hoffnung nicht erfüllt, dass der Weltgipfel konkrete Prüfaufträge für die Einführung entsprechender Finanzierungsinstrumente aussprechen würde (Unmüßig 2002: 121).

Die erwähnte Internationale Konferenz über Entwicklungsfinanzierung (*Financing for Development* – FfD), die vom 18. bis zum 22. März 2002 im mexikanischen Monterrey stattfand, nahm in der Tat, in dieser Hinsicht der WTO-Konferenz von Doha vergleichbar, einige Weichenstellungen für den Weltgipfel für nachhaltige Entwicklung vor. Das Format sah eine auf dem Gebiet der Entwicklungsfinanzierung einmalige intensive Beteiligung der Zivilgesellschaft und der internationalen Unternehmen in zahlreichen Foren vor. Vor allem wurde in Monterrey ein Konsenspapier verabschiedet, das festhält, wie und von wem Entwicklung zukünftig finanziert werden soll[44]. Das Abschlussdokument, das rechtzeitig im Vorfeld fertiggestellt wurde, schildert detailliert die Gefahren, die der zivilisierten Welt durch globale Armut drohen und hat den neoliberalen Washington-Konsens durch den Monterrey-Konsens abgelöst.

Der Washington-Konsens stand für das Konzept der Bretton-Woods-Institutionen, das Liberalisierung der Märkte, die Privatisierung öffentlicher Dienstleistungen und Güter sowie makroökonomische Stabilität zu hinreichenden Voraussetzungen erklärte, um wirtschaftliches Wachstum und Wohlstand in den Entwicklungsländern zu sichern. Die im Jahr 1997 erfolgte Revision erweiterte Instrumente und Ziele des Staates und sah regulatorische Maßnahmen z.B. im Bereich der Wettbewerbspolitik vor und würdigte auch die Bedeutung demokratischer Verhältnisse. Der neue Monterrey-Konsens setzt im Vergleich dazu vermehrt auf ein Zusammenwirken von Staat und Markt und auf eine Entwicklungskoalition, in der jeder seine spezifische Verantwortung wahrnimmt. Die Länder des Südens haben sich im Monterrey-Konsens zu ihrer Eigenverantwortung bekannt und *Good Governance* und speziell die Bekämpfung von Korruption zu Grundprinzipien ihrer Politik erklärt (Radke 2002). Die Industrieländer wollen ihrerseits auf faire weltwirtschaftliche Rahmenbedingungen hinwirken. Die Förderung von Institutionen und der Aufbau von Regelwerken rücken ins Zentrum der Entwicklungsstrategien.

Neuartig bei einer UN-Konferenz war die aktive Einbindung der Weltbank, des Internationalen Währungsfonds und der WTO bereits im Zuge des Vorbereitungsprozesses. Hierdurch wurde eine Annäherung der unterschiedlichen Gesprächs- und Verhandlungskulturen von Vereinten Nationen (New York) und Bretton-Woods-Institutionen (Washington) ermöglicht. Und vor allem wurden erstmals detailliert Themen aus dem Zuständigkeitsbereich der Finanzinstitutionen im Rahmen einer UN-Konferenz behandelt und in das Abschlussdokument integriert (Hofmann; Drescher 2002). Großes Interesse riefen finanzielle Zusagen der Industrieländer zur Armutsbekämpfung hervor, besonders eine angekündigte Aufstockung der EU-Entwicklungshilfe. Die Vorgabe der Europäischen Union, jedes EU-Land solle bis 2006 wenigstens 0,33 Prozent

---

[44] United Nations. Report of the International Conference on Financing for Development. Monterrey, Mexico. 18-22 March 2002 (A/CONF.198/11)
<www.un.org/esa/ffd/aconf198-11.pdf>

seines Bruttoinlandsprodukts für Entwicklungshilfe bereitstellen, hat den Charakter eines Etappenziels auf dem Weg zu den berühmten 0,7 Prozent. Auch die Vereinigten Staaten sagten zu, ihre Entwicklungsausgaben in den kommenden drei Jahren stufenweise um insgesamt zehn Milliarden auf 15 Milliarden Dollar jährlich zu erhöhen. Leider ist die anvisierte Erhöhung meilenweit entfernt von der von UN-Generalsekretär Kofi Annan und der Weltbank vorgeschlagenen Verdoppelung der Entwicklungshilfe. Die angekündigten Erhöhungen werden zudem nicht ausreichen, um die Millenniumsziele bis zum Jahr 2015 zu erreichen.

Eine Gefahr besteht darin, dass stagnierende Budgets mit immer neuen Aufgaben belastet werden. Das hatte sich schon 1992 auf dem Erdgipfel angedeutet. Zur Erinnerung: Für die Umsetzung der in der Agenda 21 genannten Maßnahmen allein in den Entwicklungsländern hatte das Konferenzsekretariat in Rio für den Zeitraum bis 2000 einen zusätzlichen Bedarf von mehr als 600 Milliarden Dollar jährlich veranschlagt, von dem die Industrieländer 125 Milliarden hätten aufbringen sollen (Agenda 21, Kapitel 33.18). Diese überschlägige Schätzung hatte sich, um die Größenordnung realistisch erscheinen zu lassen, indirekt an dem wiederholten 0,7 Prozent-Ziel orientiert (33.13). Im Unklaren blieb, dass die wirtschaftliche Zusammenarbeit mit den Entwicklungsländern mehr umfasst als die „reinen Rio-Folgekosten" – für Deutschland hätte sich letztlich eine deutlich über den Wert von 0,7 Prozent hinausgehende Verpflichtung ergeben (WBGU 1997a). Auf diesen Punkt wird nur selten hingewiesen, da eine Unterscheidung zwischen entwicklungspolitischen Maßnahmen im Sinne der Agenda 21 und den Gesamtaufwendungen für die Entwicklungszusammenarbeit wegen der offenen Definition von nachhaltiger Entwicklung praktisch unmöglich ist. Von der Absicht, jährlich 125 Milliarden Dollar für die Umsetzung der Agenda 21 im Süden bereitzustellen, war dann nach Rio bald nicht mehr die Rede.

Ausgaben für den globalen Umweltschutz machen heute rund ein Viertel der Budgetmittel für öffentliche Entwicklungszusammenarbeit aus. So betrug z.B. von 1991 bis 2002 die Mittelausstattung der Globalen Umweltfazilität (GEF) insgesamt 5,58 Milliarden Dollar. Deutschland ist drittgrößter Geber mit einem Anteil von 11 bis 12 Prozent. Das noch vor Rio auf eine deutsch-französische Initiative hin lancierte und auf dem Erdgipfel herausgestellte Finanzierungsinstrument wurde von den UN-Programmen für Entwicklung und Umwelt (UNDP bzw. UNEP) und der Weltbank gegründet. Die in der Regel als Zuschuss gewährten Mittel stehen bislang ausschließlich für die Bereiche Klimaschutz, Erhalt der biologischen Vielfalt, internationaler Gewässerschutz und Schutz der Ozonschicht zur Verfügung. In Johannesburg ging es um eine erhöhte

Mittelausstattung und darum, die Inanspruchnahme von GEF auf neue Bereiche, also beispielsweise für Projekte zur Bekämpfung von Bodenerosion, auszuweiten. Für die Zukunft wäre denkbar, auch die Einnahmen aus den in der Diskussion befindlichen Entgelten für die Nutzung globaler Gemeinschaftsgüter in die Globale Umweltfazilität (oder in die neuen Fonds des Klimaregimes[45]) fließen zu lassen (WBGU 2002a: 46 f.).

7. Kapitel
Die demokratische Dimension der Nachhaltigkeit

Nach Ende des Kalten Krieges kam es in der Entwicklungszusammenarbeit zu einer verstärkten Anerkennung demokratischer Grundsätze als Basis für gute Staatsführung. Die Zeiten sind vorbei, als während der Ost-West-Auseinandersetzung beklagenswerte politische Zustände in vielen prowestlichen Drittweltstaaten von den Geberstaaten tabuisiert wurden oder man Hinweise darauf als verbotene Einmischung in innere Angelegenheiten abtat. Auch die einst bis in Fachkreise verbreitetete Neigung, Verständnis für Entwicklungsdiktaturen aufzubringen, ist nicht mehr zu beobachten. In den sechziger Jahren und danach war der Politikwissenschaftler Richard Löwenthal mit seiner Auffassung nicht allein gewesen, die Diktatur in den Entwicklungsländern sei offenbar entwicklungskonformer als die Demokratie (Holtz 1997: 59). Diese Position artikulieren heutzutage nur noch die Führer bestehender autoritärer Regime und ihre Klientel – und dies nur selten in der Öffentlichkeit. Tatsächlich ist die bilaterale und multilaterale Entwicklungszusammenarbeit in den vergangenen Jahren zunehmend „politischer" geworden. Es geht darum, die Entwicklungs- und Transformationsländer sowohl bei der Einführung marktwirtschaftlicher Reformen als auch bei Demokratisierungsanstrengungen zu unterstützen.

Demokratie ist eine Voraussetzung für nachhaltige Entwicklung. Andererseits spiegeln sich Demokratieaspekte nicht nur in der Betrachtung der inneren Verhältnisse einzelner Staaten wider, sondern auch im „weltgesellschaftlichen" Maßstab. So werden die Industriestaaten immer wieder – sowohl von den Regierungen aus dem Süden wie von Nichtregierungsorganisationen – mit dem Vorwurf konfrontiert, das Demokratieproblem stelle sich vor allem auf Ebene der internationalen Organisationen. Hier würden die Entwicklungsländer geradezu chronisch benachtei-

---

[45] Spezieller Klimaänderungsfonds, Anpassungsfonds und Fonds für die ärmsten Entwicklungsländer.

ligt und der Möglichkeit einer gleichberechtigten Mitsprache beraubt. Das heißt aber nichts anderes, als die Frage nach der globalen Gerechtigkeit in den Mittelpunkt zu stellen, welche ohnehin die gesamte Debatte um die nachhaltige Entwicklung durchzieht[46]. Forderungen nach einem vermehrten Einfluss der Entwicklungsländer z.B. in Bezug auf die Ausgestaltung einer gerechten Welthandelsordnung sind legitim; sie sollten aber nicht in der Absicht interpretiert werden, die notwendige Demokratisierung autoritärer politischer Systeme im Süden zu verzögern.

Ein Schlüsselwort für die Demokratiediskussion ist der von der Weltbank geprägte Begriff der „Guten Regierungsführung" (*Good Governance*), der bald von anderen multilateralen Organisationen (OECD, UNDP) übernommen wurde. Ursprünglich hatte *Good Governance* angesichts der Mandate der internationalen Finanzinstitutionen einen vorwiegend wirtschaftlichen Inhalt, bevor er Zug um Zug auf politisch-partizipative Aspekte erweitert wurde (BMZ 2001b: 48). Ein ganzer Katalog von Reformzielen erstreckt sich auf die Form des politischen Systems, das Verfahren, durch das staatliche Autorität für das Management der wirtschaftlichen und sozialen Ressourcen zugunsten der Entwicklung eines Landes wahrgenommen wird, und die Kapazität der Regierungen für die Gestaltung und Umsetzung von Politiken. In einem weiteren Verständnis sind auch Entscheidungsprozesse außerhalb der öffentlichen Einrichtungen, d.h. im zivilgesellschaftlichen Bereich einbezogen (Adam 2000).

Good Governance als Zielindikator

Das Development Assistance Committee (DAC) der OECD setzt den Begriff in Beziehung zu Rechtsstaatlichkeit, Effizienz der öffentlichen Verwaltung, Bekämpfung von Korruption und Einschränkung überhöhter Militärausgaben. Wesentliche Kriterien für Gute Regierungsführung sind die Rechenschaftspflicht über die Verwendung öffentlicher Mittel, die Transparenz hinsichtlich Entscheidungen und Ernennungen, die Berechenbarkeit des Handelns der Verwaltung, ausreichende Informationen für sämtliche wirtschaftliche Akteure und die Beachtung des Rechtsstaatsprinzips (OECD/DAC 1995). Laut Friedensnobelpreisträger Oscar Arias schließt *Good Governance* den verantwortungsbewussten Umgang mit den natürlichen Ressourcen ebenso mit ein wie die Achtung der grundlegenden Menschenrechte. Als wichtigste Voraussetzung dafür nennt er eine partizipatorische Demokratie, die nur funktionieren könne, wenn alle Bürger gleichermaßen Zugang zu Bildung und materiellen Ressourcen hätten (Arias 2000). Gute Regierungsführung ist gleichsam

---

[46] Zu Forderungen nach einer möglichen Demokratisierung internationaler Institutionen wie der WTO siehe den Hinweis im 4. Kapitel.

zur Maxime für die Reform des öffentlichen Sektors geworden und zum Leitbild des Staatsverständnisses vieler internationaler Entwicklungsorganisationen. Die Grundelemente von Demokratie und *Good Governance* schlagen sich auch in den Hauptkriterien der deutschen Entwicklungszusammenarbeit nieder und liegen als wichtige Parameter der Entscheidung über Art, Umfang, Instrumente und Schwerpunkte der Zusammenarbeit zugrunde (BMZ 2002a: 73 f.)[47].

Alle bedeutenden Dokumente und Initiativen der internationalen Entwicklungszusammenarbeit tendieren heute zu einem integrierten Ansatz, der *Good Governance* berücksichtigt. Im Konsens von Monterrey etwa haben sich die Staaten des Südens zur Bekämpfung der Korruption verpflichtet; und bei der Erarbeitung der nationalen Armutsbekämpfungsstrategien (PRSP) ist eine Beteiligung der Zivilgesellschaft zwingend vorgeschrieben. Ein weiteres Beispiel ist die auf dem G-8-Gipfel in Kananaskis im Juni 2002 verhandelte „Neue Partnerschaft für Afrikas Entwicklung" (NEPAD), die auf mehrere afrikanische Staatschefs, darunter der südafrikanische Präsident Thabo Mbeki, zurückgeht. Ziele der Initiative sind ein beschleunigtes Wachstum und die Förderung der nachhaltigen Entwicklung. Dabei wird von einer zweiseitigen Verpflichtung ausgegangen. Im Gegenzug für eine Erhöhung der jährlichen westlichen Hilfe um sechs Milliarden Dollar sollen sich Staaten, die diese Mittel erhalten, an demokratische und rechtsstaatliche Standards halten, zu denen die Maßstäbe der Guten Regierungsführung gehören. Kernpunkt ist der sogenannte *Peer-review*-Prozess, in dem überprüft werden soll, ob ein Staat die NEPAD-Prinzipien einhält. Voraussichtlich wird die UN-Wirtschaftskommission für Afrika die Länderanalysen anfertigen; anschließend soll eine von den Staatschefs der Afrikanischen Union berufene „Gruppe bedeutender Persönlichkeiten" eine politische Bewertung der einzelnen Länder vornehmen[48].

Es ist zum derzeitigen Zeitpunkt zu früh, um zu beurteilen, ob sich die mit Initiativen wie NEPAD verknüpften Hoffnungen auf eine demokratische Sogwirkung erfüllen werden. Auch ist bei der Demokratisierungsdiskussion stets zu hinterfragen, inwieweit westliche Modelle sich in Entwicklungsländern in ein überwiegend soziokulturelles Spannungsfeld einfügen, in dem häufig tradierte Wertvorstellungen „mit dem Individualisierungsdruck und den sozialen Erwartungshaltungen, wie sie mit dem

---

[47] Die fünf Kriterien lauten: Achtung der Menschenrechte; Rechtsstaatlichkeit und Rechtssicherheit; Beteiligung der Bevölkerung am politischen Prozess; Schaffung einer marktfreundlichen und sozial orientierten Wirtschaftsordnung; Entwicklungsorientierung des staatlichen Handelns (BMZ 2002: 74).

[48] Vgl. Marion Aberle: Kampf den Krähen.Die G-8-Staaten haben die Afrikaner beim Wort genommen. In: Frankfurter Allgemeine Zeitung, 29.6.2002.

Einzug westlicher Lebensformen – einschließlich der Demokratieideen – auftreten", kontrastieren (Kühnhardt 1995: 182 f.). Der praktische Wert des *Good-Governance*-Ansatzes besteht darin, das Modell der westlichen Demokratie und Marktwirtschaft auf einen Kernbestand demokratisch-rechtsstaatlicher Prinzipien zu beziehen. Hierzu zählen neben dem Schutz der Menschenrechte die Grundsätze eines partizipativ angelegten Gemeinwesens und einer effizienten, transparenten Wirtschaftspolitik, die auch auf nichtwestliche Gesellschaften anwendbar sind, und ohne deren Befolgung sozialer und ökonomischer Fortschritt im Informationszeitalter schwerlich zu erwarten ist. Dagegen wird die Übernahme weiterer Merkmale des westlichen Systems, z.B. die Chancengleichheit für politische Parteien, die in halbautoritär regierten oder ethnisch zerklüfteten Gesellschaften auf Widerspruch stoßen, nicht explizit zur Bedingung gemacht.

Zum Zeitpunkt des Erdgipfels in Rio hatte der Trend zur stärkeren Betonung demokratischer Grundsätze in der Entwicklungszusammenarbeit schon eingesetzt, wenngleich dies in den Formulierungen oft mehr durchschien als prominent hervortrat. In der Agenda 21 überwiegt bereits die Vorstellung von einem rechtsstaatlichen Grundsätzen verpflichteten, auf seine Kernfunktionen beschränkten, effizienten Staat, der mit nichtstaatlichen Akteuren partnerschaftlich zusammenarbeitet. Dieser letzte Punkt ist besonders wichtig. Das Leitbild der nachhaltigen Entwicklung verpflichtet keineswegs nur die Ebenen der staatlichen Verwaltung zum Handeln. Nachhaltigkeit ist vielmehr ein gesellschaftlicher Auftrag, der alle Akteure einschließt. Wissenschaft, Verbände, Unternehmen, Gewerkschaften, Kirchen, Stiftungen, Initiativen und Projekte, Kultur- und Bildungseinrichtungen sind ebenso wie die Parteien und Parlamente aufgerufen, ihren Beitrag zur Verwirklichung der Rio-Beschlüsse zu leisten. Große Bedeutung kommt generell dem bürgerschaftlichen Engagement außerhalb staatlicher Strukturen zu. Speziell die global-ökologischen Aktionsfelder sind es, die von der Bewusstseinsbildung bis hin zur praktischen Umsetzung unerlässlich auf die Beteiligung und Mitwirkung von Zivilgesellschaft und Privatwirtschaft angewiesen sind.

Seither wird jedenfalls der dreidimensionale Erklärungsansatz der integrierten ökologischen, sozialen und ökonomischen Nachhaltigkeit häufig um eine politisch-prozessuale Komponente „Institutionen" bzw. „Partizipation" erweitert. Dies war z.B. innerhalb des UN-Indikatorenprogramms der Kommission für nachhaltige Entwicklung (CSD) für die Bereiche Integration von Umwelt und Entwicklung, Forschung, Informationen für Entscheidungsfindung, Stärkung gesellschaftlicher Gruppen, internationale Rechtsinstrumente und Mechanismen vorgesehen. Ob der Bedeutung von partizipativen Entscheidungswegen und Strukturen zur Umsetzung der Ziele von Rio angemessen Rechnung getragen wurde, lässt der als Ergebnis eines mehrjährigen Arbeitsprogramms vorgeschlagene Indikatorensatz allerdings eher fraglich erscheinen. Die UN-Kommission für nachhaltige Entwicklung empfiehlt folgende institutionelle Indikatoren als repräsentatives Muster für die Erarbeitung nationaler Indikatorensätze (CSD 2001: 271 ff.):

- Vorhandensein und effektive Ausführung einer nationalen Nachhaltigkeitsstrategie
- Umsetzung ratifizierter globaler Vereinbarungen zur nachhaltigen Entwicklung
- Internetanschlüsse und Telefonverbindungen auf je 1000 Einwohner[49]
- Ausgaben für Forschung und Entwicklung (Anteil am BIP)
- Menschliche und wirtschaftliche Verluste infolge von Naturkatastrophen

Mit anderen Worten: Die Anregungen verschiedener Länder, gesonderte Indikatoren zum Grad der demokratischen Partizipation oder der öffentlichen Bewusstseinsbildung in Sachen Nachhaltigkeit zu erheben, waren zwischen den am UN-Testprogramm beteiligten Staaten nicht konsensfähig oder wurden als nicht praktikabel erachtet (CSD 2001: 22). Die genannten Indikatoren zur institutionellen „vierten Säule" der Nachhaltigkeit könnten im übrigen theoretisch auch den anderen drei Dimensionen zugeordnet werden, so dass die „vierte Säule" von den im UN-Rahmen diskutierten Indikatoren her ziemlich schlank dasteht[50]. Dagegen fällt auf, welches Gewicht der Generalsekretär der Vereinten Nationen in seinem Bericht zur Umsetzung der Agenda 21 dem „Institutionellen Rahmen für nachhaltige Entwicklung: die Notwendigkeit für Politikintegration, wissensbasierter Entscheidungsfindung und Partizipation" einräumt. Nachdem er auf den Stellenwert der demokratischen Einbeziehung nichtstaatlicher Akteure hingewiesen hat, notiert Kofi Annan freilich, dass nach Beobachtungen speziell auf nationaler und internationaler Ebene die zugelassene Mitwirkung nichtstaatlicher Interessengruppen beim Rio-Folgeprozess nur selten bis in die Entscheidungsfindung hineinreiche.

---

[49] Es handelt sich um zwei getrennte Indikatoren, die den Zugang zu Information (Internetanschlüsse) und die Kommunikations-Infrastruktur (Telefonverbindungen) betreffen.
[50] Zum Vergleich: Der gesamte CSD-Satz enthält 58 Indikatoren, die auf die soziale (19), ökologische (19), ökonomische (14) und institutionelle Dimension (6) Bezug nehmen (CSD 2001: 24 ff.). Zur Kritik, dass die geplanten institutionellen CSD-Indikatoren der regulativen Idee der nachhaltigen Entwicklung nicht gerecht werden, vgl. Dippoldsmann (2000).

Stattdessen werde Partizipation häufig nur vorübergehend praktiziert und vollziehe sich auf einer ad-hoc-Basis (ECOSOC/CSD 2002: 43).

Die Beteiligung aller relevanten Interessengruppen (*Stakeholders*) bei der Erarbeitung und Umsetzung von Nachhaltigkeitsstrategien – im nationalen Rahmen wie auf internationalen Politikforen – bezeichnet neben *Good Governance* den demokratischen Kern des Nachhaltigkeitsgedankens. Beim Rio-Gipfel war das Bild der vielen Tausend angereisten Vertreter aus dem Bereich der Zivilgesellschaft prägend, die auf einem Treffen der Nichtregierungsorganisationen eigene Initiativen zur nachhaltigen Entwicklung erarbeiteten und verabschiedeten. Die erfolgte Beteiligung der Nichtregierungsvertreter galt seinerzeit als Test für eine vermehrte Partizipation im UN-System (Martens 1992). Die folgenden Weltkonferenzen nahmen dann einen ähnlichen Verlauf. Die Einbindung von zunehmend grenzüberschreitend vernetzten zivilgesellschaftlichen Akteuren ist inzwischen die Norm. Ergebnisse und Eindrücke der Stakeholder-Prozesse fließen in jeder Vorbereitungsphase ein. Und auch in Johannesburg sollte das Erscheinungsbild der Stakeholder-Foren die Wahrnehmung des Gipfels mitbestimmen. Trotzdem ist die Gefahr evident, dass eine Einflussnahme durch zivilgesellschaftliche Akteure bei „harten" politischen Fragen auch im Johannesburg-Folgeprozess nur in geringem Umfang zum Tragen kommen wird. Globalisierungsgegner kündigten bereits an, falls ihre Mindesterwartungen auf Mitsprache weiterhin enttäuscht würden, vermehrt durch lautstarken Protest von sich reden zu machen.

Der nachhaltigen Entwicklung kommt im politischen Alltag eine ganze Palette zivilgesellschaftlicher Aktivitäten zugute: das Eintreten für Menschenrechte und die Interessen von Minderheiten, Demokratieförderung, zivile Konfliktbearbeitung, Kampf um Landreformen, Zugang zu natürlichen Ressourcen, Protest gegen ausbeuterische Arbeitsbedingungen, die Beteiligung an internationalen Kampagnen z.B. zur Entschuldung oder zum Verbot von Landminen. Die Zivilgesellschaft bringt jeweils unterschiedlichste Interessen zum Ausdruck und kann als konstitutiver Faktor einer demokratischen Entwicklung den Gegensatz von Regierenden und Regierten abmildern. Obwohl der Begriff Zivilgesellschaft, der vom privatwirtschaftlichen Bereich abzugrenzen ist, nicht genau definiert ist – etwa hinsichtlich des Unterschieds von Nichtregierungsorganisationen und sozialen Bewegungen –, spielt die Förderung der Zivilgesellschaft unter Nachhaltigkeitskriterien eine wachsende Rolle in der staatlichen wie privaten Entwicklungszusammenarbeit. Sie ergänzt die Ebene der institutionellen Zusammenarbeit beim Aufbau effizienter öffentlicher Verwaltungen (Umwelt, Landwirtschaft, Städteplanung usw.). Bei der

Auswahl von Partnern unter den Nichtregierungsorganisationen in südlichen Ländern sollte gezielt auf die Orientierung an gemeinsamen Grundnormen wie Menschenrechte, Demokratie, soziale Gerechtigkeit und ökologische Nachhaltigkeit geachtet werden (Hermle 2001: 14).

Abgesehen von der internationalen und nationalen Ebene der Nachhaltigkeitspolitik sind, wie man aus der oben zitierten Einschätzung des UN-Generalsekretärs herauslesen kann, auf der regionalen und lokalen Ebene in der Regel wirksamere Möglichkeiten gegeben, um zivilgesellschaftliche Interessen zur Geltung zu bringen. Dezentral getroffenen Entscheidungen und formulierten Strategien wies der Rio-Gipfel eine hohe Priorität zu. Damit wird die demokratische Dimension der Nachhaltigkeit um eine weitere Perspektive ergänzt: Neben demokratischen Maßstäben für politische Entscheidungen und staatliches Handeln (*Good Governance*) und einer Beteiligung aller gesellschaftlichen Gruppen (Stärkung der Zivilgesellschaft) wird der Akzent auf ein dezentrales Vorgehen vor Ort (Lokale Agenda) gelegt, entsprechend dem berühmten *Global denken, lokal handeln*. Das Zitat gründet auf der Lehre, dass weltweite Umweltprobleme nur effektiv angegangen werden können, wenn ökologische, wirtschaftliche und soziokulturelle Besonderheiten der jeweiligen örtlichen Umgebung berücksichtigt werden. Erstmals sprach den Satz der Wissenschaftler und ökologische Vordenker René Dubos aus, der als Berater für den Stockholmer Weltumweltgipfel im Jahr 1972 wirkte (Eblen; Eblen 1994: 702).

Die lokale Ebene

Das Prinzip beansprucht für die nachhaltige Entwicklung Gültigkeit über die ökologische Sphäre im engen Sinne hinaus (Subsidiaritätsgedanke). In der Agenda 21 findet sich folgerichtig ein Kapitel zur Lokalen Agenda, unmittelbar nach dem Kapitel zur Stärkung der Rolle der Nichtregierungsorganisationen. Dort heißt es: „Da viele der in der Agenda 21 angesprochenen Probleme und Lösungen auf Aktivitäten auf der örtlichen Ebene zurückzuführen sind, ist die Beteiligung und Mitwirkung der Kommunen ein entscheidender Faktor bei der Verwirklichung der in der Agenda enthaltenen Ziele." (28.1) Jede Kommune wurde aufgefordert, ein eigenes Programm einer nachhaltigen Stadt- bzw. Gemeindeentwicklung aufzustellen. Zur Erarbeitung dieses Programms sollten die kommunalen Verwaltungen „in einen Dialog mit ihren Bürgern, örtlichen Organisationen und der Privatwirtschaft eintreten" und eine Lokale Agenda beschließen (28.3). Der Grundsatz der Partizipation und Bürgerbeteiligung bezieht sich also nachdrücklich darauf, eine Lokale Agenda im Konsens zu erstellen. Das erklärte Ziel, dass sich bis 1996 „die Mehrzahl der Kommunalverwaltungen der einzelnen Länder gemeinsam mit ihren Bürgern einem Konsultationsprozess unterzogen und einen Konsens hinsichtlich einer ‚kommunalen Agenda 21' für die Gemeinschaft erzielt haben" (28.2), wurde jedoch nicht umgesetzt. Überhaupt blieben die Bemühungen um das Thema Lokale Agenda weitgehend eine Angelegenheit des Nordens[51].

Trotzdem eröffnet die Lokale Agenda vom Ansatz her in einer Zeit der Legitimitätskrise der Demokratie, die nicht zuletzt durch die Globalisierung von Entscheidungen und den Machtzuwachs der multinationalen Unternehmen hervorgerufen wird, eine hoffnungsvolle Vision. Kommunalverwaltungen, Bürgerinitiativen, lokale Wirtschaftsunternehmen und andere Interessengruppen können nach dieser Vorstellung an Runden Tischen und Arbeitskreisen gemeinsam nach Konsenslösungen für die nachhaltige Entwicklung ihrer Kommune suchen. Lokale Agendaprozesse sollten dem bürgerschaftlichen Engagement Auftrieb verleihen und dem politisch-administrativen System helfen, Aufgaben effizienter zu erfüllen und seine Legitimitätsbasis zu verbreitern. Eine Belebung der kommunalen Demokratie durch breite Beteiligungs- und Mitgestaltungsmöglichkeiten der Bürgerinnen und Bürger ist dann möglich, wenn kommunale Verwaltungen bereit sind, über die Formen der traditionellen Bürgerbeteiligung hinauszugehen und sich auf Agendaprozesse einzulassen. Ein veränderter Politikstil könnte auf diese Weise einen Beitrag zur Zukunftsgestaltung leisten (Poppenborg 1999).

Zu einiger Skepsis geben allerdings die bislang gemachten Erfahrungen Anlass. Eine Untersuchung der Verhältnisse im Bundesland Nordrhein-Westfalen ergab beispielsweise, dass die lokalen Agendaprozesse regelmäßig aus den Kommunalverwaltungen heraus initiiert werden. Wichtige gesellschaftliche Gruppen sind hingegen nicht oder nicht über längere Zeit in den Agendaprozess eingebunden. In den Großstädten sieht das Bild etwas differenzierter aus. Aber auch in diesen Fällen ist es bisher nicht im erhofften Maße gelungen, Ziele und Inhalte der Agenda 21 kontinuierlich in Politik und Verwaltung einzuspeisen. Die strategische Ausrichtung und die Professionalisierung der Prozesse ließen, so die Untersuchung, insgesamt zu wünschen übrig (Gansen; Anton; Hoffmann 2001). Der in der Regel freiwillige Charakter bürgerschaftlichen Engagements und die Begrenztheit der Ressourcen örtlicher privater Initiativen und Organisationen setzen einem grundlegenden Wandel auch objektive Grenzen. Um so größer ist demgegenüber häufig die Enttäuschung zivilgesellschaftlicher Akteure über das bisher Er-

---

[51] Vgl. dazu die näheren Angaben im 10. Kapitel.

reichte, auch wenn in vielen Städten und Gemeinden erfolgreiche Projektarbeit geleistet wird.

Letztlich ist in Industrieländern wie Deutschland die Umsetzung des Leitbildes der Nachhaltigkeit auf Ebene der Verwaltung mit grundlegenden Fragen der Verwaltungsmodernisierung verknüpft (MUNLV 2000: 27-46). Von daher ist es in den ärmsten Ländern der Welt noch schwieriger, die Erwartungen an das Modell einer Lokalen Agenda zu erfüllen. Besonderes Gewicht muss auch hier auf Verwaltungsreformen, nicht zuletzt auf der Förderung und Verstärkung partizipativer Beteiligungsformen liegen. Der Verwaltungszusammenarbeit zwischen Industrie- und Entwicklungsländern fällt hier ein interessantes Aufgabenfeld zu. Es liegen durchaus auch Beispiele vor, wie der Norden vom Süden lernen kann. Bekannt ist der Fall Porto Alegre. Während man sich in Deutschland mit solchen Ansätzen schwer tut und Bürgerbeteiligung meistens als das Recht auf Anhörung interpretiert wird, hat man in der brasilianischen Großstadt seit einem Jahrzehnt mit einem anderen Verständnis gute Erfahrungen gesammelt: Im Rahmen eines Bürgerhaushalts (*orçamento participativo*) entscheidet die Bevölkerung auf Stadtteilebene über die Verwendung der Investitionsmittel des städtischen Haushalts mit. Inzwischen haben auch in Deutschland einzelne Kommunen damit begonnen, ihre Bürger in die Aufstellung des Haushaltsplans einzubinden (MUNLV 2000: 33).

Mit Reformbemühungen der Verwaltung ist es aber nicht getan. Wirkliche Bürgerbeteiligung gerade bei der Erarbeitung einer lokalen Nachhaltigkeitsstrategie und deren Ausführung entspricht dem Geist der Agenda 21. Nichtsdestoweniger stößt das Konsensprinzip auch auf örtlicher Ebene schnell auf Grenzen, wenn mächtige Interessen berührt sind. Für engagierte Bürger wirkt die geringe Verbindlichkeit der Agendabeschlüsse demotivierend. Eine neuere Studie zur Entwicklung der Lokalen Agenda 21 in Berlin wirft daher die provokative, aber ernst gemeinte Frage auf, ob die Zeit womöglich reif sei, in der Nachhaltigkeitspolitik von Konsens- zu „konstruktiven Dissensstrategien" überzugehen, d.h. Partizipation vermehrt über den Aufbau politischen Drucks herbeizuführen (Schophaus 2001: 49 ff.).

Die Betrachtung schließt damit unter demokratietheoretischem Blickwinkel mit der wichtigen Frage nach der Legitimität von Entscheidungen. Es besteht kein Zweifel, dass, selbst bei einer möglichen, aus dem Geist der Agenda 21 abzulesenden Verstärkung direktdemokratischer Instrumente (Beck 2002), letztlich die gewählten Vertretungen in den Städten und Gemeinden die verbindliche Entscheidung über eine Lokale Agenda und deren Implementierung treffen müssen. Demokratische Mehrheiten sollen nicht durch eventuell gut organisierte Lobbyinteressen ausgehebelt werden können. Auch der partizipativ orientierte, innovative Ansatz der Lokalen Agenda, so das Fazit, bietet kein Patentrezept, um das Spannungsverhältnis zwischen den demokratisch legitimierten Kompetenzen der Verwaltung und dem bürgerschaftlichen Anspruch auf eine verstärkte unmittelbare Beteiligung aufzulösen.

8. Kapitel
Geschlechtergerechtigkeit als Querschnittsaufgabe

Im Spektrum der Nachhaltigkeitsthemen fällt der *Gender*-Thematik eine Sonderfunktion zu. Geschlechtergerechtigkeit ist ein Querschnittsaspekt, der quer durch die Politikfelder der Nachhaltigkeit Geltung beansprucht. Dabei meint der Begriff *Gender* im Unterschied zum biologischen Geschlecht (*Sex*) das sozial und kulturell bestimmte Geschlecht. Auf dem Rio-Gipfel nahm das Thema Geschlechtergerechtigkeit großen Raum ein. So formulierte die Agenda 21 einen „Globalen Aktionsplan für Frauen zur Erzielung einer nachhaltigen und gerechten Entwicklung" (Kapitel 24). Angekündigt wurden darin u.a. Maßnahmen der Regierungen zur Stärkung des Frauenanteils in Entscheidungsbereichen, die Unterstützung nichtstaatlicher Frauenorganisationen, Programme zur Verringerung der überhöhten Arbeitsbelastung von Frauen und Mädchen innerhalb und außerhalb des Haushalts, neue, auf Fraueninteressen zugeschnittene gesundheitspolitische Strategien, Programme, die auf dem Lande lebenden Frauen den Zugang zu Krediten und landwirtschaftlichen Produktionsmitteln erleichtern sollen, und schließlich Programme zur Stärkung des Verbraucherbewusstseins, die die besondere Leistung der Frauen für den Abbau oder die Abschaffung nicht nachhaltiger Verbrauchs- und Produktionsstrukturen anerkennen. Auf diesem ganzen Feld sticht wieder die Verschränkung der UN-Konferenzen hervor, denn zu den in Rio zugesagten Maßnahmen gehörten auch die Empfehlungen der Regierungen, die der Weltfrauenkonferenz 1995 in Peking vorgelegt wurden.

Die Überwindung der Benachteiligung von Frauen und Mädchen ist eine Vorbedingung, um die Realisierungschancen für nachhaltige Entwicklung zu erhöhen. Zugleich verändern die Globalisierung und die Integration der Märkte weltweit die Lebens- und Arbeitssituation von Frauen, die sich vor neue Anforderungen gestellt sehen (Wichterich 1998). Ausmaß und Auswirkungen der ungleichen Stellung der Geschlechter belegen einige Zahlen. 70 Prozent der 1,2 Milliarden in extremer Armut lebenden Menschen sind Frauen. Vier Fünftel der Flüchtlinge vor Kriegen und Katastrophen sind Frauen und Kinder. Lediglich 30 Prozent der Frauenarbeit wird entlohnt, während der Anteil der bezahlten Männerarbeit bei 75 Prozent liegt. Auf der anderen Seite leisten Frauen weltweit mehr als die Hälfte aller Arbeitsstunden. Es wird vermutet, dass in Afrika Frauen 80 bis 90 Prozent der landwirtschaftlichen Arbeiten verrichten. Hinzu kommen eine große Benachteiligung im Bildungssektor (60 Prozent der Analphabeten sind Frauen), der hohe Anteil weiblicher Beschäftigter im nicht erfassten informellen Sektor, die Nöte alleinerziehender Frauen, die zahllosen weiblichen Opfer sexueller und physischer Gewalt, und damit sind längst nicht alle Aspekte der sozialen Schlechterstellung von Frauen benannt[52]. Auf der ganzen Welt, auch in den Industrieländern, ist hinsichtlich einer Erhöhung des geringen weiblichen Anteils an politischen Entscheidungspositionen in den letzten Jahrzehnten keine einschneidende Veränderung zu verzeichnen gewesen (Knaup 1998).

Es handelt sich nicht um einen Seitenstrang der Nachhaltigkeitspolitik. Dies macht beispielhaft der erste Bericht des UN-Entwicklungsprogramms zur menschlichen Entwicklung in den arabischen Staaten deutlich. Die arabischen Autoren haben zu diesem Zweck die Lage in 22 Staaten in Nordafrika und im Mittleren Osten untersucht. Die arabischen Regime, heißt es, versperrten den Menschen individuelle und politische Freiheiten und eröffneten ihnen keine attraktive Perspektive, auf die sie sich hin entwickeln und verändern könnten. Hier liegt sicherlich ein Grund dafür, warum soziale Aussichtslosigkeit oder verhinderte Entwicklungsmöglichkeiten in Gewalt und religiösen Extremismus münden. Dabei ist laut dem Bericht die Stellung der Frauen in den arabischen Staaten besonders kennzeichnend für die verfahrene Situation. Sie werden unverändert weitgehend von höherer Bildung ausgeschlossen. Es gibt nach wie vor Staaten, in denen auch heute noch Frauen nicht wählen und keine politische Funktion einnehmen dürfen. Die Hälfte der Frauen sind Analphabeten. Der faktische Ausschluss und die Unterdrückung einer Mehrheit der Bevölkerung trage zur Lähmung der ganzen Gesellschaft bei. Mit unmissverständlicher Offenheit wird darauf hingewiesen, dass die durch traditionelle kulturelle Werte bestimmte Benachteiligung von Frauen im arabischen Raum – und die mangelnde Ausstattung von Frauen mit Rechten und Macht – einen der Haupt-

---

[52] Sämtliche Angaben nach dem *Human Development Report* 1999 (bzw. BMZ 2001b: 18). Vgl. auch die nach Regionen geordneten aussagekräftigen Daten zur Entwicklung der Geschlechterverhältnisse (Lebenserwartung, Löhne, Analphabetismus, Partizipation von Frauen usw.) bei Ruppert (2001).

gründe für die sozialen und wirtschaftlichen Schwierigkeiten dieser Weltregion darstellt (UNDP 2002).

Auf dem ganzen afrikanischen Kontinent hängt ein dauerhaftes Wirtschaftswachtum von einer Verbesserung des Wohlergehens und der Produktivität der Frauen ab. Für nachhaltige Entwicklung kann eine „Investition in Frauen" ausschlaggebend sein. Wenn Frauen in die Situation versetzt werden, produktiver zu sein, kann dies viele günstige Folgen haben, etwa bei der Sicherung der Nahrungsmittelversorgung. Hierfür dürfen sich aber die Umweltbedingungen keinesfalls verschlechtern. Frauen sind nachgerade von ländlicher Armut besonders betroffen. Gerade auf das Leben der Frauen, die durch ihren extensiven Verbrauch von Wasser und Brennholz wie durch ihre landwirtschaftliche Tätigkeit selbst zum Rückgang der Wälder und dem daraus resultierenden Trinkwassermangel beitragen, hat die Zerstörung der natürlichen Ressourcen gravierende Auswirkungen. Ein erschwerter Zugang zu sauberem Trinkwasser droht, die Erkrankungsziffern zu erhöhen usw. Um den Umgang mit der Umwelt zu verändern, muss auch im Bildungswesen die Kluft zwischen den Geschlechtern überwunden werden. Die wechselseitigen inhaltlichen Bezüge sind vielfältig und brauchen nicht weiter aufgezählt zu werden. Als ein Punkt, wo dringender Handlungsbedarf besteht und im Sinne des *Empowerment* angesetzt werden kann, gilt speziell das Recht von Frauen auf Eigentum und Landerwerb (Makinwa-Adebusoye 1998).

Der Begriff des *Empowerment* ist nur zu verstehen vor dem Hintergrund einer lange währenden Diskussion über den richtigen Ansatz, das Thema Geschlechtergerechtigkeit in der Entwicklungszusammenarbeit praktisch zur Geltung zu bringen. Die wachsende Einsicht in die Bedeutung der Rolle der Frauen für die Entwicklung und sichtbare Defizite der Entwicklungspolitik, diesem Umstand gerecht zu werden, fielen nach 1970 mit dem Aufschwung der Frauenbewegung in Westeuropa und Nordamerika zusammen. Neben der Einforderung gleicher Rechte (Bildung und Berufswahl, rechtliche Emanzipation), die schon die Frauenbewegung zu Beginn des 20. Jahrhunderts artikuliert hatte, wurden nun tieferliegende psychische, soziale, sexuelle und kulturelle Wurzeln von Diskriminierung angesprochen. Der Einfluss der transnationalen Bewegungen auf die Institutionen der Entwicklungszusammenarbeit schlug sich in einer stärkeren Berücksichtigung der Frauen in den Programmen der internationalen Entwicklungsagenturen nieder („Gender and Development"-Ansatz). Dagegen entstammt das *Empowerment*- bzw. Ermächtigungskonzept, das in der Gründung von internationalen Frauennetzwerken zum Ausdruck kam, den Frauenbewegungen im Süden.

Es wandte sich gegen das Konstrukt einer „Dritte-Welt-Frau" und eine damit einhergehende Funktionalisierung. Die *Empowerment*-Terminologie wurde bald in den Entwicklungsdiskurs übernommen, auch wenn man zugeben muss, dass der ursprüngliche, gegen die Vereinnahmung durch den westlichen Feminismus gerichtete Ansatz in den Entwicklungsagenturen wenig Resonanz fand (Braig 2001).

Zur Bedeutung von „Gender Mainstreaming"

Heutzutage hat *Empowerment* seinen anfänglichen visionären Charakter eingebüßt und wird überwiegend auf die gleiche Teilhabe von Frauen in Politik und Gesellschaft reduziert. Unterdessen ist es der globalen Frauenbewegung gelungen, Geschlechtergleichheit weltweit zu thematisieren und die Regierungen zu veranlassen, Maßnahmenkataloge zur Herstellung von Geschlechtergleichheit zu beschließen (Ruppert 2001: 125). Der Unterschied zwischen Frauenförderung und dem in den neunziger Jahren aufgekommenen *Gender Mainstreaming* wird durch die Gegenüberstellung des früheren „Women in Development"-Ansatzes und des aktuellen „Gender and Development"-Ansatzes deutlich. Der zuerst genannte Ansatz setzte auf die Integration von Frauen in Entwicklungsprozesse und konzentrierte sich entsprechend auf die Zielgruppenebene, wobei Frauen als spezifische und relativ homogene Zielgruppe angesehen wurden. Demgegenüber ist der „Gender and Development"-Ansatz prinzipiell auf Frauen und Männer ausgerichtet, d.h. auf eine nachhaltige soziale Entwicklung für beide Geschlechter. Hierbei werden die kulturellen Prägungen der Geschlechterbeziehungen berücksichtigt und die Ursachen ungerechter Geschlechterverhältnisse erkundet. Dahinter wird eine langfristige Perspektive erkennbar, indem den strategischen Interessen von Frauen eine größere Bedeutung zuerkannt wird als pragmatischen ad-hoc-Lösungen.

Gender Mainstreaming kann als die generelle Berücksichtigung der Geschlechterdifferenz zusammengefasst werden und bedeutet, „bei allen gesellschaftlichen Vorhaben die unterschiedlichen Lebenssituationen und Interessen von Frauen und Männern von vornherein und regelmäßig zu berücksichtigen, da es keine geschlechtsneutrale Wirklichkeit gibt"[53]. *Gender Mainstreaming* soll entsprechend in allen Politik- und Verwaltungsbereichen die Geschlechterdifferenz in der Gestaltung, Steuerung und Evaluierung von Prozessen und Arbeitsabläufen ebenso

---

[53] *Mainstreaming* bedeutet allgemein, dass eine bestimmte neue inhaltliche Vorgabe zum zentralen Bestandteil bei sämtlichen Entscheidungen und Prozessen gemacht wird. Vgl. die Definition von *Gender Mainstreaming* durch das Bundesministerium für Familie, Senioren, Frauen und Jugend: <www.gender-mainstreaming.net>

wie in der Kommunikation und Öffentlichkeitsarbeit berücksichtigen. Ziel ist es, die Gleichstellung von Frauen und Männern effektiv verwirklichen zu können. Die Umsetzung von *Gender Mainstreaming* war ein Auftrag der Weltfrauenkonferenz in Peking (1995) gewesen und später mit dem Amsterdamer Vertrag sowie dem im Juni 1999 gefassten Beschluss der Bundesregierung, *Gender Mainstreaming* bzw. die Gleichstellung von Frauen und Männern zum durchgängigen Leitprinzip ihrer Politik zu machen, verbindlich verankert worden. Im Jahr darauf folgte die Einsetzung einer interministeriellen Arbeitsgruppe. Für einzelne Politikbereiche hatte die Bundesregierung schon früher – im Jahr 1997 für die Entwicklungszusammenarbeit (Dederichs-Bain 2001: 212) – fachlich zugeschnittene Konzepte beschlossen und zugrunde gelegt[54].

Welchen Stellenwert nimmt das Thema Gender im Johannesburg-Prozess ein, nachdem bereits im Juni 2000 eine UN-Sondergeneralversammlung „Frauen 2000 – Geschlechtergleichheit, Entwicklung und Frieden für das 21. Jahrhundert" (bzw. „Peking+5") eine Zwischenbilanz der Entwicklung seit der Weltfrauenkonferenz von 1995 gezogen hat? Zunächst wollten Frauen, und hier ist in Sonderheit an die seit 1992 entstandenen themenbezogenen Frauennetzwerke zu denken, versuchen, ihren vielbeachteten politischen Erfolg von Rio zu wiederholen. Dort war es gelungen, allein quantitativ beeindruckend, im Text der Agenda 21 am Ende 172 Verweise auf Frauen – im Vergleich zu lediglich zwei Verweisen im ersten Entwurf[55] – unterzubringen und die Anerkennung der Frauen als einer „wichtigen Gruppe" durchzusetzen (Hemmati; Gardiner 2002: 33). Erinnert sei auch an den politisch gehaltvollen „Globalen Aktionsplan für Frauen" (Kapitel 24), der den Weg nach Peking bereitete. Anlässlich der Überprüfung aller Nachhaltigkeitsthemen auf dem Weltgipfel in Johannesburg sollte daher jedes Feld auf den Aspekt der Geschlechtergerechtigkeit hin in Augenschein genommen werden. Die Initiative in dieser Richtung ging, so auch im Zuge der Stakeholder-Dialoge im Vorbereitungsprozess zum Gipfel, z.B. von dem „CSD Women's Caucus" aus, einem globalen Netzwerk, das für das *Gender Mainstreaming* aller Vereinbarungen im Bereich der nachhaltigen Entwicklung eintritt.

Das generelle Ziel für den Johannesburg-Folgeprozess kann aus dem Verständnis, Geschlechtergerechtigkeit als Querschnittsaufgabe zu begreifen, nur darin bestehen, auf möglichst allen Themenfeldern konkrete

---

[54] Das Gleichberechtigungskonzept des BMZ von 1997 löste das Frauenförderkonzept von 1988 ab. Gültig ist das Gleichberechtigungskonzept in der 2. revidierten Fassung vom Mai 2001 (BMZ 2001c).
[55] Im Entwurf der Agenda 21 hatten sich demnach die Verweise auf Frauen- bzw. Gender-Politik auf das Thema Bevölkerung/Bevölkerungswachstum beschränkt (Hemmati 2001: 9).

Fortschritte zu erreichen, die das Ziel der Geschlechtergerechtigkeit und die Beteiligung der Frauen durchsetzen. Übergreifende Strategien betreffen etwa die Integration der *Gender*-Perspektive in alle Indikatoren des Indikatorensystems der UN-Kommission für nachhaltige Entwicklung (CSD) oder die Mittelverfügbarkeit für Genderthemen im Bereich der nachhaltigen Entwicklung. Zivilgesellschaftliche Akteure sind beim Thema *Gender* nach der Erfahrung von Rio nicht nur treibende Kraft; sie können bei der Formulierung und Durchsetzung eigener Interessen punktuell eher mit Erfolgen rechnen als Nichtregierungsorganisationen, deren Stoßrichtung unmittelbar gegen mächtige organisierte politische und wirtschaftliche Interessen zielt (Biologische Vielfalt, Klimaschutz usw.)[56].

So hatten der genannte „Women's Caucus", der mit themenspezifischen Netzwerken kooperiert (ENERGIA, ein Netzwerk zu Frauen und Energie, „Gender & Water Alliance"), ebenso wie andere Organisationen im Rahmen der Gipfelvorbereitungen eine Reihe von Aufgaben und Aktivitäten identifiziert. Ein Beispiel ist die „Women's Action Agenda for a Peaceful and Healthy Planet 2015", eine Lobbying-Plattform mit zahlreichen Mitgliedern um die „Women's Environment and Development Organisation" (WEDO) und dem „Network in Defence of Human Rights" (REDEH, Brasilien). Diese Aktionsagenda, die den Zeithorizont der Millennium-Entwicklungsziele wählt, propagierte so verschiedene Aspekte wie „Umweltdimensionen bewaffneter Konflikte: die Rolle der Frauen", „Demokratie, Menschenrechte und Zugang von Frauen zu bzw. Kontrolle von Ressourcen", „Schutz indigenen Wissens, Biodiversität und nachhaltige Landnutzung" usw.[57] Dies alles wurde von einem Konsultationsprozess mit Frauengruppen und Netzwerken begleitet, mit der Perspektive, untereinander einen Rahmen von Grundsätzen und Wegweisern abzustecken, mit deren Hilfe dann wiederum gezielter Einfluss auf die Regierungen angestrebt wurde. Dieses Einzelbeispiel hat an einem Ausschnitt auf das weite Spielfeld geführt, auf dem sich der komplizierte und in zahlreiche Detailfragen zerfaserte Vorbereitungsprozess des Johannesburg-Weltgipfels vollzog, dessen Struktur im Folgenden näher beleuchtet wird.

---

[56] Die feministische Kritik nimmt hingegen Anstoß an der konsensorientierten „*agreed language*-Kultur" des Jahrzehnts nach Rio und plädiert letztlich dafür, bei der Wahrnehmung von Fraueninteressen wieder vermehrt zu Konfliktstrategien überzugehen (Wichterich 2002).
[57] In der ursprünglichen Version: „Women's Action Agenda for a Healthy Planet 2002" (WAA 2002, jetzt: WAA2015). Informationen zu dieser Frauen-Aktionsagenda finden sich auf den Rio-Seiten der Heinrich Böll Stiftung (<www.worldsummit2002.org>) und des UNED-Stakeholder-Forums (<www.earthsummit2002.org>).

9. Kapitel
Zur Architektur des Rio-Johannesburg-Prozesses

Im Vorfeld von Rio waren Fachleute der Frage nach dem institutionellen Gefüge nachgegangen, das den Folgeprozess des Erdgipfels strukturieren sollte. Bereits die Brundtland-Kommission hatte die Schaffung eines UN-Ausschusses für nachhaltige Entwicklung unter Vorsitz des Generalsekretärs vorgeschlagen. Die Aufgabe dieses Ausschusses hätte darin bestanden, angesichts der weitgespannten Aufgabenbereiche der nachhaltigen Entwicklung eine koordinierende Funktion zu übernehmen und Aufgaben an nachgeordnete Institutionen zu delegieren (Hauff 1987: 312 f.). Andere Stimmen plädierten dafür, eine eigenständige UN-Organisation für die Umsetzung der Agenda 21 ins Leben zu rufen, die eventuell auch die Funktionen vorhandener Einrichtungen wie des Umweltprogramms (UNEP) hätte übernehmen können. Die Regierungen sträubten sich jedoch gegen die Selbstverpflichtung, die es mit sich gebracht hätte, eine solche Organisation zu gründen. Sie blockierten damit zugleich Forderungen nach einer großzügigen Mittel- und Kompetenzausstattung für eine neue Institution. Interessanterweise hatte auch der damalige UN-Generalsekretär Boutros Boutros-Ghali, um Verschlankung der Bürokratie bemüht, es entschieden abgelehnt, eine Umweltorganisation der Vereinten Nationen oder zumindest im New Yorker UN-Sekretariat eine eigene Hauptabteilung für Umweltfragen einzurichten (Boutros-Ghali 2000: 200).

Koordinierung des Rio-Folgeprozesses

So setzte sich stattdessen die Idee durch, auf Regierungsebene regelmäßig zusammenzutreten und die Erfüllung der Rio-Beschlüsse gemeinsam zu überprüfen. Einen entsprechenden Auftrag formulierte die Agenda 21 (Kapitel 38.11). Mit dem Status einer funktionalen Kommission des Wirtschafts- und Sozialrates wurde daraufhin im Dezember 1992 durch eine Resolution der Generalversammlung die UN-Kommission für nachhaltige Entwicklung (*UN Commission on Sustainable Development* = CSD) geschaffen[58]. Als deren Sekretariat fungiert die

---

[58] UN-Resolution A/47/191. Der Wirtschafts- und Sozialrat (ECOSOC) gehört zu den Hauptorganen der Vereinten Nationen, wie die Generalversammlung oder der Sicherheitsrat, besitzt aber kaum eigene Entscheidungskompetenz. Die Einsetzung „funktionaler Kommissionen" (oder Fachkommissionen) basiert auf Artikel 68 der UN-Charta: „Der Wirtschafts- und Sozialrat setzt Kommissionen für wirtschaftliche und soziale Fragen und für die Förderung der Menschenrechte sowie alle sonstigen zur Wahrnehmung seiner Aufgaben erforderlichen Kommissionen ein."
Erster Vorsitzender der CSD war übrigens 1993 der frühere deutsche Umweltminister (und jetzige UNEP-Exekutivdirektor) Klaus Töpfer.

Division for Sustainable Development bei der UN-Hauptabteilung für wirtschaftliche und soziale Angelegenheiten (DESA), in der vor einigen Jahren unter Leitung des indischen Untergeneralsekretärs Nitin Desai die bislang drei *Departments* dieses Sektors vereinigt wurden. Die CSD soll Fortschritte bei der Umsetzung der Agenda 21 auf nationaler und internationaler Ebene beobachten und begleiten. Eine weitere Aufgabe ist die Vertiefung des Dialogs zwischen Regierungen und der Zivilgesellschaft. Nach regionalen Quoten werden 53 Staaten in die Kommission gewählt[59]. Nach und nach entwickelte sich die Kommission zu einer Multi-Stakeholder-Institution, einem Gremium also, in dem unterschiedlichste Interessengruppen vertreten sind. Bei ihren jährlichen Treffen im April oder Mai versammelt die CSD bis zu fünfzig Minister neben Vertretern von Nichtregierungsorganisationen, Wirtschaftsverbänden usw. an einem Tisch. Daneben gibt es vorbereitende Sitzungen im Februar/ März und Expertengespräche.

Genauer besehen ist die Kommission so gut wie machtlos. Sie kann politische Empfehlungen aussprechen, hat aber kaum eigene Entscheidungsbefugnisse gegenüber anderen UN-Einrichtungen wie dem Umweltprogramm (UNEP) oder der Globalen Umweltfazilität (GEF). Eigene finanzielle Mittel, um die Umsetzung der Agenda 21 zu unterstützen, hat die Kommission nicht zur Verfügung. Sie verwendet auch deshalb in ihren Beratungen einige Mühe darauf, innovative Finanzierungsinstrumente (Umweltsteuern, handelbare Umweltzertifikate, Finanzierungsmechanismen des privaten Sektors usw.) zur politischen Diskussion zu stellen (Forum Umwelt & Entwicklung 1998: 5). Am meisten macht dem institutionellen Kern der Nachhaltigkeitspolitik im UN-Rahmen zu schaffen, dass die politikrelevanten wirksamen Entscheidungen auf anderen internationalen Ebenen getroffen werden; sie fallen im Kontext der rechtsverbindlichen, durch Konventionen abgesicherten Umweltregime (siehe Kasten) und vor allem in den Bretton-Woods-Institutionen und in der im Jahr 1995 gegründeten Welthandelsorganisation[60]. Zwangsläufig konzentriert sich die maßgebliche politische Arbeit der Regierungen ebenso wie diejenige der nichtstaatlichen Akteure in diese Richtung. Demgegenüber genießt die Tätigkeit der Kommission für nachhaltige Entwicklung geringere Priorität.

---

[59] Der Regionalschlüssel der CSD sieht für Afrika 13, Asien 11, Lateinamerika/Karibik 10, Osteuropa 6, Westeuropa/Nordamerika/andere 13 Staaten vor.

[60] Vgl. zur WTO das 5. Kapitel. Auch zu berücksichtigen sind Überschneidungen mit anderen UN-Konferenzen (z.B. Sozialgipfel), die ebenfalls Themen der Nachhaltigkeit behandeln.

Wichtige multilaterale Umweltabkommen im Kontext von Rio

Montrealer Protokoll über ozonschichtabbauende Stoffe
Ziel: schrittweiser Ausstieg aus Produktion und Anwendung der FCKW
verabschiedet: 1987; in Kraft getreten: 1989
ergänzte die Wiener Konvention (1985), diverse Zusatzvereinbarungen

Rahmenübereinkommen der Vereinten Nationen über Klimaveränderungen (UNFCCC)
Ziel: Stabilisierung der Treibhausgaskonzentration in der Atmosphäre
verabschiedet: 1992 (Rio); in Kraft getreten: 1994

Protokoll von Kyoto zum UNFCCC
Ziel: Reduktion der Treibhausgasemissionen
verabschiedet: 1997 (Kyoto); in Kraft getreten: noch nicht (erwartet 2003)

Konvention über die biologische Vielfalt (CBD)
Ziel: Erhaltung und nachhaltige Nutzung der biologischen Vielfalt; gerechter Vorteilsausgleich (u.a. Zugang zu genetischen Ressourcen)
verabschiedet: 1992 (Rio); in Kraft getreten: 1993

Cartagena-Protokoll über biologische Sicherheit zur CBD
Ziel: sichere Handhabung genetisch modifizierter Organismen; Kontrolle des Handels
verabschiedet: 2000 (Montreal); in Kraft getreten: noch nicht

Konvention zur Bekämpfung der Desertifikation (CCD)
Ziel: Bekämpfung der Wüstenbildung; nachhaltige Nutzung der betroffenen Gebiete
verabschiedet: 1994 (Paris); in Kraft getreten: 1996

Rotterdam-Konvention über die vorgängige Einwilligung im Handel mit gefährlichen Chemikalien (PIC)
Ziel: Errichtung eines Kontrollsystems, das die ausdrückliche Zustimmung zum Import gefährlicher Chemikalien verlangt (Schutz der Entwicklungsländer)
verabschiedet: 1998 (Rotterdam); in Kraft getreten: noch nicht

Konvention über Persistent Organic Pollutants (POPs)
Ziel: Reduktion bzw. Elimination der gefährlichsten organischen Schadstoffe bzw. „Dauergifte" (POPs)
verabschiedet: 2001 (Stockholm); in Kraft getreten: noch nicht

Tatsächlich wurden – durchaus im Widerspruch zum mehrdimensionalen Charakter der Nachhaltigkeit – die Regierungsdelegationen der jährlichen CSD-Treffen in New York fast ausschließlich von den Umweltministerien beschickt, während doch gerade in anderen Ministerien (Finanzen, Wirtschaft) über zentrale Weichen der Nachhaltigkeitspolitik entschieden wird (Stephan 2001a: 138). Jedenfalls stellt die Kommission sicher, dass Themen der nachhaltigen Entwicklung im UN-System wahrgenommen und Aktivitäten der Vereinten Nationen im Umwelt- und Entwicklungsbereich koordiniert werden. Die CSD ermutigt Regierungen und internationale Organisationen dazu, ihrerseits Workshops und Konferenzen zu verschiedenen Umwelt- und sektorübergreifenden Themen zu organisieren, deren Ergebnisse dann wiederum der Arbeit der Nachhaltigkeitskommission und den involvierten Akteuren zugute kommen. Schließlich beraten und verabschieden der UN-Wirtschafts- und Sozialrat (ECOSOC) und die Generalversammlung jeweils die Beschlüsse der Kommission für nachhaltige Entwicklung.

Traditionell ist die Kommission, wie angedeutet, für eine aktive Partizipation der Nichtregierungsorganisationen, die sich zuvor beim Wirtschafts- und Sozialrat akkreditieren müssen, offen. Diese haben Gelegenheit zur Teilnahme auch an informellen Sitzungen und können begleitende Informationsveranstaltungen durchführen, Statements abgeben usw. Für die Vorbereitung des Weltgipfels in Johannesburg war es wegweisend, dass die Nachhaltigkeitskommission innovative Beteiligungsmechanismen für die zivilgesellschaftlichen Gruppen entwickelte (Hemmati 2002: 55). Diese sorgfältig vorbereiteten „Stakeholder-Dialoge", an denen die verschiedenen Akteure einschließlich der Regierungsvertreter mitwirken, wurden in die Struktur des Johannesburg-Vorbereitungsprozesses überführt. So fanden, wie bei den CSD-Sitzungen seit 1998, beginnend mit der zweiten Vorkonferenz zum Weltgipfel Anfang 2002, Stakeholder-Dialoge statt, an denen alle *Major Groups* der Agenda 21 mit eigenen Beiträgen teilnahmen. Der partizipative Stil der Kommission korrespondiert indessen mit der schwachen Stellung der CSD, die sich durch die Einbeziehung zivilgesellschaftlicher Akteure problemorientierte, offene Debatten anstelle der konsensfixierten Verhandlungen zwischen den Regierungen erhoffte. Zu einer Belebung des zähen Verhandlungsstils ist es dennoch nicht gekommen (Upton 2002: 6)[61].

Die Kommission hatte bei alldem Schwierigkeiten, die ihr übertragene Überwachungsaufgabe in der ganzen Spannbreite der Themen wahrzu-

---

[61] Der frühere neuseeländische Umweltminister Simon Upton, der 1999 den Vorsitz der Kommission innehatte (CSD-7), stützt sein Urteil auf seine langjährige Teilnahme an den CSD-Beratungen.

nehmen. Bezeichnenderweise war die Frage der Berichterstattung von Beginn an umstritten. Die Entwicklungsländer wehrten sich gegen ein umfassendes Berichtswesen im Rahmen der CSD. Auch viele Industrieländer sträubten sich gegen diesen vermeintlichen Eingriff in die nationale Souveränität. Aus Sicht der Entwicklungsländer sollte insbesondere keine Verknüpfung ihrer weiteren Unterstützung aus dem Norden mit Fortschritten bei der Umsetzung der Agenda 21 hergestellt werden. So einigte man sich auf das Prinzip freiwilliger Berichte der Regierungen, die über erzielte Fortschritte und auftretende Probleme informieren sollten (Stephan 2001a: 143 f.). Alternative Berichte, die von Nichtregierungsorganisationen eingereicht werden, geben in vielen Fällen zusätzlich Aufschluss über den Stand der Implementierung in den einzelnen Ländern. Für ihre eigene Arbeit hatte die Kommission im Jahr 1993 ein mehrjähriges Programm festgelegt. Die anschließenden jährlichen Treffen überprüften jeweils verschiedene Kapitel der Agenda 21 auf den Stand ihrer Umsetzung und beachteten daneben übergreifende Themen, wie Finanzen, Handel und Entwicklung, Technologietransfer usw.

Die Agenda 21 hatte empfohlen, spätestens fünf Jahre nach Rio eine Sondersitzung der UN-Generalversammlung zur allgemeinen Überprüfung der angekündigten Maßnahmen abzuhalten (Kapitel 38.9). Dieser sogenannte „Rio+5"-Gipfel (*Earth Summit + 5*) fand im Juni 1997 in New York statt. Die „Sondertagung der Generalversammlung zur Überprüfung und Beurteilung der Umsetzung der Agenda 21", so der offizielle Name, stellte fest, dass die Weltgemeinschaft viele Ziele vor allem in den Bereichen Luft- und Wasserbelastung, Verlust der biologischen Vielfalt, Bodendegradation und Wüstenbildung oder bei der Übernutzung nicht erneuerbarer Ressourcen verfehlt hatte[62]. Rio+5 endete mit der Verabschiedung eines Abschlussdokuments, das einige konkrete Maßnahmen enthielt, um dem drohenden Klimawandel, der Waldzerstörung und der Trinkwasserknappheit zu begegnen. So wurde in New York etwa der Weg hin zu dem im Dezember 1997 in Kyoto verabschiedeten Klimaprotokoll geebnet. Es wurde ein zwischenstaatliches Waldforum gegründet und man einigte sich darauf, eine globale Strategie zum Schutz bedrohter Trinkwasserreservoirs zu entwickeln.

Spätestens mit Rio+5 war jedoch nicht zu übersehen, dass die Ankündigungen von 1992 trotz der angestoßenen Innovationen in der Umwelt-

---

[62] Special Session of the General Assembly to Review and Appraise the Implementation of Agenda 21, New York, 23-27 June 1997: <www.un.org/esa/earthsummit>
Die Resolutionen und Beschlüsse von „Rio+5" sind auch auf deutsch verfügbar:
<www.un.org/Depts/german/gv-sondert/gv19-ss/gv19.htm>

und Entwicklungspolitik ganz überwiegend nicht umgesetzt wurden. Damit verschob sich das Augenmerk nicht zuletzt auch auf eine Reform des Rio-Folgeprozesses. Im Zusammenhang von Rio+5 verdient die vom persönlichen Engagement Bundeskanzler Kohls getragene, ohne die übliche Abstimmung in der EU erfolgte „Gemeinsame Initiative für nachhaltige Entwicklung von Deutschland, Brasilien, Singapur und Südafrika" Erwähnung, die im Umkreis der Weltkonferenzen ein für die deutsche Politik singuläres Modell in inhaltlicher wie prozessualer Hinsicht (interministerielle Abstimmung) darstellte und internationale Beachtung hervorrief (Fues; Hamm; Wolff 2001: 96 ff.). Die vier Staaten wählten mehrere Schwerpunkte – u.a. Reduzierung der Treibhausgasemissionen um 15 Prozent bis 2010, Anregung einer globalen Waldkonvention – und schlugen vor, eine Umweltdachorganisation der Vereinten Nationen zu schaffen (mit UNEP als Hauptpfeiler) und das Ziel der nachhaltigen Entwicklung in die UN-Charta aufzunehmen (BMU/BMZ 1997). Auch in diesem Fall blieb allerdings der praktische Umsetzungserfolg gering.

Das vom Rio+5-Gipfel verabschiedete „Programm zur Überprüfung der Umsetzung der Agenda 21" schloss einen neuen fünfjährigen Arbeitsplan für die Nachhaltigkeitskommission und Hinweise für deren Zusammenarbeit mit anderen UN-Institutionen ein. Dabei spielen namentlich die Programme für Umwelt (UNEP) bzw. Entwicklung (UNDP) und die Handels- und Entwicklungskonferenz der Vereinten Nationen (UNCTAD) im Rahmen ihrer jeweiligen Mandate eine ergänzende Rolle im Umsetzungsprozess der Agenda 21. Der Auftrag der CSD wurde bekräftigt, die Generalversammlung empfahl aber, dass sich die Kommission für nachhaltige Entwicklung zur Steigerung ihrer Effektivität jeweils auf wenige Schwerpunkte konzentrieren sollte. In jedem Jahr sollte ein sektorales, ein ökonomisches Thema und ein übergreifendes Querschnittsthema, wozu u.a. Finanzielle Ressourcen und Mechanismen, Bildung, Technologietransfer usw. zählen, behandelt werden. Im Jahr 1999 (CSD-7) standen z.B. Ozeane und Meere (sektorales Thema), Konsum- und Produktionsstrukturen (Querschnittsthema) und Tourismus (ökonomisches Thema) auf der Tagesordnung. Die grundlegende institutionelle Schwäche und Machtlosigkeit der Kommission wurde damit aber nicht behoben.

Die Koordinierungsfunktion der CSD haben andere internationale Institutionen und Initiativen ergänzt. So arbeiten etwa die Nationalen Nachhaltigkeitsräte in einem parallelen Netzwerk zusammen. Die *National Councils for Sustainable Development* (NCSD) umfassen Vertreter von Staat und Zivilgesellschaft, die den Fortschritt der Umsetzungsprozesse beobachten und die Regierungen bei der Entwicklung von Nachhaltigkeitsstrategien beraten[63]. Sie dienen zugleich als innerstaatliches Pendant zur UN-Kommission für nachhaltige Entwicklung und achten z.B. auf die Berücksichtigung der Interessen der verschiedenen Stakeholder bei der Erarbeitung nationaler Strategien und Projekte. Unterstützt werden Netzwerk und Nachhaltigkeitsräte insbesondere der Entwicklungsländer vom *Earth Council*. Diese nach 1992 gegründete nichtstaatliche Organisation ist auch für die Publikation des *NCSD-Report* zuständig, in welchem Erfahrungen der verschiedenen Länder dargestellt und Hindernisse und Triebkräfte einer nachhaltigen Entwicklung evaluiert werden (vgl. zuletzt Earth Council 2001). Das NCSD-Programm des *Earth Council* fördert die Mitwirkung des Netzwerks während der jährlichen Sitzungen der Kommission für nachhaltige Entwicklung. Schließlich haben viele Nachhaltigkeitsräte aus Entwicklungs- und Transformationsländern die Gelegenheit genutzt, eigene Länder-Statusberichte zur Umsetzung der Agenda 21 in den Johannesburg-Vorbereitungsprozess einzuspeisen[64].

Von einiger Bedeutung ist auch die „OECD Initiative on Sustainable Development", die im Jahr 1998 lanciert wurde. Ihr Ziel besteht darin, die OECD zu einer internationalen Schlüsselorganisation bei der Unterstützung von Regierungen im Bereich der nachhaltigen Entwicklung zu machen. Die Initiative wird von Roundtable-Gesprächsrunden begleitet, an denen Repräsentanten verschiedener Umwelt- und Wirtschaftsministerien, der Weltbank, der WTO, der Europäischen Kommission, der relevanten UN-Organisationen und verschiedener Wirtschaftsverbände und Nichtregierungsorganisationen teilnehmen. In diesem Kontext legte die OECD außerdem anlässlich des Nachhaltigkeitsgipfels eine Reihe analytischer Berichte zum Stand des Rio-Folgeprozesses vor[65].

Die Vorbereitung des Weltgipfels

Im Dezember 2000 traf die UN-Generalversammlung die Entscheidung, den „Weltgipfel für nachhaltige Entwicklung" (WSSD) im Jahr 2002 in Johannesburg abzuhalten. Namentlich die Bundesregierung hatte sich im Vorfeld nachdrücklich für Südafrika als Konferenzort eingesetzt. Mit

---

[63] Der von der Bundesregierung berufene Rat für Nachhaltige Entwicklung ist trotz seines Namens keine vollständige Entsprechung für einen NCSD. Siehe hierzu das 10. Kapitel.
[64] Diese *NCSD Rio+10 Assessment Reports* wurden von einer Reihe von Regierungen teils als nationaler Rio+10-Bericht anerkannt, teils als Bestandteil des offiziellen Vorbereitungsprozesses betrachtet. Andere liegen als alternative Berichte zu dem Regierungsdokument vor. Eine Übersicht und Dokumentation ist auf der Website des NSCD-Netzwerks verfügbar: <www.ncsdnetwork.org/rio10>
[65] Siehe den zum Vorgipfel in Bali (Juni 2002) präsentierten Bericht „Working Together Towards Sustainable Development: The OECD Experience" (OECD 2002).

der Wahl des Konferenzortes wurde indirekt bestätigt, die Probleme der Entwicklungsländer auf dem Rio+10-Gipfel an herausragender Stelle zu behandeln. Der ursprünglich für die Zeit vom 2. bis 11. September 2002 geplante Termin wurde dann am Anfang dieses Jahres einem späteren Beschluss der Generalversammlung zufolge auf den 26. August bis 4. September vorverlegt. Bei dieser Entscheidung war man offenkundig bemüht, eine Überschneidung mit dem ersten Jahrestag der New Yorker Terroranschläge zu vermeiden, zumal während der letzten drei Tage des Johannesburg-Gipfels das Treffen der Vertreter auf höchster Regierungsebene anberaumt war[66].

Die Generalversammlung hatte in ihrer Resolution vom 20. Dezember 2000 die Tagesordnung des Gipfels nicht vorab festgelegt. Festgestellt wurde, dass die Agenda 21 und die Rio-Deklaration von 1992 nicht nachverhandelt werden. Im Mittelpunkt der Überprüfung durch den Weltgipfel standen daher die erzielten Fortschritte bei der Implementierung der Beschlüsse von Rio, besonders jene Bereiche, bei denen weitere Anstrengungen vonnöten sind, die vereinbarten Ziele umzusetzen. Zudem sollte auf handlungsorientierte Entscheidungen (Aktionspläne) hingearbeitet werden. Schließlich sollten die Regierungen ihre politische Verpflichtung zugunsten einer nachhaltigen Entwicklung erneuern[67]. Die Vorbereitungen wurden in einem Prozess „von unten nach oben" geplant und haben sich auf Arbeiten und Beiträge der UN-Organisationen, der Regierungen, der verschiedenen *Major Groups* usw. gestützt. Offiziell begannen die internationalen Vorbereitungen für den Weltgipfel Anfang Mai 2001 mit der 10. Sitzungsrunde der Kommission für nachhaltige Entwicklung (CSD-10). Die CSD übernahm die Funktion des Vorbereitungskomitees (*Preparatory Committee*) für Johannesburg und wählte den ehemaligen indonesischen Umweltminister Emil Salim zum Vorsitzenden. Zum Generalsekretär des Weltgipfels wurde UN-Untergeneralsekretär Nitin Desai bestimmt, ein erfahrener Fachmann, der einst die Brundtland-Kommission beriet und schon auf dem Rio-Gipfel als stellvertretender Generalsekretär amtierte.

Nach dem Vorbild von Rio wurden zudem vier *PrepCom*-Konferenzen absolviert, von denen die ersten drei im New Yorker UN-Hauptquartier stattfanden. Nach dem erwähnten Auftakttreffen, das primär organisatorische Fragen behandelte, wurden überdies von September bis November 2001 fünf regionale Vorbereitungskonferenzen abgehalten, und zwar

---

[66] Vgl. das Arbeitsdokument der CSD zum Ablauf des Weltgipfels „Matters related to the organization of work during the World Summit on Sustainable Development", 18.6.2002 (A/CONF.199/PC/L.7). Siehe eine übersetzte Fassung im Anhang (Dokument 2).
[67] Vgl. UN-Resolution A/55/199.

für Europa und Nordamerika (Genf), Afrika (Nairobi), Lateinamerika und die Karibik (Rio de Janeiro), Westliches Asien (Kairo) sowie Asien und den Pazifik (Phnom Penh). Die Ergebnisse dieses Abschnitts wurden auf der zweiten Vorbereitungskonferenz vorgelegt (*PrepCom 2*, 28. Januar bis 8. Februar 2002), die sich vorrangig einer Überprüfung des seit Rio Erreichten widmete. Zu diesem Anlass präsentierte der Generalsekretär der Vereinten Nationen, Kofi Annan, den angekündigten Fortschrittsbericht zur Umsetzung der Agenda 21 (ECOSOC/CSD 2002). Auf der dritten Vorbereitungskonferenz (*PrepCom 3*), die vom 25. März bis 5. April 2002 tagte, wurde dann die Überprüfung abgeschlossen und mit der Erstellung einer provisorischen Agenda für den Gipfel begonnen.

Im Mittelpunkt stand dabei das vom Vorsitzenden Emil Salim verfasste Papier, welches all die Vorschläge, Forderungen und Initiativen zusammenfasste, die im Zuge der zurückliegenden Treffen auf internationaler, regionaler und nationaler Ebene entwickelt worden waren. Mit der Abstimmung und Vorbereitung des wichtigsten inhaltlichen Dokuments für den Weltgipfel war man jedoch langsamer vorangekommen als erhofft. Über viele Passagen des Salim-Papiers stand eine Einigung angesichts einer Vielzahl von Änderungsanträgen weiterhin aus, und der Entwurf ging darüber hinaus den Vertretern der Nichtregierungsorganisationen in vielen Punkten nicht weit genug. Erneut wurden Befürchtungen laut, dass die Repräsentanten der Regierungen nur ein geringes Interesse an verbindlichen Zielen und Vereinbarungen zeigen würden. So konzentrierten sich die Industriestaaten, G-77-Länder und China sowie die OPEC-Staaten in zentralen Punkten darauf, das Salim-Papier zu entschärfen. Nachdem alle Regierungen einen Kommentar zu dem *Chairman's Report* abgeliefert hatten, lag ein Dokument von mehr als einhundert Seiten vor, das noch weit davon entfernt war, als Grundlage für einen Gipfel-Aktionsplan verabschiedet zu werden. Daher verständigten sich die Regierungsvertreter darauf, dass der Vorsitzende Salim einen überarbeiteten Text vorlegen und auch bisher nur mündlich formulierte Stellungnahmen mitberücksichtigen sollte. Das revidierte *Chairman's Paper* diente schließlich als Grundlage für die letzte Vorkonferenz.

Die Absicht, es könne gelingen – analog zur Vorbereitung der Konferenz für Entwicklungsfinanzierung in Monterrey im Frühjahr 2002 –, das gemeinsame Ergebnisdokument vorab fertigzustellen, hat sich indes nicht erfüllt. Nach dem Ursprungsplan hätten die Delegierten mit einem politischen Erfolg im Rücken nach Johannesburg reisen sollen, um dort weitere Vereinbarungen und Partnerschaften vorzustellen und zu beschließen. *PrepCom 4* bewegte sich stattdessen am Rande des Misserfolgs. Rund 6000 Delegierte versammelten sich vom 27. Mai bis zum

Der Weg nach Johannesburg – Schema

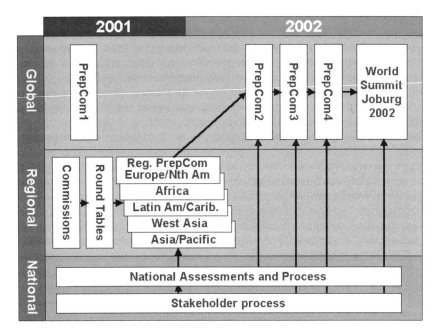

Quelle: www.johannesburgsummit.org

Redaktionelle Anmerkung:

Das Schema zeigt den formellen Ablauf der Vorbereitungen des Weltgipfels für nachhaltige Entwicklung (der Vereinfachung halber wurde hier der internationale Stakeholder-Prozess weggelassen). Daneben vollzogen sich jedoch im gleichen Zeitraum weitere relevante Vorbereitungen und vorentscheidende Weichenstellungen auf anderen internationalen Konferenzen (WTO-Konferenz in Doha, UN-Konferenz für Entwicklungsfinanzierung in Monterrey) oder z.B. auch am Rande des G-8-Gipfels in Kananaskis. Weil der *PrepCom*-Prozess außerdem nicht zu dem erhofften vorläufigen Resultat geführt hatte, setzte das Gastgeberland Südafrika kurzfristig eine informelle Gruppe der „Freunde des Vorsitzenden" ein, um die strittig gebliebenen Fragen weiter zu sondieren.

7. Juni 2002 auf der Insel Bali. Die Wahl des Konferenzortes Bali war eine Geste an Indonesien, das sich lange in Konkurrenz zu Südafrika um die Organisation des Rio+10-Gipfels beworben hatte. Das vierte und letzte *PrepCom* wurde ähnlich wie bei den anderen Vorkonferenzen durch einen zweitägigen „Multi-Stakeholder-Dialog" unter Beteiligung von Delegierten der Regierungen, Vertretern der Nichtregierungsorganisationen, des Privatsektors usw. ergänzt[68]. Den politischen Höhepunkt stellte das Ministertreffen dar, das zum Ende des Vorgipfels die Beschlüsse für Johannesburg hätte gutheißen sollen. Am Schluss waren freilich nach wie vor rund ein Viertel der Paragrafen des *Draft Plan of Implementation*, des Aktionsplans für die künftige Umsetzung der Agenda 21 ganz oder teilweise eingeklammert.

Besonders umkämpft waren bis zuletzt konkrete Festlegungen, d.h. Zielsetzungen und Fristen, sowie Schlüsselthemen wie Handel und Finanzen, der Zusammenhang von Globalisierung und Armutsbekämpfung bzw. Umweltschutz sowie Meinungsdifferenzen über die Interpretation der auf dem Erdgipfel in Rio angenommenen Grundsätze. Als Ergebnis des Vorbereitungsprozesses hatten sich in der Zwischenzeit weitere Schwerpunkte herauskristallisiert, darunter das Thema Ressourcenschutz und Ressourceneffizienz (insbesondere nachhaltige Energiepolitik und Wasserwirtschaft) und die Stärkung der UN-Strukturen in den Bereichen Umwelt und nachhaltige Entwicklung. Die von UN-Generalsekretär Kofi Annan geprägte Formel WEHAB, die sich aus den Anfangsbuchstaben der übergreifenden Themen *Water*, *Energy*, *Health*, *Agriculture* und *Biodiversity* herleitet, in denen vordringlich Fortschritte zu erzielen seien, brachte zudem die unübersichtliche Masse von Verhandlungsgegenständen in eine politisch besser wahrnehmbare Ordnung.

Im Zeichen eines drohenden Stillstandes ergriff die südafrikanische Regierung, die nach der Konferenz auf Bali offiziell den Vorsitz des bevorstehenden Weltgipfels übernommen hatte, politisch die Initiative. Präsident Thabo Mbeki lud 27 Staaten ein, als „Freunde des Vorsitzenden" bei der Lösung der noch offenen Fragen mitzuhelfen. Das Ziel lautete, mit der unterbrochenen Arbeit an dem Abschlussdokument fortzufahren, um auf dem Johannesburg-Gipfel einen globalen Konsens zu erzielen. Der Anstoß dazu war im Juni am Rande des G-8-Gipfels in Kananaskis (Kanada) von einem Gespräch zwischen Präsident Mbeki und UN-Generalsekretär Annan ausgegangen. Entsprechend zählten die

---

[68] Vgl. „Chairman's Summary [Emil Salim] of the Multi-stakeholder Dialogue Segment", 7.6.2002. Alle in diesem Kapitel bisher und anschließend erwähnten Dokumente sind, wenn nichts anderes hinzugefügt ist, auf der Website des Johannesburg-Gipfels veröffentlicht: <www.johannesburgsummit.org>

Staats- und Regierungschefs der G-8 zu den ersten, welche die Einladung des südafrikanischen Staatschefs annahmen. Die 27 Länder wurden nach geografischen Gesichtspunkten und ihrem politischen Engagement ausgewählt[69]. Am 17. Juli 2002 begannen am Sitz der Vereinten Nationen die Gespräche, an denen Minister und hochrangige Beauftragte der aufgeforderten Regierungen teilnahmen. Eine informelle Sondierungsrunde sollte den Verhandlungsrückstand von Bali aufholen. Der politisch bedenkliche Ausschluss der Mehrheit der Regierungen wurde teilweise dadurch wettgemacht, dass viele von ihnen Beobachter zu den New Yorker Gesprächen entsandten. Die Initiative unter Mitwirkung der UN-Spitze und des Generalsekretärs des Weltgipfels, Nitin Desai, signalisierte jedenfalls, dass das Interesse der Staats- und Regierungschefs an Johannesburg zunahm.

Im Vorfeld des Weltgipfels wurden auf Bali zwei Dokumente zwischen allen Regierungen verhandelt. Das war zum einen die Politische Erklärung, deren „Vorgeschlagene Elemente" recht allgemein gehalten waren, aber die politische Bedeutung des Johannesburg-Gipfels ermessen ließen[70]. Zum anderen ging aus dem *Chairman's Paper* die provisorische Fassung des Aktionsplans zur weiteren Umsetzung der Agenda 21 hervor. Struktur und Gewichtung spiegeln Ergebnisse des Vorbereitungsprozesses wider. Das vorläufige Dokument umfasste elf Abschnitte mit 153 Paragrafen, die konkrete Handlungsaufträge beinhalten[71]:

I.	Einführung	1-5
II.	Beseitigung der Armut	6-12
III.	Veränderung nicht nachhaltiger Konsumgewohnheiten und Produktionsweisen	13-22
IV.	Schutz und Bewirtschaftung der natürlichen Ressourcenbasis der wirtschaftlichen und sozialen Entwicklung	23-44
V.	Nachhaltige Entwicklung in einer sich globalisierenden Welt	45
VI.	Gesundheit und nachhaltige Entwicklung	46-51

---

[69] Präsident Mbeki bat die folgenden Länder, sich der Gruppe der „Freunde des Vorsitzenden" anzuschließen: Ägypten, Argentinien, Brasilien, China, Dänemark, Deutschland, Frankreich, Ghana, Indien, Indonesien, Italien, Jamaika, Japan, Jordanien, Kanada, Mexiko, Nigeria, Norwegen, Russland, Samoa, Schweden, Senegal, Spanien, Uganda, Venezuela, Großbritannien und die Vereinigten Staaten.
[70] Im Anhang ist der von dem Vorsitzenden des Vorbereitungskomitees, Emil Salim, verantwortete Entwurf der späteren Abschlussdeklaration abgedruckt. Diese auf den 2.7.2002 datierte Fassung ist hier in inoffizieller Übersetzung wiedergegeben (Dokument 3).
[71] Commission on Sustainable Development acting as the preparatory committee for the World Summit on Sustainable Development. Fourth Session. Bali, Indonesia, 27 May-7 June 2002: „Draft Plan of Implementation for the World Summit on Sustainable Development", 12.6.2002 (Advance Unedited Text).

VII.	Nachhaltige Entwicklung der kleinen Inselentwicklungsländer	52-55
VIII.	Nachhaltige Entwicklung für Afrika	56-65
VIII.bis	Sonstige regionale Initiativen	66-74
IX.	Mittel zur Umsetzung	75-119
X.	Der institutionelle Rahmen für die nachhaltige Entwicklung	120-153

Eine Besonderheit des Johannesburg-Gipfels liegt darin, dass sich die Teilnehmer nicht nur auf zwischen den Regierungen verhandelte und im Konsens beschlossene Ergebnisdokumente konzentrierten („Typ 1"), also den Aktions- oder Durchführungsplan und die Politische Erklärung, sondern auch auf eine weitere Form von Ergebnissen des sogenannten „Typ 2". Darunter werden Partnerschaftsinitiativen verstanden, das sind Vereinbarungen zur Umsetzung der Agenda 21 und der Rio-Deklaration, die erstens nicht zwischen allen Regierungen ausgehandelt werden und zweitens nach Möglichkeit die aktive Beteiligung weiterer Stakeholder vorsehen. Die UN-Generalversammlung hatte im Dezember 2001 in diesem Sinne zu Partnerschaften ermutigt, „insbesondere zwischen Regierungen des Nordens und des Südens auf der einen Seite und zwischen Regierungen und den wichtigen Gruppen (*major groups*) auf der anderen Seite"[72]. Nichtstaatliche Akteure verschiedener Länder konnten überdies auch untereinander Initiativen beschließen.

Mit dieser Innovation, der Einführung der Partnerschaftsinitiativen vom „Typ 2", sind kritische Fragen verbunden, die auf die politische Relevanz der Ergebnisse des Weltgipfels zielen. So war bereits im Vorfeld die Sorge vorhanden, dass die Regierungen sich mittels dieses Instruments einem umfassenden Konsens entziehen könnten. Die „Typ 2"- Partnerschaften, als ein offizielles Ergebnis des Gipfels zusammengefasst, hätten dann die eigentliche Funktion, enttäuschende Kompromisse bei den „Typ 1"-Dokumenten zu überdecken. Außerdem würde es Regierungen, wie den Vereinigten Staaten, die multilateralen Verpflichtungen generell abgeneigt sind, erleichtert, aus dem globalen Konsens auszuscheren (Hemmati 2002: 56). Dieses Argument lässt sich allerdings auch ins Gegenteil verkehren. Mit Hilfe der Partnerschaften vom „Typ 2" war es Regierungen, die ihre Vorstellungen in den multilateralen Regierungsdokumenten vom „Typ 1" nicht unterbringen konnten, grundsätzlich möglich, eine breite Basis für die Durchsetzung weiter reichender Ziele herzustellen. Außerdem orientiert sich die Konstruktion der Partnerschaften mit der versuchten Einbeziehung der Privatwirtschaft und der Nichtregierungsorganisationen am Geist der Agenda 21, die

---

[72] Vgl. UN-Resolution A/56/226.

von dem Gedanken durchzogen ist, dass alle relevanten Akteure zur Verwirklichung der nachhaltigen Entwicklung beitragen müssen.

Als Basis für die Anerkennung von Partnerschaftsinitiativen durch den Weltgipfel – und damit implizit auch für zukünftig vereinbarte Partnerschaften – erarbeitete das Vorbereitungssekretariat Kriterien, welche die mit den „Typ 2"-Ergebnissen verfolgten Absichten veranschaulichen. So sollten Partnerschaften unter Mitwirkung der *Major Groups* aus einem nachvollziehbaren nationalen, regionalen und internationalen Konsultationsprozess hervorgehen. Eingegangene Verpflichtungen müssen in dokumentierter Form vorliegen. Es soll sich um spezifische aktionsorientierte Initiativen handeln, die auf die Umsetzung der Agenda 21 und der Millennium-Entwicklungsziele ausgerichtet sind. Die Partnerschaften sollten die zwischen den Regierungen ausgehandelten Ergebnisse bewusst nicht ersetzen, sondern im Hinblick auf die praktische Umsetzung global vereinbarter Verpflichtungen ergänzen. Die konkrete Finanzierung und die Aufgabenverteilung der beteiligten Akteure sollen dargestellt und der Prozessverlauf über Johannesburg hinaus der UN-Kommission für nachhaltige Entwicklung angezeigt werden. Maßgeblich sei ein „integrierter Ansatz", der die Verbindungen zwischen den verschiedenen Dimensionen der Nachhaltigkeit berücksichtige. Die Partnerschaften müssen jedenfalls „neu" sein oder zumindest bereits existierenden Initiativen wesentlich Neues hinzufügen. Und schließlich wird zumindest nach der Theorie eine aktive Einbeziehung der lokalen Gemeinschaften unterstützt; zugleich sind die Partnerschaften aber so zuzuschneiden, dass sie sich im internationalen Rahmen auswirken[73].

Abgesehen von den „Typ 1"- bzw. „Typ 2"-Ergebnissen waren seit dem Jahr 2001 Überlegungen angestellt worden, ob der Weltgipfel zusätzlich eine „Globale Vereinbarung" (*Global Deal*) hervorbringen könnte. Diese ursprüngliche Initiative der südafrikanischen Regierung, die dann maßgeblich von Dänemark im europäischen Rahmen ventiliert wurde, hätte eine großangelegte Übereinkunft – eventuell unter Einbeziehung der Privatwirtschaft und der anderen nichtstaatlichen Akteure – vorgesehen, welche dem Norden wie dem Süden Opfer abverlangen würde. Nach dem Grundgedanken sollten die Industrieländer zusagen, ökonomisches Wachstum von Umweltbelastung zu entkoppeln, Zugeständnisse beim Zugang zu den nördlichen Märkten zu gewähren und dem Süden bei der Schuldenerleichterung und einer Erhöhung der Entwicklungshilfe

---

[73] Vgl. „Guiding Principles for Partnerships for Sustainable Development („type 2 outcomes') to be Elaborated by Interested Parties in the Context of the World Summit on Sustainable Development (WSSD)", 7.6.2002. Eine Übersicht der Partnerschaften und Initiativen ist auf der Website des Weltgipfels veröffentlicht.

entgegenzukommen. Als Gegenleistung sollten die Entwicklungsländer multilaterale Umweltabkommen einhalten und sich nicht gegen die Einführung von Sozial- und Umweltstandards im Handel wehren (Sachs 2002: 51). Nach dem Vorbereitungsprozess war die Hoffnung auf solch eine umfassende Übereinkunft geschwunden.

Eine bedeutende Funktion hatte unter diesen Vorzeichen das zeitgleich zum Weltgipfel angesetzte *Global Forum*, das nach dem Vorbild von Rio erwartungsgemäß parallele Initiativen und Erklärungen der nicht an den Regierungsverhandlungen beteiligten Akteure produziert hat[74]. Diese Großveranstaltung, organisiert mit Unterstützung der „South African NGO Coalition" (SANGOCO), ergänzte die „Multi-Stakeholder-Dialoge", welche Bestandteil des offiziellen Teils waren und Vertretern sowohl von internationalen Organisationen, Regierungen, Nichtregierungsorganisationen, Repräsentanten der Wirtschaft usw. Gelegenheit zum direkten Austausch boten, speziell auch mit der Perspektive, Bereiche für neue Partnerschaften zu erkunden. Zu den zahlreichen Begleitveranstaltungen gehörte ein dreitägiges Treffen *Local Action Moves the World*. Veranstalter war der „Internationale Rat für kommunale Umweltinitiativen" (ICLEI) in Zusammenarbeit mit anderen internationalen Vereinigungen aus diesem Bereich und verschiedenen UN-Institutionen. Das Treffen führte Repräsentanten aus dem Sektor der kommunalen Verwaltungen und Initiativen zusammen, die ihre Positionen und Erwartungen an Ergebnisse und Perspektiven des Weltgipfels formulierten. Dies war nur ein markantes Beispiel für die bunte Fülle an *side events*, die in Johannesburg stattfanden.

10. Kapitel
Strategien für nachhaltige Entwicklung

Die Unterzeichnerstaaten der Agenda 21 hatten sich im Jahr 1992 dazu verpflichtet, nationale Strategien für nachhaltige Entwicklung, für die manchmal auch die Bezeichnung „Nationale Agenda 21" verwendet wird, zu erarbeiten[75]. Die Entwicklung solcher Strategien sollte eventuell in Zusammenarbeit mit internationalen Organisationen und nachdrücklich „mit möglichst großer Beteiligung" der Zivilgesellschaft erfolgen. Das Ziel der Strategien wurde im wesentlichen mit der „Gewährleistung einer sozial ausgewogenen wirtschaftlichen Entwicklung bei gleichzeitiger

---

[74] Vgl. zum *Global Forum* (19.8. bis 4.9.2002) die offizielle Website des *WSSD Civil Society Secretariat*: <www.worldsummit.org.za>

[75] Abgekürzt spricht man von NSSDs (National Strategies for Sustainable Development).

Schonung der Ressourcenbasis und der Umwelt zum Wohle künftiger Generationen" umschrieben (Kapitel 8.7). Diese Verpflichtung gilt analog für supranationale Zusammenschlüsse, insbesondere die Europäische Union, auf die die Mitgliedstaaten wichtige Souveränitätsrechte übertragen haben. Ebenso bezieht sie den Auftrag mit ein, auch auf gliedstaatlicher/Provinz- oder lokaler/kommunaler Ebene, je nach Zuständigkeit Pläne zur Förderung der Integration von Umwelt- und Entwicklungspolitik zu erarbeiten und die Voraussetzungen (Gesetze, Rechtsverordnungen) und Instrumentarien für die Übersetzung der Strategie in praktische Politik zu schaffen (8.16). Hiervon zu trennen ist der gesondert an die Kommunen ergangene Auftrag, im Konsens mit der Zivilgesellschaft eine Lokale Agenda 21 zu beschließen (Kapitel 28).

In den ersten Jahren geschah wenig in punkto Nachhaltigkeitsstrategien. Anlässlich des „Zwischengipfels" Rio+5 in New York war daraufhin 1997 die erneute Aufforderung an die Regierungen ergangen, bis zu dem Rio+10- Folgegipfel rechtzeitig Strategiepapiere vorzulegen, die auf die Möglichkeiten und Prioritäten des jeweiligen Landes zugeschnitten sind. Doch auch zum Weltgipfel in Johannesburg fällt die Bilanz bescheiden aus, wie aus einem UN-Bericht zu der nationalen Umsetzung der Agenda 21 auf Basis der eingegangenen Berichte der Mitgliedstaaten an die Kommission für nachhaltige Entwicklung (Stand: April 2002) hervorgeht (DESA/DSD 2002: 228-244). Es ist zunächst anzumerken, dass von 59 Prozent der Länder keine Informationen über die nationale Entscheidungsfindung bei der Umsetzung der Agenda 21 verfügbar sind. In Afrika haben offiziell acht Staaten eine nationale Strategie ausgearbeitet, davon ist kein Plan in Umsetzung befindlich, und in Asien sieht die Situation nicht viel anders aus. In Lateinamerika und der Karibik melden dagegen mehr als zwei Fünftel der Regierungen eine Strategie (14), davon sollen vier bereits umgesetzt werden (Dominikanische Republik, Guayana, Panama, Uruguay). Damit läge der Anteil in dieser Region höher als in Europa und Nordamerika, wo bis April 2002 ein Drittel der Regierungen Strategien vorgelegt haben, von denen zumindest nach offiziellen Angaben fünf Pläne in Ausführung sind (Belgien, Malta, Russland, Türkei, Ukraine)[76].

Überwiegend beschränken sich die Staaten ansonsten darauf, über den Stand der innerstaatlichen Umsetzung zu informieren. Hierzu liegen die von den Regierungen zum Weltgipfel eingereichten *National Assessment Reports* vor und die von den Vereinten Nationen aus dem gleichen An-

---

[76] Zu diesen Angaben vgl. den zitierten UN-Bericht (DESA/DSD 2002). Neben der Nationalen Agenda 21 wurde auch nach Umweltaktionsprogrammen oder sonstigem Ersatz für eine nationale Strategie (*Equivalent Plan/Strategy*) gefragt, was hier nicht berücksichtigt ist.

lass (und nach dem Vorbild von Rio+5) erstellte *2002 Country Profiles Series*[77]. Offensichtlich bedürfen die Entwicklungsländer der Beratung, wenn es um die Erarbeitung von Strategien geht, auch wenn die Bedeutung der Eigenverantwortlichkeit (*ownership*) hoch zu veranschlagen ist. Besondere Probleme werfen die großen Entwicklungsländer wie China, Indien oder Indonesien auf (UNU/IAS 2002a). Die OECD, die sich bei der Unterstützung der Entwicklungsländer in diesem Bereich engagiert[78], hat im Frühjahr 2001 operationale Leitlinien für die Erstellung und Umsetzung von Nachhaltigkeitsstrategien verabschiedet (OECD/DAC 2001b). Da es keine feststehende Definition gibt, ist die Herleitung einiger Grundprinzipien und Kriterien für Nachhaltigkeitsstrategien hilfreich. Wesentlich ist demnach u.a. die erwähnte Führungsrolle und Initiative des Landes (kein Druck von außen), ein partizipativer Prozess bei der Strategieentwicklung ebenso wie im Zuge der Umsetzung, die Abstützung auf eine solide analytische Basis und ein fortgeführtes Monitoring, die Wahl eines umfassenden integrierten Ansatzes, eine soziale Orientierung (Armutsbekämpfung), die Festlegung realistischer und finanzierbarer Ziele, die Vernetzung mit der lokalen Ebene und das Eingehen einer langfristigen, mit dem Engagement hochrangiger Akteure verknüpften Verpflichtung, die den Wechsel von Regierungen übersteht[79].

Ein erklärtes Fernziel der OECD besteht darin, den Beginn der Umsetzung nationaler Nachhaltigkeitsstrategien in allen Ländern bis spätestens 2005 zu ermutigen, um auf diese Weise den anhaltenden Verlust von Naturressourcen „auf globaler und nationaler Ebene bis zum Jahre 2015 wirksam umzukehren" (OECD/DAC 1996: 2). Ob diese Erwartung aus heutiger Sicht realistisch ist, steht dahin[80]. Die Beratung der Geberländer und der Entwicklungsagenturen bei den entstehenden Prozessen wird jedenfalls darauf zu achten haben, dass eine Einordnung in einen übergreifenden entwicklungspolitischen Kontext gelingt und z.B. eine wechselseitige Abstimmung der Nachhaltigkeitsstrategien mit den derzeit in Erarbeitung befindlichen – und wegen der Verknüpfung mit der Entschuldung seitens der Entwicklungsländer mit ungleich höherer Priorität betriebenen – Armutsbekämpfungsstrategien angestrebt wird (Heidbrink; Paulus 2000)[81]. Auch vor diesem Hintergrund finanziert die Bundesre-

---

[77] Diese nach Kapiteln der Agenda 21 geordneten Länderprofile basieren auf der mehrjährigen Berichterstattung der Regierungen an die CSD (<www.un.org/esa/agenda21>). Die *National Assessment Reports for the World Summit* sind auf der Gipfel-Website eingestellt.
[78] Vgl. das vorbereitete Handbuch zum Thema Nachhaltigkeitsstrategien (OECD;UNDP 2002)
[79] Siehe neben den erwähnten Richtlinien (OECD/DAC 2001: 27) auch den OECD-DAC Policy Brief: Strategien für nachhaltige Entwicklung. September 2001 (<www.gtz.de/rioplus>).
[80] Das kühne Ziel wurde erst jüngst von der Europäischen Kommission (2002: 13) bekräftigt.
[81] Diese GTZ-Studie untersucht Bezüge zwischen drei internationalen Initiativen zur strategischen Planung: den Nachhaltigkeitsstrategien (NSSD), den Armutsbekämpfungsstrategien

gierung ein Pilotvorhaben der Deutschen Gesellschaft für Technische Zusammenarbeit (GTZ) „Rio+10 / Förderung nationaler Strategien nachhaltiger Entwicklung", das die Konzipierung und Umsetzung nationaler Nachhaltigkeitsstrategien in Entwicklungsländern beratend fördern will.

Charakter und Qualität der inzwischen vorliegenden Nachhaltigkeitsstrategien sind als sehr unterschiedlich zu beurteilen. Dies gilt gerade für die Nachhaltigkeitsstrategien der Industrieländer, die an der besonderen Verantwortung des Nordens für die Herausforderungen der globalen Umwelt- und Entwicklungspolitik zu messen sind. Viele Strategien gleichen herkömmlichen Umweltplänen, die sich auf die Lösung von Umweltproblemen beschränken, oder sie lassen jedenfalls offen, wie die formulierten Nachhaltigkeitsziele in die verschiedenen Ressorts integriert werden sollen. Frühe Vorreiter einer anspruchsvollen Umweltplanung waren Dänemark, das schon im Jahr 1988 in Anlehnung an den Bericht der Brundtland-Kommission einen Aktionsplan für Umwelt und Entwicklung vorlegte – u.a. mit dem ehrgeizigen Ziel einer 20-prozentigen Reduktion der CO_2-Emissionen bis 2005 (gegenüber 1988) –, die Niederlande und interessanterweise Südkorea, ein asiatisches Industrieland mit besonders hoher Umweltbelastung (Jänicke; Jörgens 2001). Einige Staaten wie z.B. Schweden verfügen seit 1996 über eine nationale Strategie, die (in bereits mehrfacher Überarbeitung) konkrete Nachhaltigkeitsziele für zahlreiche Bereiche formulierte. Großbritannien tat sich als großes Land durch einen systematischen Ansatz hervor und präsentierte 1999 bereits die zweite Nachhaltigkeitsstrategie, *A Better Quality of Life*, die relativ umfassend auf soziale, wirtschaftliche und ökologische Aspekte ausgerichtet ist[82]. Der jüngste Fortschrittsbericht geht im Zeichen des Johannesburg-Gipfels ausführlich auf die Nord-Süd-Probleme ein (DEFRA 2002).

Ob die erst im März 2002 von der französischen Regierung veröffentlichten „Vorschläge" für eine Nachhaltigkeitsstrategie – das Favorisieren einer internationalen Besteuerung u.a. von Spekulationsgewinnen, Waffenverkäufen und CO_2-Emissionen wurde in Deutschland aufmerksam registriert (E. Müller 2002: 9)[83] – den zwischenzeitlich vollzogenen Machtwechsel überdauern, ist fraglich. Das ist freilich eine Kardinalfrage

---

(PRSP) und dem in Pilotländern getesteten, von der Weltbank seit 1999 verfolgten holistischen Ansatz in der Entwicklungszusammenarbeit (*Comprehensive Development Framework*).
[82] A better quality of life. A strategy for sustainable development for the United Kingdom. London 1999 <www.sustainable-development.gov.uk/uk_strategy>
[83] Propositions pour une Stratégie Nationale de Développement Durable. Contribution du Gouvernement Français. März 2002 (vgl. hier S. 102)
<www.environnement.gouv.fr/telch/2002-t1/20020313-strategie-dev-durable.pdf>
Zuständig war das von dem Grünen Yves Cochet (bis 2002) geleitete Umweltministerium.

für jede Nachhaltigkeitsstrategie. Staatspräsident Jacques Chirac hatte seinerseits im Wahlkampf mit dem Eintreten für eine „neue ökologische Weltordnung" einen ungewöhnlichen Akzent gesetzt und der damaligen Linkskoalition vorgeworfen, in Sachen Nachhaltigkeit zu wenig Fortschritt erzielt zu haben (Bresson 2002). Was dies impliziert und ob es sich bei der Schaffung eines „Ministeriums für Ökologie und nachhaltige Entwicklung"[84] um mehr als umweltpolitische Nord-Süd-Symbolik handelt (die Beigeordnete Staatssekretärin für nachhaltige Entwicklung, Tokia Saïfi, ist das erste algerischstämmige Regierungsmitglied in der französischen Geschichte), wird sich bei der Inangriffnahme gesetzlicher Maßnahmen und der angekündigten „Umweltcharta" zur Ergänzung der französischen Verfassung erweisen.

Die Vereinigten Staaten wiederum stehen für eine Reihe von Ländern, die in der Vergangenheit Strategiekonzepte hervorbrachten, diese aber nicht in die Regierungspolitik übernommen haben. So legte der im Jahr 1993 einberufene „President's Council on Sustainable Development" eine Nachhaltigkeitsstrategie und eine Vision für die USA im 21. Jahrhundert vor (PCSD 1996). Das Gremium wurde sechs Jahre nach seiner Gründung aufgelöst. Auch unter der Bush-Administration wird offiziell keine Nachhaltigkeitsstrategie umgesetzt. Andere Staaten, darunter Deutschland, haben erst im Vorfeld des Johannesburg-Gipfels eine Nationale Agenda 21 fertiggestellt. In den europäischen Ländern sind dabei die unterschiedlichsten Ansätze zu beobachten. Speziell in den skandinavischen Ländern etwa spielt die Einbeziehung der regionalen und lokalen Ebene eine große Rolle. Die institutionelle Verankerung, der partizipative Ansatz, also die Einbindung der relevanten Interessengruppen und der Zivilgesellschaft, die Schaffung von unabhängigen Instanzen für Beratung und Monitoring usw. bei der Erarbeitung und Umsetzung der Strategien weisen gleichfalls beträchtliche Abweichungen auf. Eine erste vorsichtige Generalisierung geht dahin, dass der Nord-Süd-Bezug in den meisten Fällen nicht stark ausgeprägt ist.

Zwei Strategien für die Europäische Union

Auf paradoxe Weise zeigt sich das bei der Nachhaltigkeitsstrategie für die Europäische Union, die Beachtung verdient, auch wenn es sich dabei um keine nationale Strategie handelt. Der Europäische Rat in Helsinki hatte im Dezember 1999 die Europäische Kommission ersucht, „einen Vorschlag für eine langfristige Strategie auszuarbeiten, wie die verschiedenen Politiken im Sinne einer wirtschaftlich, sozial und ökologisch

---

[84] Wie bisher gibt es einen Minister für Entwicklungszusammenarbeit und Frankophonie, der dem Außenministerium zugeordnet ist.

nachhaltigen Entwicklung aufeinander abzustimmen sind, und ihn dem Europäischen Rat im Juni 2001 vorzulegen"[85]. Dieser Aufforderung kam die Kommission im Frühjahr 2001 mit dem Entwurfpapier „Nachhaltige Entwicklung in Europa für eine bessere Welt: Strategie der Europäischen Union für die nachhaltige Entwicklung" nach (Europäische Kommission 2001), das der Europäische Rat daraufhin wie vorgesehen im Juni 2001 in Göteborg verabschiedete.

Die Vorgeschichte ist etwas kompliziert. Dieser zentrale Beitrag Europas zur nachhaltigen Entwicklung knüpft an die Lissabonner Strategie zu Vollbeschäftigung und Wachstum an, mit der die Staats- und Regierungschefs im Jahr zuvor als neues strategisches Ziel der EU angekündigt hatten, die Union innerhalb von zehn Jahren zum „wettbewerbsfähigsten und dynamischsten wissensbasierten Wirtschaftsraum in der Welt zu machen – einem Wirtschaftsraum, der fähig ist, ein dauerhaftes Wirtschaftswachstum mit mehr und besseren Arbeitsplätzen und einem größeren sozialen Zusammenhalt zu erzielen"[86]. Schließlich hatte der Europäische Rat im März 2001 in Stockholm – das war das Treffen vor Göteborg – beschlossen, die Strategie der EU für die nachhaltige Entwicklung solle den in Lissabon angestoßenen Prozess für Beschäftigung, Wirtschaftsreformen und sozialen Zusammenhalt aufnehmen und um die Umweltdimension ergänzen. Damit wurde zugleich der 1998 angestoßene „Cardiff-Prozess", d.h. die Integration der Umweltbelange in die einzelnen EU-Politiken, mit der Beschäftigungsstrategie verzahnt (Köhne 2002). Der Europäische Rat will sich künftig auf seiner jährlichen Frühjahrstagung immer mit dem aktuellen Stand der nachhaltigen Entwicklung befassen. Auch wenn die bekannte Trias der Nachhaltigkeit bekräftigt wurde, dass Wirtschaftswachstum, sozialer Zusammenhalt und der Umweltschutz auf lange Sicht Hand in Hand gehen müssten, legt das Vorgehen der EU den Eindruck nahe, die Perspektive der nachhaltigen Entwicklung sei nachträglich auf eine Wachstums- und Beschäftigungsstrategie aufgepfropft worden.

In gewisser Weise scheint sich damit ein historisches Strukturmerkmal der europäischen Integration zu bestätigen. Die europäischen Verträge nahmen ursprünglich nicht Bezug auf die Umweltdimension. Erst seit 1987 vermag die EU unmittelbar um der Umwelt willen, also nicht nur im Rahmen des wirtschaftlichen Zusammenhangs, die Initiative zu ergreifen. Mit dem im Mai 1999 in Kraft getretenen Amsterdamer Vertrag

---

[85] „Europäischer Rat 10. und 11. Dezember 1999 Helsinki. Schlussfolgerungen des Vorsitzes" <www.europarl.eu.int/summits/hel1_de.htm>
[86] „Europäischer Rat 23. und 24. März 2000 Lissabon. Schlussfolgerungen des Vorsitzes" <www.europarl.eu.int/summits/lis1_de.htm>

erhielt der EG-Vertrag im Hinblick auf nachhaltige Entwicklung zwei Verbesserungen. Im Artikel 2, der die Ziele der Gemeinschaft beschreibt, wurden die sozialen und ökonomischen Ziele mit einer Umweltdimension zum Leitbild einer nachhaltigen Entwicklung ergänzt. Zusammen mit den institutionellen Zielen der Gemeinschaft, wie z.B. die Errichtung der Währungsunion, sind im Vertrag nunmehr vier Dimensionen der Nachhaltigkeit (Ökonomie, Ökologie, Institutionen und Soziales) reflektiert. Die zweite Verbesserung, das Prinzip der Integration, beruht auf Artikel 6 des Amsterdamer Vertrages, welcher besagt, dass die Erfordernisse des Umweltschutzes „bei der Festlegung und Durchführung der ... Politiken und Maßnahmen der Gemeinschaft insbesondere zur Förderung einer nachhaltigen Entwicklung einbezogen werden" müssen. Damit wird ein Prinzip umschrieben, das in Deutschland auch als „Querschnittsklausel" bekannt ist. Umweltschutz ist demnach als sektorübergreifendes Gebot zu verstehen, was die Integration von Umweltaspekten in die Zielsysteme anderer Fachpolitiken voraussetzt.

Weiterhin aber handelt es sich um eine europäische Nachhaltigkeitsstrategie, in welche die entwicklungspolitische Dimension der Agenda 21 nicht integriert ist. Zu den „größten Gefahren für die nachhaltige Entwicklung" rechnet die EU-Nachhaltigkeitsstrategie neben Feldern wie Klimaschutz und dem Rückgang der biologischen Vielfalt die Armutsbekämpfung auf dem europäischen Kontinent („Jeder sechste Europäer lebt in Armut"), die Überalterung der Bevölkerung oder die Lebensmittelsicherheit. Weil hinsichtlich der Nord-Süd-Aspekte ein Defizit vorlag, verwies der Europäische Rat bei der Verabschiedung des bald als „interne Strategie" apostrophierten Dokuments darauf, dass die globale Dimension zu vertiefen sei. Insbesondere war noch unklar geblieben, welche strategischen Komponenten in einen möglichen *Global Deal* in Johannesburg eingehen sollten.

Die Europäische Kommission veröffentlichte im Februar 2002 daraufhin eine ergänzende „externe Strategie", die den Titel „Auf dem Weg zu einer globalen Partnerschaft für eine nachhaltige Entwicklung" trägt. Selbstbewusst heißt es darin: „Die Europäische Union ist prädestiniert dafür, im Streben nach einer globalen nachhaltigen Entwicklung eine Führungsrolle zu übernehmen" (Europäische Kommission 2002a: 7). Nach Annahme der Strategie durch den Ministerrat konzentrierten sich die Staats- und Regierungschefs auf ihrer Juni-Tagung in Sevilla darauf, den Vorgipfel in Bali zu erörtern und die in der Zwischenzeit zu Johannesburg vorliegenden Beschlüsse des Ministerrates und allgemeinen

Auszug aus der EU-Strategie für eine nachhaltige Entwicklung

Die größten Gefahren für die nachhaltige Entwicklung

- Die Emission von Treibhausgasen, die durch menschliche Tätigkeiten erzeugt wurden, ist die Ursache für die *globale Erwärmung*. Der Klimawandel wird voraussichtlich in zunehmendem Maße extreme Wetterereignisse (Wirbelstürme, Überschwemmungen) mit schwerwiegenden Folgen für Infrastruktur, Grundeigentum, Gesundheit und Natur verursachen.

- Die öffentliche Gesundheit wird nicht nur durch neue antibiotikaresistente Stämme bestimmter Krankheitserreger, sondern auch durch die potenziellen *Langzeitauswirkungen zahlreicher Chemikalien, die tagtäglich verwendet werden*, ernsthaft bedroht; auch die Bedrohung der *Lebensmittelsicherheit* nimmt an Bedenklichkeit zu.

- Jeder sechste Europäer lebt in *Armut*. Armut und soziale Ausgrenzung wirken sich sehr stark auf den Einzelnen aus. Sie äußern sich in einem schlechten Gesundheitszustand, Suizidgefährdung und Dauerarbeitslosigkeit. Die Last der Armut wird zu einem unverhältnismäßig hohen Anteil von alleinerziehenden Müttern und älteren alleinstehenden Frauen getragen. Armut hält sich tendenziell über ganze Generationen in denselben Familien.

- Ein Anstieg der Lebenserwartung ist ganz offensichtlich willkommen. In Verbindung mit niedrigen Geburtenraten droht jedoch die daraus resultierende *Überalterung der Bevölkerung* zu einer Verlangsamung des Wirtschaftswachstums zu führen sowie die Qualität und die finanzielle Nachhaltigkeit der Rentenvorsorge und des öffentlichen Gesundheitswesens zu beeinträchtigen. Die Ausgaben in diesem Bereich könnten in zahlreichen Mitgliedstaaten zwischen 2000 und 2040 um bis zu 8 Prozent des BIP ansteigen.

- In den letzten Jahrzehnten hat sich der *Rückgang der biologischen Vielfalt* in Europa dramatisch beschleunigt. Die Fischbestände in den europäischen Gewässern stehen kurz vor dem Kollaps. Das *Abfallvolumen* ist dauerhaft rascher gewachsen als das BIP. *Bodenverlust* und Rückgang der Fruchtbarkeit untergraben die Wirtschaftlichkeit bestimmter landwirtschaftlicher Flächen.

- Die *Verkehrsüberlastung* hat rasch zugenommen, so dass der Verkehr fast zum Erliegen kommt. Dies betrifft vor allem städtische Gebiete, die auch vor andere Probleme gestellt sind, z.B. Verfall der Innenstädte, Ausdehnung der Vorstadtgebiete und Konzentrationen akuter Armut und sozialer Ausgrenzung. *Regionale Ungleichgewichte* in der EU sind auch weiterhin ein ernstzunehmendes Problem.

Quelle : Europäische Kommission (2001: 4) Anmerkung: Hervorhebungen im Original

Standpunkte zu billigen. Anschließend wurde eine „EU-Agenda" für Johannesburg veröffentlicht (Europäische Kommission 2002b). Im Frühjahr 2003 soll die Gesamtstrategie für nachhaltige Entwicklung daraufhin überprüft werden, wie die Ergebnisse des Weltgipfels umzusetzen sind.

Was die spezifschen Positionen der Europäer für Johannesburg betrifft, wird noch auf das Beispiel Klimaschutz zurückzukommen sein. Generell baut die EU auf den Ergebnissen der WTO-Konferenz in Doha sowie der UN-Konferenz für Entwicklungsfinanzierung in Monterrey auf. Dort haben die EU-Staaten bereits ihre konkreteste entwicklungspolitische Zusage gemacht, als sie ankündigten, im Rahmen ihrer jeweiligen Haushaltsmittelzuweisungen bis 2006 die öffentliche Entwicklungshilfe auf mindestens 0,33 Prozent (Anteil am BIP) aufzustocken. Wegen der Mitgliedstaaten, die jetzt schon einen höheren Beitrag leisten, wäre damit ein Gesamt-Durchschnittswert von 0,39 Prozent erreicht. Mit dem bereits erwähnten Cotonou-Abkommen aus dem Jahr 2000 versucht die Europäische Union ihrer Kooperation mit den AKP-Staaten eine neue Qualität zu verleihen. Nichtsdestoweniger beklagen Fachleute unverändert die mangelnde Kohärenz der EU-Entwicklungspolitik mit der Handelspolitik (S. Schmidt 2002). Gerade in der anspruchsvollen Integration der zahlreichen Politikfelder – die Umwelt- und Landwirtschaftspolitik gehören genauso hierher – liegt die wahre Herausforderung einer erfolgreichen Nachhaltigkeitspolitik. Bei alldem ist auch klar, dass eine europäische Strategie die nationalen Nachhaltigkeitsstrategien zwar komplettieren und verstärken kann, wie in der Handelspolitik. Der Großteil der Verantwortung für die Ausführung einer gemeinsamen Strategie liegt jedoch bei den einzelnen Staaten mit ihren Zuständigkeiten z.B. in der Entwicklungs-, Umwelt- oder Steuerpolitik.

Die deutsche Nachhaltigkeitsstrategie

Die Bundesregierung hat am 17. April 2002 die Nachhaltigkeitsstrategie *Perspektiven für Deutschland* und damit den deutschen Beitrag zum Weltgipfel in Johannesburg beschlossen (Bundesregierung 2002)[87]. Mit diesem Dokument – am Textumfang gemessen, vermutlich weltweit die umfangreichste Nationale Agenda 21 – war die Bundesrepublik relativ spät dran. Deutschland hat von seinem internationalen Rang her sowie

---

[87] Perspektiven für Deutschland. Unsere Strategie für eine nachhaltige Entwicklung (343 Seiten) <www.dialog-nachhaltigkeit.de>
Die Strategie, die auch in englischer und spanischer Übersetzung vorliegt, wurde dem Bundestag unter dem Titel „Bericht der Bundesregierung über die Perspektiven für Deutschland – Nationale Strategie für eine nachhaltige Entwicklung" als Drucksache (14/8953, 25.4.2002) zugeleitet. Nach dieser Fassung wird hier zitiert; sie umfasst des übersichtlicheren Formats wegen 143 Seiten (ebenfalls mit Stichwortverzeichnis).

auf Grund seines wirtschaftlichen Gewichts potenziell einen erheblichen Einfluss darauf, ob der internationale Rio-Prozess versandet oder langfristig der Durchbruch zu einer globalen Strategie für nachhaltige Entwicklung gelingt. Auch von daher war es für alle Beobachter interessant, welchen Weg das Land bei der Verfolgung der Ziele von Rio einschlagen würde. Erinnert sei daran, dass Deutschland mit einem gewissen Startvorteil operieren konnte, weil es in umweltpolitischer Hinsicht von den Auswirkungen der deutschen Einheit profitieren konnte. Nach dem Zusammenbruch der ostdeutschen Industrie war in Bereichen wie Schadstoffausstoß oder CO_2-Emissionen ein merklicher Rückgang zu verzeichnen. Dies waren jedoch einmalige Ereignisse, die nicht als Ausgangspunkt einer langfristigen Politik taugten.

Nachhaltigkeits- und Umweltpolitik wurden lange Zeit häufig gleichgesetzt. So verwies die Bundesregierung in ihrem für Rio+5 vorgelegten Bericht *Auf dem Weg zu einer nachhaltigen Entwicklung in Deutschland* darauf, dass in Deutschland durch die Grundgesetzänderung im Jahre 1994 „das Prinzip der Nachhaltigkeit" als Staatsziel verankert worden sei (BMU 1997a: 10)[88]. Gegenüber der Wirtschaft setzten die Bundesregierungen vorrangig auf „freiwillige Selbstverpflichtungen", was mit dem konsensorientierten Politikstil des Rio-Prozesses durchaus im Einklang steht. Andererseits bedarf eine marktwirtschaftlich orientierte Ausgestaltung der Umweltpolitik auch staatlicher Rahmensetzung, damit Einwirkungsmöglichkeiten im Falle unzulänglicher Resultate bei der Umsetzung erhalten bleiben. Insgesamt spielte im Gegensatz zu den Vorgaben der Agenda 21 der Ansatz einer kooperativen nationalen Umweltplanung in den neunziger Jahren nach Meinung von Fachleuten eine ziemlich geringe Rolle (Jänicke; Kunig; Stitzel 1999: 42). Hinsichtlich der nachhaltigen Entwicklung gab es eine geringe Vernetzung der relevanten Politikbereiche, darunter die Entwicklungspolitik. Diese gerät automatisch oft in die Sphäre des Wirtschaftsministeriums, das – eingebettet in die Koordination auf europäischer Ebene – für den gesamten Bereich der internationalen Handelspolitik, damit auch für die WTO und die strukturellen Aspekte der Globalisierung, sowie für die Energiepolitik federführend zuständig ist.

Dabei zielt die Umsetzung der Beschlüsse von Rio unbestritten auf einen integrierten gesamtpolitischen Ansatz ab, der sich mit dem klassischen Prinzip der Ressortzuständigkeit nur schwer vereinbaren lässt. Diese

---

[88] Artikel 20a Grundgesetz: "Der Staat schützt auch in Verantwortung für künftige Generationen die natürlichen Lebensgrundlagen im Rahmen der verfassungsmäßigen Ordnung durch die Gesetzgebung und nach Maßgabe von Gesetz und Recht durch die vollziehende Gewalt und die Rechtsprechung."

Problematik spiegelt sich bis heute in der Zuständigkeitsverteilung innerhalb der Bundesregierung wider. Der Bereich der Agenda 21 wird federführend gemeinsam vom Bundesumweltministerium (BMU) und dem Bundesministerium für wirtschaftliche Zusammenarbeit und Entwicklung (BMZ) gesteuert. Ferner kooperiert das BMU eng mit dem Forschungsministerium durch die gemeinsame Verantwortung für den von Rio inspirierten, 1992 noch kurz vor dem Erdgipfel eingerichteten Wissenschaftlichen Beirat Globale Umweltveränderungen (WBGU). Dessen Arbeit wird von einem Interministeriellen Ausschuss aller Ressorts begleitet. Die interdisziplinäre Zusammensetzung des Gremiums, je zur Hälfte aus natur- und gesellschaftswissenschaftlichen Fächern, ist an das ganzheitliche Leitbild nachhaltiger Entwicklung angelehnt (Fues; Hamm; Wolff 2001: 76).

In der Riopolitik wird eine enge interministerielle Abstimmung vor allem zwischen BMU und BMZ verfolgt. So wird die deutsche Delegation bei den jährlichen Tagungen der Kommission für nachhaltige Entwicklung (CSD) vom Umweltminister angeführt, das BMZ ist durch die Parlamentarische Staatssekretärin vertreten. Entsprechend treten beide Ministerien bei bilateralen Umweltkonferenzen im Süden gemeinsam auf. Die Arbeitsteilung bedeutet, dass das Umweltministerium für die internationalen Umweltkonventionen und das Politikfeld der Agenda 21 zuständig ist, während die Projektförderung in den Südländern sowie die Finanzierung der internationalen Umweltpolitik in den Verantwortungsbereich des BMZ fällt. Das heißt, dass auch die Finanztransfers für die globalen Umweltkonventionen im Entwicklungshaushalt angesiedelt sind. Dies erstreckt sich auf die Globale Umweltfazilität von Weltbank, UNEP und UNDP wie auch auf den Multilateralen Fonds des Abkommens zum Schutz der Ozonschicht. Das entsprechende Gewicht des BMZ ist aus der Verteilung der öffentlichen Gelder zu ersehen, die die Bundesregierung für die internationale Umweltpolitik bereitstellt. Im Jahr 2001 standen dem Umweltministerium hierfür mehr als 50 Millionen Euro zur Verfügung. Hingegen umfasst der Ressourcentransfer des BMZ in der bilateralen und multilateralen Umweltpolitik einen mehr als achtmal so hohen Betrag (Eberlei; Weller 2001: 31)

Deutschland hat sich bei der Erfüllung der in Rio eingegangenen Verpflichtung, eine nationale Nachhaltigkeitsstrategie vorzulegen, viel Zeit gelassen. In einer Fallstudie der OECD wird auf eine allgemein skeptische Einstellung in Deutschland zu strategischer politikfeldübergreifender Planung hingewiesen, bedingt auch durch die Erfahrung mit der „Planungseuphorie" der frühen siebziger Jahre (Jänicke u.a. 2002: 119). In dem erwähnten Bericht der Bundesregierung für Rio+5 wurden umweltpolitische Strategien der einzelnen Fachpolitiken vorgestellt und relativ allgemein gehaltene Ziele formuliert (BMU 1997a: 43-87). Seit 1996 war dann auf Regierungsebene unter Federführung des Umweltministeriums mit der konzeptionellen Arbeit begonnen worden. Kurz vor der Bundestagswahl 1998 wurde ein Strategievorschlag veröffentlicht (BMU 1998); zu einer Beschlussfassung im Bundeskabinett kam es nicht mehr. Im Juli 1998 hatte unterdessen die Enquete-Kommission des Bundestages „Schutz des Menschen und der Umwelt" in ihrem Abschlussbericht *Konzept Nachhaltigkeit – Vom Leitbild zur Umsetzung* einstimmig eine Nachhaltigkeitsstrategie eingefordert. Kein fertiger Entwurf solle dabei im Vordergrund stehen, „sondern das Anstoßen eines sich selbst tragenden Prozesses" (Deutscher Bundestag 1998: 71).

In der Koalitionsvereinbarung vom Oktober 1998 wurde die Erarbeitung einer Nachhaltigkeitsstrategie für Deutschland als zentrales Vorhaben der Bundesregierung festgeschrieben. Im Sommer 2000 fasste das Bundeskabinett den Beschluss, diese nationale Strategie im engen Dialog mit den gesellschaftlichen Gruppen zu erarbeiten und rechtzeitig vor dem Weltgipfel in Johannesburg vorzustellen. Die Einsetzung eines vom Bundeskanzler berufenen „Rates für Nachhaltige Entwicklung", den bereits 1998 der alte Bundestag vorgeschlagen hatte[89], zog sich jedoch hin. Dem schließlich im April 2001 berufenen Gremium gehören unter Vorsitz des früheren Forschungsministers Volker Hauff siebzehn Persönlichkeiten des öffentlichen Lebens an, die in spezieller Weise umwelt-, wirtschafts- und sozialpolitische Belange repräsentieren[90]. Der Rat sollte die Bundesregierung bei der Erarbeitung der Nachhaltigkeitsstrategie unterstützen und zugleich dem Thema Nachhaltigkeit größere öffentliche Aufmerksamkeit verschaffen.

Wie der weitere Verlauf gezeigt hat, entspricht das gewählte Modell nur ansatzweise den in der Agenda 21 enthaltenen Partizipationsvorstellungen. Der Nachhaltigkeitsrat, der im November 2001 ein „Dialogpapier" veröffentlichte (Rat für Nachhaltige Entwicklung 2001), konnte eine pluralistische Beteiligung bei der Erstellung der nationalen Strategie nicht ersetzen. Zum Zeitpunkt der Einsetzung des Rates hatte der im Juli 2000 eingerichtete Staatssekretärsausschuss für Nachhaltige Entwicklung („Green Cabinet"), der ebenfalls dem Bundeskanzleramt

---

[89] Ein Vorläufer des Nachhaltigkeitsrates war das im Vorfeld von Rio gegründete, sehr heterogen besetzte „Deutsche Nationale Komitee für Nachhaltige Entwicklung". Es ist wegen seiner inneren Polarisierung politisch nicht hervorgetreten (Fues; Hamm; Wolff 2001: 104 ff.).
[90] Die Geschäftsstelle des Nachhaltigkeitsrates wurde im Wissenschaftszentrum für Sozialforschung in Berlin angesiedelt.

zugeordnet ist, mit der Arbeit an der Nachhaltigkeitsstrategie begonnen. Dem „Green Cabinet" gehören unter Leitung des Staatsministers beim Bundeskanzler Staatssekretäre aus dem Auswärtigen Amt sowie aus den Bereichen Finanzen, Arbeit und Soziales, Bildung und Forschung, Verbraucherschutz und Landwirtschaft, Gesundheit, Umwelt, Verkehr, Wirtschaft und wirtschaftliche Zusammenarbeit und Entwicklung an. Bis zur Bundestagswahl 2002 amtierte Hans Martin Bury, der inzwischen ins Auswärtige Amt gewechselt ist, als Kanzleramtsminister.

Ein erster Entwurf der Nachhaltigkeitsstrategie wurde am 19. Dezember 2001 vorgestellt, vom Nachhaltigkeitsrat begutachtet sowie in der Öffentlichkeit, teilweise unter Nutzung eines Internetforums, diskutiert (Bundesregierung 2001). Da erst im neunten Jahr nach dem Erdgipfel von Rio mit der Erarbeitung einer Nachhaltigkeitsstrategie begonnen worden war, stand der zivilgesellschaftliche Dialog unter großem Zeitdruck. Es fanden verschiedene Konsultationsrunden mit Kommunen, Wirtschaft und Gewerkschaften, Umwelt- und Entwicklungsverbänden, Landwirtschafts- und Verbraucherverbänden sowie Wissenschaft und Kirchen statt. Alles in allem wurde dieser Prozess jedoch in der deutschen Öffentlichkeit wenig wahrgenommen. Dementsprechend konzentrierte sich die Beteiligung auf die üblichen Fachkreise (Stephan 2002b: 117) Die begrenzte Einbindung der Zivilgesellschaft ebenso wie des Bundestages[91] und der Länder und Kommunen wurde vielfach kritisiert. Die Nachhaltigkeitsstrategie nahm letztlich den Charakter eines Regierungsprogramms an, das sich wesentlich an den aktuellen Reformprojekten der rot-grünen Bundesregierung in der Agrar-, Energie- und Haushaltspolitik orientierte (WBGU 2002b).

Das in der Strategie entwickelte Leitbild der nachhaltigen Entwicklung beschreibt, wie „nachhaltiges" politisches und gesellschaftliches Handeln im einzelnen aussehen soll. Als Eckpfeiler einer nachhaltigen Entwicklung in Deutschland werden die Aspekte Generationengerechtigkeit, Lebensqualität, sozialer Zusammenhalt und internationale Verantwortung hervorgehoben. Außerdem werden acht prioritäre Handlungsfelder benannt, bei denen Weichenstellungen für eine nachhaltige Entwicklung in Deutschland notwendig seien. Diese Handlungsfelder sind:

---

[91] Der Umweltausschuss des Bundestages hatte am 10.10.2001 und am 20.2.2002 Gelegenheit, mit Staatsminister Bury den Stand der Arbeiten an der Nachhaltigkeitsstrategie zu erörtern (Bundesregierung 2002: 29).

1. Energie effizient nutzen - Klima wirksam schützen
2. Mobilität sichern - Umwelt schonen
3. gesund produzieren - gesund ernähren
4. demographischen Wandel gestalten
5. alte Strukturen verändern - neue Ideen entwickeln[92]
6. innovative Unternehmen - erfolgreiche Wirtschaft
7. Flächeninanspruchnahme vermindern
8. Globale Verantwortung übernehmen

Die meisten Fachleute stimmten in einer interessierten, aber skeptischen Beurteilung überein, was jedoch zu ganz unterschiedlichen Schlussfolgerungen Anlass gab. Die Handlungsfelder reflektieren die Regierungspolitik der vergangenen Legislaturperiode, für die bearbeiteten Problembereiche werden Ziele und Maßnahmen formuliert. Die politische Opposition vertritt die Auffassung, dass marktnahe Lösungen und freiwillige Selbstverpflichtungen grundsätzlich gegenüber „staatlichen Zwangslösungen" und Regulierungsmaßnahmen vorzuziehen seien und wendet sich gegen jede staatliche Vorgabe langfristiger Planungsziele (CDU/CSU-Bundestagsfraktion: 7). Zustimmung, die jedoch mit kritischen Anmerkungen durchsetzt war, kam aus einer anderen Richtung von den wissenschaftlichen Beratungsorganen und Beiräten der Bundesregierung. Der Umweltrat der Bundesregierung kritisierte, dass der Entwurf besonders in dem für Nachhaltigkeitsstrategien zentralen langfristig-planenden Bereich sehr vage geblieben sei (SRU 2002a)[93]. Viele Betrachter überraschte, wie weit der Nachhaltigkeitsbegriff inhaltlich gedehnt wurde. Nachdem damit einst hauptsächlich umweltpolitische Anforderungen verbunden wurden, herrscht nun der Eindruck vor, es gebe keinen Politikbereich mehr, in dem das Prinzip der Nachhaltigkeit nicht systematisch zur Anwendung komme. Das Leitbild wurde umdefiniert, die vertrauten drei oder vier Dimensionen aufgegeben und in die neuen Kategorien Lebensqualität, sozialer Zusammenhalt, Generationengerechtigkeit und Internationale Verantwortung aufgelöst. Laut Staatsminister Bury war man bewusst von der bisherigen Definition abgewichen: „Das alte Modell, das auf der Gleichrangigkeit der drei Säulen Ökonomie, Ökologie und Soziales basierte, hat faktisch zu einer Zementierung der jeweiligen Position geführt, weil je nach Interessenschwerpunkt die ökologische, ökonomische oder soziale Dimension im Zentrum der Argumentation stand." Mit dem neuen Leitbild

---

[92] Untertitel „Bildungsoffensive und Hochschulreform"
[93] Die Reaktionen bezogen sich auf den später redaktionell überarbeiteten Strategieentwurf vom Dezember 2001 (Bundesregierung 2001). Substanziell wurde aber in der Endfassung nicht sehr viel verändert, deshalb wird an dieser Stelle auf Unterschiede nicht eingegangen.

wolle man das Thema Nachhaltigkeit aus der „Öko-Nische" herausholen (Bury 2002).

Der Wissenschaftliche Beirat Globale Umweltveränderungen kritisierte den Verzicht darauf, den Erhalt der natürlichen Lebensgrundlagen als eine zentrale Koordinate festzulegen. Die Koordinaten „Generationengerechtigkeit" oder „Lebensqualität" schüfen keinen Ersatz für den Begriff des Umweltschutzes. Der Erhalt der natürlichen Lebensgrundlagen sei zwar an vielen Stellen erwähnt, es fehle jedoch die programmatische Schärfe, die diesem Ziel als Grundvoraussetzung für jede menschliche Entwicklung zukommen solle (WBGU 2002b). Tatsächlich wohnt der Nachhaltigkeitsstrategie die Vorstellung inne, der technisch-wissenschaftliche Fortschritt und ein effizientes politisches „Managementkonzept der Nachhaltigkeit" könnten den Lebensstil der Industriegesellschaften dauerhaft absichern, genauer gesagt „eine kontinuierliche, umwelt- und sozialverträgliche Steigerung des Bruttoinlandsproduktes je Einwohner" (Bundesregierung 2002: 48, 133). Nach Hans Martin Bury gehe es mit der Strategie z.B. darum, Mobilität zu erhalten bzw. wiederzugewinnen und gleichzeitig die Umweltbelastung zu verringern. Moderne Technologie könne die umweltschädlichen Folgen des Verkehrs schrittweise reduzieren: „Wir wollen Massenmobilität erhalten, ohne der Umwelt zu schaden. Unsere Zukunftsvision ist das wasserstoffbetriebene Zero-emission-car." (Bury 2002)

Das Herz der Nachhaltigkeitsstrategie sind die „21 Indikatoren für das 21. Jahrhundert". Diese Ziele und Indikatoren sollen als Orientierungswerte die Richtung für die Entwicklung in den kommenden Jahrzehnten bestimmen und auch der Erfolgskontrolle dienen. Die Nachhaltigkeitsstrategie soll in einen langfristigen Prozess münden, bei dem die Strategie fortgeschrieben und weiterentwickelt wird. Die Bundesregierung kündigte an, erstmals im Frühjahr 2004 und danach regelmäßig alle zwei Jahre einen Bericht zur Umsetzung der Nationalen Nachhaltigkeitsstrategie vorlegen. Darin will sie in erster Linie ihre eigenen Beiträge zur Umsetzung sowie diejenigen anderer Akteure (zum Beispiel Länder, Kommunen, Wirtschaft) dokumentieren, mögliche Veränderungen bei den 21 Schlüsselindikatoren überprüfen und Schlussfolgerungen für die Weiterentwicklung der Strategie ziehen (Bundesregierung 2002: 134). Auch hier wurde Kritik laut. Zwischen Zielen und Indikatoren sei nicht getrennt worden, und dort, wo konkrete Zielmarken benannt würden, seien nur in wenigen Fällen dazugehörende Maßnahmen aufgeführt, wie

Die „21 Indikatoren für das 21. Jahrhundert" der nationalen
Nachhaltigkeitsstrategie *Perspektiven für Deutschland*

I. Generationengerechtigkeit

1. Energie- und Rohstoffproduktivität
2. Emissionen der sechs Treibhausgase des Kyoto-Protokolls
3. Anteil erneuerbarer Energien am Energieverbrauch
4. Zunahme der Siedlungs- und Verkehrsfläche
5. Entwicklung der Bestände ausgewählter Tierarten
6. Finanzierungssaldo des Staatssektors
7. Investitionsquote
8. Private und öffentliche Ausgaben für Forschung und Entwicklung
9. Ausbildungsabschlüsse der 25jährigen und Zahl der Studienanfänger

II. Lebensqualität

10. Bruttoinlandsprodukt
11. Transportintensität und Anteil der Bahn an der Güterverkehrsleistung
12. Anteil des ökolog. Landbaus und Gesamtbilanz Stickstoffüberschuss
13. Schadstoffbelastung der Luft
14. Zufriedenheit mit der Gesundheit
15. Zahl der Wohnungseinbruchsdiebstähle

III. Sozialer Zusammenhalt

16. Erwerbstätigenquote
17. Ganztagsbetreuungsangebote
18. Verhältnis der Bruttojahresverdienste von Frauen und Männern
19. Zahl der ausländischen Schulabgänger ohne Hauptschulabschluss

IV. Internationale Verantwortung

20 Ausgaben für die Entwicklungszusammenarbeit
21. Einfuhren der EU aus Entwicklungsländern

Quelle: Bundesregierung (2002); www.dialog-nachhaltigkeit.de

Redaktionelle Anmerkung:

Die Bundesregierung hat im Rahmen der deutschen Nachhaltigkeitsstrategie 21 Ziele und Indikatoren für eine nachhaltige Entwicklung definiert, die die Perspektiven für ein zukunftsfähiges Deutschland aufzeigen sollen. Diese Gradmesser der Nachhaltigkeit sind mit konkreten und teilweise quantifizierten Zielvorgaben und Fristen verknüpft. Die Auswahl der Schlüsselindikatoren soll die Grundüberlegung illustrieren, Nachhaltigkeit primär als eine Modernisierungsstrategie aufzufassen, die ein Innovationspotenzial für Wirtschaft, Umwelt und Gesellschaft erschließen kann.

die genannten Ziele erreicht werden könnten[94]. Der Wissenschaftliche Beirat Globale Umweltveränderungen bemängelte, viele der Indikatoren seien zu sektoral ausgerichtet und ungeeignet, eine Integration sozialer, ökologischer und ökonomischer Dimensionen der nachhaltigen Entwicklung zu leisten (WBGU 2002b).

Nichtsdestoweniger enthalten die *Perspektiven für Deutschland* eine Reihe ehrgeiziger Ziele. Dazu gehört etwa, dass Deutschland im Jahr 2020 mit der gleichen Energiemenge wie 1990 doppelt so viel produzieren soll. Als Ziel für die Landwirtschaft wird eine Steigerung des Anteils des ökologischen Landbaus von jetzt 3,2 auf 20 Prozent angestrebt. Weitere Vorgaben sind die Steigerung der Erwerbstätigenquote von 65,4 Prozent auf 70 Prozent, eine Verdoppelung des Anteils der erneuerbaren Energien, die Senkung der Zahl der Wohnungseinbrüche um zehn Prozent, ein ausgeglichener Staatshaushalt im Jahr 2006 und die Erhöhung der Ausgaben für Forschung und Entwicklung. Außerdem soll es bis zum Jahr 2010 ein flächendeckendes bedarfsorientiertes Angebot an Kinderbetreuungseinrichtungen geben. Hier bestätigt sich, dass der Akzent der nationalen Nachhaltigkeitsstrategie eindeutig auf innenpolitischen Reformüberlegungen liegt, nämlich im Bereich der für die globale Nachhaltigkeit wichtigen Umweltpolitik, aber ebenso auf der Sozial- und Bildungspolitik oder dem Gebiet der inneren Sicherheit. Von den Klimaschutzzielen der Bundesregierung wird später im Zusammenhang mit dem globalen Klimawandel die Rede sein. In vielen Fällen, so der Gesamteindruck, werden Maßnahmen und Modellvorhaben beschrieben; häufig werden aber die notwendigen Zwischenetappen zur Erreichung der genannten Ziele nicht näher definiert oder die entsprechenden Ausführungen bleiben ziemlich vage.

Als Beleg für diese zwiespältige Einschätzung sei das Beispiel des nach wie vor erheblichen Flächenzuwachses auf Kosten der Landschaft erwähnt. Dieser entfällt zu ungefähr vier Fünfteln auf Siedlungs- und zu einem Fünftel auf Verkehrsfläche – ein für Deutschland bedeutendes und vielschichtiges Problem der Nachhaltigkeitspolitik. Beim Landschaftsverbrauch für Siedlungs- und Verkehrsflächen legte sich nun die Bundesregierung in der nationalen Strategie fest, den täglichen Flächenverbrauch von heute 130 Hektar (ein Rechteck von 1300 Meter Länge und 1000 Meter Breite) auf maximal 30 Hektar im Jahr 2020 zu verringern. Damit ist eindeutig eine Verbesserung, aber eben nach wie vor keine absolute Reduzierung der Umweltbelastung anvisiert. Das ganze Ziel erscheint auch wenig glaubwürdig, da laut Angaben des

---

[94] Zu den Klimaschutzzielen der Nachhaltigkeitsstrategie siehe das folgende Kapitel.

Bundesamtes für Bauwesen und Raumordnung sich die Höhe des täglichen Flächenverbrauchs in den letzten Jahren eher nach oben als nach unten bewegt hat[95]. Wie könnte eine mögliche Trendumkehr ausgeweitet werden, was vermutlich ziemlich einschneidende Instrumente und Maßnahmen erforderlich machen würde? Die Autoren nennen u.a. das Flächenrecycling und den Freiraumschutz und sehen in erster Linie die für die Landes- und Bauleitplanung zuständigen Länder und Kommunen in der Pflicht (Bundesregierung 2002: 119 ff.). Konkrete Etappenziele bis 2020 oder darüber hinaus wurden nicht benannt und die weitergehenden Vorschläge des Nachhaltigkeitsrates ignoriert[96].

Vor dem Hintergrund des Weltgipfels ist die Nord-Süd-Komponente der deutschen Nachhaltigkeitsstrategie auffallend schwach ausgeprägt. Nach dem erwähnten Schema der Nachhaltigkeitskoordinaten folgen erst unter dem Titel „Internationale Verantwortung" viele der Themen, die in Johannesburg auf der Tagesordnung standen, darunter Armutsbekämpfung, Intensivierung der Entwicklungszusammenarbeit, globaler Umweltschutz und faire Handelschancen für die Entwicklungsländer. Tatsächlich bemängelte der Rat für Nachhaltige Entwicklung, dass die Ausführungen zu entwicklungspolitischen Themen „wesentlich flacher" als jene zu den Schwerpunktthemen Energie, Mobilität usw. ausgefallen seien. Die damit implizit verbundene politische Wertung könne als „Marginalisierung der globalen Verantwortung Deutschlands missverstanden werden" (Rat für Nachhaltige Entwicklung 2002: 9). Die nationale Strategie erwähnt das Aktionsprogramm der Bundesregierung zur Armutsbekämpfung. Die Entwicklungsfinanzierung wird kaum thematisiert und die im EU-Rahmen vereinbarte Erhöhung der öffentlichen Hilfe (ODA) bis 2006 auf 0,33 Prozent des BIP nicht mit Zwischenzielen versehen.

Insgesamt ist heute ungewiss, ob der Nachhaltigkeitsstrategie, die durchaus einen innovativen Politikansatz darstellt, eine längere Lebensdauer beschieden sein wird. Bedauerlich ist aber, dass der Deutsche Bundestag, der in den vorangegangenen Legislaturperioden wertvolle Vorarbeit geleistet hatte, nicht an der Erarbeitung und Konzipierung der Strategie beteiligt wurde. Am 16. Mai 2002 fand nachträglich eine Plenumsdebatte zur Nachhaltigkeitspolitik statt, die vom einsetzenden Wahlkampf überschattet war. Der Bundestag hat unterdessen im Juni bzw. im Juli 2002 mit den Abschlussberichten zweier Enquete-

---

[95] Angaben zum täglichen Flächenverbrauch in Deutschland: 1993 bis 1997: 120 Hektar; 1998: 124; 1999: 130; 2000: 129. In den alten Ländern ging die Zunahme des Flächenverbrauchs zwischen 1999 und 2000 von 93 auf 89 Hektar zurück (Bundesregierung 2002: 120).
[96] In seinem „Dialogpapier" hatte der Nachhaltigkeitsrat für 2050 einen Rückgang der Flächeninanspruchnahme auf Null als Ziel angepeilt und u.a. eine kommunale Berichtspflicht und Bilanzierung des Flächeetats angeregt (Rat für Nachhaltige Entwicklung 2001)

Kommissionen zu den Themen „Globalisierung der Weltwirtschaft" (Deutscher Bundestag 2002a) und „Nachhaltige Energieversorgung" (Deutscher Bundestag 2002b) zwei gewichtige inhaltliche Beiträge zur nachhaltigkeitspolitischen Debatte beigesteuert. Hinsichtlich der darin enthaltenen vielfältigen Denkanstöße dürfte der Gesetzgeber im Vergleich mit der Nachhaltigkeitsstrategie der Bundesregierung nicht schlecht abschneiden. Die politische Bindungswirkung einer Strategie wie der *Perspektiven für Deutschland* beschränkt sich schließlich auf die jeweils amtierende Exekutive – nicht unbedingt ein ideales Vorbild für Entwicklungsländer, die sich demokratisieren und die Möglichkeit politischer Machtwechsel einkalkulieren müssen.

Bundesländer und Kommunen

Die deutschen Länder sehen sich ebenfalls vor der Herausforderung, eine Nachhaltigkeitsstrategie zu erstellen. Dabei konzentrieren sie sich auf ihre Zuständigkeiten, darunter vor allem im Umweltschutz und auf Bereiche wie Bildungspolitik, regionale Wirtschaftsförderung, Raumordnung und Landesplanung usw., um in Richtung nachhaltige Entwicklung umzusteuern. Nachhaltigkeitskriterien spielen ferner in die Entwicklungszusammenarbeit hinein, soweit sich die Bundesländer auf diesem Feld über die Inlandsarbeit hinaus engagieren. Eine „Landesagenda 21" liegt nicht in allen Fällen vor, überhaupt werden unterschiedlichste Formen gewählt. Zu den ersten Ländern mit eigener Strategie gehörte Bayern mit der Bayern Agenda 21 (1997/98), der sich der im Oktober 2000 zwischen der Staatsregierung und der bayerischen Wirtschaft unterzeichnete „Umweltpakt" anschloss. Niedersachsen hat 1998 das Landesprogramm „Nachhaltige Entwicklung in Niedersachsen" beschlossen. Andere Länder beschränken sich auf Umweltpläne (Baden-Württemberg) oder eine Umweltpartnerschaft mit der Wirtschaft (Brandenburg, Sachsen-Anhalt). In den Stadtstaaten ist der Übergang zu einer Lokalen Agenda 21 fließend, was z.B. in Berlin auch in der Terminologie zum Ausdruck kommt (Schophaus 2001). Und in einer Reihe von Ländern, so in Nordrhein-Westfalen, Rheinland-Pfalz und Sachsen, ist die Arbeit an einer Landesagenda noch im Gange[97].

Nordrhein-Westfalen, um ein konkretes Beispiel zu nehmen, verfolgt einen ambitionierten Ansatz. Die bei der Landtagswahl 2000 im Amt bestätigte rot-grüne Koalition in Düsseldorf legte in ihrer Koalitionsvereinbarung fest, die Agenda 21 NRW zusammen mit Kooperationspartnern aus Wirtschaft, Politik, Wissenschaft, Gewerkschaft, Kirchen,

---

[97] In der nationalen Strategie der Bundesregierung ist eine Übersicht über die Bundesländer und ihre Strategien für eine nachhaltige Entwicklung enthalten (Bundesregierung 2002: 30)

Umweltorganisationen usw. bis 2003 zu entwickeln. Inzwischen gibt es einen Staatssekretärsausschuss für nachhaltige Entwicklung auf Landesebene – und, als eine Parallele zum Nachhaltigkeitsrat der Bundesregierung, einen „Zukunftsrat" mit 28 Persönlichkeiten aus allen gesellschaftlichen Bereichen. Im Frühjahr 2002 wurden sechs Agenda-Konferenzen zu den verschiedenen Politikfeldern mit breiter Beteiligung durchgeführt. Der Nord-Süd-Aspekt, der bei den meisten Bundesländern, wie die Zusammenfassung schon andeutete, keine größere Funktion einnimmt, wird als eigenes Themenfeld behandelt[98]. Angeregt wurde der Dialogprozess schließlich von dem zurückliegenden Bonner Kongress „Nordrhein-Westfalen in globaler Verantwortung" (30. November/1. Dezember 2000), den mehrere Arbeitsgruppen mit Strategiepapieren vorbereitet hatten (MUNLV 2001).

Eine nicht zu unterschätzende Rolle übernehmen die Bundesländer bei der Koordinierung kommunaler Aktivitäten, so durch die Förderung von Transferstellen, die bei der Planung und Organisation der Umsetzung der Agenda 21 auf lokaler Ebene helfen und einen nationalen und internationalen Informationsaustausch zur Lokalen Agenda initiieren. Mit eigenen Nachhaltigkeitsstrategien sollen die Kommunen weltweit ihren Beitrag zur Umsetzung der Rio-Beschlüsse leisten. Die Lokale Agenda 21 gibt den Kommunen wiederum die Möglichkeit, mit den Bürgerinnen und Bürgern gemeinsam Leitbilder und konkrete Handlungskonzepte für die weitere Kommunalentwicklung zu erarbeiten[99]. Gewöhnlich steht dabei das Thema Umwelt im Vordergrund, wie z.B. eine Auswertung für Nordrhein-Westfalen bestätigte (Gansen; Anton; Hoffmann 2001). In Deutschland lebt heute die Mehrheit der Bürgerinnen und Bürger in einer Kommune mit Agendabeschluss, wobei sich die Zahl der Beschlüsse in den vergangenen drei Jahren verdoppelt hat[100]. Gerade die Absicht, den Nord-Süd-Aspekt der kommunalen Agenda-Aktivitäten zu vertiefen, hat die Bundesregierung und die Länder dazu bewogen, die Mitte Dezember 2001 eröffnete „Servicestelle Kommunen in der Einen Welt" ins Leben zu rufen, an der auch die kommunalen

---

[98] Nähere Informationen hierzu vgl. <www.agenda21.nrw.de>.
[99] Zur demokratischen Dimension der Lokalen Agenda sei auf das 7. Kapitel verwiesen.
[100] Zu den jeweils aktualisierten Zahlen siehe die Angaben nach Agenda-Transfer Agentur für Nachhaltigkeit GmbH <www.agenda-transfer.de>
Der Umsetzungsgrad der Lokalen Agenda 21 in den Flächenländern, gemessen an der Zahl der Kommunen, ist sehr unterschiedlich. Weit an der Spitze liegen Hessen, Nordrhein-Westfalen und das Saarland mit jeweils rund 60 Prozent. Eine Mittelgruppe, mit ungefähr je 30 Prozent, bilden Bayern und Baden-Württemberg. Die Anteile in den übrigen Ländern liegen deutlich niedriger (Wilhelmy 2002).

Spitzenverbände und die entwicklungspolitischen Nichtregierungsorganisationen beteiligt sind[101].

Der Großteil aller lokalen Agendaprozesse findet allerdings bis zur Gegenwart in den Industrieländern und dort weitgehend in Europa statt, während der Ansatz in Entwicklungsländern weiterhin wenig bekannt ist. Darauf deutet eine im Jahr 2001 im Vorgriff auf den Weltgipfel durchgeführte Erhebung des Internationalen Rates für kommunale Umweltinitiativen (ICLEI) hin, auf den die Initiative und der Entwurf des Kapitels 28 der Agenda 21, der sich mit den Initiativen der Kommunen beschäftigt, zurückgegangen war. Demnach lag der Anteil der europäischen Kommunen mit insgesamt 5292 aktiven Kommunen (davon allein 2042 in Deutschland) bei rund 82 Prozent der 6416 lokalen Agendaprozesse weltweit. Die übrigen Anteile entfallen auf Afrika, Asien und Südamerika, während die Lokale Agenda 21 in Nordamerika unverändert eine marginale Rolle spielt (DESA/CSD 2002a: 8 ff.).

Erfreulich sind die Tendenzen zu internationalen Zusammenschlüssen der lokalen Prozesse und die Verknüpfung mit der höheren Ebene. Ausgewählte lokale Akteure dürfen an den jährlichen Sitzungen der UN-Nachhaltigkeitskommission (CSD) teilnehmen. Als *Major Group* im Sinne der Agenda 21 waren die Vertreter der lokalen Ebene von Beginn an in die Stakeholder-Dialoge des Johannesburg-Vorbereitungsprozesses einbezogen (Stephan 2001b: 26 f.). Der Vernetzung der Kommunen und dem gegenseitigen Erfahrungsaustausch diente die (wiederum von ICLEI initiierte) Europäische Konferenz über zukunftsbeständige Städte und Gemeinden in der dänischen Stadt Aalborg im Jahr 1994, deren Höhepunkt die Unterzeichnung der *Charta von Aalborg* war[102]. Darin verpflichteten sich die Teilnehmer dazu, in Lokale Agendaprozesse einzutreten und langfristige Handlungsprogramme mit dem Ziel der Zukunftsbeständigkeit (Nachhaltigkeit) aufzustellen, Hunderte weiterer Städte und Gemeinden haben sich seither dem Aufruf angeschlossen. Ende der neunziger Jahre wurden darüber hinaus erste internationale Konferenzen zur Lokalen Agenda 21 in Südamerika sowie in Asien und in der Pazifikregion abgehalten. Für Agendaprozesse in Entwicklungsländern steht überdies seitens verschiedener Institutionen und Netzwerke Hilfe zur Verfügung.

---

[101] Die kommunale Servicestelle ist bei der InWEnt – Internationale Weiterbildung und Entwicklung gGmbH in Bonn angesiedelt.
[102] „Charta der Europäischen Städte und Gemeinden auf dem Weg zur Zukunftsbeständigkeit (Charta von Aalborg)" <www.iclei.org/europe/ac-germ.htm>

Ein vielzitiertes Beispiel für eine Nord-Süd-Partnerschaft ist das bereits im Jahr 1990, also vor dem Rio-Gipfel, gegründete „Klima-Bündnis der europäischen Städte / Alianza del Clima e.V." mit Sitz in Frankfurt, ein Zusammenschluss europäischer Städte und Gemeinden, die eine Partnerschaft mit indigenen Völkern der Regenwälder eingegangen sind. Dem Klima-Bündnis traten bislang fast tausend europäische Städte, Gemeinden und Landkreise bei, Bundesländer und Nichtregierungsorganisationen arbeiten als assoziierte Mitglieder mit. Der Einsatz gilt der Verringerung der klimaschädigenden Emissionen in den Industrieländern und dem Schutz der Regenwälder. Die indigenen Völker sollen zudem in ihren grundlegenden Rechten geschützt werden; hierzu zählt die Möglichkeit, in ihrer natürlichen Umwelt nach eigenen Entwicklungsvorstellungen leben und wirtschaften zu können. Die Organisationen indigener Völker, repräsentiert durch zwei Dachverbände, werden darin unterstützt, eigene Positionen zu formulieren und in die politischen Prozesse einzubringen. Ihrerseits verpflichteten sich die Mitgliedskommunen auf Handlungsfelder und Maßnahmen, die der Umsetzung selbständig erarbeiteter Klimaschutzstrategien dienen sollen[103]. Die Innovation basiert letztlich auf der Verbindung zwischen der lokalen Ebene und den internationalen Politikprozessen in den Bereichen Klimaschutz, Biodiversität und Wald.

---

[103] Informationen nach eigenen Angaben der Organisation: <www.klimabuendnis.de>

11. Kapitel
Zentrale Handlungsfelder der globalen Umweltpolitik

Der Weltgipfel für nachhaltige Entwicklung in Johannesburg stand nicht allein in der Nachfolge des Erdgipfels – Rio+10 ist auch Stockholm+30. Dreißig Jahre nach dem ersten Umweltgipfel der Vereinten Nationen haben sich die ökologischen Probleme des „geplünderten Planeten" gefährlich verschlimmert (Vorholz 2002)[104]; und ihre Auswirkungen auf den Menschen haben an vielen Orten der Welt schon heute desaströse Auswirkungen. Wie ernst die Lage des Ökosystems Erde und der Menschheit ist, haben bereits die wenigen in der Einleitung referierten Fakten aus dem aktuellen Bericht „GEO-3" des UN-Umweltprogramms belegt (UNEP 2002a). Die Stockholmer Konferenz im Jahr 1972 hatte das Thema Umwelt auf die internationale politische Agenda gesetzt. Vom Ansatz der Brundtland-Kommission ausgehend hatte der Rio-Gipfel 1992 den Zusammenhang zwischen der global-ökologischen Dimension und den sozialen und wirtschaftlichen Entwicklungsproblemen im Süden herausgestrichen und an die besondere Verantwortung der Industrieländer appelliert. Dies galt angesichts ihres hohen verursachenden Anteils am weltweiten Ressourcenverbrauch – ihres riesigen „ökologischen Fußabdrucks" auf der Erde –, aber auch im Hinblick auf die Entwicklungszusammenarbeit. Beides zusammen führte zu dem (nicht eingehaltenen) Versprechen höherer Transferleistungen des Nordens an den Süden. Das ökologische Prinzip der Nachhaltigkeit war zum Leitbild der nachhaltigen Entwicklung erweitert worden.

Im vergangenen Jahrzehnt hat sich die Spanne der Nachhaltigkeitsthemen weiter ausgedehnt. Eine Reihe von Politikfeldern, die seit einiger Zeit diskutiert werden, wie z.B. der globalisierte Tourismus und seine Einbindung in das Konzept der nachhaltigen Entwicklung (Wöhler 2001), tauchten in der Agenda 21 nicht oder nur am Rande auf. Die eindeutige Tendenz geht dahin, das Leitbild der Nachhaltigkeit grundsätzlich auf alle politischen, gesellschaftlichen und wirtschaftlichen Bereiche zu beziehen. Dies ist die Konsequenz aus der Einsicht, dass von demokratischen Gesellschaften und der Politik heute ein integrierter Ansatz erwartet wird, der die ökologischen, sozialen und wirtschaftlichen Folgen eigenen Tuns jeweils mitdenkt. Dabei besteht das Risiko, dass die Nachhaltigkeitspolitik aufsplittert und der innere Zusammenhang des Konzepts aus den Augen gerät. Es ist daher hilfreich, zum Ausgangspunkt zurückzukehren, zu den globalen Umweltproblemen, die den

---

[104] „Ein Planet wird geplündert" lautete der Titel des frühen ökologischen Bestsellers von Herbert Gruhl (1975).

Anlass zur Einberufung des Erdgipfels von 1992 geliefert hatten[105]. Von hier aus lässt sich der verwickelte Strang der Nachhaltigkeitspolitik am besten überschauen.

Seit langem ist der kausale Zusammenhang der weltweiten Umweltzerstörung mit zwei Phänomenen bekannt, den Auswirkungen der Industrialisierung, die zu Beginn des 19. Jahrhunderts ihren Ausgang nahm, und der Zunahme der Weltbevölkerung. In der Fachliteratur wird gerne an die von Anne und Paul Ehrlich aufgestellte „Weltumweltformel" erinnert. Demnach sind die globalen Umweltprobleme letztlich durch drei Faktoren bedingt: das Bevölkerungswachstum, den zunehmenden Güterkonsum und die vorherrschende Technik. Die industrialisierte Lebensweise ist wegen des mit ihr verbundenen Ressourcenverbrauchs das auslösende Moment der weltweiten Umweltprobleme. Was die Weltbevölkerung angeht, scheint deren jährliches Wachstum mit rund 78 Millionen Menschen zu Anfang des 21. Jahrhunderts seinen Höhepunkt überschritten zu haben. Zur Entwarnung gibt es aber keinen Anlass. Heute leben auf der Erde ungefähr 6,1 Milliarden Menschen und bis zum Jahr 2050 werden, je nach Zugrundelegung optimistischer oder pessimistischer Szenarien, nach verschiedenen UN-Projektionen 8 bis 13 Milliarden Menschen auf der Erde leben. Die Zunahme der Weltbevölkerung vollzieht sich nahezu ausschließlich in den Entwicklungsländern und ist eng verbunden mit dem Phänomen der Verstädterung, der Abwanderung Millionen Armer vom Land in die unkontrolliert wachsenden Metropolen der südlichen Kontinente (Fleisch 2001).

In der Wissenschaft wird unterschieden zwischen globalen, d.h. grenzüberschreitenden Umweltproblemen, für die nur eine global konzipierte Politik Lösungen näher bringen kann, und universell auftretenden Umweltproblemen, die eventuell lokal oder regional begrenzt sind und nicht zwingend global verbindliche Vertragsgrundlagen, Zielvorgaben und Maßnahmenpakete erfordern (Simonis 1996: 7 f.). Ein Beispiel hierfür ist die Wasserknappheit, die oftmals lokal oder regional bekämpft werden kann, auch wenn dafür eine international koordinierte Initiative nötig ist. Dagegen sind CO_2-Emissionen, die wesentlich zu der durch den Menschen verursachten Erwärmung der Atmosphäre, dem Treibhauseffekt, beitragen, das bekannteste Beispiel eines Umweltproblems, das nur durch globale Kooperation gelöst werden kann. Hierzu gehört auch die Schädigung der Ozonschicht, die von langsam aufsteigenden Gasen, insbesondere von Fluorchlorkohlenwasserstoffen (FCKW) hervorgerufen

---

[105] In dem bekannten *Lexikon Dritte Welt* wird der Rio-Gipfel bis heute unter dem Schlagwort „Welt-Umweltkonferenz" abgehandelt (Nohlen 2000: 805-807).

werden. Regionale Umweltprobleme, wie die Wasserknappheit, die im übrigen durch Klimaveränderungen mitverursacht wird, oder die Bodendegradation können allerdings ebenfalls für die Menschheit in der Summe gravierende, in den Konsequenzen weltweit spürbare Ausmaße annehmen: durch massenhafte Armut, die Zunahme von Migrationsbewegungen, den Ausbruch bewaffneter Konflikte usw. Inzwischen ist der Ruf nach einer „nachhaltigen Friedenspolitik" laut geworden, die auf die Prävention von durch Umweltkrisen (mit)hervorgerufenen innerstaatlichen wie internationalen Konflikten abzielt (Carius; Petzold-Bradley; Pfahl 2001)[106].

Globale Umweltpolitik nach Rio

Es ist unbestreitbar, dass die Antworten auf diese enormen Herausforderungen das Verhältnis zwischen Nord und Süd in Zukunft entscheidend bestimmen werden. Der Weltgipfel in Johannesburg sollte eine umfassende Bilanz des Rio-Folgeprozesses vornehmen. „Riopolitisch" kann man die globalen ökologischen Probleme danach unterscheiden, ob sie durch Konventionen mit spezifischen Normen und institutionell abgesicherten Verfahren geregelt sind, wie das etwa im Bereich der Biodiversität der Fall ist, oder keine völkerrechtlich verbindlichen Regelungen existieren und die Regimebildung noch in den Anfängen steckt, wie beim Schutz der Wälder oder der genannten Wasserproblematik. Es ist jedoch ausdrücklich zu betonen, dass der Johannesburg-Gipfel auch in Bereichen, wo Konventionen und Folgevereinbarungen vorliegen bzw. zur Ratifizierung anstehen (Kyoto-Protokoll), die Aufgabe hatte, durch politische Initiativen und vereinbarte Partnerschaften neue Anstöße zu geben.

Ein erfolgreicher Vorläufer der Rio-Konventionen ist das Montrealer Protokoll von 1987, in dem sich die Staatengemeinschaft auf einen Ausstieg aus Produktion und Verwendung von ozonschichtabbauenden Stoffen geeinigt hat. In Rio selbst wurden die Klimarahmenkonvention (UNFCCC) und die Konvention über die biologische Vielfalt (CBD) abgeschlossen. Im Jahr 1994 kam als „dritte Rio-Konvention" die Konvention zur Bekämpfung der Wüstenbildung (CCD) hinzu, mit der erstmals Desertifikation als Problem weltweiten Ausmaßes anerkannt wurde. Diese drei Konventionen sind bis Mitte der neunziger Jahre in Kraft getreten. In den Jahren 1998 und 2001 traten dazu die Rotterdam-Konvention über die Informationspflicht beim Handel mit gefährlichen Chemikalien – *Prior Informed Consent* (PIC) – und die Stockholm-Konvention zum Verbot

---

[106] Für die internationale Dimension zunehmender Umweltkonflikte ist die Lage im Nahen Osten das beste Beispiel, wo sich die Trinkwasserknappheit negativ auswirkt und das Wassermanagement spannungsgeladen und kostenintensiv ist (Dombrowsky 2001).

gefährlicher organischer Dauergifte, die *Persistent Organic Pollutants* (POPs); beide sind noch nicht in Kraft[107]. Mit der Globalen Umweltfazilität (GEF) besteht seit Rio ein Finanzierungsmechanismus, der bisher vornehmlich für die Klimarahmenkonvention und für die Konvention zur Biologischen Vielfalt genutzt wurde. Die diskutierte Öffnung für andere Aufgaben, so die Einbeziehung von Landverödung (Wüstenbildung und Entwaldung) ist seit einiger Zeit umstritten. Der Weltgipfel hat schließlich empfohlen, die GEF künftig als Finanzierungsmechanismus der Wüstenkonvention mit zu nutzen. Uneinigkeit besteht weiterhin darüber, ob die GEF zusätzlich stärker für Projekte genutzt werden sollte, die in erster Linie einen Nutzen für die einheimische Umwelt ergeben, also nicht in erkennbarem Bezug zu der globalen Umweltsituation stehen[108].

Mit den in Rio eingegangenen Vereinbarungen verknüpften die Staaten in Nord und Süd unterschiedliche Erwartungen. Für die Industrieländer hatte der weltweite Umweltschutz die Priorität, während die Regierungen des Südens die Vorteile durch die neuen internationalen Verträge vor allem in der Etablierung neuer Partnerschaften, verbessertem Technologietransfer und der Bereitstellung zusätzlicher Finanzmittel wahrnahmen. Neuartig war, dass nichtstaatliche Akteure, lokale Gemeinschaften, die Privatwirtschaft und auch die Frauen zum ersten Mal als bedeutende Akteure bei der Umsetzung umweltpolitischer Regelwerke Anerkennung fanden. Dieser Akzent ist besonders ausgeprägt bei der Wüstenkonvention und der Konvention über die biologische Vielfalt. Die Regierungen sind aufgefordert, die Betroffenen und nichtstaatlichen Akteure zu beteiligen und soweit möglich Entscheidungen auf die lokale Ebene zu verlagern. Hierin kommt die Anwendung der *Good-Governance*-Prinzipien zum Ausdruck. Nichtregierungsorganisationen unterschiedlichster Größe und Ausrichtung spielen im Umweltbereich die Rolle eines „ökologischen Weltgewissens", wobei hinsichtlich der von ihnen verfolgten Strategien beachtliche Unterschiede zu erkennen sind[109].

Die Bilanz der Umsetzung der Rio-Konventionen fällt gemischt und insgesamt nicht zufriedenstellend aus, davon abgesehen, dass in wichtigen Bereichen des globalen Umweltschutzes bis heute verbindliche Regelungen fehlen. Zwischen den multilateralen Umweltabkommen muss die

---

[107] Vgl. dazu die Übersicht über wichtige multilaterale Umweltabkommen im 9. Kapitel. Deutschland ist Sitz von zwei Rio-Konventionen, dem Klima- und dem Wüstensekretariat, die beide in Bonn ansässig sind.
[108] Siehe die eingeklammerten Klauseln (Paragraf 122 e, 139 a) im *Draft Implementation Plan*.
[109] Eine mögliche Typologie fächert die Umwelt-NGOs in „Experten", „Lobbyisten", „Moralisten", „Verbraucheraktivisten" und sogenannte „Glokalisten" – damit sind Vertreter einer gemischten Strategie aus globalen und lokalen Ansatzpunkten gemeint – auf, wobei in der Realität viele Überschneidungen vorhanden sind (Kohout; Mayer-Tasch 2002: 18 ff.).

Koordination verbessert werden, ebenso wie die Einbindung der Konventionen in die übergreifend verfolgten Entwicklungsstrategien zu wünschen übrig lässt (Swiderska 2002). Auf das Problem der Vereinbarkeit von WTO-Regeln mit den Umweltabkommen wurde bereits im Zusammenhang mit der Globalisierung hingewiesen. Viele Staaten tun sich schwer damit, die von ihnen eingegangenen Verpflichtungen kohärent, also im Sinne einer wirksamen nationalen Nachhaltigkeitsstrategie umzusetzen. Dies ist bei Industrie- und Entwicklungsländern festzustellen. Die Umsetzung einer Konvention in nationales Recht stellt in der Regel hohe Ansprüche und setzt vielfältige Abstimmungs- und Beteiligungsprozesse voraus. Auf die Entwicklungszusammenarbeit kommen wichtige praktische Aufgaben zu. So gewinnt die Unterstützung von Partnerländern bei der Umsetzung internationaler Konventionen und anderer Regelwerke im Umweltbereich auf einzelstaatlicher Ebene an Gewicht. Schließlich wächst der Abstimmungsbedarf unter den Gebern und zwischen den involvierten Akteuren in den Geberländern (Hoffmann 2002). Kurz gesagt, Politikberatung ergänzt die traditionellen Umwelt- und Ressourcenschutzprojekte[110].

Schutz der biologischen Vielfalt

Unter Biologischer Vielfalt oder Biodiversität versteht man die Artenvielfalt, die Unterschiede zwischen den Organismen einer Art (genetische Vielfalt), aber auch die Vielfalt der Ökosysteme weltweit. Es liegt angesichts dieser Materie auf der Hand, dass die Ausgestaltung der Biodiversitätskonvention (CBD) zum Kern des Rio-Folgekomplexes gehört. Mit Ausnahme der Vereinigten Staaten hat nahezu jedes Land der Welt die Konvention ratifiziert. Darin verpflichten sich die Vertragsstaaten, die Erhaltung biologischer Vielfalt zu fördern, diese nachhaltig zu nutzen sowie Nutzungsgewinne gerecht und ausgewogen zu teilen. Unter Führung des Umweltprogramms der Vereinten Nationen (UNEP) war bis Mai 1992 in Nairobi ein Konventionstext ausgehandelt worden, der unmittelbar darauf der Konferenz von Rio vorgelegt wurde. Die Bewahrung der Artenvielfalt wurde damit einer der dringlichsten politischen Aufträge der Agenda 21 (Kapitel 15). Beim Abschluss der Biodiversitätskonvention, die am 29. Dezember 1993 als erste Rio-Konvention in Kraft trat, kamen die Entwicklungsländer dem Norden entgegen und erhielten dafür die Zusicherung, dass die Industrieländer zusätzliche Gelder für die Erfüllung der Pflichten aus der Konvention zur Verfügung stellen würden und, was vielleicht noch wichtiger war, dass

---

[110] Einen guten Überblick über die heutige Praxis der Entwicklungszusammenarbeit im Bereich der Globalen Umweltpolitik gewährt die Sonderausgabe der GTZ-Zeitschrift *Akzente* (special, 2002): „Globale Umweltpolitik. Von Rio nach Johannesburg".

die Früchte der Erforschung und biotechnologischen Nutzung der Artenvielfalt in einer fairen Weise allen zugute kommen sollte.

An der Spitze der mit der Bewahrung der biologischen Vielfalt zusammenhängenden Fragen steht der Schutz der Wälder. Nach wie vor werden jährlich je nach Schätzung neun bis fünfzehn Millionen Hektar Wald vernichtet. Dabei handelt es sich überwiegend um tropischen Regenwald, der eine besonders hohe Artenvielfalt beherbergt (*biodiversity hotspots*); ferner gibt das Verschwinden der nördlichen Primärwälder wie in Kanada zur Sorge Anlass. Der aus der Zerstörung der Lebensräume resultierende Artenschwund ist hinsichtlich seiner genauen Ausmaße und Konsequenzen kaum abzuschätzen, da bis heute keine Klarheit über die Anzahl der vorhandenen Arten (Pflanzen, Tiere und Mikroben) besteht, die in den verschiedenen Lebensräumen, d.h. in den Böden, Wäldern und Meeren der Erde existieren. Die diesbezüglichen Schätzungen divergieren erheblich und reichen von fünf bis 300 Millionen Arten weltweit, von denen freilich erst rund 1,75 Millionen Arten, die Hälfte davon Insekten, beschrieben sind. Ökologische Systeme erleiden ihrerseits durch den fortschreitenden Verlust der Biodiversität Schäden.

Im Falle der biologischen Vielfalt erscheint der Mensch nicht direkt gefährdet; er erleidet aber nicht nur einen ästhetischen Verlust, wenn die Artenvielfalt drastisch abnimmt. 11 Prozent der Vögel, bis zu 24 Prozent der Säugetiere, 5 Prozent der Fische und 8 Prozent der Pflanzen sind bereits heute vom Aussterben bedroht (Vitalis 2002: 9). So ist das genetische Potenzial ausgestorbener Arten, die in den meisten Fällen verschwinden, ohne überhaupt registriert zu werden, für immer verloren. Dadurch entsteht auch ein beachtlicher ökonomischer Schaden, bildet doch die vorhandene Fülle biologischer Arten einen schier unerschöpflichen Vorrat an nutzenswerten Rohstoffen z.B. für neue Lebensmittel oder Medikamente. In der Biodiversitätskonvention geht es auch darum, den Zugang zu den genetischen Ressourcen und ihren Nutzen gerecht zu regeln. Lebewesen samt ihren Genen sind kein Allgemeingut mehr. Die Konvention bestimmt, dass sie dem Staat gehören, aus dem sie stammen. Wer sie folglich nutzen will, muss um Erlaubnis fragen und eventuell Gegenleistungen erbringen. Erforderlich ist die Zustimmung des betroffenen Staates. Der Zugang zu genetischen Ressourcen kann darüber hinaus nur mit dem vorzeitigen informierten Einverständnis (*Prior Informed Consent*) der betroffenen lokalen und indigenen Gemeinschaften erfolgen.

Diese Regelungen werfen in der Praxis viele Fragen auf. Ein Widerspruch besteht zu dem WTO-Abkommen über handelsrelevante Aspekte von geistigen Eigentumsrechten (TRIPS), das Regierungen verpflichtet, nationale Gesetze zum Schutze geistigen Eigentums zu erlassen. Die Vertragstaaten können Pflanzen und Tiere von der Patentierung ausschließen, doch für Pflanzensorten gilt eine umstrittene Ausnahmeregelung. Daraus hat sich ein hartnäckiges Tauziehen ergeben. Da das traditionelle Wissen in Entwicklungsländern in der Regel patentrechtlich nicht geschützt ist, droht eine „Biopiraterie" durch internationale Konzerne, die traditionelle Saatgutsorten patentieren lassen. Der Trend geht zur Privatisierung eines gemeinschaftlichen Bereiches. Fachleute und Hilfsorganisationen kritisieren diese umstrittene Patentierung genetischer Ressourcen, die auf eine neue Form des Kolonialismus hinauslaufe (Ribeiro 2002). Einer „Biopiraterie" steht das Prinzip eines gerechten Vorteilsausgleichs entgegen. Wer erhält Zugang zu den genetischen Ressourcen, was kostet er? Wie soll man die lokale Bevölkerung an dem erwarteten Nutzen des „grünen Goldes" beteiligen? Es ist auch hier vordringlich, dass die Länder des Südens oft genug erst in personeller und institutioneller Hinsicht in die Lage versetzt werden müssen, um sich mit dem Schutz vorhandener Ressourcen beschäftigen zu können.

Das Cartagena-Protokoll über biologische Sicherheit, im Jahr 2000 verabschiedet, regelt den grenzüberschreitenden Verkehr gentechnisch veränderter Organismen und konkretisiert damit die Zielsetzung der Biodiversitätskonvention in einem wichtigen Aspekt. Es gestattet den Vertragstaaten, Einfuhrverbote zu verhängen, auch wenn keine Beweise für mögliche Gefahren vorliegen. Ferner sind im Oktober 2001 Verhandlungen zu Richtlinien über den Zugang zu genetischen Ressourcen und einen ausgewogenen Vorteilsausgleich für Herkunftsländer begonnen worden. Dabei geht es ganz zentral um die gerechte Teilhabe von indigenen Völkern und lokalen Gemeinschaften an Forschung und industriellen Produkten, die auf traditionellem Wissen beruhen.

Für die Entwicklungszusammenarbeit ist der Clearing-House-Mechanismus bedeutsam, der die wissenschaftlich-technische Zusammenarbeit erleichtern und vertiefen soll. Der Mechanismus soll benötigte Informationen bereitstellen und darüber informieren, wo diese zu finden sind und welche Qualität sie besitzen. Inzwischen gibt es in den CBD-Vertragsstaaten mehr als 150 nationale Ansprechstellen, wobei das Sekretariat der Biodiversitätskonvention eine wichtige Mediationsrolle einnimmt. Auf der bilateralen Ebene unterstützt Deutschland südliche Partnerländer bei der Durchsetzung der ihnen aus der Konvention erwachsenen Verpflichtungen. Die Deutsche Gesellschaft für Technische Zusammenarbeit (GTZ) führt seit 1994 im Auftrag der Bundesregierung ein Umwelt-Konventionsprojekt durch, das einen sektorübergreifenden Ansatz verfolgt.

Es werden bei mehr als zwanzig Projekten, die staatliche wie nichtstaatliche Akteure einbeziehen, wie bisher reine Naturschutzmaßnahmen gefördert, doch zunehmend spielen rechtliche Aspekte und Konzepte einer nachhaltigen wirtschaftlichen Nutzung biologischer Ressourcen unter Beteiligung lokaler Bevölkerungsgruppen (z.B. durch Ökotourismus oder den nachhaltigen Handel mit traditionellen Heilpflanzen) eine wichtige Rolle (BIODIV-Projekt der GTZ 2002).

Eine offene Frage, die den Rio-Johannesburg-Prozess weiterbegleiten wird, ist schließlich das Engagement zugunsten eines besseren Schutzes der Wälder. Die Zerstörung der Wälder schreitet schnell voran. Prognosen gehen davon aus, dass die tropischen Regenwälder in den nächsten zwanzig Jahren bis auf wenige „Inseln" verschwinden werden. Die globale Urwaldkrise wird infolgedessen vielfach als „größte Enttäuschung des Rio-Prozesses" bewertet (Kaiser 2001). Bei diesem Thema klafft eine Regelungslücke. Der Erdgipfel hatte mit der Waldgrundsatzerklärung und dem Handlungsauftrag der Agenda 21 (Kapitel 11) einen Grundstein gelegt. Im Rio-Folgeprozess wurden 1995 das *Intergovernmental Panel on Forests* und 1997 das *Intergovernmental Forum on Forests* bei der UN-Nachhaltigkeitskommission eingerichtet. Außerdem wurde inzwischen die Erarbeitung „nationaler Waldprogramme" vereinbart. Auch das im Juni 2001 erstmals zusammengetretene UN-Waldforum kann jedoch ein verbindliches Regelwerk zur Bekämpfung der Entwaldung nicht ersetzen, und mit der Diskussion in immer neuen Waldforen ist wenig Fortschritt zu erwarten. Aus diesem Grund hatte z.B. der Wissenschaftliche Beirat der Bundesregierung Globale Umweltveränderungen (WBGU) in seinen „Eckpunkten einer Verhandlungsstrategie" für Johannesburg gefordert, Deutschland solle sich auf diesem Weltgipfel nachdrücklich für ein Wald-Zusatzprotokoll zur Biodiversitätskonvention einsetzen (WBGU 2001: 8 f.).

Globale Wasserkrise und Desertifikation

In dem Jahrzehnt nach Rio sind mit den Themen Wasser und Bodendegradation zwei weitere Umweltmedien immer stärker in den Vordergrund getreten, die besonders dazu geeignet sind, soziale Verteilungskämpfe und daraus resultierende Konflikte hervorzurufen. Existieren Konflikte um Landnutzung und den Zugang zu wertvollen Anbauflächen im Prinzip seit Jahrtausenden, galt Wasser in der menschlichen Geschichte als unerschöpfliche, frei verfügbare Ressource. Dabei sind von dem weltweit vorhandenen Wasser, das sich fast ausschließlich in den Weltmeeren (97,5 Prozent) oder in gespeicherter, für den Menschen unerreichbarer Form befindet, also in der Atmosphäre, im Polareis, im Grundwasser usw., lediglich 0,014 Prozent des Wassers direkt für den Menschen und andere Organismen verfügbar (BMZ 1995b: 8).

Zu Beginn des 21. Jahrhunderts sieht die Lage beim Trinkwasser schlecht aus. Überhaupt ist der Ernst der Lage verhältnismäßig spät wahrgenommen worden. Interessanterweise hatte noch der Bericht der Brundtland-Kommission die Wasserproblematik weitestgehend ausgeblendet. Dabei waren die Ergebnisse der von den Vereinten Nationen als „Trinkwasserdekade" ausgerufenen achtziger Jahre, während der ein Versorgungsgrad von 100 Prozent sichergestellt werden sollte, als dürftig anzusehen. Auch in der Agenda 21 waren aus heutiger Sicht ziemlich unrealistische Ziele formuliert worden. So hatten die Unterzeichnerstaaten z.B. die Erwartung ausgesprochen, dass bis zum Jahr 2000 alle Menschen, die in Städten leben, wenigstens 40 Liter Trinkwasser pro Tag zur Verfügung haben sollten (Kapitel 18.58). Man schätzt heute, dass fast ein Fünftel der Weltbevölkerung keinen Zugang zu sauberem Trinkwasser hat. Prognosen sagen, dass im Jahr 2020 zwischen 4 und 5 Milliarden Menschen – oder nahezu zwei Drittel der Weltbevölkerung – unter „Wasserstress"[111] leiden werden (Vitalis 2002: 4). Alle moderaten Verbesserungen, die sich bei der Wasserversorgung in einzelnen Regionen erreichen ließen, wurden im globalen Maßstab von gegenläufigen Trends überlagert.

Zu den Ursachen der Trinkwasserknappheit zählen vor allem das Bevölkerungswachstum, regionale Verringerungen der Niederschlagsmengen infolge von Klimaveränderungen, die Verstädterung oder begrenzte Nutzungsmöglichkeiten durch Verschmutzung oder Versalzung. Auf der Agenda der Nachhaltigkeitspolitik ist die Wasserfrage dementsprechend nach vorne gerückt. Das hat auch mit dem Umdenken zu tun, nachdem man einmal die Schwächen früherer Ansätze erkannt hatte. So ließ sich die Vorstellung nicht aufrecht erhalten, man könne der Trinkwasserknappheit primär durch eine öffentlich finanzierte kostenintensive Ausweitung technischer Kapazitäten bei der Wasserversorgung und –entsorgung begegnen. Unbeachtet geblieben waren Aspekte der Wassernutzung, deren administrative und ökonomische Steuerung nunmehr ins Zentrum des Interesses rückte. Hierzu gehörte auch die stärkere Einbeziehung der Bevölkerung ebenso wie erste Ansätze zu einem an ökologischen Kriterien mitausgerichteten Wassermanagement. So hat das Konzept der Nachhaltigkeit im Bereich der Wasserwirtschaft Einzug gehalten, wenngleich zur praktischen Umsetzung ein weiter Weg

---

[111] Der Wasserstress, mit verschiedenen Stufen von niedrig bis hoch, bemisst sich durch den Anteil der Wasserentnahme am erneuerbaren Dargebot (dem für die Nutzung bereitstehenden Wasser).

besteht. Trotz des geringen Fortschritts oder, genauer gesagt, der Verschlechterung der Gesamtlage hat sich im vergangenen Jahrzehnt ein Leitbild des integrierten Gewässermanagements herausgebildet (Klaphake; Scheumann 2001: 6 f.). Es stellt heute die Arbeitsgrundlage aller mit dem Wasserthema befassten UN-Organisationen sowie der Weltbank dar.

In der Millennium-Deklaration der Vereinten Nationen wurde als wichtiges Entwicklungsziel herausgestellt, den Anteil der Menschen, die über keinen nachhaltigen, d.h. sicheren und bezahlbaren Zugang zu gesundem Trinkwasser verfügen, bis 2015 um die Hälfte zu verringern. Bereits das Wasserkapitel der Agenda 21 hatte in mehreren Programmbereichen Ziele und Maßnahmen bis zum Jahr 2000 formuliert, die adäquate nationale Programme, institutionelle Strukturen und zu schaffende rechtliche Vorkehrungen betrafen, wobei auch hier die Entwicklungsländer zusätzliche Finanzierungshilfen als Voraussetzung für entsprechende Reformen geltend machten. Unterhalb der Ebene vage formulierter Grundsätze und Empfehlungen internationaler Konsensforen sind in der Wasserpolitik verschiedene Konfliktlinien vorhanden. Sie betreffen u.a. natürlich Fragen der Finanzierung, die Diskussion um eine ökonomische Preisbildung sowie den Streit um eine mögliche Privatisierung der Wasserversorgung. Obwohl bei der Nutzung grenzüberschreitender Gewässersysteme die Verrechtlichung mit der Verabschiedung einer entsprechenden UN-Konvention eingesetzt hat (Barandat 2001), fehlen in der globalen Wasserpolitik weitgehend verbindliche Vorgaben. Ursache dafür ist, dass sich Wasserprobleme durch eine ungewöhnliche Verschränkung nationaler, staatenübergreifender und globaler Probleme auszeichnen, was wiederum mit der räumlichen Gebundenheit des Gutes Wasser zu tun hat (Klaphake; Scheumann 2001: 12).

Immer noch aktuell ist der im Jahr 1997 vom Wissenschaftlichen Beirat Globale Umweltveränderungen gemachte Vorschlag, die Bundesregierung solle auf eine „Weltwassercharta" hinwirken. Diese soll auf die Steigerung von Effizienz und Effektivität bei der Nutzung der Ressource Wasser abstellen, daneben aber auch die Einhaltung sozialer und ökologischer „Leitplanken" mitberücksichtigen (WBGU 1997b). Deutschland hat in der internationalen Wasserpolitik eine Vorreiterrolle übernommen und ist mit jährlich 350 Millionen Euro der größte europäische Geber im Wassersektor. Mit der „Internationalen Süßwasserkonferenz" zu globalen Wasserfragen (Dezember 2001) hat Deutschland zudem seinen wichtigsten Beitrag zur Vorbereitung für den Johannesburg-Gipfel geleistet, für den die Konferenz eine Reihe von Handlungsvorschlägen erarbeitete[112]. Auf dem Weltgipfel machte die „African Water Task Force" durch eine Parallelveranstaltung, den *Water Dome*, auf die Wasserthematik aufmerksam, u.a. mittels Stakeholder-Dialogen und Ausstellungen neuer Technologien. Dies zeigt an, welche Priorität die südafrikanischen Gastgeber den mit der globalen Wasserkrise zusammenhängenden Problemen einräumen wollten.

Gerade bei dem Thema Wasser sind die Zusammenhänge mit den Problemen der Armut offensichtlich, sind es doch Arme, die keinen Zugang zu gut ausgestatteten sanitären Anlagen haben. Sie sind am stärksten von der Wasserknappheit betroffen. Auf dem Land ist ihr Lebensunterhalt unmittelbar bedroht, wenn Regen ausbleibt, das Trinkwasser von Schadstoffen belastet ist und sich die Bedingungen für Landwirtschaft und Viehzucht verschlechtern, bis auch diese Menschen sich zur Abwanderung in andere Gebiete und Städte entschließen, in denen die Trinkwasserversorgung besser ist – dort tragen sie jedoch zur Bevölkerungszunahme bei und damit zur Beanspruchung der in ganzen Regionen immer knapper werdenden Wasservorräte. Eng verbunden mit den Problemen der Trockenheit ist das Phänomen der Desertifikation. Desertifikation ist mehr als Wüstenbildung im engeren Sinne, und es handelt sich nicht um regional begrenzte Erscheinungen. Tatsächlich meint „Desertifikation" ein Krankheitssyndrom als Folge der Übernutzung und Zerstörung natürlicher Ressourcen. Die kausalen Bedingungen können sehr unterschiedlich sein, z.B. in der Sahelzone oder im Gebiet um den Aralsee. Bis zum Jahr 2025 wird ein weiterer Rückgang der agrarischen Nutzfläche von zwei Dritteln in Afrika, einem Drittel in Asien und einem Fünftel in Lateinamerika befürchtet.

Bei der Desertifikation handelt es sich um eine vom Menschen verursachte Degradierung der Ökosysteme, insbesondere ihrer Komponenten Boden, Vegetation und Wasserhaushalt. Der Ausdruck „Wüstenbekämpfung" wird daher oft als irreführend bezeichnet, weil es nicht um die Regeneration bereits desertifizierter Flächen geht, sondern vielmehr um die Bekämpfung der Wüstenbildung bzw. Verödung und Versteppung. Im Kern geht es um den Erhalt der Bodenfruchtbarkeit als der entscheidenden Grundlage der Ernährungssicherung und Armutsbekämpfung in den Trockenzonen der Erde. Insgesamt gelten rund 40 Prozent der gesamten Erdoberfläche für Prozesse der Desertifikation als besonders anfällig. Mit der Wüsten- oder Desertifikationskonvention (CCD) wurde ein international verbindlicher Handlungsrahmen für die Kooperation der von Desertifikation betroffenen Staaten, speziell in Afrika,

---

[112] Zu den Handlungsempfehlungen und weiteren Dokumenten: <www.water-2001.de>

und den Industriestaaten geschaffen. Die Konstruktion der Konvention entspricht dem Grundzug der Rio-Konventionen des wechselseitigen Interessenausgleichs zwischen Nord und Süd. Die betroffenen Entwicklungsländer sollen der Desertifikationsbekämpfung im Rahmen ihrer Strategien zur nachhaltigen Entwicklung einen besonderen Stellenwert zuordnen. Die Industrieländer wiederum verpflichten sich, diese Anstrengungen durch erhebliche finanzielle Leistungen im Rahmen der bi- und multilateralen Entwicklungszusammenarbeit zu unterstützen. Das maßgebliche Instrument der Wüstenkonvention sind nationale und subregionale Aktionsprogramme zur Desertifikationsbekämpfung. Sie stellen den Rahmen dar für alle Maßnahmen der betroffenen Länder zur Umsetzung der Konvention. Die Aktionsprogramme sind sehr breit angelegt und umfassen unter anderem: Maßnahmen zur Verbesserung des wirtschaftlichen Umfeldes mit dem Ziel der Armutsbekämpfung, Maßnahmen zur Erhaltung der natürlichen Ressourcen (z.B. Erosionsbekämpfung) oder Aktivitäten im Bereich des Capacity-Building.

Die Desertifikationsbekämpfung ist ein wirksames Instrumentarium des globalen Umweltschutzes. So wirken Aufforstungsmaßnahmen und Erosionsschutz in degradierten Regionen nicht nur dem Verlust biologischer Vielfalt entgegen, sondern tragen durch die Bindung von Kohlenstoff auch zum Klimaschutz bei. Daneben ist die Wüstenkonvention für die Entwicklungszusammenarbeit von praktischer Bedeutung. Neben der ausdrücklichen Armutsorientierung stellt sie zum ersten Mal wesentliche Voraussetzungen einer erfolgreichen Kooperation auf eine völkerrechtlich verbindliche Grundlage. Hierzu gehören die umfassende Beteiligung der betroffenen Bevölkerung, insbesondere der Frauen, die Dezentralisierung von Entscheidungsbefugnissen und eine partnerschaftliche Zusammenarbeit mit nichtstaatlichen Stellen. Die Konvention nimmt sich darüber hinaus der Kooperation bei der gemeinsamen Nutzung grenzüberschreitender natürlicher Ressourcen an. Damit kann sie unter Umständen einen entscheidenden Beitrag zur regionalen Zusammenarbeit und zur Krisenprävention leisten. Für die deutsche Entwicklungszusammenarbeit bildet die Bekämpfung der Landdegradation im weitesten Sinne einen Schwerpunkt der Arbeit. Weltweit führt Deutschland derzeit rund 250 Projekte in diesem Sektor durch, vor allem in Afrika, deren Gesamtzusagevolumen 1,43 Milliarden Euro beträgt (BMZ 2002a: 117 f.)[113].

---

[113] Zu einem Beispiel (Mauretanien) für ein GTZ-Konventionsprojekt, das der Umsetzung der Wüstenkonvention dient, siehe das 6. Kapitel.

Veränderung des Weltklimas

Die Klimaveränderungen werden gemeinhin als „schwerwiegendstes weltweites Umweltproblem" eingestuft (Europäische Kommission 2002: 13). Die aktuellen wissenschaftlichen Prognosen zur Erwärmung gehen von einer Erhöhung der weltweiten Durchschnittstemperatur um einen Wert zwischen 1,4 und 5,8 Grad Celsius bis zum Ende des 21. Jahrhunderts aus. Die Entwicklungsländer sind hiervon in größerem Maße als die Industrieländer betroffen, da sich die erwarteten oder teilweise schon eingetretenen Klimaveränderungen in vielen Regionen des Südens besonders stark bemerkbar machen, durch steigende Temperaturen, extreme Trockenheit, Wüstenbildung oder heftige Unwetter und Niederschläge. Im Falle der kleinen Inselstaaten – ihren Besonderheiten ist ein eigener Abschnitt in dem Durchführungsplan von Johannesburg gewidmet –, aber auch der von Millionen Menschen bewohnten Küstengebiete von Bangladesch stellt der befürchtete Landverlust durch steigende Meeresspiegel ein Problem mit verheerenden Konsequenzen dar. Was die Klimaproblematik aber zum Paradebeispiel des globalen Nord-Süd-Konflikts macht, ist die Tatsache, dass die Industriestaaten bisher mit über der Hälfte aller Treibhausgas-Ausstöße eingestandenermaßen die Hauptverursacher der Klimaerwärmung sind.

Die Verhandlungen um den Abschluss des „Rahmenübereinkommens über Klimaveränderungen" (UNFCCC) hatten die Vorarbeiten des Erdgipfels in Rio begleitet. Das Ziel der Klimarahmenkonvention, die 1994 in Kraft trat, war die Stabilisierung der Treibhausgaskonzentrationen auf einem Niveau, das eine vom Menschen hervorgerufene gefährliche Störung des Klimasystems verhindern sollte. Die Industrieländer verpflichteten sich, als Hauptverursacher die führende Rolle und den größten Teil der finanziellen Last zu übernehmen, d.h. die Kosten zu tragen, die den Entwicklungsländern durch Aktivitäten zum Klimaschutz und durch Anpassungsmaßnahmen entstehen (BMZ 1995a). Als Finanzierungsmechanismus dient die schon mehrfach erwähnte Globale Umweltfazilität (GEF). Dies alles konnte, nicht nur wegen der geringen Mittelausstattung der GEF, jedoch nur als erster Schritt betrachtet werden, denn auf eine Festlegung verbindlicher Fristen war verzichtet worden. Vor diesem Hintergrund ist die Bedeutung des im Jahr 1997 verabschiedeten Kyoto-Protokolls zu sehen. Seine wesentlichste Aussage lautet, dass die Industrieländer ihre jährlichen Treibhausgas-Emissionen im Zeitraum von 2008 bis 2012 im Vergleich zum Stichjahr 1990 um 5,2 Prozent verringern. Je nach Ausgangssituation wurden für die verschiedenen Industrieländer unterschiedliche Reduktionsquoten bestimmt. Die Entwicklungsländer sind nicht zur Reduktion verpflichtet, doch sie müssen abhängig von ausreichender Finanzierung durch die Industrieländer alle drei Jahre – die Industrieländer dagegen jährlich – einen Nationalbericht (Treibhausgas-Inventar) vorlegen.

Um eine kostengünstige Verringerung der weltweiten Ausstöße zu ermöglichen, wurden drei „Flexible Mechanismen" beschlossen: der Handel mit Emissionsrechten zwischen Industriestaaten, *Joint Implementation* (das sind Projekte zur Emissionsminderung und zur Kohlenstoffbindung in einem anderen Industrieland, die erzielte Reduktion kann bei den eigenen Verpflichtungen angerechnet werden) und der für die Entwicklungsländer besonders relevante Mechanismus für umweltverträgliche Entwicklung oder *Clean Development Mechanism* (CDM). Hierunter fallen emissionsmindernde Projekte sowie Aufforstung und Wiederaufforstung, die ein Industrieland, auch Unternehmen, in einem Entwicklungsland finanziert, also z.B. den Einsatz und die Verbreitung von erneuerbaren Energien. Die erzielte und zertifizierte Reduktion kann das beteiligte Industrieland wiederum in der eigenen Treibhausgasbilanz anrechnen lassen. Die Kritiker von *Joint Implementation* und CDM argumentieren, letztlich laufe alles darauf hinaus, dass Regierungen oder Unternehmen, die ihre Emissionen verringern müssten, ihre Pflichten erfüllen können, indem sie Klimaschutzmaßnahmen in einem anderen Land durchführen, und sehen darin „moderne Formen des Ablasshandels" (Brunnengräber 2002: 200).

Die Einrichtung des CDM stellt von der Konstruktion her einen Kompromiss zwischen Industrie- und Entwicklungsländern dar. Die ersteren wollten bei den Verhandlungen um das Kyoto-Protokoll den Transfer finanzieller Mittel für den Umweltschutz möglichst auf eine Institution konzentrieren, nämlich die GEF, während die Entwicklungsländer durch Schaffung einer neuen Institution größeren Einfluss zu gewinnen suchten (Oberthür; Ott 2000: 221). Mittels des CDM sind die Entwicklungsländer auf freiwilliger Basis an der Treibhausgas-Reduktion beteiligt. Tatsächlich beinhaltet er für sie einige Vorteile, die Modernisierung der Energieversorgung und den Zugang zu neuen Technologien, eine effizientere, kostengünstigere Produktion, eine verbesserte Aus- und Fortbildung sowie neue Einkommensmöglichkeiten für die einheimische Bevölkerung. Die genauen Auswirkungen dieses innovativen Instruments, für das es keine Vorbilder gibt, werden allerdings als ungewiss beurteilt.

Die konkrete Ausgestaltung des CDM steht aus Sicht der Entwicklungsländer im Zentrum der Kyoto-Folgeverhandlungen, die von einer geradezu beispiellosen Komplexität gekennzeichnet sind. Auf der Bonner

Klimakonferenz im Juni 2001 fielen mehrere wichtige Entscheidungen. Eine grundsätzliche Weichenstellung ist, dass international der Unterschied zwischen den Pro-Kopf-Emissionen geringer werden sollte. Dies bedeutet, dass die Industrieländer ihre Anstrengungen in punkto Klimaschutz weiter intensivieren müssen. Drei neue, von GEF verwaltete Fonds werden für die Finanzierung von Klimaschutz- und Anpassungsmaßnahmen geschaffen. Das oberste Ziel des Klimaschutzes bleibt die Treibhausgas-Reduktion. Daneben steht die nötige Anpassung an die zu erwartenden Auswirkungen des Klimawandels. Bei jedem CDM-Projekt muss eine Umweltverträglichkeitsprüfung unter Beteiligung der Öffentlichkeit durchgeführt werden. Um das Verfahren zu beschleunigen, gelten für kleine Projekte vereinfachte Regeln, was den ärmsten Entwicklungsländern den Zugang erleichtert[114]. Überdies dürfen die Mittel für CDM-Projekte nicht aus dem bisherigen Etatumfang der Entwicklungszusammenarbeit stammen.

Das ganze Bündel von Aktivitäten, die auf Treibhausgas-Reduktion und Effizienzsteigerung bei der Energiegewinnung abzielen, bietet wie gesagt im Prinzip allen Seiten Nutzen, wenn man allein die Verringerung der Abhängigkeit der Entwicklungsländer von importierten Energieträgern bedenkt oder umgekehrt die Gewinnung neuer Absatzchancen für die Hersteller energieeffizienter Technologien, darunter gerade viele deutsche Unternehmen. Aus dem Energiesektor stammen rund die Hälfte aller Treibhausgas-Emissionen. Gleichzeitig sind in vielen Entwicklungs- und Schwellenländern große Potenziale vorhanden, um Energie und damit Kosten und Emissionen einzusparen. Neben der Effizienzsteigerung ist ein weiteres Aktionsfeld der Ersatz emissionsintensiver Brennstoffe durch weniger klimaschädliche oder sogar durch erneuerbare Energien (Solar/Photovoltaik, Wind, Wasser, Biomasse). Für die Nutzung und Verbreitung von erneuerbaren Energien stellt das Bundesentwicklungsministerium erhebliche Mittel für Projekte in Partnerländern bereit (BMZ 1999). Neben dezentralen Anlagen vor allem im ländlichen Raum wird zunehmend auch die Netzeinspeisung erneuerbarer Energien gefördert. Bereits 1992 wurde ferner bei der GTZ ein Konventionsvorhaben eingerichtet, das der Umsetzung der Klimarahmenkonvention und künftig des Kyoto-Protokolls dienen soll. Im Mittelpunkt steht dabei u.a. die Förderung des CDM in den Entwicklungsländern und die Integration von Klimaschutzmaßnahmen in laufende Projekte und Programme der Entwicklungszusammenarbeit.

---

[114] Obwohl das Kyoto-Protokoll noch nicht in Kraft getreten ist, liegen bereits erste Erfahrungen mit CDM-bezogenen Projekten in den Entwicklungsländern vor (Huq 2002).

Das alles führt aber nicht daran vorbei, dass die Industrieländer ihrer Bringschuld bei der Verringerung der Treibhausgas-Emissionen zu Hause nachkommen müssen. Damit das ausgehandelte Kyoto-Protokoll in Kraft treten kann, muss es von mindestens 55 Ländern ratifiziert sein, die für mehr als die Hälfte der weltweit ausgestoßenen Treibhausgase verantwortlich sind. Die in Bonn und Marrakesch (Juli und November 2001) ausgehandelten Vereinbarungen und Detailregelungen sollten es nun ermöglichen, dass das Protokoll ratifiziert werden kann. Das Ziel, das Kyoto-Protokoll rechtzeitig bis zum Weltgipfel in Kraft treten zu lassen, wurde jedoch verpasst. Trotz des Ausstiegs der Vereinigten Staaten und des Zögerns mehrerer anderer großer Staaten, darunter Russland, von dessen erwartetem Beitritt ein Durchbruch maßgeblich abhängt, konnten die meisten Hindernisse auf dem Weg zur Ratifizierung überwunden werden. Auf dem Johannesburg-Gipfel wurde der politische Gegensatz in dieser Frage nicht überbrückt. Laut Durchführungsplan (Punkt 36) „fordern die Staaten, die das Kyoto-Protokoll ratifiziert haben, diejenigen Staaten, die dies noch nicht getan haben, nachdrücklich auf, das Kyoto-Protokoll umgehend zu ratifizieren". Ein erfolgreicher Abschluss der Ratifizierung und ein Inkrafttreten könnten im Nachhinein die politische Bilanz von Johannesburg aufbessern. Selbst dann ist aus heutiger Sicht unklar, ob es dadurch zu einer realen Verringerung der Treibhausgas-Emissionen in den Industrieländern kommen würde.

Eine auch prestigeträchtige Rolle spielen die u.a. in den Nachhaltigkeitsstrategien der Industriestaaten angekündigten Zielmarkierungen bei der geplanten Verringerung der Treibhausgas-Reduktion, denn in diesem Punkt offenbart sich letztlich, inwieweit die Länder des Nordens zu ernsthaften Eigenanstrengungen in Sachen Nachhaltigkeit bereit sind. Von der Europäischen Union wird nach dem bisher mühsam erzielten Fortschritt schon wegen der amerikanischen Blockade von Fachleuten eine klare Führungsrolle in der Klimaschutzpolitik eingefordert (Ott; Oberthür 2001). Die Mitgliedstaaten der EU haben Ende Mai 2002 gemeinsam ihre Ratifikationsurkunden des Kyoto-Protokolls hinterlegt. In ihrer Nachhaltigkeitsstrategie bezeichnete die Europäische Kommission Kyoto aber nur als ersten Schritt. Die Union will darauf abzielen, die Treibhausgas-Emissionen bis zum Jahr 2020 jedes Jahr um durchschnittlich 1 Prozent (bezogen auf die Werte von 1990) zu reduzieren. Weiterhin werden konkrete Maßnahmen angekündigt, so die schrittweise Abschaffung der Subventionen für die Produktionen und den Verbrauch von fossilen Brennstoffen bis 2010 (Europäische Kommission 2001: 12).

Dagegen halten die Vereinigten Staaten an der Ablehnung des Kyoto-Protokolls fest und haben anstelle dessen im Februar 2002 einen nationalen Alternativvorschlag unterbreitet. Präsident Bush setzt darauf, dass mit freiwilligen Maßnahmen in den nächsten zehn Jahren die „Treibhausgas-Intensität" der Wirtschaft um 18 Prozent pro Dollar Wertschöpfung verringert werden kann. Unter Anwendung des Bush-Plans, rechnen Kritiker vor, würden die amerikanischen Treibhausgas-Emissionen bis 2020 auf 50 Prozent der in Kyoto vereinbarten Höchstwerte steigen[115]. Unterdessen hat im Juni 2002 erstmals ein offizieller Regierungsbericht, der *U.S. Climate Change Report*, die menschliche Verursachung der Klimaerwärmung anerkannt und Veränderungen der natürlichen Umwelt in Nordamerika vorhergesagt[116]. Dazu passt, dass die Vereinigten Staaten im Sommer 2002 von einer seit Jahrzehnten nicht gekannten Trockenheit in weiten Teilen des Landes geplagt wurden. Die Bush-Administration nahm den genannten Bericht lediglich zur Kenntnis und hat keine Änderung ihrer grundsätzlichen Opposition zu den international verfolgten Klimaschutzzielen erkennen lassen.

Das Klimaschutzziel der Bundesregierung

Bei der innenpolitischen Bewertung der nationalen Nachhaltigkeitsstrategie nahm in Deutschland die Frage nach den angekündigten Treibhausgas-Reduktionen ebenfalls breiten Raum ein. Deutschland ist durch das Kyoto-Protokoll verpflichtet, seine Emissionen der hierin genannten Treibhausgase bis zum Zeitraum 2008/2012 gegenüber dem Stichjahr (1990) um 21 Prozent zu verringern. Bis zum Jahr 2000 wurde bereits, begünstigt durch die mit der Wiedervereinigung verbundenen Schließungen bzw. Modernisierung ostdeutscher Industrien, eine Reduktion um 18,7 Prozent erzielt. Darüber hinaus will die Bundesregierung den Ausstoß des wichtigsten Treibhausgases CO_2 bis zum Jahr 2005 gegenüber 1990 um 25 Prozent senken. Weiterhin ist es das erklärte Ziel der Bundesregierung, den Anteil der erneuerbaren Energien am Primärenergieverbrauch bis 2010 auf 4,2 Prozent und am Stromverbrauch auf 12,5 Prozent zu steigern, was gegenüber dem Jahr 2000 ungefähr einer Verdoppelung entspricht. Dies gilt als wichtiger Beitrag zu dem Gesamtziel der Europäischen Union, den Anteil erneuerbarer Energien am Stromverbrauch von 14 Prozent (1997) auf 22 Prozent (2010) zu erhöhen: „Bis Mitte des Jahrhunderts sollen erneuerbare Energien rund die Hälfte des Energieverbrauchs decken." (Bundesregierung 2002: 40 f.) – das ist vermutlich das bedeutendste Fernziel

---

[115] „Bushs Alternative zum Kyoto-Protokoll". In: Neue Zürcher Zeitung, 15.2.2002
[116] Andrew C. Revkin: Climate Changing, U.S. Says in Report. In: The New York Times, 3.6.2002

in den *Perspektiven für Deutschland*, dessen Erreichung aber hinsichtlich des Instrumentariums (Ausbau und Subventionierung regenerativer Energien) und des dahinter stehenden politischen Willens von einer erfahrungsgemäß unsicheren Kontinuität über wechselnde Regierungen hinweg abhängt.

Es sei in dem Zusammenhang erwähnt, dass Nordrhein-Westfalen in Anlehnung an das Klimaschutzprogramm der Bundesregierung und als Teil des Landesagenda-21-Prozesses das „Klimaschutzkonzept NRW" erarbeitet hat. Es beinhaltet konkrete Qualitäts- und Handlungsziele sowie quantitative Vorgaben und Maßnahmenbündel für alle Handlungsebenen. Auf diese Weise sollen die Ziele der Bundesregierung unterstützt werden, insbesondere die Senkung der CO_2-Emissionen bis 2005 um 25 Prozent. Für die im nationalen Klimaschutzprogramm genannten und quantifizierten Maßnahmen wurden dabei die jeweils auf Nordrhein-Westfalen entfallenden Anteile zugrunde gelegt (MWMEV 2001).

Das von der Bundesregierung proklamierte Ziel bei der Treibhausgas-Reduktion stieß allerdings bei Umweltexperten der Koalition auf Kritik. Vor allem bei den Grünen wurde ein stärkeres Bekenntnis zum Klimaschutz vermisst. Sie hatten verlangt, dass sich Deutschland – notfalls als Vorreiter innerhalb der Europäischen Union – für die langfristige Verringerung der Treibhausgase bis 2020 um 40 Prozent im Vergleich zu 1990 aussprechen solle[117]. Ein langfristiges Klimaschutzziel ist in der nationalen Nachhaltigkeitsstrategie nicht enthalten, obwohl der Sachverständigenrat für Umweltfragen und der Nachhaltigkeitsrat eine solche Senkung des CO_2-Ausstoßes um 40 Prozent bis 2020 vorgeschlagen hatten. Die Enquete-Kommission des Bundestages zum Thema „Nachhaltige Energieversorgung" nannte in dem Mehrheitsvotum ihres soeben veröffentlichten Abschlussberichts darüber hinaus als anzustrebende Fernziele eine Minderung der Treibhausgas-Emissionen um 50 Prozent bis 2030 und 80 Prozent bis 2050 (Deutscher Bundestag 2002b: 96). Demgegenüber hat die Bundesregierung die Beibehaltung ihres weniger ehrgeizigen Ziels, das sie von der Vorgängerregierung übernommen hatte, damit begründet, dass die deutsche Vorreiterrolle im Klimaschutz nicht zu einer einsamen „Stellvertreterrolle" geraten dürfe (Trittin 2002: 223).

Eine groß angelegte Studie des Umweltbundesamtes *Nachhaltige Entwicklung in Deutschland*, in dem verschiedene Szenarien zum Zustand der Umwelt im Jahr 2030 ausgemalt werden, wird unterdessen der anhaltend hohe Energieverbrauch in Deutschland konstatiert, der zu über-

---

[117] „Rot-grüne Kritik am Klimaschutz-Ziel der Regierung", in: Berliner Zeitung vom 18.4.2002.

höhten CO_2-Emissionen führe. Sollte der Energieverbrauch bis zum Jahr 2020 auf dem gleichen Niveau wie 1998 verharren, könnten die langfristigen Reduktionsziele nicht erreicht werden. Als ein Beispiel wird der Verkehr zitiert: Sollten sich in diesem Bereich keine grundlegenden Änderungen ergeben, würden die CO_2-Emissionen im Jahre 2030 deutlich über dem heutigen Stand liegen, warnt die Studie. Die Autoren treten letztlich für eine Fortentwicklung der Ökosteuer ein, die wirksam zur Verminderung des Energieverbrauchs beitrage (Umweltbundesamt 2002). Diese Position ist politisch bekanntlich hart umkämpft. Dieser ganze Ausschnitt zum Thema „Eine-Welt-Politik in Deutschland" deutet jedenfalls darauf hin, welche Auseinandersetzungen an dem letztlich entscheidenden Punkt zu erwarten sind, wenn es beim Thema Nachhaltigkeit nicht mehr allein um die jedermann willkommene Effizienz geht, sondern auch um Suffizienz – um die längerfristig unvermeidliche Einschränkung der ressourcenintensiven Lebensweise der industrialisierten Welt[118].

12. Kapitel
Partnerschaft mit der Wirtschaft

Ein auffälliger Unterschied im Vergleich zu Rio ist die heute aufgewertete Rolle der Privatwirtschaft für die nachhaltige Entwicklung. Es stimmt natürlich, dass die Agenda 21 an vielen Stellen von der aktiven Mitwirkung der *Major Groups* spricht, zu denen die Privatwirtschaft zählt. In dem der Stärkung der Rolle der Privatwirtschaft gewidmeten Kapitel 30 werden die Förderung einer umweltverträglicheren Produktion und die Förderung einer verantwortungsbewussten Unternehmerschaft, was konkret auf die Bewirtschaftung und Nutzung der natürlichen Ressourcen bezogen wird, als wichtigste Ziele genannt. Im vergangenen Zeitraum hat sich unterdessen ein spürbarer Wandel in der Einschätzung der Rolle des privaten Sektors ergeben, der darauf abzielt, das privatwirtschaftliche Interesse gezielt für die Erfüllung von traditionell staatlichen Aufgaben zu nutzen. Dies wirkt sich auch auf die Entwicklungszusammenarbeit aus, die sich derzeit in einem Reformprozess befindet. Vor diesem Hintergrund lancierte hierzulande die Bundesregierung ihre Initiative einer „Entwicklungspartnerschaft mit der Wirtschaft", bekannt unter der englischen

---

[118] Vgl. zu dieser Schlüsselfrage der Nachhaltigkeitsdebatte die Betrachtungen des Umweltbundesamt-Mitarbeiters Stefan Summerer (2002).

Bezeichnung *Public Private Partnership* (PPP)[119]. Hauptziel des neuen Ansatzes ist nicht die Exportförderung; den Unternehmen wird vielmehr die Vision nahegelegt, dass sie gemeinsam mit dem Staat „an einer sozial gerechten und ökologisch nachhaltigen Zukunft arbeiten" (Wieczorek-Zeul 2000b: 37).

Public Private Partnership (PPP)

Konkret gemeint ist mit der Idee der Entwicklungspartnerschaften die Kooperation zwischen staatlichen Entwicklungshilfe-Institutionen und (überwiegend deutschen) privaten Unternehmen bei der Verfolgung entwicklungspolitischer Ziele in den Partnerländern. Nachdem es schon länger Tendenzen zur stärkeren Zusammenarbeit mit dem Privatsektor gab, existiert seit 1999 im Entwicklungshaushalt die besondere „PPP-Fazilität" (Förderung entwicklungswichtiger Beiträge der deutschen Wirtschaft und ihrer Einrichtungen) für solche PPP-Maßnahmen, die wegen der Kurzfristigkeit, Kleinteiligkeit oder des überregionalen Charakters nicht auf Grundlage der regulären Verfahren möglich sind. Die mitwirkenden Durchführungsorganisationen wie die GTZ oder die Deutsche Investitions- und Entwicklungsgesellschaft (DEG) leisten bei der Konzeption der Projekte Unterstützung z.B. bei der Schulung von Fach- und Führungskräften, modellhaften Lösungen im (industriellen) Umweltschutz, der Privatisierung vormals staatlicher Industrie- oder Dienstleistungseinrichtungen oder der Finanzierung von einzelnen Projektbestandteilen, die besonders zur Entwicklung des Partnerlandes beitragen (BMZ 2002a: 132 f.). Nicht wenige der PPP-Projekte sind Infrastrukturprojekte, die etwa die Stromversorgung, Verkehrswege, die Telekommunikation, die Wasserversorgung usw. betreffen.

Neben dem Bekenntnis zur Marktwirtschaft, das in der Idee der Entwicklungspartnerschaften zum Ausdruck kommt, stellt auch die allgemeine Knappheit der öffentlichen Mittel bzw. die beschränkte Ausstattung des Entwicklungsetats ein legitimes Argument für den PPP-Ansatz dar. Vor dem Hintergrund des alten Streits „Entwicklungspolitik versus Außenwirtschaftsförderung" erregt dieses Konzept, das sich aus der Modernisierungsdebatte in der öffentlichen Verwaltung (*„New Public Management"*) herleitet, einige Aufmerksamkeit. Das Entwicklungsministerium legt den PPP-Projekten fünf Kriterien zugrunde: Kompatibilität (Vereinbarkeit mit entwicklungspolitischen Zielvorgaben); Komplementarität des öffentlichen und privaten Beitrags im Hinblick auf Kostenfakto-

---

[119] Der PPP-Ansatz ist nicht allein auf die Entwicklungszusammenarbeit beschränkt, sondern öffentlich-private Partnerschaften werden auch im Inland angestrebt, z.B. im Umwelt- oder Verkehrsbereich.

ren und Effizienz; Subsidiarität (würde das Unternehmen die Maßnahme auch ohne Förderung durchführen?); Wettbewerbsneutralität und der Eigenbeitrag des deutschen Unternehmens (Engels 2000). In der im Jahr 2002 begonnenen zweiten Phase können sich neben deutschen auch europäische Unternehmen und Verbände sowie deren Beteiligungsgesellschaften in Entwicklungsländern an den PPP-Vorhaben beteiligen. Darüber hinausgehend gibt es Vorschläge, das Konzept weiter auszubauen, um auch Kooperationen mit den Regierungen, der Privatwirtschaft und Nichtregierungsorganisationen in den Entwicklungsländern einzuschließen (Deutsche Welthungerhilfe; terre des hommes Deutschland 2001: 65 f.).

Für einen langfristigen Erfolg wird von Fachleuten die Einbindung des PPP-Ansatzes in eine konsistente entwicklungspolitische Strategie als notwendig erachtet. Deshalb wird u.a. kritisiert, dass in der ersten Phase in der Wahrnehmung des Ansatzes die kleinteiligen Projekte dominiert haben, die aus der PPP-Fazilität gefördert werden[120]. Die Gefahr einer Subventionsmentalität bei den Unternehmen sei real, umgekehrt müsse die deutsche Entwicklungszusammenarbeit ein attraktiverer Partner für die Privatwirtschaft werden, „ohne ihr entwicklungspolitisches Zielsystem aufzugeben" (Wegener 2000: 103). So lässt bereits das kurz umrissene deutsche Beispiel bei aller Vorläufigkeit Hoffnungen, Vorteile und Schwierigkeiten erahnen, die mit einem Zusammengehen der Entwicklungszusammenarbeit und der Privatwirtschaft verbunden sind. Der Ansatz wird naturgemäß vor allem von Fachleuten kritisiert, die die Idee einer Privatisierung öffentlicher Aufgaben selbst in Frage stellen. Dies gilt beispielhaft für den Bereich einer Privatisierung der Wasserversorgung und deren Übernahme durch transnationale Konzerne. Letztlich, so die Kritik, sei die Möglichkeit massiver Verteuerungen gegeben; die Versorgungskonzerne würden in ihrem profitorientierten Verhalten – das Wasser werde von ihnen folgerichtig in die wohlhabenden Stadtviertel geleitet – durch staatliche Subventionen aus den knappen Entwicklungsetats gestützt (Hoering 2001)[121].

Übergeordnete Absicht der PPP-Aktivitäten ist es, durch praktische Beispiele einen unternehmerischen Bewusstseinswandel zu fördern. Der Komplex der damit zusammenhängen Fragen hat seit längerem bei Unternehmen und in der entwicklungspolitischen Debatte an Bedeutung

---

[120] Unter diesem Titel wurden in den ersten beiden Jahren (d.h. 1999 und 2000) 273 Maßnahmen mit einem Gesamtvolumen von rund 92 Millionen Euro durchgeführt. Ungefähr die Hälfte dieses Betrags brachten die Unternehmen auf (BMZ 2002a: 133).
[121] Zur aktuellen Diskussion der Privatisierung und Liberalisierung der Wasserversorgung in Entwicklungs- und Schwellenländern vgl. zuletzt Deutscher Bundestag (2002a: 369 ff.).

gewonnen. Viele Unternehmen haben sich in freiwilligen Verhaltenskodizes verpflichtet, bestimmte Sozialstandards zu akzeptieren. Das Entwicklungsministerium hat im Hinblick auf die verstärkte Integration von Umwelt- und Sozialstandards einen „Runden Tisch" einberufen, an welchem sich Unternehmen, Gewerkschaften und Nichtregierungsorganisationen mit Verhaltenskodizes beschäftigen (BMZ 2002b: 90). Deutschland unterstützt entsprechende Aktivitäten ferner durch ein Programm zur Förderung sozialer und ökologischer Standards in den Entwicklungsländern. Zu den geförderten Projekten im Bereich des fairen Handels zählen z.B. die Initiative gegen illegale Kinderarbeit, das *Rugmark Label* für Teppiche oder das *Flower-Label*-Programm[122]. Die Wirtschaft wehrt sich allerdings gegen jede Überlegung, die Umsetzung von Verhaltenskodizes verpflichtend zu machen. In einer Welt mit völlig verschiedenen kulturellen, wirtschaftlichen und rechtlichen Voraussetzungen in den einzelnen Regionen, lautet das Argument, machten starre Verhaltensregeln keinen Sinn. Die Industrie pocht auf den Vorrang freiwilliger Leitsätze, die den Unternehmen Raum für die nötige Flexibilität in der unternehmerischen Praxis ließen (BDI 2002: 17).

Weltweit liegen inzwischen verschiedene Ansätze zu einer verantwortungsvolleren Rolle von Unternehmen in der Gesellschaft vor, die unter Begriffen wie c*orporate citizenship* oder c*orporate responsibility* diskutiert werden. Dabei bezieht sich *corporate responsibility* auf die Unternehmensführung, etwa die Absage an Kinderarbeit im eigenen Betrieb, während unter *corporate citizenship* politische Unterstützungsaktivitäten fallen, so z.B. auf lokaler Ebene eine Initiative zur Verbesserung der Umweltgesetze (Chahoud 2001). Die Unternehmen übernehmen entsprechende Verantwortung beim internationalen Engagement u.a. in der Umsetzung der rechtlich nicht verbindlichen OECD-Leitsätze für multinationale Unternehmen. Mit den erstmals 1976 angenommenen, seither wiederholt neugefassten OECD-Leitsätzen soll sichergestellt werden, dass multinationale Unternehmen die Arbeits- und Menschenrechte der Beschäftigten ebenso wie die lokalen Gegebenheiten und die Umwelt achten und zur Wirtschaftsentwicklung des betreffenden Landes beitragen (OECD 2000). Mit europäischen Direktinvestitionen, hofft man, sollen die in der Regel gehobenen Umwelt- und Sozialstandards in die Märkte der Entwicklungsländer wandern, wo meist weit schwächere gesetzliche Regelungen gelten.

Es ist andererseits bezeichnend, und hier tut sich ein Konfliktfeld auf, dass von Wirtschaftsseite zumeist jeder Versuch abgelehnt wird, mit

---

[122] Solche Förderprogramme gibt es auch auf Landesebene, siehe z.B. die Fair-Handels-Kampagne der Landesregierung Nordrhein-Westfalen: <www.wirhandelnfair-nrw.de>

handelspolitischen Instrumenten weltweit verbesserte Umwelt- und Sozialstandards durchzusetzen. So wendet sich die deutsche Industrie in ihrer Stellungnahme zum Entwurf der nationalen Nachhaltigkeitsstrategie entschieden gegen die von der Bundesregierung erhobene Forderung, Umweltaspekte in der WTO stärker zu berücksichtigen. Zu groß sei die Gefahr, dass Umwelt- und Sozialstandards für protektionistische Zwecke missbraucht würden (BDI 2002: 16). Erinnert sei überdies an das umstrittene Multilaterale Investitionsabkommen (MAI) der OECD-Staaten, dessen Verhandlungen im Jahr 1998 nach massiver internationaler Kritik von Nichtregierungsorganisationen abgebrochen wurden. Es sollte u.a. vorsehen, dass ausländische Investoren die Rücknahme von Umwelt-, Arbeitsschutz- und Subventionsgesetzen (zur Förderung lokaler Investoren) hätten einfordern können, sofern diese festgelegten Standards widersprächen. Bei Gesetzesänderungen, Streiks usw., die ausländischen Unternehmen Verluste verursachen, hätten sie darüber hinaus die jeweilige Regierung auf Schadensersatz verklagen können. Bei aller Kritik zeigt sich allerdings bei näherer Prüfung, dass ein Großteil der MAI-Prinzipien in den meisten bilateralen Investitionsförderungs- und Investitionsschutzverträgen zur Standardpraxis zählt (Chahoud 1999).

Der „Global Compact"

Die Grundsätze verantwortungsvoller Unternehmensführung und die Idee der Partnerschaft mit der Wirtschaft sind gerade auch auf deutsche Initiative hin auf die Ebene der Vereinten Nationen mit dem sogenannten *Global Compact* (Globaler Pakt) übertragen worden. Dieses Unterfangen ist eng mit dem Namen des UN-Generalsekretärs Kofi Annan verknüpft, der sich nach Amtsantritt (1997) rasch den Ruf eines wirtschaftsfreundlichen Generalsekretärs erwarb (Paul 2001: 113 ff.). So geht der *Global Compact* auf die im Januar 1999 auf dem Weltwirtschaftsforum in Davos gehaltene Rede zurück, in der Kofi Annan die Wirtschaftsführer dazu aufrief, durch verantwortungsvolle Unternehmensführung wie auch durch die politische Unterstützung internationaler Prinzipien im Bereich der Menschenrechte, der grundlegenden Arbeits- und Sozialnormen und des Umweltschutzes auf eine nachhaltige Entwicklung hinzuwirken. Im Juni 2000 wurde ein innovatives Dialog- und Lernforum zwischen den Vereinten Nationen, der Privatwirtschaft und der Zivilgesellschaft errichtet, das ganz auf dem Grundsatz der Freiwilligkeit basiert. Die Unternehmen, die sich beteiligen wollen, erklären schriftlich, dass sie sich zum *Global Compact* bekennen und verpflichten, dessen Grundsätze innerhalb des Unternehmens und nach außen zu vertreten und kundzutun. Einmal im Jahr berichten die Mitgliedsfirmen über ein Fortschrittsbeispiel oder Erfahrungen bei der Umsetzung der Prinzipien an den UN-General-

sekretär; diese Schreiben werden auf der *Global-Compact*-Website eingestellt[123].
Die Offenlegung der Gute-Praxis-Beispiele im Internet kann als Anregung und selbstverständlich auch als kostenlose Imagewerbung der Firmen gesehen werden. Zur ganzen Konstruktion gehören themenbezogene Politikdialoge, an denen sich Gewerkschaften, Nichtregierungsorganisationen und wissenschaftliche Institutionen beteiligen. Angestrebt werden ferner auch direkte Kooperationen und konkrete Partnerschaftsprojekte unter Mitwirkung und Beratung der Vereinten Nationen (z.B. UNDP und UNEP). Dabei erfolgt teilweise eine Mitnutzung der Logos der UN bzw. der Sonderorganisationen durch die Firmen. Hintergrund der gesamten Initiative war die Überlegung des Generalsekretärs, er könne durch sein aktives Zugehen auf die Privatwirtschaft die Rolle der Vereinten Nationen, insbesondere auch in finanzieller Hinsicht, stärken – also mit Hilfe der Wirtschaft sich aus der akuten Finanzkrise der Vereinten Nationen befreien (Bennis 2001). Den Unternehmen wiederum hielt er den gegenseitigen Vorteil vor Augen. Sie könnten sich durch ihr Engagement für den *Global Compact* den Herausforderungen der Gegenwart stellen und zugleich versuchen, einer weltweiten Protestbewegung der Globalisierungsgegner sowie einer eventuellen Rückwendung der Regierungen zum Protektionismus zuvorzukommen (Paine 2000: 10 ff.).

Nach der im Oktober 2001 abgeschlossenen Pilotphase war Gelegenheit zu einer ersten Zwischenbilanz der Erfahrungen mit dem *Global Compact*[124]. Als positiv ist zu werten, dass die Spitze der Vereinten Nationen wie auch die beteiligten Unternehmen – mehrere hundert Firmen, darunter die 40 größten Konzerne der Welt, sind inzwischen beigetreten – ein prestigeträchtiges Engagement eingegangen sind, dessen Misserfolg einen Ansehensverlust für beide Seiten nach sich ziehen würde. Dies erzeugt einen gesunden Erfolgsdruck, zumal auch die Regierungen sich für die Partnerschaft mit der Wirtschaft einsetzen. Unverkennbar findet mit dem *Global Compact* die Rolle global agierender Konzerne als machtvolle Akteure auf der internationalen Bühne Anerkennung. Im Dezember 2001 hat die UN-Generalversammlung in einer Resolution „Auf dem Weg zu neuen Partnerschaften", die auf Initiative Deutschlands

---

[123] Ursprünglich war dies nicht verpflichtend. Bis März 2002 hatten nur rund 10 Prozent der Unternehmen Berichte eingereicht (Hamm 2002a: 31) Die Regel ist zusammen mit der Schaffung eines Beirates Teil einer inzwischen vollzogenen ersten Reform des *Global Compact*.
[124] Im Juli 2002 wurde der erste Fortschrittsbericht vom *Global Compact Office* veröffentlicht, der Erfahrungen zu den Themen Lernforum, Politikdialog, Partnerschaftsprojekte und nationale Aktivitäten zusammenfasst: <www.unglobalcompact.org>

Die neun Leitsätze des *Global Compact*

Menschenrechte

1. Die Wirtschaft soll den Schutz der international verkündeten Menschenrechte unterstützen und achten und
2. sicherstellen, dass sie sich nicht an Menschenrechtsverletzungen beteiligt.

Arbeitsbeziehungen

3. Die Wirtschaft soll die Vereinigungsfreiheit und die wirksame Anerkennung des Rechts auf Tarifverhandlungen wahren sowie ferner für
4. die Beseitigung aller Formen der Zwangs- oder Pflichtarbeit
5. die tatsächliche Abschaffung der Kinderarbeit und
6. die Beseitigung von Diskriminierung in Beschäftigung und Beruf eintreten.

Umwelt

7. Die Wirtschaft soll umsichtig mit ökologischen Herausforderungen umgehen,
8. Initiativen zur Förderung eines verantwortlichen Umgangs mit der Umwelt durchführen und
9. sich für die Entwicklung und Verbreitung umweltfreundlicher Technologien einsetzen.

Quelle : Hamm (2002a: 18); www.unglobalcompact.org

Redaktionelle Anmerkung:

Die Mitgliedschaft und Mitarbeit der Unternehmen im *Global Compact* wird als freiwillig verstanden und hat keine Bindungswirkung. Die neun aufgeführten Prinzipien basieren auf den wichtigsten internationalen Vereinbarungen in den Bereichen Menschenrechte, Arbeits- und Sozialstandards (ILO-Deklaration von 1998) sowie der Rio-Deklaration von 1992.

und der gesamten Europäischen Union eingebracht wurde, die Annäherung der Vereinten Nationen bzw. das Zugehen auf Privatwirtschaft und Zivilgesellschaft begrüßt und das Prinzip der gesellschaftlichen Unternehmensverantwortung (*good corporate citizenship*) bekräftigt. In dem Kontext werden verschiedene Multi-Stakeholder-Initiativen genannt, an erster Stelle die *Global-Compact*-Initiative des Generalsekretärs (Fitschen 2002)[125].

Gewarnt wird zum anderen vor überhöhten Erwartungen an den *Global Compact*. Seine pragmatische Unverbindlichkeit und die mangelnde Konkretisierung der doch recht allgemein gehaltenen Prinzipien legen nahe, dass das neue Instrument als Ergänzung, aber nicht als Ersatz für unternehmerische Verhaltenskodizes wie z.B. die erwähnten OECD-Leitsätze aufgefasst werden kann. Aufsehen erregte der Fall des Konzerns *Nike*; kurz nach dessen Beitritt zum *Global Compact* wurde im Oktober 2000 vom britischen Fernsehen enthüllt, dass in Kambodscha minderjährige Kinder für viele Stunden in Textilfabriken arbeiten mussten, die für *Nike* produzieren. Auch wenn unklar blieb, ob die Konzernführung davon wusste, war dieser Vorfall Anlass für gewisse Zweifel an der Ernsthaftigkeit des neuen Ansatzes. Das *Global-Compact*-Büro berichtet, dass es den Unternehmen generell nicht leicht falle, in den eingereichten Berichten die Priorität der Verantwortung für *corporate citizenship* gegenüber ihrer Profitorientierung überzeugend darzulegen (Hamm 2002a: 21). Wie ein Bericht des UN-Umweltprogramms belegt, begreift sich die Industrie seit Rio zwar vermehrt als „Partner für nachhaltige Entwicklung"; trotzdem konnte der fortschreitende Trend der Naturzerstörung in der Praxis vielfach nur durch staatliche Eingriffe und Regulierungsmaßnahmen verlangsamt werden (UNEP 2002b).

Es kann nicht überraschen, dass Nichtregierungsorganisationen und Gewerkschaften dem *Global Compact* skeptisch gegenüberstehen. Von Seiten der Nichtregierungsorganisationen schlägt dem Modell vielfach Grundsatzkritik entgegen. Der Pakt leite – so heißt es dann – den Ausverkauf und die Privatisierung der Vereinten Nationen ein. Die Beteiligung biete den Unternehmen Gelegenheit zu „blue-washing" – die Überdeckung vorhandener Missstände durch Verwendung des blauen UN-Logos –, das zu dem hinlänglich bekannten „green-washing" hinzutrete. Im Januar 2002 wandten sich Vertreter mehrerer Nichtregierungsorganisationen und wissenschaftlicher Einrichtungen, die sich zu einer „Allianz für eine von der Privatwirtschaft freie UN" (*Alliance for a Corporate-Free UN*) verbunden hatten, in einem offenen Schreiben

---

[125] UN-Resolution A/56/76, 11.12.2001.

an den Generalsekretär der Vereinten Nationen. Darin bekundeten sie zwar Unterstützung für einen Dialog über ein verantwortliches Unternehmensverhalten, aber bekräftigten ihre Warnung davor, dass es Unternehmen nicht ermöglicht werden dürfe, den Namen der Vereinten Nationen für eigene Zwecke zu gebrauchen, ohne effektive Änderungen in der Unternehmensführung vorzunehmen. Vorgeschlagen wurde eine Reform des *Global Compact* und die Evaluierung der Zusammenarbeit der Vereinten Nationen mit der Privatwirtschaft. Die Ergebnisse wiederum sollten im Hinblick auf den Johannesburg-Gipfel in den Entwurf für eine Konvention zur Unternehmensverantwortung (*corporate accountability*) einfließen (CorpWatch; Tides Center 2002)[126].

Im Verlauf des Vorbereitungsprozesses für den Johannesburg-Weltgipfel wurde dann das Thema Unternehmensverantwortung intensiv diskutiert, ausgehend von den Stakeholder-Dialogen und dem Drängen der Vertreter mehrerer Nichtregierungsorganisationen, angeführt in diesem Fall von *Friends of the Earth*. Mit dem Herannahen des Gipfels und je mehr sich die Regierungen in das Geschehen einschalteten, desto ferner rückte das Ziel der Nichtregierungsorganisationen, eine prinzipielle Zustimmung der Regierungen zu einer entsprechenden neuen Rahmenkonvention über Unternehmensverantwortung zu erreichen und in den Verhandlungstexten unterzubringen. Der Begriff und das Prinzip der Unternehmensverantwortung findet sich nichtsdestoweniger an mehreren Stellen des Durchführungsplanes; und in der politischen Abschlusserklärung von Johannesburg wird in Punkt 29 einmütig festgestellt, dass die Unternehmen der Privatwirtschaft ihre Rechenschaftspflicht erfüllen müssten und dies „innerhalb eines transparenten und stabilen ordnungspolitischen Rahmens" geschehen solle[127]. Dies war am Ende ein erstaunliches Ergebnis, nachdem die Inaussichtstellung eines globalen Regelwerkes – ein Ziel, das sich auf den ersten *Prep-Com*-Konferenzen an verschiedenen Stellen in den Entwurfsdokumenten abzuzeichnen schien – bis zur letzten Vorbereitungskonferenz auf Bali (Juni 2002) unverbindlicheren Formulierungen gewichen war, die den Grundsatz der Freiwilligkeit der Privatunternehmen bei der Übernahme größerer Verantwortung für die nachhaltige Entwicklung betonten[128].

Die Aufwertung der Rolle der Privatwirtschaft für die Zukunft der nachhaltigen Entwicklung manifestiert sich indes nirgends deutlicher als in

---
[126] *Corporate accountability* meint eine rechenschaftspflichtige Verantwortlichkeit im Gegensatz zu freiwillig ausgeübter Unternehmensverantwortung (*corporate responsibility*).
[127] Die WSSD-Schlussdeklaration ist im Anhang abgedruckt (Dokument 4).
[128] Vgl. dazu die Textdokumentation der einzelnen Verhandlungsstufen bei Phillips (2002).

dem Gewicht, das die sogenannten „Typ 2"-Partnerschaften für den Erfolg von Johannesburg erlangt haben[129]. Das hängt nicht nur damit zusammen, dass früh abzusehen war, dass die „Typ 1"-Dokumente, der Implementierungsplan und die Politische Deklaration, zu unverbindlich ausfallen würden, um als aktionsorientierter Neuanstoß für das von der Agenda 21 beschriebene Programm der nachhaltigen Entwicklung wahrgenommen zu werden. Vielmehr entspricht „Typ 2" ganz dem vorherrschenden Geist einer innovativen Partnerschaft zwischen Regierungen, Privatwirtschaft und Zivilgesellschaft, der den Gedanken einer durch unterschiedlich akzentuierte Interessen – „Umwelt und Entwicklung" – geleiteten Zusammenarbeit von Nord und Süd ergänzt. Es ist von daher symptomatisch, dass der in Johannesburg gesuchte Konsens zehn Jahre nach der Agenda 21 unter der an das Wirtschaftsleben gemahnenden Bezeichnung *Global Deal* angestrebt wurde.

Das offizielle Logo des Weltgipfels zitiert das Logo des Rio-Gipfels von 1992

---

[129] Zu den den „Typ 2"-Partnerschaften zugrunde gelegten Kriterien siehe das 9. Kapitel

Schluss

Johannesburg – Erfolg oder Rückschritt?

Zu dem von manchen Kritikern während der Gipfelvorbereitung befürchteten großen Fehlschlag ist es nicht gekommen. Das Resultat der diplomatischen Großveranstaltung mit ihren rund 22.000 Teilnehmern[130] trägt vielmehr den zwiespältigen Kompromisscharakter, der auch andere große UN-Konferenzen des vergangenen Jahrzehnts geprägt hat. Es überrascht nicht, dass die Reaktionen auf Rio+10 ein uneinheitliches Bild von Erfolg oder Scheitern vermitteln. Bei den Nichtregierungsorganisationen überwiegt die Enttäuschung – etwas abgemildert von dem Gefühl, wenigstens das Schlimmste, nämlich einen Rückfall hinter die vor einem Jahrzehnt in Rio festgeschriebenen Zielsetzungen, mit verhindert zu haben. Seitens vieler Regierungen dagegen war Erleichterung darüber zu verspüren, dass der Nachhaltigkeitsgipfel trotz allem Streit mit einem Konsens geendet hat. Hatte es nicht zeitweilig so ausgesehen, als ob eine Verständigung der Regierungsdelegationen auf die angekündigten Ergebnisdokumente, vor allem die Politische Deklaration sowie den Aktions- oder Durchführungsplan, gefährdet sein könnte? Pessimistische Einschätzungen und Sorgen dieses Ausmaßes haben sich jedoch nicht bestätigt; der konstruktive Drang, sich zu einigen, hat am Ende die Oberhand behalten.

Auf den Verlauf des Weltgipfels ist hier nicht einzugehen. Man sollte sich aber über den komplexen Charakter der Konferenz mit Multi-Stakeholder-Dialogen, Runden Tischen, Partnerschaftsdialogen usw. grundsätzlich im klaren sein, um besser zu verstehen, warum das dichtgedrängte Geschehen im *Sandton Convention Center* den Staatenvertretern nur begrenzten Spielraum für das Aushandeln von Kompromissen einräumte[131]. Was in der langen Vorbereitungsphase unter den Diplomaten nicht konsensfähig gewesen war, konnte in wenigen Tagen auf Ministerebene und auch mit Unterstützung der

---

[130] Die Vereinten Nationen nannten eine Gesamtteilnehmerzahl von rund 22.000 Menschen, unter ihnen mehr als 10.000 Delegierte, 8.000 Vertreter aus den Bereichen NGOs und Zivilgesellschaft sowie 4.000 Journalisten. Vgl. „The Johannesburg Summit Test: What Will Change?" <www.johannesburgsummit.org/html/whats_new/feature_story41.html>
[131] Zum Gesamtverlauf siehe den „Report of the World Summit on Sustainable Development. Johannesburg, South Africa, 26 August - 4 September (A/CONF.199/20), der auch die wichtigsten Beschlüsse von Johannesburg, namentlich den *Plan of Implementation*, umfasst. Das im Anhang (Dokument 2) abgedruckte UN-Planungsdokument vom 18.6.2002 zur Arbeitsorganisation des Weltgipfels schafft einen guten Überblick, während nähere Einzelheiten der Regularien in nachfolgenden Texten festgelegt wurden.

insgesamt rund hundert anwesenden Staats- und Regierungschefs nur partiell wettgemacht werden. Das multilaterale Verhandlungssystem ist, so ein verbreiteter Eindruck, bei einer so umfangreichen wie vielfältigen Materie offenkundig an Grenzen gestoßen. Nichtsdestoweniger sind nach der schleppend verlaufenen Vorbereitungsphase beim UN-Weltgipfel in Johannesburg auf einigen Gebieten durchaus beachtliche Verhandlungsfortschritte erzielt worden. Zur Erinnerung: Nach dem letzten Vortreffen auf Bali (Juni 2002) war noch rund ein Viertel der Paragrafen des *Draft Plan of Implementation* ganz oder teilweise eingeklammert gewesen. Einen allgemeinen Eindruck von den zum Schluss hin erfolgten thematischen Akzentuierungen ermöglicht eine vergleichende Lektüre des vom Vorsitzenden des Vorbereitungskomitees, Emil Salim, verfassten Entwurfs der Politischen Deklaration und der endgültig verabschiedeten Erklärung von Johannesburg[132].

Ergebnisse des Weltgipfels

Welche politischen Bestandteile haben für die Nachhaltigkeitspolitik und den Fortgang des Rio-Johannesburg-Prozesses die größte Bedeutung? Zunächst ist zu betonen, dass jeder Versuch eines vorläufigen Resümees eine weiter gefasste Perspektive einnehmen muss. Besteht doch eine der Erfahrungen des Rio-Gipfels von 1992 in der Erkenntnis, dass sich erst langfristig die wahren Konsequenzen eines solchen Ereignisses erweisen. Stets neu ist zu fragen, was in der Wirklichkeit aus den schönen in den Abschlussdokumenten formulierten, in unterschiedlichem Maße konkretisierten politischen Absichtsbekundungen praktisch gefolgt ist. Erst im Zuge der Umsetzung in den einzelnen Sachbereichen wird sich ein fundiertes Urteil über Johannesburg fällen lassen (Hauff 2002). Kurz nach Abschluss der Weltgipfels geht es zunächst darum, die wichtigsten Verhandlungsresultate zu umreißen und zu fragen, welche inhaltlichen Anknüpfungspunkte für die entwicklungspolitische Diskussion sichtbar geworden sind.

Die Ergebnisse des Weltgipfels sind in mehreren – völkerrechtlich nicht verbindlichen – Dokumenten niedergelegt: in der erwähnten Politischen Erklärung sowie dem „Durchführungsplan" für die weitere Umsetzung der Agenda 21. Der Durchführungsplan ist die endgültige Fassung des während der Vorbereitungskonferenzen häufig auch als „Aktionsplan"

---

[132] Der Entwurf, die „Vorschläge zur Politischen Deklaration des Weltgipfels für nachhaltige Entwicklung" (Dokument 3), und die endgültige „Erklärung von Johannesburg über nachhaltige Entwicklung" (Dokument 4) sind in Übersetzung im Anhang abgedruckt.

bezeichneten Dokuments[133]. Ferner sind die von den Vereinten Nationen zusammengefassten regionalen Partnerschaftsinitiativen des „Typ 2" zu nennen, auf deren Ziele sich Koalitionen der unterschiedlichsten Akteure, aber eben nicht alle Regierungen gemeinsam verpflichtet haben[134]. Johannesburg ging anders als Rio nicht mit spektakulären Durchbrüchen wie z.B. der Verständigung auf den Abschluss neuer Konventionen einher. Man wird später Mühe haben, Johannesburg mit zwei oder drei herausragenden Beschlüssen in Verbindung zu bringen, ganz zu schweigen davon, dass ein goldener Weg zur Bekämpfung der globalen Armut oder der Rettung der natürlichen Ressourcen aufgezeigt worden wäre. Es sei nochmals unterstrichen, dass Rio+10 als ergebnisorientierter Gipfel der konkreten Umsetzung, der breitgefächerten Zeitpläne und Aktionsprogramme gedacht war. Geblieben sind von diesem Anspruch bekräftigte quantifizierte Ziele, die allerdings meist schon bei früherer Gelegenheit (z.B. Millenniumsgipfel) ausgesprochen worden waren, und daneben vielfältige Ansätze für praktische Bemühungen einschließlich der neuartigen regionalen Partnerschaftsinitiativen.

Dabei äußert kein Beobachter die Erwartung, dass der Negativtrend bei den meisten Nachhaltigkeitsindikatoren in absehbarer Zeit gestoppt werden könnte. Dennoch verdienen einige neu ausgesprochene Zielmarken positive Beachtung. So verweisen die europäischen Regierungen darauf, dass gegen den Widerstand der USA durchgesetzt wurde, das Ziel zu verkünden, die Zahl der Menschen ohne ausreichenden Zugang zu sanitärer Grundversorgung bis zum Jahr 2015 zu halbieren. Ebenso zu den Pluspunkten wird der Abschluss zur Chemikaliensicherheit gerechnet, der das Ziel beinhaltet, bis 2020 die gesundheits- und umweltgefährdenden Chemikalien um einen wesentlichen Beitrag zurückzunehmen. Auch die Verständigung in anderen zentralen Bereichen, etwa bei den insbesondere im Norden nachhaltig zu verändernden Konsum- und Produktionsmustern oder dem besseren Schutz der Weltfischbestände wurden einhellig als Fortschritt wahrgenommen. UN-Generalsekretär Kofi Annan hatte, wie früher bereits erwähnt, im Vorfeld eine inhaltliche Strukturierung der Verhandlungsgegenstände des Weltgipfels unter der Formel WEHAB

---

[133] World Summit on Sustainable Development. Plan of Implementation
<www.johannesburgsummit.org/html/documents/summit_docs/2309_planfinal.htm>
Vgl. auch die offizielle deutsche Übersetzung des Durchführungsplanes:
<www.un.org/Depts/german/conf/jhnnsbrg/a.conf.199-20.pdf> (Dokument 5 im Anhang).
Die Nummerierung der Paragrafen im Durchführungsplan wurde wegen Zusätzen und Weglassungen gegenüber dem Entwurf teilweise verändert.
[134] Eine aktualisierte Liste der Partnerschaften ist auf der Gipfel-Webseite veröffentlicht:
<www.johannesburgsummit.org/html/sustainable_dev/partnership_initiatives.html>

angeregt, die nach den englischen Anfangsbuchstaben der fünf Kernbereiche benannt ist, in denen konkrete Maßnahmen beschlossen werden sollten: Wasser, Energie, Gesundheit, Landwirtschaft und biologische Vielfalt. Die Systematik ist dabei nicht vollständig, weil zusätzliche eigenständige Komplexe wie die Themen Handel und Finanzen bzw. institutionelle Fragen zu Recht einigen Raum bei den Verhandlungen eingenommen haben.

Zum anderen existieren natürlich Überschneidungen; so liegen z.B. die Themen Wasser und Gesundheit eng beisammen. Allgemein scheint im Durchführungsplan häufig die Tendenz durch, weitgesteckte Ziele zu wiederholen oder zu bekräftigen, ohne das notwendige Handlungsgerüst genauer auszubreiten. So wurde in punkto Wasser und sanitäre Grundversorgung die neue Verpflichtung, den Anteil der Weltbevölkerung ohne Zugang zu sanitären Anlagen um die Hälfte zu verringern, mit dem älteren „Millenniumsziel" verbunden, gleichfalls bis zum Jahr 2015 den Anteil der Menschen ohne Zugang zu sauberem Trinkwasser zu halbieren. Der Durchführungsplan erinnert nicht nur an dieser Stelle ein wenig an den Tenor der Agenda 21, wenn das fragliche Aktionsprogramm „Maßnahmen auf allen Ebenen" vorsieht[135]. Woher letztlich die Infrastruktur und das Wasser kommen sollen, bleibt ungewiss; die Regierungen zählen offenbar auf das Engagement des privaten Sektors. Als wichtiges Strategieinstrument werden die für jedes Land bis zum Jahr 2005 aufzustellenden integrierten Pläne zur Bewirtschaftung der Wasserressourcen und zur effizienten Wassernutzung genannt. Auf Ergebnisseite ist aber zwischen Verpflichtungen des Durchführungsplans und den „Typ 2"-Initiativen zu differenzieren. Konkret gaben die Vereinigten Staaten bekannt, in den nächsten drei Jahren 970 Millionen Dollar in Wasser- und Sanitärprojekte zu investieren. Die Europäische Union hat die „Wasser für Leben"-Initiative angekündigt, in deren Rahmen sie mit Partnern vor allem in Afrika und Zentralasien in den Bereichen Wasser und Sanitäranlagen kooperieren will. Zu diesen beiden großen Initiativen treten weitere Partnerschaften hinzu.

Eine Aufwertung im Vergleich zu früheren UN-Konferenzen erfuhr als weiterer Schwerpunkt der Energiesektor. Hier hatten sich Deutschland und die Europäische Union besonders engagiert. Dennoch blieb den Europäern der erhoffte Durchbruch versagt. Es galt bereits als Plus, dass der Klimawandel und seine Folgen mit amerikanischer Einwilligung im Durchführungsplan als „gemeinsame Sorge der Menschheit"

---

[135] Durchführungsplan, Paragraf 24.

eingeschätzt werden[136]. Die Enttäuschung über die verzögerte Ratifizierung des Kyoto-Protokolls wurde durch die Ankündigung Chinas, Russlands und Kanadas, „in absehbarer Zeit" zu folgen, abgemildert[137]. Schwerer wog, dass die Regierungen sich nicht auf fixe Ziele zur Förderung der regenerativen Energien einigen konnten. Deren globaler Anteil soll zwar „mit Dringlichkeit" substanziell erhöht werden, doch genaue Prozentzahlen oder Zeitziele wurden nicht festgelegt (die EU hatte sich für die Erhöhung des Anteils erneuerbarer Energien an der Primärenergie auf weltweit 15 Prozent eingesetzt). Davon abgesehen wird das Leitbild einer diversifizierten Energieversorgung entworfen, die sich an folgenden Kriterien ausrichten soll: modern, sauber, effizient, erschwinglich und kostenwirksam, sowohl im Bereich der fossilen Energieträger als auch im Bereich der erneuerbaren Energiequellen, z.B. Wasserkraft[138]. Gegebenenfalls sollen Subventionen abgebaut werden, die eine nachhaltige Entwicklung hemmen.

Dies alles ist mit der Maßgabe versehen, in den kommenden Jahren Fortschritte auf diesem Gebiet zu überprüfen. Dies betrifft auch den Zusammenhang von energiepolitischen Maßnahmen mit den Armutsbekämpfungsbemühungen der Entwicklungsländer, die einen besseren Zugang zu einer modernen Energieversorgung erhalten sollen. Laut Durchführungsplan soll das Ziel der NEPAD (Neue Partnerschaft für Afrikas Entwicklung), in den nächsten zwei Jahrzehnten mindestens 35 Prozent der afrikanischen Bevölkerung Zugang zu Strom zu verschaffen, mit Programmen und Partnerschaften unterstützt werden; hierbei kommt u.a. der verstärkten Nutzung erneuerbarer Energieträger Gewicht zu[139]. Die Europäische Union hat darüber hinaus einen deutschen Vorstoß aufgenommen und in Johannesburg ein globales Bündnis für regenerative Energien initiiert, dem sich zahlreiche Staaten anschlossen (siehe Kasten). Diese *like-minded states* verpflichten sich, im nationalen Rahmen konkrete Zeit- und Mengenziele festzulegen. Bundeskanzler Gerhard Schröder hat auf dem Weltgipfel zudem für das Jahr 2004 zu einer internationalen Energiekonferenz nach Deutschland eingeladen, um nachhaltige Energien und Energieeffizienz zu stärken. Schließlich will die Bundesregierung in den nächsten fünf Jahren insgesamt eine Milliarde Euro für erneuerbare Energien und Energiesparmaßnahmen in den Entwicklungsländern bereitstellen (Wieczorek-Zeul 2002).

---

[136] Durchführungsplan, Paragraf 38.
[137] Seiner hohen Treibhausgas-Emissionen wegen ist Russlands Beitritt entscheidend für das Inkrafttreten. Im Durchführungsplan von Johannesburg wurde der bestehende Dissens um die Ratifizierung des Kyoto-Protokolls politisch umschrieben (siehe dazu das 11. Kapitel).
[138] Durchführungsplan, Paragraf 20e.
[139] Durchführungsplan, Paragraf 62j.

JOINT DECLARATION BY

BULGARIA, CYPRUS, CZECH REPUBLIC, ESTONIA, THE EUROPEAN UNION, HUNGARY, ICELAND, LITHUANIA, MALTA, NEW ZEALAND, NORWAY, POLAND, ROMANIA, SLOVAKIA, SLOVENIA, THE ALLIANCE OF SMALL ISLAND STATES, SWITZERLAND AND TURKEY

"THE WAY FORWARD ON RENEWABLE ENERGY"

1. We express our strong commitment to the promotion of renewable energy and to the increase of the share of renewable energy sources in the global total primary energy supply. We fully endorse the outcome of the World Summit on Sustainable Development, considering it a good basis for further international cooperation, and intend to go beyond the agreement reached in the area of renewable energy.

2. Increasing the use of renewable energy is an essential element to achieve sustainable development at national and global level. Renewable energy can provide important new ways to reduce pollution, diversify and secure energy supply and help provide access to energy in support of poverty eradication. Furthermore, the burning of fossil fuels is the biggest source of greenhouse gas emissions and these emissions need to be reduced to mitigate the adverse effects of climate change in order to achieve the ultimate objective of the United Nations Framework Convention on Climate Change to prevent dangerous climate change.

3. We commit ourselves to cooperate in the further development and promotion of renewable energy technologies. Recognising the sense of urgency as expressed in paragraph 19(e) of the Johannesburg Plan of Implementation, we will work together to substantially increase the global share of renewable energy sources, with regular review of progress, on the basis of clear and ambitious time bound targets set at the national, regional and hopefully at the global level.

4. We have adopted, or will adopt, such targets for the increase of renewable energy and we encourage others to do likewise. We are convinced that this will help to implement the necessary policies to deliver a substantial increase in the global share of renewable energy sources. Such targets are important tools to guide investment and develop the market for renewable energy technologies.

5. We commit ourselves to working with others to achieve this goal, especially through the partnership initiatives being taken which could contribute to expanding the use of renewable energy, as well as forthcoming international conferences on renewable energy.

In addition to the countries mentioned in the title, the declaration was supported by Argentina, Brazil, Chile, Croatia, Egypt and Uganda

Quelle: http://europa.eu.int/comm/environment/wssd/energy_en.html

In der Bilanz von Johannesburg nimmt weiter das Thema Chemikaliensicherheit, wie oben angedeutet, einen hohen Stellenwert ein. Vereinbart wurde ein Plan, wonach die negativen Auswirkungen von Chemikalien bis zum Jahr 2020 minimiert werden sollen. Bis zu diesem Zeitpunkt sollen Chemikalien derart verwendet und hergestellt werden, dass sie die menschliche Gesundheit und die Umwelt sowenig wie möglich gefährden[140]. Die Ratifikation der Rotterdamer Konvention, welche die Informationspflicht und vorherige Zustimmung beim Handel mit gefährlichen Chemikalien regelt, und der Stockholmer Konvention über persistente organische Schadstoffe (POPs) soll vorangetrieben werden, damit beide Abkommen 2003 und 2004 in Kraft treten können. Im Bereich Gesundheit werden im Grunde nur die bekannten Weltentwicklungsziele wiederholt. Neben der Bekämpfung von HIV/Aids, Malaria und anderen Krankheiten umfasst dies die Senkung der Sterblichkeitsrate von Kindern unter fünf Jahren um zwei Drittel bzw. die Senkung der Müttersterblichkeit um drei Viertel im Zeitraum von 2000 bis 2015. Was die Zusammenhänge von Gesundheit und Armutsbekämpfung angeht, soll es vermehrte Partnerschaften namentlich bei der Gesundheitserziehung geben, um bis zum Jahr 2010 weltweit einen besseren Bildungsstand im Bereich Gesundheit zu erzielen.

Gemessen an der „WEHAB-Formel" spielten die spezifischen Probleme der Landwirtschaft auf dem Gipfel eine untergeordnete Rolle; doch werden sie an vielen Stellen des *Plan of Implementation* berührt, und es liegen zahllose Überschneidungen zu anderen Themensträngen (wie z.B. Wasser) einschließlich Handelsfragen und Armutsbekämpfung vor. Demgemäß wurden Ergebnisse der WTO-Konferenz in Doha betont, wie die Agrarmärkte zu öffnen, Exportzuschüsse zu verringern und sie später ganz abzuschaffen. Die Europäische Union blockierte jedoch bei dem Abbau der Agrarsubventionen. Einen kleinen Fortschritt gab es bei der globalen Bekämpfung der Bodendegradation (Landverödung). So ist es sinnvoll, dass die Globale Umweltfazilität (GEF) künftig die Einbindung der Wüstenkonvention als Schwerpunkt in ihr Finanzierungsprogramm aufnehmen soll[141]. Bei der herausgehobenen Behandlung der Probleme Afrikas kam die Lage der Landbevölkerung zur Sprache und die Notwendigkeit, die landwirtschaftliche Produktivität und die Ernährungssicherheit zu verbessern. So sollen die afrikanischen Länder bis 2005 im Zuge der nationalen Armutsbekämpfungsprogramme (PRSP) Strategien zur Nahrungsmittelsicherung ausarbeiten[142]. Und auch das

---

[140] Durchführungsplan, Paragraf 23.
[141] Dies geht einher mit der vor und in Johannesburg angekündigten Wiederauffüllung des GEF um insgesamt drei Milliarden Dollar.
[142] Durchführungsplan, Paragraf 67a.

bereits genannte Ziel, innerhalb von zwanzig Jahren mindestens 35 Prozent der afrikanischen Bevölkerung Zugang zu Strom zu verschaffen, bezieht sich vor allem auf die ländlichen Gebiete.

Der Rückgang der biologischen Vielfalt wird als sichtbarster Ausdruck der globalen Umweltkrise wahrgenommen. Trotz der einschlägigen Rio-Konvention und bestehender Schutzmaßnahmen besteht, wie gesehen, unverändert Handlungsbedarf. Doch scheint fraglich, ob bis zum Jahr 2010, wie der Durchführungsplan vorsieht, „eine erhebliche Reduzierung" der aktuellen Rate des Verlustes der biologischen Vielfalt erreicht werden kann[143]. Der Weltgipfel verabschiedete eine Reihe gutgemeinter Empfehlungen etwa zum Waldschutz. So seien unverzüglich Maßnahmen gegen den Handel mit widerrechtlich geschlagenem Holz zu ergreifen und das im Frühjahr 2002 beschlossene Waldaktionsprogramm der Konvention über biologische Vielfalt umzusetzen. Indessen klingen viele der angekündigten Maßnahmen unverbindlich. So heißt es im Beschluss zur Herbeiführung einer nachhaltigen Fischerei, dass „nach Möglichkeit bis spätestens 2015" Sorge dafür zu tragen ist, dass die Fischbestände erhalten bleiben bzw. dass dezimierte Bestände wieder aufgebaut werden. Für diese Vorgabe gilt die Einschränkung, dass die Fischbestände einen „größtmöglich erreichbaren Dauerertrag" sichern sollen[144]. Dabei ist die Stoßrichtung zugunsten eines besseren Schutzes der Meere natürlich zu begrüßen. Subventionen, die zur Überfischung führen oder zur illegalen bzw. ungeregelten Fischerei beitragen, sollen abgeschafft werden. Und bis zum Jahr 2012 wird die Einrichtung eines Netzwerks für besondere Schutzzonen in den Meeren in Aussicht gestellt.

Für die Zeit nach Johannesburg zeichnet sich ab, dass auf UN-Ebene „fundamentale Veränderungen" hin zu nachhaltigen Konsumgewohnheiten und Produktionsweisen zur Sprache kommen werden. Dies wendet sich besonders an die Industriestaaten, was der Rückgriff auf den berühmten Grundsatz der Rio-Deklaration bekräftigte: „Angesichts der unterschiedlichen Beiträge zur Verschlechterung der globalen Umweltsituation, tragen die Staaten gemeinsame, jedoch unterschiedliche Verantwortlichkeiten"[145]. Das Prinzip der Nachhaltigkeit in Konsum und Produktion soll nach einer Empfehlung des Gipfels durch Schaffung eines Zehnjahres-Programmrahmens stärker regional wie national

---

[143] Durchführungsplan, Paragraf 44.
[144] Durchführungsplan, Paragraf 31a.
[145] Durchführungsplan, Paragraf 14 bzw. 81.
Der Grundsatz unterschiedlicher Verantwortlichkeit erstreckt sich dabei nach dem heutigem Verständnis nicht mehr vorrangig auf den Umweltaspekt, sondern implizit auch auf die anderen Dimensionen des Nachhaltigkeitsprinzips.

verankert werden. Hierunter fallen u.a. Recycling oder die Einführung eines Umweltzeichens auf freiwilliger Basis. Eine Überraschung war daneben, dass hier und an anderen Stellen des Johannesburger Aktionsplanes auf die Rechenschaftspflicht von unternehmerischer Tätigkeit und die Entwicklung von sozialen und ökologischen Rahmenbedingungen hingewiesen wurde[146]. Dies war die Glanzstunde einer breiten von Nichtregierungsorganisationen angetriebenen Interessenallianz, der es vor dem Hintergrund aufsehenerregender Skandale um Unternehmen wie Enron gelang, die globale soziale und ökologische Verantwortung der Privatwirtschaft auf dem Nachhaltigkeitsgipfel zu thematisieren.

Die Zukunft der Nachhaltigkeitspolitik

Zu den Leitfragen nach Zusammenhängen der nachhaltigen Entwicklung mit der Globalisierung und dem Welthandel hatte der Weltgipfel nicht viel Neues beizutragen. Es hieß, die Globalisierung berge für die nachhaltige Entwicklung Chancen wie Gefahren, die im einzelnen benannt wurden. Es wurden Grundsätze, die bereits auf den Ministerkonferenzen der Welthandelsorganisation beschlossen wurden, wiederholt wie die Anerkennung der Öffnung der Märkte als Schlüssel zur Entwicklung oder die Unterstützung für die Zurückführung von Exportsubventionen jeglicher Art. Der Weltgipfel wird wohl auf die WTO-Verhandlungen keinen großen Einfluss ausüben, obwohl er mit Blick auf die bevorstehende Doha-Runde ausdrücklich den Beitrag des Handels zur nachhaltigen Entwicklung hervorhob. Dies gilt mit einer wichtigen Ausnahme, die das Verhältnis von Umweltabkommen mit den WTO-Normen berührt. Diese sollen sich nach dem Willen der Regierungen gegenseitig stützen, „wobei anzuerkennen ist, dass es gilt, die Integrität beider Regelwerke zu wahren"[147]. Umweltvereinbarungen sind demnach grundsätzlich WTO-Regeln gleichgestellt. Damit ist zwar die Spannung zwischen Handels- und Umweltabkommen nicht aufgelöst, aber zumindest die Sorge gedämpft, die WTO-Abkommen könnten längerfristig neue oder bereits geschlossene Umweltabkommen, so die Biodiversitätskonvention, systematisch unterlaufen und verdrängen.

Prinzipiell ähnlich sieht der Befund beim Thema Armutsbekämpfung aus. Grundlage bleiben die in der Millenniumserklärung der Vereinten Nationen im Jahr 2000 gesteckten Ziele, insbesondere die Verringerung des Anteils der Armen (Menschen, denen weniger als ein Dollar täglich zum Leben zur Verfügung steht) um die Hälfte bis zum Jahr 2015. Hier wird

---

[146] Siehe zu diesem Thema das 12. Kapitel.
[147] Durchführungsplan, Paragraf 98.

an die Anhebung der Entwicklungshilfe, die bei der Konferenz von Monterrey beschlossen wurde, angeknüpft. Auf einem anderen Blatt steht, dass die Industrieländer erneut aufgefordert werden bzw. sich dazu ermahnen, mindestens 0,7 Prozent des Bruttoinlandsproduktes für die öffentliche Entwicklungszusammenarbeit aufzuwenden, obwohl jedermann weiß, dass diese seit dreißig Jahren wiederholte Ankündigung auch in den kommenden Jahren nicht wahrgemacht wird. Neu eingerichtet wird dafür der (noch kaum einzuschätzende) „Weltsolidaritätsfonds", der ein Anliegen vieler Regierungen des Südens war. Dieser soll künftig daran mitwirken, die Armutsbekämpfung und die soziale und menschliche Entwicklung in den Entwicklungsländern zu fördern[148]. Eine Doppelung mit bestehenden Fonds der Vereinten Nationen soll vermieden werden. Der Weltsolidaritätsfonds, dessen Modalitäten noch festzulegen sind, basiert vom Grundgedanken her auf freiwilligen Beiträgen, wobei neben Staaten auch Unternehmen und Privatpersonen einzahlen könnten.

Die politische Dimension des Nachhaltigkeitsgedankens hat in Johannesburg Auftrieb erfahren, auch wenn die Abschlussdeklaration noch einmal auf die altgewohnten „interdependenten, sich gegenseitig stützenden Säulen der nachhaltigen Entwicklung – wirtschaftliche Entwicklung, soziale Entwicklung und Umweltschutz" verweist[149]. Der Durchführungsplan unterstreicht von Beginn die Bedeutung einer *Guten Regierungsführung*, die als „unabdingbar für die nachhaltige Entwicklung" bezeichnet wird. Zu den Prinzipien von *Good Governance* zählen demnach: „eine gute Umwelt-, Sozial- und Wirtschaftspolitik, bürgernahe demokratische Institutionen, Rechtsstaatlichkeit, Maßnahmen zur Korruptionsbekämpfung, die Gleichstellung der Geschlechter und ein förderliches Investitionsumfeld"[150].

Wer im Vorfeld des Weltgipfels gemeint hat, die Ernsthaftigkeit des ganzen Unterfangens werde sich nicht zuletzt daran erweisen, ob es gelinge, die multilateralen Institutionen im Umwelt- und Entwicklungsbereich, wie UNEP, UNDP oder die UN-Kommission für nachhaltige Entwicklung (CSD), in ihrer Arbeitsfähigkeit bzw. Kompetenz- und Mittelausstattung zu stärken und den Weg ernsthafter institutioneller Reformen zu beschreiten, sieht sich enttäuscht. Die UN-Nachhaltigkeitskommission wird in ihrer Funktion bestätigt und übernimmt die Überprüfung der weiteren Umsetzung der Agenda 21, doch hat sich

---

[148] Durchführungsplan, Paragraf 7b.
[149] Erklärung von Johannesburg über nachhaltige Entwicklung (Dokument 4), Punkt 5.
[150] Durchführungsplan, Paragraf 4. Vgl. auch die nahezu identische Definition in Paragraf 138, die dem Ergebnisdokument der Monterrey-Konferenz entlehnt ist.

das Modell der CSD in der Vergangenheit angesichts begrenzter Kompetenzen nicht gerade bewährt. Das Organ soll in Zukunft auch als Koordinierungsstelle für die Erörterung der Partnerschaften fungieren. Der politische Wille in Johannesburg reichte ebensowenig zur Aufwertung des UN-Umweltprogramms im System der Vereinten Nationen (und damit auch gegenüber der Welthandelsorganisation) aus. Logisch wirkt es, nunmehr die Anstrengungen auf einzelstaatlicher Ebene gezielter als bisher voranzutreiben. Die Staaten müssen daher unverzüglich Schritte unternehmen, um gegebenenfalls mit internationaler Unterstützung Fortschritte bei der Ausarbeitung nationaler Nachhaltigkeitsstrategien zu erzielen „und bis 2005 mit ihrer Umsetzung beginnen"[151].

Die wichtigste Innovation im Hinblick auf den Fortgang des Rio-Johannesburg-Prozesses waren fraglos die neuartigen Partnerschaftsinitiativen. Dieses Instrument führt in unterschiedlicher Konstellation Regierungen, Unternehmen und zivilgesellschaftliche Akteure zu gemeinsamem Handeln für nachhaltige Entwicklung zusammen. Partnerschaften mit einem finanziellen Gesamtumfang von 235 Millionen Dollar wurden vor dem Weltgipfel angemeldet, und ihre Gesamtzahl betrug gegen Ende des Jahres rund 250. Hier kommen die soziologischen Veränderungen besonders markant zum Tragen, die die Nachhaltigkeitspolitik und ihre Akteure erfasst haben. Zu der massiv aufgewerteten Rolle der Privatwirtschaft ist nichts mehr hinzuzufügen. Interessant ist aber auch die gewandelte Rolle der Nichtregierungsorganisationen, die von der Einbindung in „Multi-Stakeholder-Dialoge" und ihrer intensivierten Einbindung in eine Experten- und Beratungsfunktion geprägt wird. Eine Kehrseite dieser Integration in den Mainstream ist darin zu sehen, dass es die NGOs, zumindest partiell aus der gewohnten Oppositionsfunktion gedrängt, in Johannesburg nicht mehr – schon gar nicht im Maße von Rio – geschafft haben, sich eigenständige Geltung zu verschaffen. Dies betrifft namentlich das Parallelforum der Zivilgesellschaft, das, weit abseits vom offiziellen Konferenzzentrum gelegen, nicht sonderlich hervortrat[152].

Die wahre Bedeutung dieser Weltkonferenz mit ihren weitgesteckten Zielen wird erst mit größerem zeitlichen Abstand zu ermessen sein. Im weltpolitischen Maßstab gesehen fungierte der Nachhaltigkeitsgipfel in Johannesburg als Sprachrohr eines bekennenden Multilateralismus.

---

[151] Durchführungsplan, Paragraf 162b. Dies knüpft an das erklärte Ziel der OECD an, den Beginn der Umsetzung nationaler Nachhaltigkeitsstrategien in allen Ländern bis spätestens 2005 zu ermutigen. Siehe das 10. Kapitel.
[152] Das *Global People's Forum* (24. August bis 3. September 2002) erarbeitete eine eigene Erklärung („Civil Society Declaration") sowie ein alternatives Aktionsprogramm, beide jeweils unter der Überschrift „Eine nachhaltige Welt ist möglich" <www.worldsummit.org.za>

In einer Phase, in der das militärisch-politische Vorgehen der Weltmacht USA nach dem 11. September 2001, der schwelende Konflikt im Nahen Osten oder die Spannungen zwischen den Nuklearmächten Indien und Pakistan die Vereinten Nationen beeinträchtigen und ungünstige Voraussetzungen für eine Weltordnungspolitik zu schaffen scheinen, suchte der Weltgipfel in Johannesburg von seinem ganzen Ansatz her ein Zeichen in umgekehrter Richtung zu setzen und dem vorhandenen Willen zu einer weltweiten Partnerschaft Ausdruck zu verleihen. Es bleibt somit nach Johannesburg daran zu arbeiten, dass ein Neuaufschwung des Multilateralismus – nicht zuletzt im Hinblick auf eine neuartige und institutionalisierte Einbindung der Nichtregierungsorganisationen und der Privatwirtschaft – dem wirksamen Schutz der globalen Umwelt und den Zielen der Entwicklungszusammenarbeit zugute kommt.

*****

Glossar

Agenda 21: Auf der UN-Konferenz für Umwelt und Entwicklung in Rio im Jahr 1992 verabschiedetes zentrales Strategiedokument für nachhaltige Entwicklung im 21. Jahrhundert, das zahlreiche Handlungsaufträge insbesondere an die Regierungen enthält. Im Gegensatz zu den Rio-Konventionen handelt es sich bei der Agenda 21 um ein völkerrechtlich nicht verbindliches Dokument.

Armutsbekämpfungsstrategien (PRSP): Die auf jeweils einzelne Entwicklungsländer bezogenen *Poverty Reduction Strategy Papers* stehen im Zusammenhang mit der Kölner Entschuldungsinitiative (1999). Der PRSP-Ansatz verbindet die Entschuldung auf internationaler Ebene, Gute Regierungsführung und Armutsbekämpfung in den betroffenen Ländern. Als Voraussetzung für den Schuldenerlass wird ein umfassendes Konzept der Armutsbekämpfung verlangt, das die Regierungen der Entwicklungsländer unter ausdrücklicher Beteiligung der Zivilgesellschaft ausarbeiten müssen. Die Entschuldungsinitiative soll als wirksames Instrument zur Armutsbekämpfung genutzt werden.

Biologische Vielfalt (Biodiversität): Unter der biologischen Vielfalt versteht man die Artenvielfalt, die Unterschiede zwischen den Organismen einer Art (genetische Vielfalt), aber auch die Vielfalt der Ökosysteme weltweit.

Bretton-Woods-Institutionen: Damit werden der Internationale Währungsfonds (IWF), die Weltbank und die Regionalen Entwicklungsbanken bezeichnet. Die Bretton-Woods-Institutionen haben wichtige Aufgaben in der globalen Strukturpolitik, zu denen die Wahrung der Stabilität des internationalen Finanzsystems (IWF) gehört, daneben aber auch wichtige Finanzierungs- und Beratungsfunktionen für die Entwicklungsländer.

Capacity-Building: Darunter fasst man in der Entwicklungszusammenarbeit Maßnahmen zur Stärkung der personellen und institutionellen Kapazitäten in den Partnerländern zusammen. Dies beinhaltet, dass Geberorganisationen nicht selbst existierende Probleme lösen, sondern ausbildend, unterstützend und beratend tätig sind.

Desertifikation: Bei der Desertifikation handelt es sich um eine vom Menschen verursachte Degradierung der Ökosysteme, insbesondere ihrer Komponenten Boden, Vegetation und Wasserhaushalt. Bei der

Bekämpfung der Desertifikation („Wüstenbekämpfung") geht es nicht um die Regeneration bereits desertifizierter Flächen, sondern um den Erhalt der Bodenfruchtbarkeit und die Bekämpfung der Wüstenbildung.

Erdgipfel: Bezeichnung für die UN-Konferenz für Umwelt und Entwicklung in Rio im Jahr 1992. Der Johannesburg-Gipfel (Rio+10) wird vielfach ebenfalls als Erdgipfel bezeichnet.

G-77, Gruppe der 77: Auf die sechziger Jahre zurückgehender Zusammenschluss von Entwicklungsländern, der inzwischen mit 133 Staaten fast doppelt so viele wie die ursprünglichen 77 Mitglieder umfasst.

Gender: Der Begriff bezieht sich auf die sozialen Geschlechterrollen, die Beziehungen zwischen Frauen und Männern und allgemein auf das Thema der Geschlechtergerechtigkeit. Geschlechterrollen äußern sich in ihren jeweiligen Verantwortlichkeiten, Zugangsmöglichkeiten zu Ressourcen und Macht, Bedürfnissen, Interessen und Perspektiven.

Global Compact: Im Jahr 2000 auf Initiative des UN-Generalsekretärs eingerichtetes Forum der Vereinten Nationen für den Dialog zwischen multilateralen Institutionen und der Privatwirtschaft, an der sich auch Vertreter der Gewerkschaften und Nichtregierungsorganisationen beteiligen. Gestützt auf neun Prinzipien will dieses Forum vorbildliches unternehmerisches Handeln in den Bereichen Arbeit, Menschenrechte und Umwelt befördern.

Global Governance: Versinnbildlicht die aus einem globalen Krisenempfinden heraus entstandene politische Antwort auf das Zeitalter der Globalisierung. Diesem Ansatz liegt die Vorstellung zugrunde, dass eine „Weltordnungspolitik" notwendig ist, die das aus der Intensität globaler Probleme abzuleitende „Weltgemeinwohl" über die spezifischen Einzelinteressen aller Staaten stellt. Der *Multilateralismus* im Rahmen des UN-Systems und allgemein der Ausbau internationaler Institutionen sind Ausprägungen von Global Governance.

Globale Gemeinschaftsgüter: Die globalen öffentlichen Güter (*Global Public Goods*) werden definiert als Güter, deren Nutzen über Landesgrenzen und Regionen, Bevölkerungsgruppen und Generationen hinausreicht. Beispiele für solche globalen öffentlichen Güter sind die Bekämpfung ansteckender Krankheiten, ein wirksamer Schutz der Umwelt, des Klimasystems der Erde, der biologischen Vielfalt sowie die Gewährleistung von Frieden und Sicherheit. Gegenwärtig werden neuartige Nutzungsentgelte auf öffentliche Güter (z.B. für die Seeschiffahrt oder für die Nutzung des Luftraums) diskutiert, die der Entwicklungsfinanzierung und dem globalen Umweltschutz zugute kommen sollen.

Gute Regierungsführung (*Good Governance*): Der von der Weltbank geprägte und bald von anderen multilateralen Organisationen übernommene Begriff, der über seinen ursprünglich vorwiegend wirtschaftlichen Inhalt hinaus auf politisch-partizipative Aspekte erweitert wurde. Die damit verbundenen Reformziele erstrecken sich auf die Form des politischen Systems, das Verfahren, durch das staatliche Autorität für das Management der wirtschaftlichen und sozialen Ressourcen zugunsten der Entwicklung eines Landes wahrgenommen wird, und die Kapazität der Regierungen für die Gestaltung und Umsetzung von Politiken. Zur Guten Regierungsführung gehört u.a. die Bekämpfung vom Korruption.

Kyoto-Protokoll: Das im Jahr 1997 ausgehandelte Kyoto-Protokoll, das nach der ursprünglichen Planung bis zum Johannesburg-Gipfel in Kraft treten sollte, konkretisiert die Klimarahmenkonvention (UNFCCC) von 1992. Erstmals wurde für die Industrieländer eine verbindliche Reduzierung ihrer Treibhausgas-Emissionen um rund fünf Prozent festgeschrieben.

Lokale Agenda 21: Die Agenda 21 erteilte jeder Kommune den Auftrag, ein eigenes Programm einer nachhaltigen Stadt- bzw. Gemeindeentwicklung aufzustellen. Zur Erarbeitung dieses Programms sollen die Kommunalverwaltungen „in einen Dialog mit ihren Bürgern, örtlichen Organisationen und der Privatwirtschaft eintreten" und möglichst im Konsens eine Lokale Agenda beschließen. Die Umsetzung der Beschlüsse soll von einem fortlaufenden Agendaprozess begleitet werden.

Major Groups: Die wichtigen Interessengruppen, denen die Agenda 21 eine bedeutende Rolle für die nachhaltige Entwicklung zumisst und jeweils ein Kapitel widmet (siehe auch *Stakeholder*). Bei den neun „wichtigen Gruppen" handelt es sich um Frauen; Kinder und Jugendliche; eingeborene Bevölkerungsgruppen und ihre Gemeinschaften; die nichtstaatlichen Organisationen; die Kommunen; die Arbeitnehmer und Gewerkschaften; die Privatwirtschaft; Wissenschaft und Technik sowie die Bauern.

Millenniums-Entwicklungsziele: Die in der Abschlusserklärung des Millenniumsgipfels der Vereinten Nationen in New York (2000) enthaltenen acht Entwicklungsziele, die globale Anerkennung erfahren. Diese Entwicklungsziele (*goals*) werden mit 18 Zielvorgaben (*targets*) konkretisiert. So soll z.B. bis 2015 der Anteil der Menschen, die von weniger als einem Dollar pro Tag leben, und der Anteil der Menschen, die unter Hunger leiden, um die Hälfte verringert werden. Im gleichen Zeitraum soll zudem der Anteil der Menschen, die über keinen nachhaltigen Zugang zu gesundem Trinkwasser verfügen, um die Hälfte gesenkt werden.

Monterrey-Konsens: Auf der UN-Konferenz zur Entwicklungsfinanzierung in Monterrey, Mexiko, wurde im März 2002 eine Verständigung auf neue Grundsätze für die Entwicklungsfinanzierung erreicht, die in einem Konsensdokument niedergelegt wurden. Gegenüber dem neoliberalen *Washington-Konsens* setzt der Monterrey-Konsens vermehrt auf ein Zusammenwirken von Staat und Markt und auf eine Entwicklungskoalition, in der jeder seine spezifische Verantwortung wahrnimmt. Die Regierungen der Entwicklungsländer haben sich zu ihrer Eigenverantwortung bekannt und *Good Governance* und die Bekämpfung von Korruption zu Grundprinzipien ihrer Politik erklärt. Die Industrieländer wollen u.a. auf faire weltwirtschaftliche Rahmenbedingungen hinwirken.

Multilateralismus: Der Begriff beschreibt internationale Prozesse, die mehrere Partner (internationale Organisationen, Staaten) einbeziehen. Das Anwachsen des Multilateralismus wird nicht nur als Stärkung der Vereinten Nationen gesehen, sondern auch als neues Politikmodell, das durch ein Zusammenwirken von staatlichen und nichtstaatlichen Akteuren gekennzeichnet ist.

Nachhaltigkeit/ nachhaltige Entwicklung (*Sustainable Development*): Nachhaltige Entwicklung ist nach der Definition der Brundtland-Kommission (1987) eine „Entwicklung, die die Bedürfnisse der Gegenwart befriedigt, ohne zu riskieren, dass künftige Generationen ihre eigenen Bedürfnisse nicht befriedigen können". Darüber hinaus hat sich eine einheitliche Definition nicht durchgesetzt. Neben ökologischer Nachhaltigkeit umfasst eine nachhaltige Entwicklung in jedem Fall eine soziale und ökonomische Dimension („Drei-Säulen-Modell"). Viele Autoren zählen noch als vierte eine politische Dimension hinzu. Kernelemente einer nachhaltigen Entwicklung sind die Bewahrung der natürlichen Lebensgrundlagen, weltweite Armutsbekämpfung, ein mit den anderen Zielen in Einklang stehendes wirtschaftliches Wachstum, die Achtung der Menschenrechte, aber auch Querschnittsaspekte wie Geschlechtergerechtigkeit (*Gender*) oder Bildung.

Nachhaltigkeitsstrategie(n): Strategien für nachhaltige Entwicklung, die zur Umsetzung der Rio-Beschlüsse beitragen. Namentlich die Einzelstaaten und die Kommunen (siehe *Lokale Agenda 21*) sind seit dem

Erdgipfel von 1992 aufgerufen, „mit möglichst großer gesellschaftlicher Beteiligung" Nachhaltigkeitsstrategien zu erarbeiten. Aber auch andere Akteure (Europäische Union, Bundesländer, Unternehmen) fassen ihre Maßnahmen und Pläne zur Umsetzung der Agenda 21 in Nachhaltigkeitsstrategien zusammen.

ODA *(Official Development Assistance)*: Bei der öffentlichen Entwicklungshilfe handelt es sich nach einer Definition des Entwicklungshilfeausschusses (DAC) der OECD um unentgeltliche oder zinsgünstige mit einem Zuschuss- oder Schenkungselement von wenigstens 25 Prozent versehene Leistungen an Entwicklungsländer, regionale oder multilaterale Organisationen, die von öffentlichen bzw. staatlichen Stellen gewährt werden und hauptsächlich der Förderung der wirtschaftlichen Entwicklung und der Verbesserung des Lebensstandards dienen. Die ODA kann auf bilateralem Wege, an multilaterale Organisationen und zusätzlich auch über Nichtregierungsorganisationen vergeben werden. Die Vereinten Nationen fordern seit 1970, dass die Industrieländer 0,7 Prozent ihres Bruttosozialprodukts für die ODA aufwenden.

Partizipation: Beteiligung von Gruppen, Gemeinschaften und Institutionen an sie betreffenden gesellschaftlichen Entscheidungen. Dabei werden Formen der direkten und indirekten demokratischen Einflussnahme verbunden. Partizipation in modernen Demokratien bedeutet, dass den Kräften der Zivilgesellschaft in stärkerem Maße als bisher Mitsprachemöglichkeiten und -rechte gewährt sowie Expertise und Kompetenzen in die Lösung gesellschaftlicher Probleme einbezogen werden.

Public Private Partnership (PPP): Öffentlich-private Partnerschaft bei der gemeinsamen Wahrnehmung traditionell staatlicher Aufgaben z.B. im Infrastrukturbereich. In der Entwicklungszusammenarbeit spricht man von „Entwicklungspartnerschaft mit der Wirtschaft". In diesem Fall ist konkret die Kooperation zwischen staatlichen Entwicklungshilfe-Institutionen und (überwiegend deutschen) privaten Unternehmen bei der Verfolgung entwicklungspolitischer Ziele in den Partnerländern gemeint.

Rio-Folgeprozess: So wird der politische Prozess der Umsetzung und Überprüfung der Rio-Beschlüsse (Agenda 21, Rio-Konventionen, Folgevereinbarungen) genannt. Der Weltgipfel für nachhaltige Entwicklung in Johannesburg ist die zehnjährige Überprüfungskonferenz des Rio-Prozesses („Rio+10").

Stakeholder: Interessengruppen, Einzelpersonen, Institutionen (Akteure), die an Prozessen bzw. Verhandlungen unmittelbar beteiligt sind, an ihnen Interesse haben und/oder von ihnen betroffen sind (siehe auch *Major Groups*).

Sustainable livelihood(s): *Livelihood* bedeutet wörtlich Auskommen oder Lebensunterhalt. In der Zusammensetzung *sustainable livelihood(s)* bezieht sich der Begriff auf die Summe der materiellen, sozialen und kulturellen Ressourcen der Existenzsicherung und kann mit „zukunftsfähige Lebensweise" übersetzt werden.

Tobin-Steuer: Die in der Diskussion befindliche, nach dem kürzlich verstorbenen Wirtschaftsnobelpreisträger James Tobin benannte Devisenumsatzsteuer zur Eindämmung der Währungsspekulation, die jedoch von den meisten größeren Staaten abgelehnt wird. Mit dieser Steuer sollte ein Weltfonds zur Finanzierung internationaler Entwicklungsaufgaben eingerichtet werden.

„Typ 2"-Ergebnisse: Im Gegensatz zu den zwischen allen Regierungen auf dem Weltgipfel in Johannesburg verhandelten und im Konsens verabschiedeten Dokumenten des „Typ 1" (Politische Deklaration und Durchführungs- bzw. Aktionsplan) sind unter den „Typ 2"-Ergebnissen freiwillige, aber rechenschaftspflichtige Partnerschaftsinitiativen zur Umsetzung der Rio-Beschlüsse zu verstehen, die nicht zwischen allen Regierungen ausgehandelt werden und nach Möglichkeit die aktive Beteiligung weiterer Stakeholder, darunter auch nichtstaatliche Akteure, vorsehen. Die UN-Generalversammlung hatte im Dezember 2001 zu Partnerschaften ermutigt, „insbesondere zwischen Regierungen des Nordens und des Südens auf der einen Seite und zwischen Regierungen und den wichtigen Gruppen (*major groups*) auf der anderen Seite".

Washington-Konsens: Konzept der *Bretton-Woods-Organisationen*, das die Liberalisierung der Märkte, Privatisierung öffentlicher Dienstleistungen und Güter sowie makroökonomische Stabilität zu hinreichenden Voraussetzungen erklärte, um Wirtschaftswachstum und Wohlstand in Entwicklungsländern zu sichern. Die 1997 erfolgte Revision (*Post-Washington Consensus*) erweiterte Instrumente und Ziele des Staates und sah regulatorische Maßnahmen im Bereich der Finanz- und Währungsmärkte, eine Wettbewerbspolitik und die Garantie offener Märkte vor. Außerdem wurde die Bedeutung demokratischer Verhältnisse, die Förderung von Humankapital durch Ausbildung und staatliche Eingriffe zugunsten benachteiligter Bevölkerungsgruppen hervorgehoben. Durch den *Monterrey-Konsens* hat sich die Akzentverschiebung und tendenzielle Abkehr vom ursprünglichen Washington-Konsens weiter verstärkt.

Abkürzungen

AKP	Afrikanische, Karibische und Pazifische (Partner-) Staaten (der Europäischen Union)
BDI	Bundesverband der Deutschen Industrie
BIP	Bruttoinlandsprodukt
BMU	Bundesministerium für Umwelt, Naturschutz und Reaktorsicherheit
BMZ	Bundesministerium für wirtschaftliche Zusammenarbeit und Entwicklung
BUND	Bund für Umwelt und Naturschutz Deutschland
CBD	Convention on Biological Diversity (Konvention über die biologische Vielfalt)
CCD	Convention to Combat Desertification (Konvention zur Bekämpfung der Wüstenbildung)
CDM	Clean Development Mechanism (Mechanismus für umweltverträgliche Entwicklung)
CO_2	Kohlendioxid
CSD	UN Commission on Sustainable Development (UN-Kommission für nachhaltige Entwicklung)
DAC	Development Assistance Committee (Entwicklungshilfe-ausschuss der OECD)
DEG	Deutsche Investitions- und Entwicklungsgesellschaft
DESA	UN Department of Economic and Social Affairs (UN-Hauptabteilung für wirtschaftliche und soziale Angelegenheiten)
DSD	Division for Sustainable Development (Abteilung für nachhaltige Entwicklung innerhalb UN/DESA)
ECOSOC	United Nations Economic and Social Council (Wirtschafts- und Sozialrat der Vereinten Nationen)
ENB	Earth Negotiations Bulletin
EZ	Entwicklungszusammenarbeit
FAO	Food and Agriculture Organization of the United Nations (UN-Organisation für Ernährung und Landwirtschaft)
FCKW	Fluorchlorkohlenwasserstoff
FfD	Financing for Development (Internationale Konferenz zur Entwicklungsfinanzierung)
FZ	Finanzielle Zusammenarbeit
GATT	General Agreement on Tariffs and Trade (Allgemeines Zoll- und Handelsabkommen)
GEF	Global Environment Facility (Globale Umweltfazilität)

GTZ	Deutsche Gesellschaft für Technische Zusammenarbeit
HIPC	Heavily Indebted Poor Countries (hochverschuldete arme Länder)
ICC	International Chamber of Commerce (Internationale Handelskammer)
ICLEI	International Council for Local Environmental Initiatives (Internationaler Rat für Kommunale Umweltinitiativen)
IIED	International Institute for Environment and Development
ILO	International Labour Organization (Internationale Arbeitsorganisation)
INEF	Institut für Entwicklung und Frieden der Gerhard-Mercator-Universität Duisburg
IPCC	Intergovernmental Panel on Climate Change
IUCN	International Union for Conservation of Nature and Natural Resources
IWF	Internationaler Währungsfonds
LDC	Least Developed Countries (am wenigsten entwickelte Länder)
MAI	Multilateral Agreement on Investment (Multilaterales Investitionsabkommen)
MEA	Multilateral Environment Agreements (Multilaterale Umweltabkommen)
MUNLV	Ministerium für Umwelt und Naturschutz, Landwirtschaft und Verbraucherschutz des Landes Nordrhein-Westfalen
NCSD	National Councils for Sustainable Development (Nationale Räte für nachhaltige Entwicklung)
NEPAD	New Partnership for Africa's Development (Neue Partnerschaft für die Entwicklung Afrikas)
NGOs	Non-Governmental Organizations (Nichtregierungs-organisationen)
NSSD	National Strategies for Sustainable Development (Nationale Nachhaltigkeitsstrategien)
ODA	Official Development Assistance (öffentliche Entwicklungszusammenarbeit)
PIC	Prior Informed Consent (vorzeitiges informiertes Einverständnis)
POPs	Persistent Organic Pollutants (persistente organische Schadstoffe bzw. „Dauergifte")
PPP	Public Private Partnership (öffentlich-private Partnerschaft bzw. Entwicklungspartnerschaft mit der Wirtschaft)
PrepCom	Preparatory Committee (Vorbereitungstreffen)

PRSP	Poverty Reduction Strategy Papers (länderbezogene Armutsbekämpfungsstrategien)
SEF	Stiftung Entwicklung und Frieden
SRU	Der Rat von Sachverständigen für Umweltfragen
TRIPS	Agreement on Trade-Related Aspects of Intellectual Property Rights (Abkommen über handelsrelevante Aspekte von geistigen Eigentumsrechten)
UN	United Nations (Vereinte Nationen)
UNCCD	United Nations Secretariat of the Convention to Combat Desertification (UN-Wüstensekretariat)
UNCED	United Nations Conference on Environment and Development (UN-Konferenz für Umwelt und Entwicklung)
UNCHE	United Nations Conference on the Human Environment (UN-Konferenz über die menschliche Umwelt)
UNCTAD	United Nations Conference on Trade and Development (Konferenz der Vereinten Nationen für Handel und Entwicklung)
UNDP	United Nations Development Programme (Entwicklungsprogramm der Vereinten Nationen)
UNED Forum	United Nations Environment and Development Forum (britischer Stakeholder-Verbund, jetzt international: „Stakeholder Forum for Our Common Future")
UNEP	United Nations Environment Programme (Umweltprogramm der Vereinten Nationen)
UNFCCC	United Nations Framework Convention on Climate Change (Rahmenübereinkommen über Klimaveränderungen)
UNFF	United Nations Forum on Forests (UN-Waldforum)
UNU	United Nations University
VENRO	Verband Entwicklungspolitik deutscher Nichtregierungsorganisationen
WBGU	Der Wissenschaftliche Beirat der Bundesregierung Globale Umweltveränderungen
WEDO	Women's Environment and Development Organisation
WEED	Weltwirtschaft Ökologie & Entwicklung (World Economy, Ecology & Development)
WSSD	World Summit on Sustainable Development (Weltgipfel für nachhaltige Entwicklung)
WTO	World Trade Organization (Welthandelsorganisation)
WWF	World Wide Fund for Nature (früher World Wildlife Fund)

Zeittafel

1972	Konferenz über die Umwelt des Menschen in Stockholm (UNCHE)
1980	*World Conservation Strategy*
1987	Bericht der Brundtland-Kommission „Unsere gemeinsame Zukunft"
1990	Weltkindergipfel in New York, Beginn einer Serie großer UN-Weltkonferenzen (bis 1996)
1992	UN-Konferenz über Umwelt und Entwicklung (UNCED)/ „Erdgipfel" in Rio de Janeiro (Brasilien) Abschluss der Klimarahmenkonvention (UNFCCC) und der Biodiversitätskonvention (CBD)
1993	Zweite Weltmenschenrechtskonferenz in Wien
1994	Abschluss der Desertifikationskonvention (CCD)
1995	Gründung der Welthandelsorganisation (WTO)
1995	Weltgipfel für soziale Entwicklung in Kopenhagen
1995	Vierte Weltfrauenkonferenz in Peking
1996	Welternährungsgipfel in Rom
1997	Rio+5-Sondersitzung der UN-Generalversammlung
1997	Unterzeichnung des Kyoto-Protokolls
1998	Abbruch der Verhandlungen um das Multilaterale Investitionsabkommen (MAI) der OECD-Staaten
1999	Scheitern der WTO-Ministerkonferenz in Seattle
2000	Einrichtung des *Global Compact*, eines innovativen Dialogforums zwischen den Vereinten Nationen und der Privatwirtschaft unter Beteiligung anderer Interessengruppen
2000	Millenniumsgipfel der Vereinten Nationen Verkündung der „Millennium-Entwicklungsziele"
Dezember 2000	UN-Generalversammlung beschließt, den Rio+10-Gipfel in Johannesburg abzuhalten

Mai 2001	Mit der 10. Sitzungsrunde der Kommission für nachhaltige Entwicklung (CSD-10) übernimmt die CSD die Funktion des Vorbereitungskomitees (*Preparatory Committee*) für den Weltgipfel in Johannesburg
Juni 2001	Verabschiedung der Nachhaltigkeitsstrategie der Europäischen Union auf dem Ratstreffen in Göteborg („interne Strategie")
November 2001	WTO-Ministerkonferenz in Doha (Katar) Beschluss über Einleitung einer neuen Welthandelsrunde und die *Doha Development Agenda*
März 2002	UN-Konferenz über Entwicklungsfinanzierung in Monterrey (Mexiko)
April 2002	Fertigstellung der deutschen Nachhaltigkeitsstrategie
27.5.-7.6.2002	letzte Vorkonferenz (*PrepCom IV*) des Weltgipfels für nachhaltige Entwicklung auf Bali (Indonesien)
Juni 2002	Welternährungsgipfel+5 in Rom
26.8.-4.9. 2002	Weltgipfel für nachhaltige Entwicklung (WSSD) in Johannesburg

Linksammlung zum Rio-Johannesburg-Prozess

(Hinweis: Die anlässlich des Gipfels in Johannesburg eingerichteten Informationsportale werden in mehreren Fällen nicht mehr aktualisiert. Die folgenden Angaben beziehen sich auf den Stand von November 2002.)

Website der Vereinten Nationen zum Weltgipfel in Johannesburg
www.johannesburgsummit.org

Informationen der United Nations Division for Sustainable Development
www.un.org/esa/sustdev

Website des WSSD Civil Society Global Forum (19.8. bis 4.9.2002)
www.worldsummit.org.za

Website der Internationalen Konferenz zur Entwicklungsfinanzierung im März 2002 in Monterrey (Mexiko)
www.un.org/esa/ffd

Informationen der Vereinten Nationen zum Global Compact
www.unglobalcompact.org

Netzwerk der nationalen Nachhaltigkeitsräte (National Councils for Sustainable Development)
www.ncsdnetwork.org

Das Johannesburg-Portal des Stakeholder Forum (ehemals UK-UNED Forum), das auch als Organisator von „Multi-Stakeholder-Dialogen" im Vorbereitungsprozess auftrat
www.earthsummit2002.org

Das reichhaltige Informationsportal der Heinrich-Böll-Stiftung zum Johannesburg-Gipfel /deutsche und internationale Seiten
www.worldsummit2002.de
www.worldsummit2002.org

Johannesburg-Portal des International Institute for Sustainable Development (IISD), Winnipeg (Kanada), welches das Earth Negotiations Bulletin (ENB) herausgibt und die Verhandlungsprozesse zum Thema Umwelt und Entwicklung dokumentiert
www.iisd.ca/wssd/portal.html

Johannesburg-Informationen des Londoner International Institute for Environment and Development (IIED)
www.iied.org/wssd/pubs.html

Informationsseite der Bundesregierung zu Johannesburg
www.weltgipfel2002.de

Informationsseite zur Nachhaltigkeitsstrategie der Bundesregierung
www.dialog-nachhaltigkeit.de

Informationen des Rates für Nachhaltige Entwicklung
www.nachhaltigkeitsrat.de

Seite des „International Council for Local Environmental Initiatives" zu den Perspektiven lokaler Regierungen / Verwaltungen im Johannesburg-Prozess
www.iclei.org/rioplusten

Informationen zu Rio-10 aus Perspektive der Nichtregierungsorganisationen und zivilgesellschaftlichen Gruppen aus dem Süden, insbesondere Afrika
www.rio10.dk

European Partners for the Environment, ein Multi-Stakeholder-Forum von vorwiegend europäischen Umwelt- und Entwicklungsorganisationen
www.epe.be

Website der Business Action for Sustainable Development, der gemeinsamen Johannesburg-Initiative der Internationalen Handelskammer ICC und des World Business Council for Sustainable Development WBCSD
www.basd-action.net

GTZ-Pilotvorhaben „Rio+10 / Förderung nationaler Strategien nachhaltiger Entwicklung"
www.gtz.de/rioplus

Kampagne „Globale Gerechtigkeit ökologisch Gestalten - Neuer Schwung für Nachhaltige Entwicklung" des Forums für Umwelt und Entwicklung (mit einer Reihe von Bilanzpapieren des Rio+10-Prozesses aus NGO-Sicht)
www.rio-10.de

Informationen der bundesweiten Servicestelle Lokale Agenda 21
www.agendaservice.de

Informationen zur Landesagenda 21 in Nordrhein-Westfalen
www.agenda21.nrw.de

Bundesweite Servicestelle „Kommunen in der Einen Welt"
Plattform zur kommunalen Nord-Süd-Zusammenarbeit bei InWEnt
www.service-eine-welt.de

LITERATURVERZEICHNIS

Adam, Markus: Die Entstehung des Governance-Konzepts bei Weltbank und UN. Die EZ wird politischer. In: E+Z - Entwicklung und Zusammenarbeit, 41 (2000) 10, S. 272-274

Afemann, Uwe: Anschluss gesucht. Der größte Teil der Weltbevölkerung muss ohne neue Medien auskommen. In: E+Z - Entwicklung und Zusammenarbeit, 42 (2001) 4, S. 108-111

Akzente spezial (Sonderausgabe März 2002): Globale Umweltpolitik. Von Rio nach Johannesburg. Hg. von der Deutschen Gesellschaft für Technische Zusammenarbeit (GTZ)

Arias, Oscar: Eine Politik für den Frieden. Good Governance als Herausforderung für das neue Jahrhundert. In: E+Z - Entwicklung und Zusammenarbeit, 41 (2000) 2, S. 32-33

Barandat, Jörg: Sie graben uns das Wasser ab... Grenzüberschreitende Gewässersysteme und internationales Recht. In: E+Z - Entwicklung und Zusammenarbeit, 42 (2001) 6, S. 181-184

[BDI] Bundesverband der Deutschen Industrie: Nationale Strategie für eine nachhaltige Entwicklung. Stellungnahme des BDI zum Entwurf der Bundesregierung und zum Dialogpapier des Rates für Nachhaltige Entwicklung. Februar 2002 <www.bdi-online.de>

Beck, Ralf-Uwe: Ohne Bürger geht das nicht. Die Nachhaltige Entwicklung braucht direktdemokratische Instrumente. In: BUND; Misereor: Wegweiser für ein zukunftsfähiges Deutschland. München 2002, S. 235-241

Becker, Egon: Globalökologie und Weltgesellschaft. In: Eckhard Deutscher, Thomas Jahn und Bernhard Moltmann (Hg.): Entwicklungsmodelle und Weltbilder. Frankfurt a.M. 1995. S. 26-44

Bennis, Phyllis: Mit der Wirtschaft aus der Finanzkrise? Die drohende Vereinnahmung der UNO durch private Geldgeber. In: Tanja Brühl u.a. (Hg.): Die Privatisierung der Weltpolitik. Entstaatlichung und Kommerzialisierung im Globalisierungsprozess (EINE Welt – Texte der Stiftung Entwicklung und Frieden, Bd. 11). Bonn 2001, S. 130-149

BIODIV-Projekt der GTZ: Nachhaltige Nutzung der genetischen Ressourcen – ein Beitrag zur Armutsbekämpfung. In: Kommunikation Global. Eine Publikation des IPS-CIC-Kommunikationsprojekts, 3 (2002) 30, S. 25-28

Birnie, Patricia: The UN and the Environment. In: Adam Roberts und Benedict Kingsbury (Hg.): United Nations, Divided World. The UN's Roles in International Relations, Oxford u.a. 1993 (2. Aufl.), S. 327-383.

[BMU] Bundesministerium für Umwelt, Naturschutz und Reaktorsicherheit: Auf dem Weg zu einer nachhaltigen Entwicklung in Deutschland. Bericht der Bundesregierung anläßlich der VN-Sondergeneralversammlung über Umwelt und Entwicklung 1997 in New York. Bonn 1997a

[BMU] Bundesministerium für Umwelt, Naturschutz und Reaktorsicherheit: Umweltpolitik - Agenda 21. Konferenz der Vereinten Nationen für Umwelt und Entwicklung im Juni 1992 in Rio de Janeiro – Dokumente. Bonn 1997b
<www.bmu.de/download/dateien/agenda21.pdf>

[BMU] Bundesministerium für Umwelt, Naturschutz und Reaktorsicherheit: Nachhaltige Entwicklung in Deutschland. Entwurf eines umweltpolitischen Schwerpunktprogramms. Bonn 1998

[BMU/BMZ] Bundesministerium für Umwelt, Naturschutz und Reaktorsicherheit; Bundesministerium für wirtschaftliche Zusammenarbeit und Entwicklung: Gemeinsamer Bericht über die Ergebnisse der VN-Sondergeneralversammlung zur Überprüfung der Umsetzung der Rio-Ergebnisse im Juni 1997 in New York. Bonn 1997

[BMZ] Bundesministerium für wirtschaftliche Zusammenarbeit und Entwicklung: Klimaschutz in der Entwicklungszusammenarbeit (BMZ-Materialien Nr. 92). Bonn 1995a

[BMZ] Bundesministerium für wirtschaftliche Zusammenarbeit und Entwicklung: Überlebensfrage Wasser – eine Ressource wird knapp (BMZ-Materialien Nr. 94). Bonn 1995b

[BMZ] Bundesministerium für wirtschaftliche Zusammenarbeit und Entwicklung: Erneuerbare Energie für nachhaltige Entwicklung und Klimaschutz (BMZ-Materialien Nr. 100). Bonn 1999

[BMZ] Bundesministerium für wirtschaftliche Zusammenarbeit und Entwicklung: Armutsbekämpfung – eine globale Aufgabe. Aktionsprogramm 2015. Der Beitrag der Bundesregierung zur weltweiten Halbierung extremer Armut (BMZ-Materialien Nr. 106). Bonn 2001a

[BMZ] Bundesministerium für wirtschaftliche Zusammenarbeit und Entwicklung: Elfter Bericht zur Entwicklungspolitik der Bundesregierung (BMZ-Materialien 111). Bonn 2001b [Berichtszeitraum 1995 bis 2000; auch: Deutscher Bundestag, Drucksache 14/6496, 7.6.2001]

[BMZ] Bundesministerium für wirtschaftliche Zusammenarbeit und Entwicklung: Konzept für die Förderung der gleichberechtigten Beteiligung von Frauen und Männern am Entwicklungsprozess. Gleichberechtigungskonzept. 2. überarbeitete Fassung (BMZ Konzepte Nr. 111). Bonn 2001c

[BMZ] Bundesministerium für wirtschaftliche Zusammenarbeit und Entwicklung: Medienhandbuch Entwicklungspolitik 2002. Berlin 2002a

[BMZ] Bundesministerium für wirtschaftliche Zusammenarbeit und Entwicklung: Von Rio nach Johannesburg – Ausgewählte Handlungsfelder der deutschen Entwicklungspolitik seit der Konferenz von Rio de Janeiro (UNCED) 1992 – eine Bestandsaufnahme. Bonn 2002b
<www.bmz.de/themen/imfokus/rio/johannesburgreviewangfass.pdf>

[BMZ] Bundesministerium für wirtschaftliche Zusammenarbeit und Entwicklung: Studie „Zur Durchführbarkeit einer Devisentransaktionssteuer" – Hauptaussagen und Schlussfolgerungen. Berlin, 20.2.2002
<www.bmz.de/themen/imfokus/financing/tobin.pdf>

Bohnet, Michael: Die Bedeutung des Leitbildes Nachhaltige Entwicklung für die Entwicklungspolitische Zusammenarbeit der Regierung der Bundesrepublik Deutschland. In: Deutsche Gesellschaft für Technische Zusammenarbeit (GTZ): Eschborner Fachtage '98. Nachdenken über Nachhaltige Entwicklung. Dokumentation der Plenumsveranstaltung, S. 9-23
<www.gtz.de/eschborner_fachtage/fachtage1998/ft1.htm>

Born, Manfred: Ein Leitbild und wie es zur Welt kam. Geschichte der Nachhaltigen Entwicklung. In: politische ökologie, 20 (2002) 76, S. 30-32

Boutros-Ghali, Boutros: Hinter den Kulissen der Weltpolitik. Die UNO – wird eine Hoffnung verspielt? Bilanz meiner Amtszeit als Generalsekretär der Vereinten Nationen, Hamburg 2000 [engl.: Unvanquished, New York 2000]

Braig, Marianne: Fraueninteressen in Entwicklungstheorie und -politik . Von *Women in Development* zu *Mainstreaming Gender*, in: Reinold E. Thiel (Hg.): Neue Ansätze zur Entwicklungstheorie (Themendienst 10). Deutsche Stiftung für internationale Entwicklung. Bonn 2001 (2. Aufl.), S. 110-120

Brandt, Willy (Hg.): Das Überleben sichern. Gemeinsame Interessen der Entwicklungs- und Industrieländer. Bericht der Nord-Süd-Kommission. Köln 1980

Bresson, Gilles: Chirac, chantre du tout-écologique. A Avranches, il a défendu la création d'une charte constitutionnelle. Libération, 19.3.2002 (Online-Ausgabe).

Brühl, Tanja u.a. (Hg.): Die Privatisierung der Weltpolitik. Entstaatlichung und Kommerzialisierung im Globalisierungsprozess (EINE Welt – Texte der Stiftung Entwicklung und Frieden, Bd. 11). Bonn 2001

Brunnengräber, Achim: Umwelt- oder Gesellschaftskrise? Zur politischen Ökonomie des Klimas. In: Christoph Görg und Ulrich Brand (Hg.): Mythen globalen Umweltmanagements. Rio + 10 und die Sackgassen „nachhaltiger Entwicklung". Münster 2002, S. 192-215

BUND; Misereor: Zukunftsfähiges Deutschland. Ein Beitrag zu einer global nachhaltigen Entwicklung. Studie des Wuppertal Instituts für Klima, Umwelt, Energie GmbH. Basel 1996

BUND; Misereor: Wegweiser für ein zukunftsfähiges Deutschland. München 2002
Bund-Länder-Arbeitskreis „Nachhaltige Entwicklung": Aktivitäten der Bundesländer im Zusammenhang mit dem Weltgipfel für nachhaltige Entwicklung in Johannesburg „Rio+10". Zusammenstellung des Bund-Länder-Arbeitskreises „Nachhaltige Entwicklung". Stand: 2. Juli 2002
<www.nachhaltigkeitsrat.de/service/download/pdf/BundeslaenderZusammenstellung Rio101.pdf>

Bundesregierung: Perspektiven für Deutschland. Unsere Strategie für eine nachhaltige Entwicklung. Entwurf der nationalen Nachhaltigkeitsstrategie. Berlin, Dezember 2001

Bundesregierung: Perspektiven für Deutschland. Unsere Strategie für eine nachhaltige Entwicklung. April 2002
<www.dialog-nachhaltigkeit.de>
[im Text zitiert nach der Bundestags-Drucksache 14/8953, 25.4.2002]

Bury, Hans Martin: Rede zum Thema „Die nationale Nachhaltigkeitsstrategie". Heilbronn, 2.5.2002
<www.bundesregierung.de/frameset/index.jsp> [Schwerpunkte/Nachhaltige Entwicklung]

Carius, Alexander, Eileen Petzold-Bradley und Stefanie Pfahl: Umweltpolitik und nachhaltige Friedenspolitik. Ein neues Thema auf der internationalen Agenda. In: Aus Politik und Zeitgeschichte, B 12/2001, S. 6-13

CDU/CSU-Bundestagsfraktion: Eckpunkte der CDU/CSU-Bundestagsfraktion für eine Nachhaltige Entwicklung. Beschluss vom 14. Mai 2002
<www.cducsu.de/upload/nachhaltigkeit.pdf>

Chahoud, Tatjana: Nach dem Scheitern des MAI. Rückschlag oder Chance für die Entwicklungsländer? In: E+Z - Entwicklung und Zusammenarbeit, 40 (1999) 6, S. 196-197

Chahoud, Tatjana: Der „Global Compact" und die „OECD-Leitsätze für multinationale Unternehmen" als globale Instrumente zur Förderung der Unternehmensverantwortung. Bundeszentrale für politische Bildung. Tagungsbeitrag. Juli 2001
<www.bpb.de>

CorpWatch; Tides Center: Greenwash+10. The UN's Global Compact, Corporate Accountability and the Johannesburg Summit. Januar 2002
<www.corpwatch.org/campaigns/PCD.jsp?articleid=1348>

[CSD] Commission on Sustainable Development: Indicators of Sustainable Development: Guidelines and Methodologies. New York 2001
<www.un.org/esa/sustdev/indisd/indisd-mg2001.pdf>

Daly, Hermann: Wirtschaft jenseits von Wachstum. Die Volkswirtschaftslehre nachhaltiger Entwicklung. Salzburg 1999

Dederichs-Bain, Birgit: Die Weltfrauenkonferenz von Peking: Ihre Umsetzung in die deutsche Politik. In: Thomas Fues und Brigitte I. Hamm (Hg.): Die Weltkonferenzen der 90er Jahre: Baustellen für Global Governance (EINE Welt – Texte der Stiftung Entwicklung und Frieden, Bd. 12). Bonn 2001. S. 191-224

[DEFRA] Department for Environment, Food and Rural Affairs: Achieving a better quality of life. Review of progress towards sustainable development. Government annual report 2001. London 2002

Dembinski, Matthias: Unilateralismus versus Multilateralismus. Die USA und das spannungsreiche Verhältnis zwischen Demokratie und Internationaler Organisation. Hessische Stiftung Friedens- und Konfliktforschung (HSFK-Report 4/2002). Frankfurt 2002

[DESA/CSD] UN Department of Economic and Social Affairs / Commission on Sustainable Development acting as the preparatory committee for the World Summit on Sustainable Development (Second preparatory session 28 January - 8 February 2002): Second Local Agenda 21 Survey. Background Paper No. 15. Submitted by the International Council for Local Environmental Initiatives, DESA/DSD/PC2/BP15 [DESA/CSD 2002a]
<www.iclei.org/rioplusten/final_document.pdf>

[DESA/CSD] UN Department of Economic and Social Affairs / Commission on Sustainable Development acting as the preparatory committee for the World Summit on Sustainable Development (Fourth preparatory session 27 May - 7 June 2002): From Globalization to Sustainable Programme: UNEP's work on trade, economics, and sustainable development. Background Paper No. 1: Submitted by United Nations Environment Programme (UNEP). DSEA/DSD/PC4/BP. 1. Mai 2002 [DESA/CSD 2002b]

[DESA/DSD] UN Department of Economic and Social Affairs / Division for Sustainable Development: National Implementation of Agenda 21: The Report. [New York] 2002
<www.un.org/esa/agenda21>

Deutsche Stiftung für internationale Entwicklung (DSE) / Entwicklungspolitisches Forum: Bericht, Internationaler Round Table. Entwicklungspolitische Bewertung der UN-Weltkonferenzen 1990 bis 1996. Ziele, Ergebnisse und Umsetzungsstrategien im Vergleich. Berlin 29. Oktober bis 1. November 1996. Berlin 1997

Deutsche Welthungerhilfe; terre des hommes Deutschland: Die Wirklichkeit der Entwicklungshilfe. Neunter Bericht 2000/2001. Eine kritische Bestandsaufnahme der deutschen Entwicklungspolitik. Bonn / Osnabrück 2001

Deutscher, Eckhard, Thomas Jahn und Bernhard Moltmann (Hg.): Entwicklungsmodelle und Weltbilder. Frankfurt a.M. 1995

Deutscher Bundestag, Referat Öffentlichkeitsarbeit: Abschlußbericht der Enquete-Kommission „Schutz des Menschen und der Umwelt - Ziele und Rahmenbedingungen einer nachhaltig zukunftsverträglichen Entwicklung" des 13. Deutschen Bundestages: Konzept Nachhaltigkeit. Vom Leitbild zur Umsetzung (Zur Sache 4/98). Bonn 1998

Deutscher Bundestag: Schlussbericht der Enquete-Kommission Globalisierung der Weltwirtschaft – Herausforderungen und Antworten. 14. Wahlperiode. Drucksache 14/9200, 12.6.2002 [2002a]

Deutscher Bundestag: Bericht der Enquete-Kommission „Nachhaltige Energieversorgung unter den Bedingungen der Globalisierung und Liberalisierung". 14. Wahlperiode. Drucksache 14/9400, 1.7.2002 [2002b]

Deutscher Gewerkschaftsbund: Stellungnahme des DGB zum Entwurf der nationalen Nachhaltigkeitsstrategie „Perspektiven für Deutschland – unsere Strategie für eine nachhaltige Entwicklung". Berlin, Februar 2002
<www.dgb.de/idaten/stellgn-NHKstrat.pdf>

Dippoldsmann, Peter: Innovative institutionelle Indikatoren für eine Sustainable-Development-orientierte Politik. Eine kritische Betrachtung des Diskussionsstands. GMD Report 103. Sankt Augustin 2000

Dombrowsky, Ines: Die Wasserkrise im Nahen Osten. In: Aus Politik und Zeitgeschichte, B 48-49/2001, S. 30-38

Earth Council: NCSD Report 2001. Integrating Global Environmental Conventions at National and Local levels. Editors: Fayen d'Evie; Björn Beeler
<www.ncsdnetwork.org/knowledge/ncsdreport2001.pdf>

Eberlei, Walter: Paradigmenwechsel in der Armutsbekämpfung. Poverty Reduction Strategies als neues Konzept – auch für das BMZ? In: E+Z - Entwicklung und Zusammenarbeit, 41 (2000) 6, S. 165-168

Eberlei, Walter und Christoph Weller: Deutsche Ministerien als Akteure von Global Governance. Eine Bestandsaufnahme der auswärtigen Beziehungen der Bundesministerien. Institut für Entwicklung und Frieden der Gerhard-Mercator-Universität Duisburg (INEF-Report, Heft 51/2001). Duisburg 2001

Eblen, Ruth A. und William R. Eblen (Hg.): The Encyclopedia of the Environment. Boston 1994

[ECOSOC/CSD] UN Economic and Social Council / Commission on Sustainable Development acting as the preparatory committee for the World Summit on Sustainable Development (Second session 28 January - 8 February 2002): Implementing Agenda 21. Report of the Secretary-General. United Nations Economic and Social Council, E/CN.17/2002/PC.2/7 (19.12.2001) [ECOSOC/CSD 2002]

Engels, Benno: PPP – Hoffnungsträger oder trügerische Hoffnung? In: E+Z - Entwicklung und Zusammenarbeit, 41 (2000) 2, S. 41-43

[Europäische Kommission] Kommission der Europäischen Gemeinschaften: Mitteilung der Kommission. Nachhaltige Entwicklung in Europa für eine bessere Welt: Strategie der Europäischen Union für die nachhaltige Entwicklung (Vorschlag der Kommission für den Europäischen Rat in Göteborg), KOM (2001) 264 endgültig, Brüssel, 15.5.2001
<www.europa.eu.int/eur-lex/de/com/cnc/2001/com2001_0264de01.pdf>

[Europäische Kommission] Kommission der Europäischen Gemeinschaften: Mitteilung der Kommission an das Europäische Parlament, den Rat, den Wirtschafts- und Sozialausschuss und den Ausschuss der Regionen. Auf dem Weg zu einer globalen Partnerschaft für nachhaltige Entwicklung. KOM (2002) 82 endgültig, Brüssel, 13.2.2002 [2002a]
<www.europarl.eu.int/meetdocs/committees/envi/20020326/com(2002)82de_acte_f.pdf>

[Europäische Kommission] Die EU-Tagesordnung für den Weltgipfel für nachhaltige Entwicklung. Brüssel. 17.7.2002 [2002b]. SG 2002-08898-00-00-DE-TRA-00 (EN)
<www.europa.eu.int/comm/environment/wssd/documents/agenda_de.pdf>

Fitschen, Thomas: Der Global Compact und die Rolle der Regierungen. In: Brigitte Hamm (Hg.): Public-Private Partnership und der Global Compact der Vereinten Nationen. Institut für Entwicklung und Frieden der Gerhard-Mercator-Universität Duisburg (INEF-Report, Heft 62/2002) Duisburg 2002, S. 40-52

Fleisch, Hans: Weltbevölkerung und Verstädterung. In: Globale Trends 2002. Fakten, Analysen, Prognosen. Hg. von Ingomar Hauchler, Dirk Messner; Franz Nuscheler. Stiftung Entwicklung und Frieden. Frankfurt a.M. 2001, S. 93-111

Forum Umwelt & Entwicklung: Die UN-Kommission für Nachhaltige Entwicklung (CSD): Ein Leitfaden. Bonn 1998

Forum Umwelt & Entwicklung: Rundbrief 3/2001: Johannesburg 2002. Die Weichen werden gestellt

Forum Umwelt & Entwicklung: Rundbrief 3/2002: Das war der Gipfel

Fues, Thomas: Rio plus 10. Der deutsche Beitrag zu einer globalen Strategie für nachhaltige Entwicklung. Stiftung Entwicklung und Frieden (Policy Paper Nr. 6). Bonn 1997

Fues, Thomas: Das Indikatorenprogramm der UN-Kommission für die nachhaltige Entwicklung: Stellenwert für den internationalen Rio-Prozeß und Folgerungen für das Konzept von Global Governance. Frankfurt 1998

Fues, Thomas: Der Kopenhagen-Prozess und die Weltsozialordnung In: ders. und Brigitte I. Hamm (Hg.): Die Weltkonferenzen der 90er Jahre: Baustellen für Global Governance (EINE Welt – Texte der Stiftung Entwicklung und Frieden, Bd. 12). Bonn 2001, S. 158-190

Fues, Thomas und Brigitte I. Hamm (Hg.): Die Weltkonferenzen der 90er Jahre: Baustellen für Global Governance (EINE Welt – Texte der Stiftung Entwicklung und Frieden, Bd. 12). Bonn 2001

Fues, Thomas, Brigitte I. Hamm und Jonas Wolff: Die Weltkonferenzen und ihre Folgeprozesse: Umsetzung in die deutsche Politik. In: Thomas Fues und Brigitte I. Hamm (Hg.): Baustellen für Global Governance (EINE Welt – Texte der Stiftung Entwicklung und Frieden, Bd. 12). Bonn 2001

Gansen, Thorsten, Jürgen Anton und Albrecht Hoffmann: Auswertung lokaler Agenda-21-Prozesse in Nordrhein-Westfalen. Untersuchung von 141 nordrhein-westfälischen Kommunen. Bonn, 15.4.2001
<www.agenda-transfer.de/german/download/endbericht.doc>

Global 2000. Der Bericht an den Präsidenten. Deutsche Übersetzung hg. von Reinhard Kaiser. Frankfurt a.M. 1980 [Orig.: Barney, Gerald O. (Hg.): The Global 2000 Report to the President of the U.S.: Entering the Twenty-First Century. Drei Bände. New York 1980]

Globale Trends 2002. Fakten, Analysen, Prognosen. Hg. von Ingomar Hauchler, Dirk Messner, Franz Nuscheler. Stiftung Entwicklung und Frieden. Frankfurt a.M. 2001

Golding, Ian und L. Alan Winters (Hg.): The Economics of Sustainable Development. Cambridge 1995

Görg, Christoph und Ulrich Brand (Hg.): Mythen globalen Umweltmanagements. Rio + 10 und die Sackgassen „nachhaltiger Entwicklung". Münster 2002

Gouvernement Français: Propositions pour une Stratégie Nationale de Développement Durable. Contribution du Gouvernement Français. März 2002
<www.environnement.gouv.fr/telch/2002-t1/20020313-strategie-dev-durable.pdf>

Greenpeace: Themen & Kampagnen: Welthandel / WTO. Ökologische Leitplanken für den Welthandel. Stand: 4/1999
<www.greenpeace.de/GP_DOK_3P/BRENNPUN/F9902F.HTM>

Gruhl, Herbert: Ein Planet wird geplündert. Die Schreckensbilanz unserer Politik. Frankfurt a.M. 1975

Gsänger, Hans: Entwicklungspolitische Bewertung der UN-Weltkonferenzen 1990-1996: Ziele, Ergebnisse und Umsetzungsstrategien im Vergleich. In: Deutsche Stiftung für internationale Entwicklung / Entwicklungspolitisches Forum: Bericht, Internationaler Round Table. Entwicklungspolitische Bewertung der UN-Weltkonferenzen 1990 bis 1996. Berlin 29. Oktober bis 1. November 1996. Berlin 1997, S. 68-114

Gsänger, Hans: Soziale Sicherung bei zunehmender Globalisierung. In: Michael von Hauff (Hg.): Soziale Sicherung in Süd und Ost. Kirchheim 1998, S. 9-80

Hamm, Brigitte: Der Global Compact – eine Bestandsaufnahme. In: dies. (Hg.): Public-Private Partnership und der Global Compact der Vereinten Nationen. Institut für Entwicklung und Frieden der Gerhard-Mercator-Universität Duisburg (INEF-Report, Heft 62/2002) Duisburg 2002, S. 17-39 [2002a]

Hamm, Brigitte u.a.: Weltpolitik am Scheideweg. Der 11. September 2001 und seine Folgen (Policy Paper Nr. 19). Stiftung Entwicklung und Frieden. Bonn 2002b

Harborth, Hans-Jürgen: Dauerhafte Entwicklung statt globaler Selbstzerstörung. Eine Einführung in das Konzept des „Sustainable Development". Berlin 1993 (2. Aufl.)

Hauchler, Ingomar, Dirk Messner und Franz Nuscheler: Global Governance Notwendigkeit – Bedingungen – Barrieren. In: Globale Trends 2002. Fakten, Analysen, Prognosen. Hg. von Ingomar Hauchler; Dirk Messner und Franz Nuscheler. Stiftung Entwicklung und Frieden. Frankfurt a.M. 2001, S. 11-37

Hauff, Volker (Hg.): Unsere gemeinsame Zukunft. Der Brundtland-Bericht der Weltkommission für Umwelt und Entwicklung. Greven 1987

Hauff, Volker: Erfolge, Defizite, Perspektiven – ein Resümee von Johannesburg und Perspektiven für die Umsetzung der Nachhaltigkeitsstrategie in Deutschland. Vortrag zur Fachtagung der Friedrich-Ebert-Stiftung und der Gesellschaft für Nachhaltigkeit, neue Umweltökonomie und nachhaltigkeitsgerechtes Umweltrecht e.V. am 24.10.02 <www.nachhaltigkeitsrat.de>

Heidbrink, Kathrin; Paulus, Stephan: Nachhaltigkeitsstrategien im Dickicht nationaler Planungsprozesse. Von der Konvergenz des Denkens zur Kohärenz des Handelns in der Entwicklungszusammenarbeit. Hg. von der Deutschen Gesellschaft für Technische Zusammenarbeit (GTZ). Bonn/Eschborn 2000

Heinrich-Böll-Stiftung: Das Jo'burg-Memo. Ökologie – die neue Farbe der Gerechtigkeit. Memorandum zum Weltgipfel für Nachhaltige Entwicklung. Berlin 2002

Hemmati, Minu: Frauen bereiten sich vor. Aktivitäten vor dem Erdgipfel 2002. In: Forum Umwelt & Entwicklung: Johannesburg 2002. Die Weichen werden gestellt. Rundbrief 3/2001. S. 9-11

Hemmati, Minu: Gebrauchsanleitung für den Weltgipfel. Der Johannesburg-Vorbereitungsprozess. In: politische ökologie, 20 (2002) 76, S. 54-57

Hemmati, Minu und Rosalie Gardiner: Gender and Sustainable Development (World Summit Papers of the Heinrich Böll Foundation Nr.10). Berlin 2002 <www.worldsummit2002.org/publications/wspaper10.pdf>

Hermle, Reinhard: Stellungnahme des Verbands Entwicklungspolitik deutscher Nichtregierungsorganisationen e.V. (VENRO). In: Friedrich-Ebert-Stiftung: Zivilgesellschaft und Entwicklung. Beiträge für eine Anhörung des Deutschen Bundestages über die „Bedeutung der Zivilgesellschaft für nachhaltige Entwicklung in den Entwicklungsländern" [7.6.2000]. Bonn 2001, S. 13-27

Hermle, Reinhard: Johannesburg – Gipfel der Ankündigungen. In: E+Z - Entwicklung und Zusammenarbeit, 43 (2002) 10, S. 271

Hoering, Uwe: Privatisierung im Wassersektor. Entwicklungshilfe für transnationale Wasserkonzerne – Lösung der globalen Wasserkrise? (WEED Arbeitspapier). Bonn 2001

Hoffmann, Rhena: Internationale Regelwerke im Umweltbereich als Motor für nationale und internationale Strukturpolitik. In: Kommunikation Global. Eine Publikation des IPS-CIC-Kommunikationsprojekts, 3 (2002) 30, S. 4-5

Hofmann, Michael und Rolf Drescher: Der Monterrey-Konsens. Eine neue Entwicklungspartnerschaft. In: E+Z - Entwicklung und Zusammenarbeit, 43 (2002) 5, S. 149-151

Holtz, Uwe: Probleme und Perspektiven der Entwicklungspolitik. In: ders. (Hg.): Probleme der Entwicklungspolitik. Bonn 1997, S. 11-97.

Huq, Saleemul: Applying sustainable development criteria to CDM projects: PCF experience (PCFplus Report 10. April 2002) [PCF = World Bank Prototype Carbon Fund]
<www.iied.org/pdf/cc_PCF.pdf>

[ILO] International Labour Organization: A Future Without Child Labour. Global Report under the Follow-up to the ILO Declaration on Fundamental Principles and Rights at Work. International Labour Office. Genf 2002
<www.ilo.org/declaration>

International Union for Conservation of Nature and Natural Resources (IUCN); United Nations Environment Programme (UNEP); World Wildlife Fund (WWF): World Conservation Strategy. Living Resource Conservation for Sustainable Development. Gland 1980

Jänicke, Martin, Philip Kunig und Michael Stitzel: Lern- und Arbeitsbuch Umweltpolitik. Politik, Recht und Management des Umweltschutzes in Staat und Unternehmen. Bonn 1999

Jänicke, Martin und Helge Jörgens (Hg.): Umweltplanung im internationalen Vergleich. Strategien der Nachhaltigkeit. Berlin u.a. 1999

Jänicke, Martin u.a.: Germany. In: Organization for Economic Co-operation and Development (OECD): Governance for Sustainable Development: Five OECD Case Studies. Paris 2002, S. 113-153

Kaiser, Karl: Die Umweltkrise und die Zukunft der internationalen Politik. In: Europa-Archiv, 25 (1970) 24, S. 877-890

Kaiser, Martin: Globale Urwaldkrise!!! Größte Enttäuschung des Rio-Prozesses. In: Forum Umwelt & Entwicklung: Johannesburg 2002. Die Weichen werden gestellt. Rundbrief 3/2001. S. 12-14

Kappel, Robert: Entwicklung durch Handel? Was bringen geöffnete Industrieländer-Märkte den armen Ländern. In: E+Z - Entwicklung und Zusammenarbeit, 42 (2001) 9, S. 248-249

Kaul, Inge; Isabelle Grunberg und Marc A. Stern (Hg.): Global Public Goods. International Cooperation in the 21st Century. Publication for the United Nations Development Program (UNDP). New York/Oxford 1999

Klaphake, Axel und Waltina Scheumann: Politische Antworten auf die globale Wasserkrise: Trends und Konflikte. In: Aus Politik und Zeitgeschichte, B 48-49/2001, S. 3-12

Klemp, Ludgera: Entwicklungspolitik im Wandel. Von der Entwicklungshilfe zur globalen Strukturpolitik (Themendienst 11). Deutsche Stiftung für internationale Entwicklung. Bonn 2000

Klingebiel, Ruth: Der Weltgipfel für Soziale Entwicklung in Kopenhagen 1995. Absichtserklärungen ohne Verbindlichkeit. In: Dirk Messner, Franz Nuscheler (Hg.): Weltkonferenzen und Weltberichte. Ein Wegweiser durch die internationale Diskussion. Institut für Entwicklung und Frieden (INEF). Bonn 1996, S. 206-214

Klingebiel, Ruth und Shalini Randeria (Hg.): Globalisierung aus Frauensicht. Bilanzen und Visionen (EINE Welt – Texte der Stiftung Entwicklung und Frieden, Bd. 6). Bonn 1998

Knaup, Bettina: Frauen und politische Entscheidungsmacht: Von fernen Zielen und drohenden Rückschritten. In: Ruth Klingebiel; Shalini Randeria (Hg.): Globalisierung aus Frauensicht. Bilanzen und Visionen (EINE Welt – Texte der Stiftung Entwicklung und Frieden, Bd. 6). Bonn 1998, S. 86-111

Knirsch, Jürgen: WTO vs. UN. In: politische ökologie, 20 (2002) 76, S. 43-45

Köhne, Anja: Zwei Schritte vor, zwei zurück, zwei zur Seite. Umweltschutz und Nachhaltigkeit in der EU. In: BUND; Misereor: Wegweiser für ein zukunftsfähiges Deutschland. München 2002, S. 135-143

Kohout, Franz und Peter Cornelius Mayer-Tasch: Das ökologische Weltgewissen. Die Arbeit von NGOs im Rahmen der internationalen Umweltpolitik. In: Aus Politik und Zeitgeschichte, B 6-7/2002, S. 15-22

Kommission für Weltordnungspolitik: Nachbarn in Einer Welt. Der Bericht der Kommission für Weltordnungspolitik (The Commission on Global Governance). Hg. von der Stiftung Entwicklung und Frieden (EINE Welt – Texte der Stiftung Entwicklung und Frieden, Bd. 14). Bonn 1995

Kühnhardt, Ludger: Die Zukunft der Demokratisierung. In: Karl Kaiser, Hans-Peter Schwarz (Hg.): Die neue Weltpolitik. Baden-Baden 1995

Kurz, Rudi: Ethisches Konzept statt Modewort. Nachhaltigkeit: Leitbild einer zukunftsfähigen Entwicklung. In: BUND; Misereor: Wegweiser für ein zukunftsfähiges Deutschland. München 2002, S. 90-96

Kwa, Aileen (mit Beiträgen von Sabrina Varma und Shefali Sharma): Power Politics in the WTO. Developing Countries' Perspectives on Decision-making Processes in Trade Negotiations. Focus on the Global South. Bangkok 2002
<www.focusweb.org/publications/2002/power%20politics_final.pdf>

Makinwa-Adebusoye, Paulina: Bevölkerung, Situation der Frauen und nachhaltige Entwicklung in Afrika. In: Ruth Klingebiel; Shalini Randeria (Hg.): Globalisierung aus Frauensicht. Bilanzen und Visionen (EINE Welt – Texte der Stiftung Entwicklung und Frieden, Bd. 6). Bonn 1998, S. 214-238

Martens, Jens: Nichtregierungsorganisationen im UNCED-Prozeß: Testfall für mehr Partizipation im UN-System? In: Stiftung Entwicklung und Frieden (SEF): Nach dem Erdgipfel. Global verantwortliches Handeln für das 21. Jahrhundert. Kommentare und Dokumente (EINE Welt – Texte der Stiftung Entwicklung und Frieden, Bd. 7). Bonn 1992, S. 149-164

Meadows, Dennis u.a.: Die Grenzen des Wachstums. Bericht des Club of Rome zur Lage der Menschheit, Stuttgart 1972

Menotti, Victor: From Doha to Johannesburg. The World Trade Organization's New Mandate Raises a Key Question for Next Year's UN World Summit on Sustainable Development: Who Will Decide Our Common Future? o.D. [2001]
<www.ifg.org/doha.htm>

Mensing, Friedhelm: Die Rückkehr der Nomaden. In: Akzente spezial: Globale Umweltpolitik. Von Rio nach Johannesburg. Hg. von der Deutschen Gesellschaft für Technische Zusammenarbeit (GTZ). Eschborn 2002, S. 21-23

Menzel Ulrich: Das Ende der Dritten Welt und das Scheitern der großen Theorie. Frankfurt a.M. 1992

Messner, Dirk und Franz Nuscheler (Hg.): Weltkonferenzen und Weltberichte. Ein Wegweiser durch die internationale Diskussion. Institut für Entwicklung und Frieden (INEF). Bonn 1996

Meyers, Reinhard und Jörg Waldmann: Der Begriff „sustainable development". Seine Tauglichkeit als Leitfigur zukünftiger Entwicklung. In: Karl Engelhard (Hg.): Umwelt und nachhaltige Entwicklung. Ein Beitrag zur Lokalen Agenda 21 in Münster. Münster 1998

Müller, Edda: Nachhaltige Entwicklung als Projekt der internationalen Politik. Vortrag vor einem Expertenkreis des Forschungsinstitutes der Deutschen Gesellschaft für Auswärtige Politik. Berlin, 15.4.2002
<www.nachhaltigkeitsrat.de/service/download/pdf/Vortrag_Mueller_15-04-02.pdf>

Müller, Harald: Amerikanischer Unilateralismus: Ein Weltordnungsproblem. In: Ulrich Ratsch, Reinhard Mutz, Bruno Schoch (Hg.): Friedensgutachten 2000. Münster/Hamburg 2000. S. 43-52.

[MUNLV] Ministerium für Umwelt und Naturschutz, Landwirtschaft und Verbraucherschutz des Landes Nordrhein-Westfalen: „NRW in globaler Verantwortung". Dialogprozess und Kongress 30.11. und 1.12.2000 im Internationalen Kongresszentrum Bundeshaus Bonn veranstaltet von der Landesregierung. Greenpaper der Arbeitsgruppen. Düsseldorf 2000.
<www.munlv.nrw.de/sites/specials/titel_einewelt.htm>

[MUNLV] Ministerium für Umwelt und Naturschutz, Landwirtschaft und Verbraucherschutz des Landes Nordrhein-Westfalen: Kongress Nordrhein-Westfalen in globaler Verantwortung / Dedicated to Global Responsibility. 30. November und 1. Dezember 2000 in Bonn. Dokumentation. Düsseldorf o.D. [2001]
[MWMEV] Ministerium für Wirtschaft und Mittelstand, Energie und Verkehr des Landes Nordrhein-Westfalen: Klimaschutzkonzept NRW. September 2001
<www.klimaschutzkongress-nrw.de>

Nohlen, Dieter (Hg.): Lexikon Dritte Welt. Länder, Organisationen, Theorien, Begriffe, Personen. Reinbek bei Hamburg 2000 (11. Auflage)

Nutzinger, Hans G.: Von der Durchflußwirtschaft zur Nachhaltigkeit – Zur Nutzung endlicher Ressourcen in der Zeit, in: Bernd Biervert, Martin Held (Hg.): Zeit in der Ökonomik. Perspektiven für die Theoriebildung. Frankfurt a.M.; New York 1995, S. 207-235

Oberthür, Sebastian; Ott, Hermann E.: Das Kyoto-Protokoll. Internationale Klimapolitik für das 21. Jahrhundert. Opladen 2000

[OECD] Organisation für wirtschaftliche Zusammenarbeit und Entwicklung: Die OECD-Leitsätze für multinationale Unternehmen. Neufassung 2000
<www.bmwi.de/textonly/Homepage/download/aussenwirtschaftspolitik/Leitsaetze.pdf>

[OECD] Organization for Economic Co-operation and Development: Policies to Enhance Sustainable Development. Paris 2001

[OECD] Organization for Economic Co-operation and Development: Working Together Towards Sustainable Development: The OECD Experience. Paris 2002

[OECD/DAC] Organization for Economic Co-operation and Development / Development Assistant Committee: Participatory Development and Good Governance. Development Co-operation Guidelines Series. Paris 1995

[OECD/DAC] Organization for Economic Co-operation and Development / Development Assistant Committee: Shaping the 21st Century: The Contribution of Development Co-operation. Paris 1996

[OECD/DAC] Organization for Economic Co-operation and Development /
Development Assistant Committee: DAC Guidelines on Poverty Reduction.
Paris 2001a

[OECD/DAC] Organization for Economic Co-operation and Development /
Development Assistant Committee: DAC Guidelines: Strategies for Sustainable
Development: A Practical Guidance for Development Co-operation.
Paris 2001b

[OECD/DAC] Organization for Economic Co-operation and Development /
Development Assistant Committee: OECD-DAC Policy Brief: Strategien für
nachhaltige Entwicklung. September 2001 [Inoffizielle Übersetzung: GTZ-Rioplus]
<www.gtz.de/rioplus>

[OECD/DAC] Organization for Economic Co-operation and Development /
Development Assistant Committee: Development Co-operation 2001 Report. Report
by Jean-Claude Faure (Chairman of the Development Assistance Committee). In:
DAC Journal 3 (2002) 1

[OECD/UNDP) Organization for Economic Co-operation and Development (OECD);
United Nations Development Programme (UNDP): Sustainable Development
Strategies: A Resource Book [erscheint im August 2002]
<www.nssd.net>

Ott, Hermann E. und Sebastian Oberthür: Breaking the Impasse. Forging an EU
Leadership Initiative on Climate Change (World Summit Papers of the Heinrich Böll
Foundation Nr. 3). Berlin 2001
<www.boell.de/downloads/oeko/PapersNr3en.pdf>

Paine, Ellen: The Road to the Global Compact: Corporate Power and the Battle Over
Global Public Policy at the United Nations. Global Policy Forum. New York 2000
<www.globalpolicy.org/reform/papers/2000/road.htm>

Paul, James A.: Der Weg zum Global Compact. Zur Annäherung von UNO und
multinationalen Unternehmen. In: Tanja Brühl u.a. (Hg.): Die Privatisierung der
Weltpolitik. Entstaatlichung und Kommerzialisierung im Globalisierungsprozess
(EINE Welt – Texte der Stiftung Entwicklung und Frieden, Bd. 11). Bonn 2001,
S. 104-129

Phillips, Matt (Friends of the Earth): Losing Their Way. How Governments Started
with a Clear Plan on Corporate Accountability, but Ended with a Poor Agreement.
11.7.2002
<www.worldsummit2002.org/download/LosingWayCoporates.pdf>

politische ökologie (Zeitschrift). Ausgabe Nr. 76 (April/Mai 2002). „Nachhaltigkeit in
Zeiten der Globalisierung"

Poppenborg, Annika: Chancen und Risiken der lokalen Agenda 21 für die
kommunale Demokratie (GMD Report 88). Sankt Augustin 1999

President's Council on Sustainable Development (PCSD): Sustainable America: A New Consensus for Prosperity, Opportunity, and a Healthy Environment for the Future. Washington 1996

Radke, Detlef: Der Konsens von Monterrey. Die Konferenz Financing for Development (Analysen und Stellungnahmen 3/2002). Deutsches Institut für Entwicklungspolitik (DIE). Bonn 2002

Raschke, Joachim: Die Zukunft der Grünen. Frankfurt a.M. 2001

Rat für Nachhaltige Entwicklung: Ziele zur Nachhaltigen Entwicklung in Deutschland – Schwerpunktthemen. Dialogpapier des Nachhaltigkeitsrates. Berlin. November 2001
<www.nachhaltigkeitsrat.de/service/download/pdf/RNE_Dialogpapier.pdf>

Rat für Nachhaltige Entwicklung: Stellungnahme zur Nationalen Nachhaltigkeitsstrategie der Bundesregierung. Februar 2002
<www.nachhaltigkeitsrat.de/service/download/pdf/Stellungnahme_zu_NHS.pdf>

Ribeiro, Silvia: Biopiraterie und geistiges Eigentum – Zur Privatisierung von gemeinschaftlichen Bereichen. In: Christoph Görg und Ulrich Brand (Hg.): Mythen globalen Umweltmanagements. Rio + 10 und die Sackgassen „nachhaltiger Entwicklung". Münster 2002, S. 118-136

Ruppert, Uta: Frauen- und Geschlechterpolitik. In: Globale Trends 2002. Fakten, Analysen, Prognosen. Hg. von Ingomar Hauchler; Dirk Messner; Franz Nuscheler. Stiftung Entwicklung und Frieden. Frankfurt a.M. 2001, S. 112-131

Sachs, Wolfgang: Nach uns die Zukunft. Der globale Konflikt um Gerechtigkeit und Ökologie. Frankfurt a.M. 2002

Sarkar, Saral: Die nachhaltige Gesellschaft. Eine kritische Analyse der Systemalternativen. Zürich 2001 [engl. Orig.: Eco-Socialism or Eco-Capitalism? A Critical Analysis of Humanity's Fundamental Choices. London 1999]

Schmidt, Siegmar: Aktuelle Aspekte der EU-Entwicklungspolitik. Aufbruch zu neuen Ufern? In: Aus Politik und Zeitgeschichte, B 19-20/2002, S. 29-38

Schmidt, Uwe: Wer kann mitreden bei der Welthandelsrunde? Capacity Building für die ärmsten Länder. In: E+Z - Entwicklung und Zusammenarbeit, 43 (2002) 6, S. 190-191

Schmitz, Angela: Sustainable Development: Paradigma oder Leerformel? In: Dirk Messner; Franz Nuscheler (Hg.): Weltkonferenzen und Weltberichte. Ein Wegweiser durch die internationale Diskussion. Institut für Entwicklung und Frieden (INEF). Bonn 1996, S. 103-119

Schophaus, Malte: Bürgerbeteiligung in der Lokalen Agenda 21 in Berlin (WZB papers FS II 01-306). Berlin 2001

Shiva, Vandana: Biodiversität. Plädoyer für eine nachhaltige Entwicklung. Bern 2001

Simonis, Udo E.: Globale Umweltpolitik. Ansätze und Perspektiven (Meyers Forum. 40). Mannheim u.a.1996

Spahn, Paul Bernd: Zur Durchführbarkeit einer Devisentransaktionssteuer. Gutachten im Auftrag des Bundesministeriums für wirtschaftliche Zusammenarbeit und Entwicklung. Frankfurt a.M.2002 [auch englische Version]
<www.wiwi.uni-frankfurt.de/professoren/spahn/tobintax>

[SRU] Der Rat von Sachverständigen für Umweltfragen: Stellungnahme zum Regierungsentwurf zur deutschen Nachhaltigkeitsstrategie. Berlin, 13.2.2002 (2002a).
<www.umweltrat.de/stel-nst.htm>

[SRU] Der Rat von Sachverständigen für Umweltfragen: Umweltgutachten 2002. Für eine neue Vorreiterrolle. Reutlingen 2002
Kurzfassung verfügbar unter <www.umweltrat.de/gutach02.htm>] (2002b)

Stephan, Petra: Die Kommission für Nachhaltige Entwicklung (CSD): "talkshop" der Vereinten Nationen oder wirksame Institution zur Umsetzung der Agenda 21? In: Thomas Fues und Brigitte I. Hamm (Hg.): Die Weltkonferenzen der 90er Jahre: Baustellen für Global Governance (EINE Welt – Texte der Stiftung Entwicklung und Frieden, Bd. 12). Bonn 2001, S. 126-157 [2001a]

Stephan, Petra: Lokale Agenda 21 im Zeitalter der Globalisierung. In: epd-Entwicklungspolitik (2001) 1, S. 24-27 [2001b]

Stephan, Petra: Nachhaltigkeit: ein semantisches Chamäleon. E+Z - Entwicklung und Zusammenarbeit, 43 (2002) 4, S. 112-113 [2002a]

Stephan, Petra: Eine nationale Nachhaltigkeitsstrategie... und wie sie zustande kam. E+Z - Entwicklung und Zusammenarbeit, 43 (2002) 4, S. 116-118 [2002b]

Stiftung Entwicklung und Frieden (SEF): Nach dem Erdgipfel. Global verantwortliches Handeln für das 21. Jahrhundert. Kommentare und Dokumente (EINE Welt – Texte der Stiftung Entwicklung und Frieden, Bd. 7). Bonn 1992

Stiglitz, Joseph: Die Schatten der Globalisierung. Berlin 2002 (Orig.: Globalization and its Discontents. New York 2002)

Summerer, Stefan: Mit der Effizienzrevolution gewinnen wir Zeit, mit der Suffizienzrevolution die Partie. Effizienz und Suffizienz – zwei Grundprinzipien einer nachhaltigen Entwicklung. In: BUND; Misereor: Wegweiser für ein zukunftsfähiges Deutschland. München 2002, S. 255-260

Swiderska, Krystyna: Implementing the Rio Conventions: Implications for the South. IIED Opinion / World Summit on Sustainable Development 2002
<www.iied.org/pdf/wssd_25_multilateral_environmental_agreements.pdf>

Thiel, Reinold E. (Hg.): Neue Ansätze zur Entwicklungstheorie (Themendienst 10). Deutsche Stiftung für internationale Entwicklung. Bonn 2001 (2. Aufl.)

Trittin, Jürgen: Klimaschutz im 21. Jahrhundert., Herausforderungen für Industrie- und Entwicklungsländer. In: E+Z - Entwicklung und Zusammenarbeit, 43 (2002) 7, S. 222-223

Trittin, Jürgen u.a.: Beiträge zur Globalisierung der Nachhaltigkeit (World Summit Papers of the Heinrich Böll Foundation Nr.4). Berlin 2001
<www.boell.de/downloads/rio+10/WorldSummitPapersNr4.pdf>

Umweltbundesamt: Nachhaltige Entwicklung in Deutschland. Die Zukunft dauerhaft umweltgerecht gestalten. Berlin 2002
Kurzfassung: <www.umweltdaten.de/down-d/naeninde.pdf>
[UNDP] United Nations Development Programme: Human Development Report 1990. New York, Oxford 1990

[UNDP] United Nations Development Programme: Bericht über die menschliche Entwicklung 1998. Deutsche Ausgabe hg. von der Deutschen Gesellschaft für die Vereinten Nationen. Bonn 1998

[UNDP] United Nations Development Programme: Bericht über die menschliche Entwicklung 1999. Globalisierung mit menschlichem Antlitz. Deutsche Ausgabe hg. von der Deutschen Gesellschaft für die Vereinten Nationen. Bonn 1999

[UNDP] United Nations Development Programme: Bericht über die menschliche Entwicklung 2001. Neue Technologien im Dienste der menschlichen Entwicklung. Deutsche Ausgabe hg. von der Deutschen Gesellschaft für die Vereinten Nationen. Bonn 2001

[UNDP/RBAS] United Nations Development Programme / Regional Bureau for Arab States: Arab Human Development Report 2002. Creating Opportunities for Future Generations. New York 2002

[UNEP] United Nations Environment Programme: Global Environment Outlook-3 (GEO-3). Past, Present and Future Perspectives. London 2002 [UNEP 2002a]

[UNEP] United Nations Environment Programme: Industry as a partner for sustainable development. 10 years after Rio: the UNEP assessment. A contribution to the World Summit on Sustainable Development. Paris 2002b

Unmüßig, Barbara: Erwartungen an Johannesburg 2002. Wenig Chancen für eine global nachhaltige Entwicklung. In: E+Z - Entwicklung und Zusammenarbeit, 43 (2002) 4, S. 219-221

[UNU/IAS] United Nations University / Institute for Advanced Studies: UNU Report: Improving the Management of Sustainable Development. Towards a New Strategic Framework for Large Developing Countries: China, India, and Indonesia. Tokio 2002a

[UNU/IAS] United Nations University / Institute for Advanced Studies: UNU Report: International Environmental Governance. The Question of Reform: Key Issues and Proposals. Preliminary Findings, Tokio 2002b

Upton, Simon: Some Personal Reflections on the Eve of the Johannesburg Summit (Background Paper). Round Table on Sustainable Development [OECD, Paris, 11.7.2002]
<www.oecd.org/pdf/M00032000/M00032103.pdf>

Vitalis, Vangelis: Sustainable Development. Round Table on Sustainable Development [OECD, Paris, 11.7.2002]. Preparing for the World Summit: Some Information about Sustainable Development
<www.oecd.org/pdf/M00032000/M00032097.pdf>

Vorholz, Fritz: Der geplünderte Planet. In: BUND; Misereor: Wegweiser für ein zukunftsfähiges Deutschland. München 2002, S. 21-34

Wackernagel, Mathis und William Rees: Unser ökologischer Fußabdruck. Wie der Mensch Einfluss auf die Natur nimmt. Basel 1997 [Orig.: Our Ecological Footprint. Reducing Human Impact on the Earth. Gabriola Island, Philadelphia 1996]

Wahl, Peter: Globalisierung mit menschlichem Antlitz. Zivilgesellschaftliche Bewegung für eine demokratische Kontrolle der Finanzmärkte. In: E+Z - Entwicklung und Zusammenarbeit, 42 (2001) 12, S. 352-355

Walther, Miriam: Entwicklungsfinanzierung. Stand und Perspektiven. Ausgewählte Themen mit kommentierter Literatur (Themendienst 12). Deutsche Stiftung für internationale Entwicklung. Bonn 2001

Walther, Miriam: Armutsstrategiepapiere (PRSP). Neuanfang in der Strukturanpassungspolitik von IWF und Weltbank? (WEED Arbeitspapier). Bonn 2002

[WBGU] Wissenschaftlicher Beirat der Bundesregierung Globale Umweltveränderungen: Sondergeneralversammlung der Vereinten Nationen „Fünf Jahre nach dem Erdgipfel". Globalen Wandel wieder ins politische Zentrum rücken. Presseerklärung. Juni 1997a
<www.wbgu.de/wbgu_presse_97_2d.html>

[WBGU] Wissenschaftlicher Beirat der Bundesregierung Globale Umweltveränderungen: Welt im Wandel: Wege zu einem nachhaltigen Umgang mit Süßwasser. Jahresgutachten 1997. Berlin/Heidelberg 1997b
<www.wbgu.de/wbgu_jg1997.pdf>

[WBGU] Wissenschaftlicher Beirat der Bundesregierung Globale Umweltveränderungen: Die Chance von Johannesburg: Eckpunkte einer Verhandlungsstrategie. Politikpapier 1 zum Weltgipfel für Nachhaltige Entwicklung (WSSD) in Johannesburg. Berlin 2001.
<www.wbgu.de/wbgu_pp2001.html>

[WBGU] Wissenschaftlicher Beirat der Bundesregierung Globale Umweltveränderungen 2002a: Entgelte für die Nutzung globaler Gemeinschaftsgüter. Sondergutachten. Berlin 2002a
<www.wbgu.de/wbgu_sn2002.html>

[WBGU] Wissenschaftlicher Beirat der Bundesregierung Globale Umweltveränderungen: Stellungnahme des WBGU zum Entwurf der Bundesregierung für eine nationale Nachhaltigkeitsstrategie "Perspektiven für Deutschland". Berlin, 4.3.2002 [2002b]
<www.wbgu.de/wbgu_nstrat2002.html>

Wegener, Ralf: Eine schwierige Partnerschaft. PPP muss Teil eines entwicklungspolitischen Gesamtkonzeptes werden. In: E+Z - Entwicklung und Zusammenarbeit, 41 (2000) 4, S. 102-104

Weizsäcker, Ernst Ulrich von: Erdpolitik. Ökologische Realpolitik als Antwort auf die Globalisierung. Darmstadt 1997 (5. Aufl.)

Weizsäcker, Ernst Ulrich von und Amory B. Lovins, L. Hunter: Faktor vier. Doppelter Wohlstand – halbierter Verbrauch. München 1997

Wichterich, Christa: Die globalisierte Frau. Berichte aus der Zukunft der Ungleichheit. Reinbek bei Hamburg 1998

Wichterich, Christa: Sichere Lebensgrundlagen statt effizienterer Naturbeherrschung – Das Konzept nachhaltige Entwicklung aus feministischer Sicht. In: Christoph Görg und Ulrich Brand (Hg.): Mythen globalen Umweltmanagements. Rio + 10 und die Sackgassen „nachhaltiger Entwicklung". Münster 2002, S. 72-91

Wieczorek-Zeul, Heidemarie: Entwicklungspolitik als globale Strukturpolitik. In: Ludgera Klemp: Entwicklungspolitik im Wandel. Von der Entwicklungshilfe zur globalen Strukturpolitik (Themendienst 11). Deutsche Stiftung für internationale Entwicklung. Bonn 2000a, S. 9-20

Wieczorek-Zeul, Heidemarie: Entwicklungszusammenarbeit und Privatwirtschaft. Strategische Partnerschaft für eine nachhaltige Entwicklung. In: E+Z - Entwicklung und Zusammenarbeit, 41 (2000) 12, S. 36-37 [2000b]

Wieczorek-Zeul, Heidemarie:Johannesburg brachte wichtige Impulse für nachhaltige Entwicklung. In: E+Z - Entwicklung und Zusammenarbeit, 43 (2002) 10, S. 270-271

Wiemann, Jürgen: Die Entwicklungsländer vor der neuen WTO-Runde. In: Aus Politik und Zeitgeschichte, B 46-47 (1999), S. 32-39

Wilhelmy, Stefan: Vom Nachzügler zum Vorreiter. Lokale Agenda 21 in Deutschland. In: epd-Entwicklungspolitik (2002) 7, S. 35-37

Wöhler, Karlheinz: Tourismus und Nachhaltigkeit. In: Aus Politik und Zeitgeschichte, B 47/2001, S. 40-46

Zahrnt, Angelika: Kurzatmig zur Langfriststrategie. Nachhaltigkeitsstrategie der Bundesregierung und Nachhaltigkeitsrat. In: BUND; Misereor: Wegweiser für ein zukunftsfähiges Deutschland. München 2002, S. 150-162

Zinn, Karl Georg: Wie Reichtum Armut schafft. Verschwendung, Arbeitslosigkeit und Mangel. Köln 1998

ANHANG

Dokument 1

Erklärung von Rio zu Umwelt und Entwicklung (Rio-Deklaration)*

Präambel

Die Konferenz der Vereinten Nationen für Umwelt und Entwicklung –
zusammengekommen in Rio de Janeiro vom 3. bis 14. Juni 1992,
in Bekräftigung der am 16. Juni 1972 in Stockholm verabschiedeten Erklärung der Konferenz der Vereinten Nationen über die Umwelt des Menschen sowie in dem Bemühen, darauf aufzubauen,
mit dem Ziel, durch die Schaffung von neuen Ebenen der Zusammenarbeit zwischen den Staaten, wichtigen Teilen der Gesellschaft und der Bevölkerung eine neue und gerechte weltweite Partnerschaft aufzubauen,
bemüht um internationale Übereinkünfte, in denen die Interessen aller geachtet werden und die Integrität des globalen Umwelt- und Entwicklungssystems geschützt wird,
in Anerkennung der Unteilbarkeit der Erde, unserer Heimat und der auf ihr bestehenden Wechselbeziehungen
stellt fest:

Grundsatz 1

Die Menschen stehen im Mittelpunkt der Bemühungen um eine nachhaltige Entwicklung. Sie haben das Recht auf ein gesundes und produktives Leben im Einklang mit der Natur.

Grundsatz 2

Die Staaten haben im Einklang mit der Charta der Vereinten Nationen und den Grundsätzen des Völkerrechts das souveräne Recht, ihre eigenen Ressourcen im Rahmen ihrer eigenen Umwelt- und Entwicklungspolitik zu nutzen und haben die Verantwortung, dafür Sorge zu tragen, dass Tätigkeiten unter ihrer Hoheitsgewalt oder Kontrolle der Umwelt anderer Staaten oder Gebieten außerhalb nationaler Hoheitsgewalt keinen Schaden zufügen.

---

* In der offiziellen Übersetzung des Bundesministeriums für Umwelt, Naturschutz und Reaktorsicherheit

Grundsatz 3

Das Recht auf Entwicklung muss so erfüllt werden, dass den Entwicklungs- und Umweltbedürfnissen heutiger und künftiger Generationen in gerechter Weise entsprochen wird.

Grundsatz 4

Eine nachhaltige Entwicklung erfordert, dass der Umweltschutz Bestandteil des Entwicklungsprozesses ist und nicht von diesem getrennt betrachtet werden darf.

Grundsatz 5

Die Beseitigung der Armut als unabdingbare Voraussetzung für eine nachhaltige Entwicklung ist eine Aufgabe von grundlegender Bedeutung, die der Zusammenarbeit aller Staaten und aller Völker bedarf, um die Ungleichheit der Lebensstandards zu verringern und den Bedürfnissen der Mehrheit aller Menschen besser gerecht zu werden.

Grundsatz 6

Vorrang gebührt in erster Linie der besonderen Situation und den besonderen Bedürfnissen der Entwicklungsländer, vor allem der am wenigsten entwickelten Länder und der Länder, deren Umwelt am verletzlichsten ist. Internationale Maßnahmen im Bereich Umwelt und Entwicklung sollen auch auf die Interessen aller Länder gerichtet sein.

Grundsatz 7

Die Staaten arbeiten im Geist einer weltweiten Partnerschaft zusammen, um die Gesundheit und die Unversehrtheit des Ökosystems der Erde zu erhalten, zu schützen und wiederherzustellen. Angesichts der unterschiedlichen Beiträge zur Verschlechterung der globalen Umweltsituation, tragen die Staaten gemeinsame, jedoch unterschiedliche Verantwortlichkeiten. Die entwickelten Staaten erkennen ihre Verantwortung an, die sie beim weltweiten Streben nach nachhaltiger Entwicklung im Hinblick auf den Druck, den ihre Gesellschaften auf die globale Umwelt ausüben, sowie im Hinblick auf die ihnen zur Verfügung stehenden Technologien und Finanzmittel tragen.

Grundsatz 8

Um eine nachhaltige Entwicklung und eine bessere Lebensqualität für alle Menschen zu erlangen, sollen die Staaten nicht nachhaltige Produktions- und Verbrauchsstrukturen abbauen und beseitigen und eine geeignete Bevölkerungspolitik fördern.

Grundsatz 9

Die Staaten sollen zusammenarbeiten, um den Ausbau der im Land selbst vorhandenen Kapazitäten für eine nachhaltige Entwicklung zu stärken, indem das wissenschaftliche Verständnis durch den Austausch wissenschaftlicher und technologischer Kenntnisse verbessert und die Entwicklung, Anpassung, Verbreitung und Weitergabe von Technologien, einschließlich neuer und innovativer Technologien, gefördert werden.

Grundsatz 10

Umweltfragen werden am besten unter Beteiligung aller betroffenen Bürger auf der jeweiligen Ebene behandelt. Auf nationaler Ebene erhält jeder einzelne angemessenen Zugang zu den im Besitz der öffentlichen Verwaltungen befindlichen Informationen über die Umwelt, einschließlich Informationen über Gefahrstoffe und gefährliche Tätigkeiten in ihren Gemeinden, sowie die Möglichkeit, sich an Entscheidungsprozessen zu beteiligen. Die Staaten erleichtern und fördern die öffentliche Bewusstseinsbildung und die Beteiligung der Öffentlichkeit, indem sie Informationen in großem Umfang verfügbar machen. Wirksamer Zugang zu Rechts- und Verwaltungsverfahren, einschließlich der Abhilfe und des Rechtsbehelfs, wird gewährt.

Grundsatz 11

Die Staaten verabschieden wirksame Umweltgesetze. Umweltnormen, Bewirtschaftungsziele und -prioritäten sollen die umwelt- und entwicklungspolitischen Zusammenhänge widerspiegeln, auf die sie sich beziehen. Normen, die in einigen Ländern Anwendung finden, können in anderen Ländern, insbesondere in Entwicklungsländern, unangemessen sein und zu nicht vertretbaren wirtschaftlichen und sozialen Kosten führen.

Grundsatz 12

Die Staaten sollen gemeinsam daran arbeiten, ein stützendes und offenes Weltwirtschaftssystem zu fördern, das in allen Ländern zu Wirtschaftswachstum und nachhaltiger Entwicklung führt, um die Probleme der Umweltverschlechterung besser angehen zu können. Umweltbezogene handelspolitische Maßnahmen sollen weder ein Mittel willkürlicher oder ungerechtfertigter Diskriminierung noch eine verdeckte Beschränkung des internationalen Handels darstellen. Einseitige Maßnahmen zur Bewältigung von Umweltproblemen außerhalb des Hoheitsbereichs des Einfuhrlandes sollen vermieden werden. Maßnahmen zur Bewältigung grenzüberschreitender oder weltweiter Umweltprobleme sollen soweit möglich auf internationalem Konsens beruhen.

Grundsatz 13

Die Staaten entwickeln innerstaatliches Recht zur Haftung und Entschädigung der Opfer von Umweltverschmutzungen und anderen Umweltschäden. Außerdem arbeiten die Staaten zügig und entschlossener daran mit, das Völkerrecht im Bereich der Haftung und Entschädigung für nachteilige Auswirkungen von Umweltschäden weiterzuentwickeln, die durch Tätigkeiten unter ihrer Hoheitsgewalt oder Kontrolle in Gebieten außerhalb ihres Hoheitsbereichs verursacht werden.

Grundsatz 14

Die Staaten sollen tatkräftig zusammenarbeiten, um die Verlagerung und den Transfer in andere Länder von Tätigkeiten und Stoffen, die zu einer starken Umweltverschlechterung führen oder sich für die Gesundheit des Menschen als schädlich erweisen, zu erschweren oder zu verhindern.

Grundsatz 15

Zum Schutz der Umwelt wenden die Staaten im Rahmen ihrer Möglichkeiten weitgehend den Vorsorgegrundsatz an. Drohen schwerwiegende oder bleibende

Schäden, so darf ein Mangel an vollständiger wissenschaftlicher Gewissheit kein Grund dafür sein, kostenwirksame Maßnahmen zur Vermeidung von Umweltverschlechterungen aufzuschieben.

Grundsatz 16

Die nationalen Behörden sollen sich bemühen, die Internalisierung von Umweltkosten und den Einsatz wirtschaftlicher Instrumente zu fördern, wobei unter gebührender Berücksichtigung des öffentlichen Interesses und ohne Störung des Welthandels und internationaler Investitionen dem Ansatz Rechnung getragen wird, dass grundsätzlich der Verursacher die Kosten der Verschmutzung trägt.

Grundsatz 17

Als nationales Instrument werden bei Vorhaben, die wahrscheinlich wesentliche nachteilige Auswirkungen auf die Umwelt haben und der Entscheidung durch eine zuständige nationale Behörde bedürfen, Umweltverträglichkeitsprüfungen durchgeführt.

Grundsatz 18

Die Staaten unterrichten andere Staaten sofort über Naturkatastrophen oder andere Notfälle, die wahrscheinlich zu plötzlich auftretenden schädlichen Auswirkungen auf deren Umwelt führen. Die Völkergemeinschaft macht alle Anstrengungen, um den so betroffenen Staaten zu helfen.

Grundsatz 19

Die Staaten unterrichten möglicherweise betroffene Staaten über Tätigkeiten, die wesentliche nachteilige grenzüberschreitende Auswirkungen haben können, im voraus und rechtzeitig, stellen ihnen sachdienliche Informationen zur Verfügung und konsultieren sie frühzeitig und in redlicher Absicht.

Grundsatz 20

Frauen kommt in Fragen der Umwelt und Entwicklung eine grundlegende Rolle zu. Ihre volle Einbeziehung ist daher für eine nachhaltige Entwicklung wesentlich.

Grundsatz 21

Die Kreativität, die Ideale und der Mut der Jugend der Welt sollen mobilisiert werden, um eine weltweite Partnerschaft zu schaffen und so eine nachhaltige Entwicklung und eine bessere Zukunft für alle zu sichern.

Grundsatz 22

Eingeborenen Bevölkerungsgruppen und ihren Lebensgemeinschaften sowie anderen ortsansässigen Gemeinschaften kommt aufgrund ihres Wissens und ihrer traditionellen Lebensformen eine grundlegende Rolle in Fragen der Umwelt und Entwicklung zu. Die Staaten sollen deren Identität, Kultur und Interessen anerkennen und gebührend unterstützen und ihnen zugunsten einer nachhaltigen Entwicklung eine wirksame Beteiligung ermöglichen.

Grundsatz 23

Die Umwelt und die natürlichen Ressourcen der Völker, die in Unterdrückung, unter Fremdherrschaft und Besatzung leben, werden geschützt.

Grundsatz 24

Kriegführung wirkt sich auf eine nachhaltige Entwicklung in jedem Fall zerstörerisch aus. Aus diesem Grund achten die Staaten die völkerrechtlichen Bestimmungen über den Schutz der Umwelt in Zeiten bewaffneter Auseinandersetzungen und arbeiten, soweit erforderlich, zusammen an deren Weiterentwicklung.

Grundsatz 25

Frieden, Entwicklung und Umweltschutz sind voneinander abhängig und untrennbar.

Grundsatz 26

Die Staaten legen alle ihre Streitigkeiten im Umweltbereich friedlich und mit den geeigneten Mitteln im Einklang mit der Charta der Vereinten Nationen bei.

Grundsatz 27

Die Staaten und Völker arbeiten im guten Glauben und im Geist der Partnerschaft bei der Erfüllung der in dieser Erklärung enthaltenen Grundsätze sowie bei der Weiterentwicklung des Völkerrechts im Bereich der nachhaltigen Entwicklung zusammen.

Dokument 2

Angelegenheiten bezüglich der Arbeitsorganisation während des Weltgipfels für nachhaltige Entwicklung (WSSD)*

[Redaktionelle Anmerkung:

Es handelt sich um eine inoffizielle Übersetzung. Das Dokument fasst die wichtigsten Regularien, die den Verlauf des Gipfels in Johannesburg bestimmten, zusammen.]

Die Kommission für nachhaltige Entwicklung, die als Vorbereitungskomitee agiert, erinnert an die Entscheidung ihrer organisatorischen Sitzung unter dem Titel „Vorläufige Organisation der Arbeit während des Weltgipfels für nachhaltige Entwicklung" und ebenfalls an die Resolution 56/226 der Generalversammlung vom 24. Dezember 2001, in welcher die Generalversammlung die Kommission für nachhaltige Entwicklung in ihrer Funktion als Vorbereitungskomitee für den Weltgipfel für nachhaltige Entwicklung dazu aufforderte, über alle verbleibenden Fragen bezüglich der Organisation der Arbeit des Gipfels zu entscheiden, einschließlich besonderer Einzelheiten der Serie von Veranstaltungen, die in Partnerschaft mit Interessengruppen (*stakeholders*) abgehalten werden, der kurzen Multi-Stakeholder-Veranstaltung, die die höchste Repräsentationsebene der wichtigen Gruppen (*major groups*) und Regierungen einschließt, und der Treffen am Runden Tisch, die auf der Ebene der Staats- oder Regierungschefs stattfinden:

(a) entscheidet, dass die Serie partnerschaftlicher Veranstaltungen unter Einschluss der Interessengruppen, die in Übereinstimmung mit der Entscheidung der ersten Sitzung des Vorbereitungskomitees im Plenum während der ersten Woche des Gipfels stattfindet, eine Möglichkeit bieten sollte:

(i) Partnerschaften und Initiativen anzuerkennen, die durch Regierungen, internationale Organisationen und wichtige Gruppen zur Unterstützung der Umsetzung der Agenda 21 und der Ergebnisse des Gipfels eingerichtet werden;

(ii) weitere Partnerschaften und Initiativen zur Unterstützung der Umsetzung der Agenda 21 und der Ergebnisse des Gipfels hervorzubringen;

(iii) Bereiche zu bestimmen, die keine Partnerschaften angezogen haben und die nach Beendigung des Gipfels weitere Arbeit erfordern;

---

* Quelle: UN-Dokument A/CONF.199/PC/L.7, 18.6.2002 (Advance Unedited Revised Text) „Commission on Sustainable Development acting as the preparatory committee for the World Summit on Sustainable Development. Fourth session Bali, Indonesia, 27 May – 7 June 2002. Item 5 of the provisional agenda. Organization of the work of the Summit. Draft decision submitted by the Chairman on behalf of the Bureau. Matters related to the organization of work during the World Summit on Sustainable Development"
<www.johannesburgsummit.org/html/documents/prepcom4.html>

(iv) für eine interaktive Diskussion unter der Teilnahme von Leitern internationaler Organisationen und Finanzierungsinstitutionen über die Rolle multilateraler Institutionen bei der Umsetzung nachhaltiger Entwicklung auf allen Ebenen;

(b) entscheidet, dass die allgemeine Beratung im Plenum während des Zeitraums vom 2. bis 4. September allen Staaten offen steht und wie folgt organisiert wird: Montag, 2. September (Sitzungen am Morgen, Nachmittag und am Abend, falls erforderlich), Dienstag, 3. September (Sitzungen am Morgen, Nachmittag und am Abend, falls erforderlich), und Mittwoch, 4. September 2002 (Sitzung am Morgen); und dass das Zeitlimit für Erklärungen fünf Minuten betragen wird. Die Liste der Redner wird durch das Ziehen von Losen ermittelt, in Übereinstimmung mit dem gewöhnlichen Protokoll, das sicherstellt, dass Staats- oder Regierungschefs zuerst sprechen, gefolgt von Ministern und anderen Delegationsleitern;

(c) entscheidet, unter Berücksichtigung der Bestimmungen des zweiten Absatzes oben, dass allgemeine Erklärungen juristischer Personen, zwischenstaatlicher Organisationen und anderer juristischer Personen, die eine ständige Einladung von der UN-Generalversammlung erhalten haben, um in ihrer Beobachtereigenschaft an den Sitzungen und der Arbeit aller internationalen Konferenzen teilzunehmen, die unter ihrer Schirmherrschaft einberufen werden, der Sonderorganisationen und anderer zwischenstaatlicher Organisationen, interessierter Organe der Vereinten Nationen, von Vertretern bedeutender Nichtregierungsorganisationen und anderer wichtiger Gruppen, die bei dem Gipfel akkreditiert sind, und durch assoziierte Mitgliedern der Regionalkommissionen während des Zeitraums von Donnerstag, 29. August, bis Freitag, 30. August 2002, im Plenum abgegeben werden;

(d) entscheidet ferner, dass die kurze Multi-Stakeholder-Veranstaltung, die die höchste Repräsentationsebene der wichtigen Gruppen und der Regierungen einbezieht, am Mittwoch, 4. September 2002, nach Beendigung der allgemeinen Aussprache im Plenum und vor der Annahme der Schlussdokumente und dem Abschluss des Gipfels stattfinden wird. Das Ziel dieser Veranstaltung soll darin bestehen, ein Forum für alle wichtigen Gruppen zu bieten, ihre Verpflichtung zur nachhaltigen Entwicklung und zur Umsetzung der Agenda 21 sowie der Ergebnisse des Gipfels zu erneuern;

(e) entscheidet außerdem, dass parallel zur allgemeinen Aussprache vier Runde Tische auf der Ebene der Staats- und Regierungschefs unter dem gemeinsamen Thema *Making it Happen!* organisiert werden. Die Runden Tische werden am Montag, 2. September 2002, von 15 bis 18 Uhr, am Dienstag, 3. September, von 10 bis 13 Uhr und von 15 bis 18 Uhr, sowie am Mittwoch, 4. September, von 10 bis 13 Uhr stattfinden und nach folgenden Modalitäten ablaufen:

(i) Jeder Runde Tisch wird aus siebzig Sitzen bestehen: bis zu fünfzig für Regierungsdelegationen und zwanzig für andere Teilnehmer, eingeschlossen die Sonderorganisationen der Vereinten Nationen, ähnliche Organisationen und die wichtigen Gruppen (*major groups*);

(ii) jeglicher Staat, internationale Organisation oder Vertreter einer wichtigen Gruppe kann nur an einem der Runden Tische teilnehmen;

(iii) nur Staats- oder Regierungschefs, die an einem Runden Tisch teilnehmen, können von einer zusätzlichen Person begleitet werden, die dahinter Platz nehmen wird;

(iv) generell werden lediglich Staats- oder Regierungschefs dazu aufgefordert, an den Runden Tischen zu sprechen;

(v) eine begrenzte Anzahl von Leitern der UN-Organisationen und -Büros, die Mitglieder des obersten Exekutivorgans (*Chief Executives Board*) sind, sowie Vorstandsvorsitzende privater Unternehmen und Vertreter anderer wichtiger Gruppen in ähnlicher Stellung können ebenso aufgefordert werden, an den Runden Tischen zu sprechen;

(vi) den Runden Tischen sitzen Staats- oder Regierungschefs vor, die vom Vorsitzenden des Gipfels gebeten werden, diese Funktion auszuüben. Die Vorsitzenden der vier Runden Tische kommen aus der asiatischen Gruppe, der osteuropäischen Gruppe, der lateinamerikanischen und karibischen Gruppe sowie der Gruppe der westeuropäischen und anderen Staaten;

(vii) die Staaten werden vom Sekretariat vor dem Gipfel dazu aufgefordert, sich einzuschreiben, um an einem der Runden Tische teilzunehmen, wobei zu berücksichtigen ist, dass die Gesamtanzahl von Staaten, die an einem der Runden Tische teilnehmen, fünfzig nicht übersteigen soll, wie im fünften Abschnitt (i) oben vorgesehen;

(viii) die Beratungen der Runden Tische werden in einen für die Medien zugänglichen Parallelraum (*over-flow room*) im Fernsehen übertragen;

(ix) die Ergebnisse der Runden Tische werden in den Zusammenfassungen der Vorsitzenden wiedergegeben, die auf der abschließenden Plenumsitzung des Gipfels vorgetragen und im Endbericht des Gipfels enthalten sein werden;

(f) Palästina, in seiner Eigenschaft als Beobachter, soll an der allgemeinen Aussprache und einem der Runden Tische teilnehmen, sofern es durch seinen höchstrangigen Vertreter repräsentiert ist.

Dokument 3

Vorschläge zur Politischen Deklaration des Weltgipfels für nachhaltige Entwicklung (WSSD)
Vorgelegt vom Vorsitzenden des Vorbereitungskomitees,
Dr. Emil Salim*

*[Redaktionelle Anmerkung:
Es handelt sich um eine inoffizielle Übersetzung des Entwurfs der geplanten Politischen Deklaration von Johannesburg. Der Entwurf gibt den Tenor des Vorbereitungsprozesses des Weltgipfels wieder und kontrastiert zugleich den endgültigen Text der Politischen Erklärung von Johannesburg (siehe Dokument 4).]*

1. Wir, die Staats- und Regierungschefs, versammelt auf dem Weltgipfel für nachhaltige Entwicklung in Johannesburg, Südafrika, vom 2. bis 4. September 2002, bekräftigen unsere Verpflichtung zum Erreichen einer nachhaltigen Entwicklung, wie sie die UN-Konferenz über Umwelt und Entwicklung in Rio, Brasilien, vor zehn Jahren umrissen hat. Wir sind überzeugt, dass dringende und erneuerte Anstrengungen notwendig sind, die von allen Ländern in einem Geiste internationaler Solidarität unternommen werden müssen, um eine nachhaltige Entwicklung zu erreichen.

2. Wir bekräftigen die Grundsätze und Ziele der UN-Charta und die Werte, die in der Millenniums-Deklaration der Vereinten Nationen enthalten sind. Ebenso bekräftigen wir unsere Verpflichtung, die Rio-Prinzipien aufrechtzuerhalten und die Agenda 21 vollständig umzusetzen und die international vereinbarten Entwicklungsziele zu erreichen, die in der Millenniums-Deklaration und in den Ergebnissen der größeren UN-Konferenzen und internationalen Abkommen seit 1992 enthalten sind.

3. Wir erkennen, dass Armutsbeseitigung, die Veränderung nicht nachhaltiger Produktions- und Verbrauchsstrukturen sowie der Schutz und das Management der natürlichen Ressourcenbasis der wirtschaftlichen und sozialen Entwicklung übergreifende Ziele und wesentliche Erfordernisse nachhaltiger Entwicklung sind.

4. Wir glauben fest daran, dass Frieden und nachhaltige Entwicklung nicht voneinander zu trennen sind und einander stärken.

5. Wir achten kulturelle Vielfalt und verschiedenartige Wertesysteme. Wir verstehen die Bedeutung von Initiativen wie dem Dialog zwischen den Kulturen, um ein friedliches Zusammenleben und ein besseres Verständnis verschiedenartiger Kulturen zu fördern.

---

* Das englische Original („Proposed Elements for the Political Declaration of WSSD. Presented by the Chairman of the Preparatory Committee, Dr. Emil Salim") wurde mit Datum vom 2.7.2002 auf die Website des Johannesburg-Gipfels eingestellt:
<www.johannesburgsummit.org/html/documents/summit_docs/political_declaration_rev1.pdf>.
Für Mithilfe bei der Übersetzung ist Martin Kaloudis zu danken.

6. Wir verpflichten uns aufs neue, unsere Anstrengungen gezielt und mit Vorrang auf die Bekämpfung der weltweiten Bedingungen zu richten, welche die nachhaltige Entwicklung schwer bedrohen. Zu diesen Zuständen gehören Armut, nicht nachhaltige Produktions- und Verbrauchsstrukturen, Umweltzerstörung, chronischer Hunger, fremde Besatzung, kriegerische Auseinandersetzungen, Drogenkriminalität, organisiertes Verbrechen, Terrorismus, Intoleranz und endemische, übertragbare und chronische Krankheiten, insbesondere HIV/AIDS, Malaria und Tuberkulose.

7. Wir erkennen, dass die Globalisierung dem Streben nach nachhaltiger Entwicklung eine neue Dimension hinzugefügt hat. Während sie einerseits neue Möglichkeiten für nachhaltige Entwicklung eröffnet, sind andererseits Kosten und Nutzen der Globalisierung sehr ungleichmäßig verteilt. Daher rührt auch die fortgesetzte Bedeutung des Prinzips der gemeinsamen, jedoch unterschiedlichen Verantwortung. Wir verpflichten uns dazu, die Globalisierung gerecht und integrierend zu gestalten. Zu diesem Zweck werden wir konkrete Maßnahmen ergreifen, um ein günstiges Umfeld zu schaffen, Gute Regierungsführung einschließlich demokratischer Werte und Rechtsstaatlichkeit auf allen Ebenen zu fördern, die Rechenschaftspflicht der privaten Unternehmen (*corporate accountability*) zu ermutigen und die internationale Zusammenarbeit zu verstärken.

8. Wir verpflichten uns zur Stärkung des Multilateralismus und der Führungsrolle der Vereinten Nationen, als der universellsten und repräsentativsten Organisation der Welt, die nachhaltige Entwicklung fördert. Wir werden konkrete Maßnahmen ergreifen, um die Kohärenz und Vereinbarkeit auf verschiedenen Politikfeldern, einschließlich im UN-System, zu verbessern.

9. Wir begrüßen die Entstehung stärkerer regionaler Gruppierungen und Allianzen zur Förderung nachhaltiger Entwicklung und unterstützen eine weiterführende regionale Zusammenarbeit zur Förderung nachhaltiger Entwicklung, einschließlich durch die UN-Regionalkommissionen. Wir erweitern unsere vollständige Unterstützung auf die Neue Partnerschaft für die Entwicklung Afrikas (NEPAD).

10. Wir bestätigen, dass das Erreichen von Nachhaltigkeit die Entwicklungsländer, insbesondere die am wenigsten entwickelten Länder und kleine Inselstaaten, sowie die in wirtschaftlicher Transformation befindlichen Länder vor besondere Herausforderungen stellt, und wir verpflichten uns, neuerliche Anstrengungen zu unternehmen, um die internationale Zusammenarbeit zur Förderung von Nachhaltigkeit durch die Bereitstellung von Mitteln zur Umsetzung voranzubringen. Dies schließt Finanzmittel, umweltverträgliche Technologien und die Unterstützung für Capacity-Building ein. Zu diesem Zweck sind wir entschlossen, konkrete Anstrengungen hin zu dem Ziel von 0,7 Prozent des Bruttosozialprodukts der Industrieländer als öffentliche Entwicklungshilfe (ODA) für Entwicklungsländer und 0,15 bis 0,20 Prozent des Bruttosozialprodukts für die am wenigsten entwickelten Länder sowie hinsichtlich einer angemessenen Wiederauffüllung der Globalen Umweltfazilität zu unternehmen.

11. Indem wir an das in Doha vereinbarte Mandat für die neue Handelsrunde erinnern, unterstreichen wir die dringende Notwendigkeit, dafür zu sorgen, dass eine weitere Handelsliberalisierung zur nachhaltigen Entwicklung beiträgt, zu einem besseren Zugang der Entwicklungsländer zu den Weltmärkten und einer Verminderung oder Beseitigung von marktverzerrenden Subventionen führt.

12. Indem wir an den Konsens von Monterrey und die Verpflichtungen zur Entwicklungsfinanzierung erinnern, fordern wir, dass die erhöhten Finanzierungsniveaus zur Verwirklichung der Ziele der nachhaltigen Entwicklung, insbesondere zur Umsetzung der Agenda 21 und zu den spezifischen, im Durchführungsplan[1] bestimmten Programmprioritäten beitragen sollten. Letztere umfassen die Armutsbekämpfung, die Veränderung nicht nachhaltiger Produktions- und Verbrauchsstrukturen, Wasser und sanitäre Einrichtungen, Energie, Gesundheit, Landwirtschaft und die Biodiversität.

13. Wir erkennen die dringende Notwendigkeit, Konventionen zur Umwelt und zur nachhaltigen Entwicklung und ihre Protokolle zu ratifizieren und vollständig umzusetzen.

14. Nachhaltige Entwicklung benötigt eine langfristige Perspektive und breit angelegte Partizipation bei der Formulierung von Politik und der Entscheidungsfindung. Wir werden umfassende Gespräche mit allen Interessengruppen sicherstellen und versuchen, auf langfristigen Überlegungen basierende Entscheidungen zu treffen.

15. Wir begrüßen die vielfältige Spannbreite der auf dem Gipfel vorgestellten neuen Partnerschaftsinitiativen unter Einbeziehung aller relevanten Akteure, um aktiv zum Erreichen von nachhaltiger Entwicklung beizutragen, und unterstützen, dass diese Aktivitäten fortgeführt werden sollten.

16. Wir verstehen, dass Nachhaltigkeit ohne eine aktive Beteiligung von Frauen und Männern zu gleichen Bedingungen nicht erzielt werden kann und dass immer noch weitere Maßnahmen erforderlich sind, um für Frauen das Recht auf einen gleichberechtigten Zugang und die Deckung ihrer Grundbedürfnisse sowie auf eine zukunftsfähige Lebensweise (*sustainable livelihoods*) sicherzustellen.

17. Wir verpflichten uns zu Handlungen auf allen Ebenen, die nötig sind, um unseren Planeten zu retten, menschliche Entwicklung zu fördern und universellen Wohlstand zu erreichen. Zu diesem Zweck befürworten wir den Durchführungsplan uneingeschränkt und drücken unsere Entschlossenheit aus, ihn vollständig umzusetzen.

18. Wir sprechen dem Volk und der Regierung Südafrikas unseren tief empfundenen Dank für ihre großzügige Gastfreundschaft und für die vorzügliche Ausrichtung des Weltgipfels für nachhaltige Entwicklung aus.

---

[1] Der hier als *Implementation Document* bezeichnete Durchführungs- bzw. Aktionsplan des Johannesburg-Gipfels. Siehe Dokument 5 in diesem Anhang

Dokument 4

Erklärung von Johannesburg über nachhaltige Entwicklung, verabschiedet auf dem Weltgipfel für nachhaltige Entwicklung am 4. September 2002 in Johannesburg*

Unser Weg von den Anfängen in die Zukunft

1. Wir, die Vertreter der Völker der Welt, versammelt auf dem Weltgipfel für nachhaltige Entwicklung vom 2. bis 4. September 2002 in Johannesburg (Südafrika), bekräftigen unser Bekenntnis zur nachhaltigen Entwicklung.

2. Wir verpflichten uns, eine humane, gerechte und fürsorgende globale Gesellschaft aufzubauen, die der Wahrung der Würde aller Menschen stets eingedenk ist.

3. Zum Auftakt dieses Gipfels haben uns die Kinder der Welt in einfachen und klaren Worten gesagt, dass ihnen die Zukunft gehört, und sie haben uns allen die Aufgabe gestellt, ihnen durch unser Tun eine Welt zu hinterlassen, in der die unwürdigen und beschämenden Lebensbedingungen beseitigt sind, die durch Armut, Umweltzerstörung und nicht nachhaltige Entwicklungsmuster verursacht werden.

4. Als Teil unserer Antwort an diese Kinder, die unsere gemeinsame Zukunft darstellen, sind wir alle, aus welchem Teil der Erde wir auch kommen mögen und bei aller Verschiedenheit unserer Erfahrungen, durch das tief empfundene Gefühl vereint und geleitet, dass wir dringend eine neue und hoffnungsfrohere Welt schaffen müssen.

5. Daher übernehmen wir gemeinsam die Verantwortung dafür, die interdependenten, sich gegenseitig stützenden Säulen der nachhaltigen Entwicklung – wirtschaftliche Entwicklung, soziale Entwicklung und Umweltschutz – auf lokaler, nationaler, regionaler und globaler Ebene auszubauen und zu festigen.

6. Von diesem Kontinent aus, der Wiege der Menschheit, bekennen wir uns mit dem Durchführungsplan des Weltgipfels für nachhaltige Entwicklung und dieser Erklärung zu unserer Verantwortung füreinander, für alle Lebewesen und für unsere Kinder.

7. In der Erkenntnis, dass sich die Menschheit an einem Scheidepunkt befindet, haben wir uns gemeinsam entschlossen, alle notwendigen Anstrengungen zu unternehmen, um einen pragmatischen und sichtbaren Plan auszuarbeiten, der zur Beseitigung der Armut führt und die menschliche Entwicklung fördert.

---

* Vereinte Nationen: Bericht des Weltgipfels für nachhaltige Entwicklung, Johannesburg (Südafrika), 26. August – 4. September 2002 (auszugsweise Übersetzung). A/CONF.199/20, S. 1-5. Quelle: Deutscher Übersetzungsdienst der Vereinten Nationen, New York

Von Stockholm über Rio de Janeiro nach Johannesburg

8. Vor 30 Jahren in Stockholm waren wir uns einig, dass wir uns dringend mit dem Problem der Umweltzerstörung auseinandersetzen müssen. Vor zehn Jahren kamen wir auf der Konferenz der Vereinten Nationen über Umwelt und Entwicklung in Rio de Janeiro überein, dass der Umweltschutz sowie die soziale und wirtschaftliche Entwicklung grundlegende Voraussetzungen einer auf die Grundsätze von Rio gestützten nachhaltigen Entwicklung sind. Um diese zu verwirklichen, verabschiedeten wir das globale Programm „Agenda 21" und die Rio-Erklärung über Umwelt und Entwicklung, auf die wir uns erneut verpflichten. Die Konferenz von Rio war ein wichtiger Meilenstein, mit dem eine neue Agenda zu Gunsten der nachhaltigen Entwicklung festgeschrieben wurde.

9. Zwischen den Konferenzen von Rio und Johannesburg lagen mehrere Großkonferenzen unter der Schirmherrschaft der Vereinten Nationen, auf denen Vertreter aller Nationen zusammentrafen, darunter die Internationale Konferenz über Entwicklungsfinanzierung [Monterrey] sowie die Ministerkonferenz von Doha. Auf diesen Konferenzen wurde eine umfassende, weltweite Vision für die Zukunft der Menschheit entworfen.

10. Auf dem Gipfeltreffen von Johannesburg haben wir viel erreicht, indem wir ein breites Spektrum von Menschen und Meinungen zu einer konstruktiven Suche nach einem gemeinsamen Weg zusammengeführt haben, der in eine Welt führt, in der die Vision der nachhaltigen Entwicklung geachtet und verwirklicht wird. Darüber hinaus hat sich in Johannesburg bestätigt, dass erhebliche Fortschritte in Richtung auf die Herbeiführung eines globalen Konsenses und einer Partnerschaft zwischen allen Menschen unserer Erde erzielt worden sind.

Die Herausforderungen, vor denen wir stehen

11. Wir erkennen an, dass die Beseitigung der Armut, die Veränderung der Konsumgewohnheiten und Produktionsweisen sowie der Schutz und die Bewirtschaftung der natürlichen Ressourcenbasis, auf der die wirtschaftliche und soziale Entwicklung aufbaut, die übergeordneten Ziele und die wesentlichen Voraussetzungen einer nachhaltigen Entwicklung darstellen.

12. Der tiefe Graben, der die Menschheit in Arm und Reich spaltet, und die ständig wachsende Kluft zwischen den entwickelten Ländern und den Entwicklungsländern stellen eine große Bedrohung für die weltweite Prosperität, Sicherheit und Stabilität dar.

13. Die Schäden an der Umwelt nehmen weltweit zu. Der Verlust der biologischen Vielfalt hält an, die Fischbestände werden weiter erschöpft, Wüsten verschlingen immer mehr fruchtbares Land, die nachteiligen Auswirkungen der Klimaänderung sind bereits augenfällig, Naturkatastrophen werden immer häufiger und verheerender, die Krisenanfälligkeit der Entwicklungsländer steigt, und durch die Verschmutzung von Luft, Wasser und Meeren wird Millionen von Menschen nach wie vor ein menschenwürdiges Leben versagt.

14. Mit der Globalisierung haben diese Probleme eine neue Dimension gewonnen. Die rasche Integration der Märkte, die Mobilität des Kapitals und die erhebliche Zunahme der weltweiten Investitionsströme haben neue Herausforderungen und Chancen für die Verwirklichung einer nachhaltigen Entwicklung geschaffen. Der Nutzen und die Kosten der Globalisierung sind jedoch ungleich verteilt, und die Entwicklungsländer sehen sich besonderen Schwierigkeiten bei der Bewältigung dieser Herausforderung gegenüber.

15. Wir laufen Gefahr, diese weltweiten Ungleichheiten festzuschreiben, und wenn wir es unterlassen, in einer Weise zu handeln, die das Leben der Armen auf der Welt grundlegend ändert, riskieren wir, dass sie das Vertrauen in ihre Vertreter und in die demokratischen Systeme verlieren, denen wir verpflichtet bleiben, und dass sie ihre Vertreter lediglich als „tönendes Erz und klingende Schellen" ansehen.

Unser Bekenntnis zur nachhaltigen Entwicklung

16. Wir sind entschlossen, sicherzustellen, dass unsere reiche Vielfalt, die unsere gemeinsame Stärke darstellt, für den Aufbau konstruktiver Partnerschaften zu Gunsten des Wandels und für die Verwirklichung des gemeinsamen Ziels der nachhaltigen Entwicklung genutzt wird.

17. Im Bewusstsein dessen, wie wichtig es ist, Solidarität zwischen den Menschen zu schaffen, fordern wir nachdrücklich die Förderung des Dialogs und der Zusammenarbeit zwischen den Kulturen und Völkern der Welt, ohne Rücksicht auf Rasse, Behinderungen, Religion, Sprache, Kultur und Traditionen.

18. Wir begrüßen es, dass der Schwerpunkt des Gipfeltreffens von Johannesburg auf der Unteilbarkeit der Menschenwürde liegt, und wir sind entschlossen, durch Entscheidungen über Zielvorgaben, Zeitpläne und Partnerschaften dafür zu sorgen, dass der Zugang zur Deckung von Grundbedürfnissen wie sauberem Wasser, Abwasserentsorgung, angemessenem Wohnraum, Energie, Gesundheitsversorgung und Ernährungssicherheit sowie der Schutz der biologischen Vielfalt rasch ausgeweitet wird. Gleichzeitig werden wir einander beistehen, wenn es um den Zugang zu Finanzmitteln, die Vorteile der Öffnung der Märkte, die Sicherstellung des Kapazitätsaufbaus und den Einsatz moderner Technologien zur Förderung der Entwicklung geht, und wir werden den Technologietransfer, die Erschließung der menschlichen Ressourcen sowie Bildung und Ausbildung gewährleisten, damit die Unterentwicklung für immer gebannt wird.

19. Wir verpflichten uns aufs neue, unsere Anstrengungen gezielt und mit Vorrang auf die Bekämpfung der weltweiten Bedingungen zu richten, welche die nachhaltige Entwicklung unserer Bevölkerungen schwer bedrohen und zu denen chronischer Hunger, Mangelernährung, ausländische Besetzung, bewaffnete Konflikte, Probleme im Zusammenhang mit unerlaubten Drogen, organisierte Kriminalität, Korruption, Naturkatastrophen, unerlaubter Waffenhandel, Menschenhandel, Terrorismus, Intoleranz und Aufstachelung zu rassisch, ethnisch, religiös oder anderweitig motiviertem Hass, Fremdenfeindlichkeit sowie endemische, übertragbare und chronische Krankheiten, insbesondere HIV/AIDS, Malaria und Tuberkulose zählen.

20. Wir sind fest entschlossen, dafür zu sorgen, dass die Ermächtigung und Emanzipation der Frau und die Gleichstellung der Geschlechter in alle Aktivitäten eingebunden werden, die im Rahmen der Verwirklichung der Agenda 21, der Millenniums-Entwicklungsziele und des Durchführungsplans des Gipfels stattfinden.

21. Wir wissen, dass die globale Gesellschaft über die Mittel und die Ressourcen verfügt, um die Herausforderungen der Armutsbekämpfung und der nachhaltigen Entwicklung zu bewältigen, denen sich die gesamte Menschheit gegenübersieht. Wir werden gemeinsam zusätzliche Schritte unternehmen, um zu gewährleisten, dass diese vorhandenen Ressourcen zum Wohle der Menschheit eingesetzt werden.

22. In diesem Zusammenhang fordern wir die entwickelten Länder nachdrücklich auf, soweit sie es nicht bereits getan haben, konkrete Anstrengungen zur Erreichung der international vereinbarten Zielwerte für die öffentliche Entwicklungshilfe zu unternehmen und so zur Erfüllung unserer Entwicklungsziele und -vorgaben beizutragen.

23. Wir begrüßen und unterstützen das Entstehen stärkerer regionaler Gruppierungen und Bündnisse, wie beispielsweise die Neue Partnerschaft für die Entwicklung Afrikas, die die regionale Zusammenarbeit, eine bessere internationale Zusammenarbeit und die nachhaltige Entwicklung fördern.

24. Wir werden auch künftig den Entwicklungsbedürfnissen der kleinen Inselentwicklungsländer und der am wenigsten entwickelten Länder besondere Aufmerksamkeit widmen.

25. Wir erklären erneut, dass den indigenen Völkern eine entscheidende Rolle bei der nachhaltigen Entwicklung zukommt.

26. Wir erkennen an, dass die nachhaltige Entwicklung eine langfristige Sichtweise erfordert und breiter Mitwirkung an der Politikformulierung, Entscheidungsfindung und Umsetzung auf allen Ebenen bedarf. Als soziale Partner werden wir auch künftig auf tragfähige Partnerschaften mit allen wichtigen Gruppen hinarbeiten und dabei die unabhängige und wichtige Funktion jeder einzelnen dieser Gruppen achten.

27. Wir sind uns einig, dass große wie kleine Unternehmen der Privatwirtschaft im Rahmen ihrer legitimen Geschäftstätigkeit verpflichtet sind, zur Entwicklung gerechter und bestandfähiger Gemeinwesen und Gesellschaften beizutragen.

28. Wir kommen außerdem überein, Hilfe zu gewähren, um die Zahl einkommenschaffender Beschäftigungsmöglichkeiten zu steigern, unter Berücksichtigung der Erklärung der Internationalen Arbeitsorganisation (IAO) über grundlegende Prinzipien und Rechte bei der Arbeit.

29. Wir sind der einmütigen Auffassung, dass die Unternehmen der Privatwirtschaft ihre Rechenschaftspflicht erfüllen müssen, was innerhalb eines transparenten und stabilen ordnungspolitischen Rahmens geschehen sollte.

30. Wir verpflichten uns, die Regierungs- und Verwaltungsführung auf allen Ebenen zu stärken und zu verbessern, damit die Agenda 21, die Millenniums-Entwicklungsziele und der Durchführungsplan des Gipfels wirksam umgesetzt werden können.

Die Zukunft gehört dem Multilateralismus

31. Wenn wir unsere Ziele der nachhaltigen Entwicklung erreichen wollen, benötigen wir wirksamere und demokratischere internationale und multilaterale Institutionen mit erhöhter Rechenschaftspflicht.

32. Wir bekräftigen unsere Verpflichtung auf die Grundsätze und Ziele der Charta der Vereinten Nationen und des Völkerrechts sowie auf die Stärkung des Multilateralismus. Wir unterstützen die Führungsrolle der Vereinten Nationen als der weltweit universellsten und repräsentativsten Organisation, die am besten gerüstet ist, die nachhaltige Entwicklung zu fördern.

33. Wir verpflichten uns ferner, den Stand der Verwirklichung unserer Gesamt- und Einzelziele auf dem Gebiet der nachhaltigen Entwicklung in regelmäßigen Abständen zu prüfen.

Vom Plan zur Tat

34. Wir sind uns einig, dass es sich um einen integrativen Prozess handeln muss, der alle wichtigen Gruppen und alle Regierungen einschließt, die an dem historischen Gipfeltreffen von Johannesburg teilgenommen haben.

35. Wir verpflichten uns, gemeinsam zu handeln, geeint durch unsere Entschlossenheit, unseren Planeten zu retten, die menschliche Entwicklung zu fördern und allgemeinen Wohlstand und Frieden zu schaffen.

36. Wir verpflichten uns auf den Durchführungsplan des Weltgipfels für nachhaltige Entwicklung und auf die rasche Verwirklichung der termingebundenen sozioökonomischen und umweltpolitischen Ziele, die darin festgelegt werden.

37. Vom afrikanischen Kontinent aus, der Wiege der Menschheit, geloben wir feierlich vor den Völkern der Welt und vor den Generationen, die diesen Planeten erben werden, unsere Entschlossenheit, dafür Sorge zu tragen, dass unsere gemeinsame Hoffnung auf eine nachhaltige Entwicklung Wirklichkeit wird.

Dokument 5

Durchführungsplan des Weltgipfels für nachhaltige Entwicklung

Inhalt

Kapitel	Ziffer	Seite
I. Einleitung	1-6	211
II. Beseitigung der Armut	7-13	212
III. Veränderung nicht nachhaltiger Konsumgewohnheiten und Produktionsweisen	14-23	218
IV. Schutz und Bewirtschaftung der natürlichen Ressourcenbasis der wirtschaftlichen und sozialen Entwicklung	24-46	226
V. Nachhaltige Entwicklung in einer sich globalisierenden Welt	47-52	246
VI. Gesundheit und nachhaltige Entwicklung	53-57	248
VII. Nachhaltige Entwicklung der kleinen Inselentwicklungsländer	58-61	252
VIII. Nachhaltige Entwicklung für Afrika	62-71	254
IX. Sonstige regionale Initiativen	72-80	260
A. Nachhaltige Entwicklung in Lateinamerika u. d. Karibik	73-74	260
B. Nachhaltige Entwicklung in Asien und im Pazifik	75-76	261
C. Nachhaltige Entwicklung in der Region Westasien	77-78	262
D. Nachhaltige Entwicklung in der Region der Wirtschaftskommission für Europa	79-80	262
X. Mittel zur Umsetzung	81-136	263
XI. Der institutionelle Rahmen für die nachhaltige Entwicklung	137-170	279
A. Ziele	139	280
B. Stärkung des institutionellen Rahmens für eine nachhaltige Entwicklung auf internationaler Ebene	140-142	280
C. Die Rolle der Generalversammlung	143	282
D. Die Rolle des Wirtschafts- und Sozialrats	144	282
E. Die Rolle und Funktion der Kommission für Nachhaltige Entwicklung	145-150	283
F. Die Rolle internationaler Institutionen	151-157	285
G. Stärkung der institutionellen Regelungen für eine nachhaltige Entwicklung auf regionaler Ebene	158-161	286
H. Stärkung des institutionellen Rahmens für eine nachhaltige Entwicklung auf einzelstaatlicher Ebene	162-167	287
I. Beteiligung wichtiger Gruppen	168-170	289

---

* Vereinte Nationen: Bericht des Weltgipfels für nachhaltige Entwicklung, Johannesburg (Südafrika), 26. August – 4. September 2002 (auszugsweise Übersetzung). A/CONF.199/20, S. 8-79. Quelle: Deutscher Übersetzungsdienst der Vereinten Nationen, New York

I. Einleitung

1. Aus der 1992 in Rio de Janeiro abgehaltenen Konferenz der Vereinten Nationen über Umwelt und Entwicklung[1] gingen die wesentlichen Grundsätze und das Aktionsprogramm für die Herbeiführung einer nachhaltigen Entwicklung hervor. Wir bekräftigen nachdrücklich unsere Verpflichtung auf die Grundsätze von Rio[2], die volle Umsetzung der Agenda 21 und das Programm für die weitere Umsetzung der Agenda 21[3]. Wir verpflichten uns außerdem auf die Verwirklichung der international vereinbarten Entwicklungsziele, namentlich derjenigen, die in der Millenniums-Erklärung der Vereinten Nationen[4] sowie in den Ergebnisdokumenten der seit 1992 abgehaltenen großen Konferenzen der Vereinten Nationen und in den seither geschlossenen internationalen Übereinkünften enthalten sind.

2. Der vorliegende Durchführungsplan wird auf den seit der Konferenz über Umwelt und Entwicklung erzielten Fortschritten aufbauen und die Verwirklichung der verbleibenden Ziele beschleunigen. Zu diesem Zweck verpflichten wir uns darauf, konkrete Maßnahmen auf allen Ebenen zu ergreifen und die internationale Zusammenarbeit auszubauen, unter Berücksichtigung der Grundsätze von Rio, namentlich des in Grundsatz 7 der Rio-Erklärung über Umwelt und Entwicklung[5] enthaltenen Grundsatzes der gemeinsamen, wenngleich unterschiedlichen Verantwortung. Diese Anstrengungen werden außerdem die Integration der drei Elemente der nachhaltigen Entwicklung – wirtschaftliche Entwicklung, soziale Entwicklung und Umweltschutz – als interdependente, sich gegenseitig stützende Säulen begünstigen. Die Beseitigung der Armut, die Veränderung nicht nachhaltiger Produktionsweisen und Konsumgewohnheiten und der Schutz und die Bewirtschaftung der natürlichen Ressourcenbasis, auf der die wirtschaftliche und soziale Entwicklung aufbaut, stellen die übergeordneten Ziele und die wesentlichen Voraussetzungen einer nachhaltigen Entwicklung dar.

3. Wir sind uns bewusst, dass die Umsetzung der Ergebnisse des Gipfels allen Menschen, insbesondere den Frauen, Jugendlichen, Kindern und schwächeren Bevölkerungsgruppen, zugute kommen soll. Darüber hinaus sind alle in Frage kommenden Handlungsträger mittels Partnerschaften, vor allem zwischen Staaten im Norden und im Süden einerseits sowie zwischen Staaten und wichtigen Gruppen andererseits, an dem Umsetzungsprozess zu beteiligen, damit die von vielen geteilten Ziele der nachhaltigen Entwicklung verwirklicht werden. Wie im Konsens von Monterrey[6] zum Ausdruck kommt, sind derartige Partnerschaften grundlegend für die Herbeiführung einer nachhaltigen Entwicklung in einer sich globalisierenden Welt.

---

[1] *Report of the United Nations Conference on Environment and Development, Rio de Janeiro, 3/14 June 1992* (Veröffentlichung der Vereinten Nationen , Best.-Nr.. E.93.I.8 und Corrigenda).

[2] ebd., Vol. I: *Resolutions Adopted by the Conference*, Resolution 1, Anlagen I und II.

[3] Resolution S-19/2 der Generalversammlung, Anlage.

[4] Resolution 55/2 der Generalversammlung.

[5] *Report of the United Nations Conference on Environment and Development, Rio de Janeiro, 3/14 June 1992* (Veröffentlichung der Vereinten Nationen , Best.-Nr.. E.93.I.8 und Corrigenda), Vol. I: *Resolutions Adopted by the Conference*, Resolution 1, Anlage I.

[6] *Report of the International Conference on Financing for Development, Monterrey, Mexico, 18-22 March 2002* (Veröffentlichung der Vereinten Nationen, Best.-Nr. E.02.II.A.7), Kap. I, Resolution I, Anlage.

4. Eine gute Regierungsführung in jedem Land sowie eine gute Weltordnungspolitik sind unabdingbar für die nachhaltige Entwicklung. Im Inland bilden eine gute Umwelt-, Sozial- und Wirtschaftspolitik, bürgernahe demokratische Institutionen, Rechtsstaatlichkeit, Maßnahmen zur Korruptionsbekämpfung, die Gleichstellung der Geschlechter und ein förderliches Investitionsumfeld die Grundlage für eine nachhaltige Entwicklung. Mit der Globalisierung haben externe Faktoren ausschlaggebende Bedeutung für Erfolg oder Misserfolg der einzelstaatlichen Bemühungen der Entwicklungsländer angenommen. Die Kluft zwischen den entwickelten Ländern und den Entwicklungsländern weist darauf hin, dass auch weiterhin ein dynamisches, der internationalen Zusammenarbeit förderliches internationales wirtschaftliches Umfeld, insbesondere in den Bereichen Finanzwesen, Technologietransfer, Verschuldung und Handel, und die volle und wirksame Beteiligung der Entwicklungsländer an den globalen Entscheidungsprozessen erforderlich sind, wenn die Dynamik des globalen Fortschritts in Richtung auf eine nachhaltige Entwicklung beibehalten und verstärkt werden soll.

5. Frieden, Sicherheit, Stabilität, die Achtung der Menschenrechte und Grundfreiheiten, einschließlich des Rechts auf Entwicklung, sowie die Achtung der kulturellen Vielfalt sind unabdingbar, um eine nachhaltige Entwicklung herbeizuführen und zu gewährleisten, dass sie allen zugute kommt.

6. Wir erkennen die Bedeutung der Ethik für die nachhaltige Entwicklung an und betonen daher die Notwendigkeit, bei der Umsetzung der Agenda 21 ethische Gesichtspunkte zu berücksichtigen.

II.   Beseitigung der Armut

7. Die Armutsbeseitigung ist die größte Herausforderung, mit der die Welt von heute konfrontiert ist, und eine unabdingbare Voraussetzung für die nachhaltige Entwicklung, insbesondere der Entwicklungsländer. Obwohl jedes Land die Hauptverantwortung für seine eigene nachhaltige Entwicklung und die Bekämpfung der Armut trägt und die Rolle der einzelstaatlichen Politiken und Entwicklungsstrategien nicht genug betont werden kann, sind konzertierte und konkrete Maßnahmen auf allen Ebenen erforderlich, damit die Entwicklungsländer ihre nachhaltigen Entwicklungsziele verwirklichen können, die sich aus den international vereinbarten Vorgaben und Zielen betreffend die Armut ergeben, einschließlich derjenigen, die in der Agenda 21, den Ergebnissen anderer Konferenzen der Vereinten Nationen und der Millenniums-Erklärung der Vereinten Nationen enthalten sind. Dazu gehören Maßnahmen auf allen Ebenen, die darauf gerichtet sind,

a)   bis zum Jahr 2015 den Anteil der Weltbevölkerung, dessen Einkommen weniger als 1 Dollar pro Tag beträgt, und den Anteil der Menschen, die Hunger leiden, zu halbieren sowie bis zu demselben Jahr den Anteil der Menschen, die keinen Zugang zu hygienischem Trinkwasser haben, zu halbieren;

b)   einen Weltsolidaritätsfonds zur Armutsbekämpfung und zur Förderung der sozialen und menschlichen Entwicklung in den Entwicklungsländern einzurichten, gemäß Modalitäten, die von der Generalversammlung festzulegen sind, unter Hervorhebung des freiwilligen Charakters der Beiträge und der Notwendigkeit, Überschneidungen mit bestehenden Fonds der Vereinten Nationen zu vermeiden, und neben den Regierungen verstärkt den Privatsektor und Einzelpersonen für die Finanzierung der Initiativen zu gewinnen;

c) einzelstaatliche Programme zur nachhaltigen Entwicklung und zur Entwicklung auf Lokal- und Gemeinschaftsebene, auszuarbeiten, gegebenenfalls im Rahmen der von den Ländern getragenen Strategien zur Armutsbekämpfung, mit dem Ziel, die Selbsthilfekraft der in Armut lebenden Menschen und ihrer Organisationen zu stärken. Diese Programme sollen ihren Prioritäten entsprechen und ihnen einen erweiterten Zugang zu produktiven Ressourcen, öffentlichen Dienstleistungen und Einrichtungen, insbesondere zu Grund und Boden, Wasser, Beschäftigungsmöglichkeiten, Krediten, Bildung und gesundheitlicher Versorgung ermöglichen;

d) den gleichberechtigten Zugang von Frauen zu den Entscheidungsprozessen auf allen Ebenen und ihre volle Mitwirkung daran zu fördern, Gleichstellungsperspektiven in alle Politiken und Strategien zu integrieren, alle Formen der Gewalt und der Diskriminierung gegenüber Frauen zu beseitigen und den Status, die Gesundheit und das wirtschaftliche Wohl von Frauen und Mädchen zu verbessern, indem sie vollen und gleichberechtigten Zugang zu wirtschaftlichen Chancen, Grund und Boden, Krediten, Bildung und Gesundheitsdiensten erhalten;

e) Politiken und Maßnahmen auszuarbeiten, um den Zugang der indigenen Bevölkerungsgruppen und ihrer Gemeinschaften zum Wirtschaftsleben zu verbessern und ihren Beschäftigungsstand zu erhöhen, gegebenenfalls durch Maßnahmen wie beispielsweise Ausbildung, Gewährung technischer Hilfe und Bereitstellung von Kreditfazilitäten. Anzuerkennen, dass die traditionelle und unmittelbare Abhängigkeit von erneuerbaren Ressourcen und Ökosystemen, einschließlich nachhaltiger Erntepraktiken, auch in Zukunft von zentraler Bedeutung für das kulturelle, wirtschaftliche und physische Wohlergehen der indigenen Bevölkerungsgruppen und ihrer Gemeinschaften ist;

f) Basisgesundheitsdienste für alle bereitzustellen und umweltbedingte Gesundheitsrisiken zu verringern, unter Berücksichtigung der besonderen Bedürfnisse von Kindern und der Verflechtungen zwischen Armut, Gesundheit und Umwelt, samt der Gewährung finanzieller und technischer Hilfe und des Transfers von Wissen an die Entwicklungs- und Transformationsländer;

g) sicherzustellen, dass Kinder in der ganzen Welt, Jungen wie Mädchen, eine Primarschulbildung vollständig abschließen können und gleichberechtigten Zugang zu allen Bildungsebenen haben;

h) in Armut lebenden Menschen, insbesondere Frauen und indigenen Gemeinschaften, Zugang zu landwirtschaftlichen Ressourcen zu verschaffen und gegebenenfalls Landbesitz- und -nutzungsregelungen zu fördern, in deren Rahmen indigene und gemeinschaftliche Ressourcenbewirtschaftungssysteme anerkannt und geschützt werden;

i) grundlegende ländliche Infrastrukturen aufzubauen, die Wirtschaft zu diversifizieren und das Verkehrssystem sowie den Zugang der in ländlichen Gebieten lebenden Armen zu Märkten, Marktinformationen und Krediten zu verbessern, um eine nachhaltige Landwirtschaft und ländliche Entwicklung zu unterstützen;

j) grundlegende Methoden und Wissensinhalte einer nachhaltigen Landwirtschaft, namentlich im Bereich der Bewirtschaftung der natürlichen Ressourcen, an kleine und mittlere Bauern, Fischer und die in ländlichen Gebieten lebenden Armen, insbesondere in den Entwicklungsländern, weiterzugeben, namentlich durch den Ansatz der Einbeziehung unterschiedlicher Interessengruppen (*multi-stakeholder approach*) und durch öffentlich-private Partnerschaften, die darauf gerichtet sind, die landwirtschaftliche Produktion und die Ernährungssicherheit zu erhöhen;

k) mehr Nahrungsmittel zu erschwinglichen Preisen verfügbar zu machen, namentlich durch Ernte- und Nahrungsmitteltechnologie und -management sowie durch gerechte und leistungsfähige Verteilungssysteme, so etwa mittels Förderung gemeindenaher Partnerschaften, die die Bewohner und die Wirtschaftsunternehmen von städtischen und ländlichen Gebieten miteinander verbinden;

l) die Wüstenbildung zu bekämpfen und die Auswirkungen von Dürren und Überschwemmungen zu mildern, beispielsweise durch Verbesserungen bei der Nutzung von Klima- und Wetterinformationen und -prognosen, den Frühwarnsystemen, der Bewirtschaftung von Flächen und natürlichen Ressourcen, den landwirtschaftlichen Praktiken und der Erhaltung der Ökosysteme, mit dem Ziel, den gegenwärtigen Tendenzen entgegenzuwirken und die Flächen- und Wasserdegradation auf ein Mindestmaß zu reduzieren, namentlich indem ausreichende und berechenbare Finanzmittel zur Durchführung des Übereinkommens der Vereinten Nationen zur Bekämpfung der Wüstenbildung in den von Dürre und/oder Wüstenbildung schwer betroffenen Ländern, insbesondere in Afrika[7] als eines der Instrumente zur Bekämpfung der Armut bereitgestellt werden;

m) den Zugang zur Abwasserentsorgung zu erweitern, um die menschliche Gesundheit zu verbessern und die Säuglings- und Kindersterblichkeit zu verringern, indem der Wasserver- und Abwasserentsorgung im Rahmen der einzelstaatlichen Strategien zur nachhaltigen Entwicklung und zur Armutsbekämpfung, soweit vorhanden, Vorrang eingeräumt wird.

8. Die Versorgung mit sauberem Trinkwasser und eine angemessene Abwasserentsorgung sind notwendig für den Schutz der menschlichen Gesundheit und der Umwelt. Diesbezüglich kommen wir überein, bis zum Jahr 2015 den Anteil der Menschen zu halbieren, die hygienisches Trinkwasser nicht erreichen oder es sich nicht leisten können (wie in der Millenniums-Erklärung beschrieben), sowie auch den Anteil der Menschen, die keinen Zugang zu grundlegenden sanitären Einrichtungen haben. Dazu gehören Maßnahmen auf allen Ebenen, die darauf gerichtet sind,

a) effiziente Abwasserentsorgungssysteme für die Haushalte zu entwickeln und einzusetzen;

b) die Abwasserentsorgung in öffentlichen Einrichtungen, insbesondere Schulen, zu verbessern;

c) gute Hygienepraktiken zu fördern;

d) die Aufklärung und Sensibilisierung von Kindern als Trägern des Verhaltenswandels zu fördern;

---

[7] Vereinten Nationen, *Treaty Series*, vol. 1954, Nr. 33480.

e) die Anwendung erschwinglicher, sozialverträglicher und kulturell akzeptabler Technologien und Praktiken zu fördern;

f) innovative Finanzierungs- und Partnerschaftsmechanismen auszuarbeiten;

g) die Abwasserentsorgung in Strategien zur Bewirtschaftung der Wasserressourcen zu integrieren.

* * *

9. Gemeinsame Maßnahmen ergreifen und größere Anstrengungen zur Zusammenarbeit auf allen Ebenen unternehmen, um den Zugang zu einer zuverlässigen und erschwinglichen Energieversorgung zu Gunsten der nachhaltigen Entwicklung zu verbessern, damit die Millenniums-Entwicklungsziele, namentlich das Ziel der Halbierung des Anteils der in Armut lebenden Menschen bis zum Jahr 2015, leichter verwirklicht und andere wichtige Dienstleistungen, die zur Linderung der Armut beitragen, bereitgestellt werden können, eingedenk dessen, dass der Zugang zu Energie die Armutsbekämpfung erleichtert. Dazu gehören Maßnahmen auf allen Ebenen, die darauf gerichtet sind,

a) den Zugang zu zuverlässigen, erschwinglichen, wirtschaftlich tragbaren, sozial- und umweltverträglichen Energiedienstleistungen und -ressourcen zu verbessern, unter Berücksichtigung der besonderen Situation und der Gegebenheiten der jeweiligen Länder, durch verschiedene Mittel und Wege, wie unter anderem die Verbesserung der ländlichen Stromversorgung und die Dezentralisierung der Energieversorgungssysteme, die verstärkte Nutzung erneuerbarer Energiequellen und sauberer flüssiger und gasförmiger Brennstoffe, erhöhte Energieeffizienz, die Verstärkung der regionalen und internationalen Zusammenarbeit zur Unterstützung einzelstaatlicher Bemühungen, namentlich durch den Aufbau von Kapazitäten, finanzielle und technische Hilfe und innovative Finanzierungsmechanismen, einschließlich auf kleinster und mittlerer Ebene, unter Berücksichtigung der spezifischen Faktoren, die sich auf den Energiezugang der Armen auswirken;

b) den Zugang zu modernen Biomassetechnologien und zu Brennholzquellen und -vorräten zu verbessern und die Energieerzeugung aus Biomasse, so auch unter Verwendung landwirtschaftlicher Rückstände, in ländlichen Gebieten und dort, wo diese Praktiken nachhaltig angewandt werden können, zu kommerzialisieren;

c) eine nachhaltige Nutzung von Biomasse und gegebenenfalls anderen erneuerbaren Energieträgern zu fördern, durch Verbesserung der derzeitigen Verbrauchsweisen, beispielsweise durch eine bessere Ressourcenbewirtschaftung, die effizientere Nutzung von Brennholz und neue oder verbesserte Produkte und Technologien;

d) den Übergang zur saubereren Nutzung flüssiger und gasförmiger fossiler Brennstoffe zu unterstützen, wenn diese als umwelt- und sozialverträglicher sowie als wirtschaftlicher angesehen werden;

e) einzelstaatliche Energiepolitiken und entsprechende Ordnungsrahmen aufzustellen, die die notwendigen wirtschaftlichen, sozialen und institutionellen Voraussetzungen im Energiesektor dafür schaffen helfen, den Zugang zu zuverlässigen, erschwinglichen, wirtschaftlich tragbaren, sozial- und umweltverträglichen Energiedienstleistungen, die die nachhaltige Entwicklung und die Armutsbeseitigung in ländlichen, randstädtischen und städtischen Gebieten begünstigen, zu verbessern;

f) als fester Bestandteil von Programmen zur Armutsminderung die internationale und regionale Zusammenarbeit zur Verbesserung des Zugangs zu zuverlässigen, erschwinglichen, wirtschaftlich tragbaren, sozial- und umweltverträglichen Energiedienstleistungen zu verstärken, indem die Schaffung eines förderlichen Umfelds erleichtert und den Bedürfnissen auf dem Gebiet des Kapazitätsaufbaus entsprochen wird, gegebenenfalls unter besonderer Beachtung ländlicher und abgelegener Gebiete;

g) Hilfe zu gewähren, damit die in Armut lebenden Menschen Zugang zu zuverlässigen, erschwinglichen, wirtschaftlich tragbaren, sozial- und umweltverträglichen Energiedienstleistungen erhalten, und diesen Zugang mit finanzieller und technischer Hilfe der entwickelten Länder, so auch durch öffentlich-private Partnerschaften, rascher zu ermöglichen, unter Berücksichtigung der maßgeblichen Rolle, die die Ausarbeitung einzelstaatlicher Energiepolitiken für die nachhaltige Entwicklung spielt, und eingedenk dessen, dass die Energiedienstleistungen in den Entwicklungsländern drastisch erhöht werden müssen, wenn der Lebensstandard der Bevölkerung dieser Länder verbessert werden soll, und dass sie positive Auswirkungen auf die Bekämpfung der Armut und die Verbesserung des Lebensstandards haben.

10. Sicherstellen, dass die industrielle Entwicklung in verstärktem Maße zur Armutsbekämpfung und zu einer nachhaltigen Bewirtschaftung der natürlichen Ressourcen beiträgt. Dazu gehören Maßnahmen auf allen Ebenen, die darauf gerichtet sind,

a) Hilfe zu gewähren und Ressourcen zu mobilisieren, um die industrielle Produktivität und Wettbewerbsfähigkeit sowie die industrielle Entwicklung der Entwicklungsländer zu steigern, namentlich durch den Transfer umweltschonender Technologien zu gegenseitig vereinbarten Vorzugsbedingungen;

b) Hilfe zu gewähren, um die Zahl einkommenschaffender Beschäftigungsmöglichkeiten zu steigern, unter Berücksichtigung der Erklärung der Internationalen Arbeitsorganisation über grundlegende Prinzipien und Rechte bei der Arbeit[8];

c) die Entstehung von Kleinst- sowie kleinen und mittleren Unternehmen zu fördern, namentlich durch Schulungs-, Bildungs- und Fortbildungsmaßnahmen, mit besonderem Gewicht auf der Agroindustrie, die eine Quelle des Lebensunterhalts für ländliche Gemeinschaften darstellt;

d) ländlichen Gemeinschaften in den Entwicklungsländern gegebenenfalls finanzielle und technologische Hilfe zu gewähren, damit sie im Kleinbergbau Möglichkeiten für einen sicheren und dauerhaften Erwerb ihres Lebensunterhalts nutzen können;

---

[8] Siehe *Erklärung der Internationalen Arbeitsorganisation über grundlegende Prinzipien und Rechte bei der Arbeit und ihre Folgemaßnahmen*, verabschiedet von der Internationalen Arbeitskonferenz auf ihrer sechsundachtzigsten Tagung, Genf, 18. Juni 1998 (Genf, Internationales Arbeitsamt, 1998)

e) die Entwicklungsländer dabei zu unterstützen, sichere und kostengünstige Technologien für die Erzeugung oder die Konservierung von Brennstoffen zum Kochen und zum Erhitzen von Wasser zu entwickeln;

f) im Hinblick auf die Schaffung dauerhafter Lebensgrundlagen für die Armen die Bewirtschaftung der natürlichen Ressourcen zu unterstützen.

11. Wie in der Initiative "Städte ohne Elendsviertel" vorgeschlagen, sollen bis zum Jahr 2020 erhebliche Verbesserungen im Leben von mindestens 100 Millionen Slumbewohnern erzielt werden. Dazu gehören Maßnahmen auf allen Ebenen, die darauf gerichtet sind,

a) den Zugang der in Städten und ländlichen Gebieten lebenden Armen zu Grund und Boden, Eigentum, angemessenem Wohnraum und Grundversorgungseinrichtungen zu verbessern, unter besonderer Berücksichtigung weiblicher Haushaltsvorstände;

b) kostengünstige und dauerhafte Materialien sowie geeignete Technologien für den Bau menschenwürdiger und sicherer Wohnungen für die Armen zu verwenden und die Entwicklungsländer dabei finanziell und technologisch zu unterstützen, unter Berücksichtigung ihrer Kultur, ihres Klimas, ihrer jeweiligen sozialen Bedingungen und ihrer Anfälligkeit für Naturkatastrophen;

c) durch geeignete einzelstaatliche Politiken, die die Chancengleichheit für Frauen und Männer fördern, den in den Städten lebenden Armen mehr Möglichkeiten zu bieten, eine menschenwürdige Arbeit zu finden, Kredite aufzunehmen und ihr Einkommen zu erhöhen;

d) unnötige regulatorische und sonstige Hindernisse für Kleinstunternehmen und den informellen Sektor zu beseitigen;

e) den örtlichen Behörden dabei behilflich zu sein, im Rahmen von Stadtentwicklungsplänen Programme zur Sanierung von Elendsvierteln auszuarbeiten, und den Zugang, insbesondere der Armen, zu Informationen über das Wohnungsbaurecht zu erleichtern.

12. Unverzüglich wirksame Maßnahmen zur Beseitigung der schlimmsten Formen der Kinderarbeit, wie im Übereinkommen 182 der IAO definiert, ergreifen sowie Strategien zur Beseitigung derjenigen Formen der Kinderarbeit ausarbeiten und umsetzen, die im Widerspruch zu anerkannten internationalen Normen stehen.

13. Internationale Zusammenarbeit fördern, um den Entwicklungsländern auf ihr Ersuchen hin bei der Bekämpfung der Kinderarbeit und ihrer tieferen Ursachen behilflich zu sein, unter anderem durch sozial- und wirtschaftspolitische Maßnahmen zur Beseitigung der Armutsverhältnisse, wobei zu betonen ist, dass arbeitsrechtliche Normen nicht für handelsprotektionistische Zwecke benutzt werden dürfen.

* * *

III. Veränderung nicht nachhaltiger Konsumgewohnheiten und Produktionsweisen

14. Wenn weltweit eine nachhaltige Entwicklung herbeigeführt werden soll, müssen die Gesellschaften die Art und Weise, in der sie produzieren und konsumieren, grundlegend ändern. Alle Länder, an der Spitze die entwickelten Länder, sollten nachhaltige Konsumgewohnheiten und Produktionsweisen fördern, die allen Ländern zugute kommen, unter Berücksichtigung der Grundsätze von Rio, namentlich des in Grundsatz 7 der Rio-Erklärung über Umwelt und Entwicklung enthaltenen Grundsatzes der gemeinsamen, wenngleich unterschiedlichen Verantwortung. Die Regierungen, die maßgeblichen internationalen Organisationen, der Privatsektor und alle wichtigen Gruppen müssen eine aktive Rolle bei der Veränderung nicht nachhaltiger Konsumgewohnheiten und Produktionsweisen übernehmen. Dazu gilt es, auf allen Ebenen die nachstehenden Maßnahmen zu ergreifen.

15. *Befürwortung und Förderung der Ausarbeitung eines Zehnjahres-Programmrahmens zur Unterstützung regionaler und nationaler Initiativen mit dem Ziel, den Übergang zu nachhaltigen Konsumgewohnheiten und Produktionsweisen zu beschleunigen, die geeignet sind, die soziale und wirtschaftliche Entwicklung im Rahmen der Tragfähigkeit der Ökosysteme zu fördern, indem die Verknüpfung zwischen Wirtschaftswachstum und Umweltzerstörung durch erhöhte Effizienz und Nachhaltigkeit bei der Ressourcenverwendung und bei den Produktionsabläufen sowie durch die Verringerung der Ressourcendegradation, der Verschmutzung und der Abfallproduktion angegangen und gegebenenfalls aufgelöst wird. Alle Länder, an der Spitze die entwickelten Länder, sollten Maßnahmen ergreifen, unter Berücksichtigung der Entwicklungsbedürfnisse und -kapazitäten der Entwicklungsländer, durch die Mobilisierung finanzieller und technischer Hilfe aus allen Quellen und den Aufbau von Kapazitäten in den Entwicklungsländern. Dazu gehören Maßnahmen auf allen Ebenen, die darauf gerichtet sind,*

a) konkrete Aktivitäten, Instrumente, Politiken, Maßnahmen und Überwachungs- und Bewertungsmechanismen, gegebenenfalls einschließlich Lebenszyklusanalysen und nationaler Indikatoren zur Fortschrittsmessung, zu ermitteln, unter Berücksichtigung dessen, dass die von manchen Ländern angewandten Normen möglicherweise für andere Länder, insbesondere die Entwicklungsländer, ungeeignet sind und diesen Ländern nicht zu rechtfertigende wirtschaftliche und soziale Kosten verursachen;

b) Politiken und Maßnahmen zur Förderung nachhaltiger Produktionsweisen und Konsumgewohnheiten zu beschließen und durchzuführen, unter anderem indem das unter Grundsatz 16 der Rio-Erklärung über Umwelt und Entwicklung beschriebene Verursacherprinzip angewandt wird;

c) Produktions- und Konsumpolitiken auszuarbeiten, um das Produkt- und Dienstleistungsangebot zu verbessern und dabei gleichzeitig die Auswirkungen auf die Umwelt und die Gesundheit zu verringern, gegebenenfalls unter Anwendung wissenschaftlich fundierter Verfahren wie beispielsweise der Lebenszyklusanalyse;

d) Programme auszuarbeiten, um das Bewusstsein über die Wichtigkeit nachhaltiger Produktionsweisen und Konsumgewohnheiten zu schärfen, insbesondere bei den Jugendlichen und den maßgeblichen Gesellschaftsteilen in allen Ländern, vor allem den entwickelten Ländern, unter anderem durch Aufklärung,

Öffentlichkeitsarbeit und Verbraucherinformationen, Werbung und andere Medien und unter Berücksichtigung kultureller Wertvorstellungen auf lokaler, nationaler und regionaler Ebene;

e) gegebenenfalls auf freiwilliger Grundlage wirksame, transparente, verifizierbare, nicht irreführende und nicht diskriminierende Instrumente zur Information der Verbraucher über nachhaltigen Konsum und nachhaltige Produktion, namentlich im Hinblick auf die menschliche Gesundheit und Sicherheit, zu entwickeln und anzunehmen. Diese Instrumente dürfen nicht als versteckte Handelsbarrieren benutzt werden;

f) die Ökoeffizienz zu erhöhen, mit finanzieller Unterstützung aus allen Quellen, soweit gegenseitig vereinbart, für den Kapazitätsaufbau, den Technologietransfer und den Austausch von Technologien mit den Entwicklungs- und Transformationsländern und in Zusammenarbeit mit den zuständigen internationalen Organisationen.

16. In allen Ländern verstärkt in sauberere Produktionsweisen und in die Ökoeffizienz investieren, unter anderem durch Anreize und Subventionsprogramme sowie durch Politiken zur Schaffung eines angemessenen regulatorischen, finanziellen und rechtlichen Rahmens. Dazu gehören Maßnahmen auf allen Ebenen, die darauf gerichtet sind,

a) Programme und Zentren für eine sauberere Produktion und effizientere Produktionsmethoden einzurichten und zu unterstützen, unter anderem durch die Schaffung von Anreizen und den Aufbau von Kapazitäten mit dem Ziel, den Unternehmen, insbesondere kleinen und mittleren Unternehmen, vor allem in den Entwicklungsländern, dabei behilflich zu sein, ihre Produktivität zu steigern und die nachhaltige Entwicklung zu fördern;

b) in allen Ländern Anreize für Investitionen in eine sauberere Produktion und in die Ökoeffizienz zu schaffen, beispielsweise durch staatlich finanzierte Darlehen, Risikokapital, technische Hilfe und Schulungsprogramme für kleine und mittlere Unternehmen, und dabei handelsverzerrende Maßnahmen zu vermeiden, die mit den Regeln der Welthandelsorganisation unvereinbar sind;

c) Informationen über Beispiele für Kostenwirksamkeit im Bereich der saubereren Produktion, der Ökoeffizienz und der Umweltbewirtschaftung zu sammeln und zu verbreiten und den Austausch von besten Verfahrensweisen und Know-how über umweltgerechte Technologien zwischen öffentlichen und privaten Institutionen zu fördern;

d) kleinen und mittleren Unternehmen Ausbildungsprogramme über den Einsatz von Informations- und Kommunikationstechnologien anzubieten.

17. Die Frage der Produktionsweisen und Konsumgewohnheiten in die Politiken, Programme und Strategien auf dem Gebiet der nachhaltigen Entwicklung einbeziehen, einschließlich, soweit zutreffend, in die Strategien zur Armutsbekämpfung.

18. Die ökologische und soziale Verantwortung und Rechenschaftspflicht der Wirtschaft stärken. Dazu gehören Maßnahmen auf allen Ebenen, die darauf gerichtet sind,

a) die Industrie dazu anzuhalten, durch freiwillige Initiativen, namentlich Umweltbewirtschaftungssysteme, Verhaltenskodexe, Zertifizierungsmaßnahmen und die öffentliche Berichterstattung über ökologische und soziale Fragen, ihre Sozial- und Umweltleistung zu verbessern, unter Berücksichtigung solcher Initiativen wie der Normen der Internationalen Organisation für Normung (ISO) und der im Rahmen der Globalen Berichterstattungsinitiative erarbeiteten Richtlinien für die Nachhaltigkeitsberichterstattung und eingedenk des Grundsatzes 11 der Rio-Erklärung über Umwelt und Entwicklung;

b) den Dialog zwischen den Unternehmen und den Gemeinschaften, in denen sie tätig sind, sowie anderen Interessengruppen zu fördern;

c) die Finanzinstitutionen dazu zu ermutigen, Überlegungen im Hinblick auf die nachhaltige Entwicklung in ihre Entscheidungsprozesse einzubeziehen;

d) Partnerschaften und Programme am Arbeitsplatz, namentlich Schulungs- und Bildungsprogramme, einzurichten.

19. Die zuständigen Behörden auf allen Ebenen dazu ermutigen, Überlegungen im Hinblick auf die nachhaltige Entwicklung in ihre Entscheidungsprozesse einzubeziehen, namentlich im Bereich der nationalen und lokalen Entwicklungsplanung, der Infrastrukturinvestitionen, der Unternehmensentwicklung und des öffentlichen Beschaffungswesens. Dazu gehören Maßnahmen auf allen Ebenen, die darauf gerichtet sind,

a) die Ausarbeitung von Strategien und Programmen der nachhaltigen Entwicklung zu unterstützen, namentlich bei den Entscheidungsprozessen hinsichtlich Infrastrukturinvestitionen und Unternehmensentwicklung;

b) auch künftig die Internalisierung von Umweltkosten und den Einsatz wirtschaftlicher Instrumente zu fördern, wobei unter gebührender Berücksichtigung des öffentlichen Interesses und ohne Verzerrung des Welthandels und der internationalen Investitionstätigkeit davon auszugehen ist, dass grundsätzlich der Verursacher die Kosten der Verschmutzung trägt;

c) öffentliche Beschaffungspolitiken zu fördern, die die Entwicklung und Verbreitung umweltverträglicher Produkte und Dienstleistungen begünstigen;

d) Möglichkeiten zur Verstärkung von Kapazitäten und zur Schulung anzubieten, um den zuständigen Behörden dabei behilflich zu sein, die in diesem Absatz aufgeführten Initiativen durchzuführen;

e) Verfahren zur Prüfung der Umweltverträglichkeit anzuwenden.

20. Die Regierungen, die zuständigen regionalen und internationalen Organisationen und die anderen beteiligten Interessengruppen auffordern, unter Berücksichtigung der besonderen Situation und der Gegebenheiten der jeweiligen Staaten und Regionen die auf der neunten Tagung der Kommission für Nachhaltige Entwicklung verabschiedeten Empfehlungen und Schlussfolgerungen zur Frage der Energie zu Gunsten der nachhaltigen Entwicklung umzusetzen, namentlich im Hinblick auf die unten genannten Fragen und Optionen, wobei zu berücksichtigen ist, dass den Staaten in Anbetracht ihres unterschiedlichen Beitrags zur weltweiten Umweltverschmutzung eine gemeinsame, wenngleich unterschiedliche

Verantwortung zukommt. Dazu gehören Maßnahmen auf allen Ebenen, die darauf gerichtet sind,

a) *weitere Schritte zu unternehmen, um die Bereitstellung finanzieller Ressourcen, den Technologietransfer, den Kapazitätsaufbau und die Verbreitung umweltgerechter Technologien zu bewirken, im Einklang mit den Empfehlungen und Schlussfolgerungen in Abschnitt A Ziffer 3 und Abschnitt D Ziffer 30 des Beschlusses 9/1^9 der Kommission für Nachhaltige Entwicklung zur Frage der Energie zu Gunsten der nachhaltigen Entwicklung;*

b) *energiebezogene Überlegungen, namentlich im Hinblick auf die Energieeffizienz sowie die Erschwinglichkeit und Verfügbarkeit von Energie, in die sozioökonomischen Programme, insbesondere in die Politiken der großen energieverbrauchenden Sektoren, sowie in die Planung, den Betrieb und die Instandhaltung langlebiger energieverbrauchender Infrastrukturen, beispielsweise des öffentlichen Sektors, des Verkehrswesens, der Industrie, der Landwirtschaft, der städtischen Flächennutzung, des Tourismus und des Bausektors einzubeziehen;*

c) *alternative Energietechnologien zu entwickeln und zu verbreiten, mit dem Ziel, den Anteil erneuerbarer Energiequellen an der Energieversorgung zu erhöhen, die Energieeffizienz zu verbessern und verstärkt auf moderne Energietechnologien, einschließlich saubererer Technologien zur Nutzung fossiler Brennstoffe, zurückzugreifen;*

d) *je nach Bedarf die verstärkte Nutzung erneuerbarer Energieträger, die effizientere Energienutzung, den stärkeren Rückgriff auf moderne Energietechnologien, namentlich moderne und sauberere Technologien zur Nutzung fossiler Brennstoffe, und die nachhaltige Nutzung traditioneller Energiequellen zu kombinieren, wodurch der steigende Bedarf an Energiedienstleistungen längerfristig gedeckt und so eine nachhaltige Entwicklung herbeigeführt werden könnte;*

e) *die Energieversorgung zu diversifizieren, indem moderne, sauberere, effizientere, erschwinglichere und kostenwirksamere Energietechnologien, namentlich Technologien zur Nutzung fossiler Brennstoffe und erneuerbarer Energien, einschließlich Wasserkraft, entwickelt und zu gegenseitig vereinbarten Konzessionsbedingungen an die Entwicklungsländer weitergegeben werden. Mit Dringlichkeit den globalen Anteil erneuerbarer Energieträger um ein Beträchtliches erhöhen, mit dem Ziel, ihren Beitrag zur gesamten Energieversorgung zu erhöhen, und dabei die Rolle nationaler und freiwilliger regionaler Zielvorgaben sowie Initiativen, soweit vorhanden, anzuerkennen und sicherzustellen, dass die energiepolitischen Maßnahmen die Armutsbekämpfungsbemühungen der Entwicklungsländer unterstützen, und die verfügbaren Daten regelmäßig evaluieren, um die diesbezüglichen Fortschritte zu überprüfen;*

f) *unter anderem durch die Gewährung finanzieller und technischer Hilfe an Entwicklungsländer und unter Mitwirkung des Privatsektors die Anstrengungen zu unterstützen, die unternommen werden, um das Abfackeln und Ausblasen von Gas bei der Rohölförderung zu reduzieren;*

g) *einheimische Energiequellen und Infrastrukturen für verschiedene lokale Anwendungszwecke zu erschließen und zu nutzen und mit Unterstützung der*

---

^{9} *Offizielles Protokoll des Wirtschafts- und Sozialrats, 2001, Beilage 9 (E/2001/29), Kap. I.B.*

internationalen Gemeinschaft die Mitwirkung ländlicher Gemeinschaften, so auch von Gruppen für eine lokale Agenda 21, an der Entwicklung und Nutzung erneuerbarer Energietechnologien zu fördern, mit dem Ziel, ihren täglichen Energiebedarf zu decken und einfache und lokale Lösungen zu finden;

h) *mit der notwendigen Unterstützung durch die internationale Gemeinschaft inländische Energieeffizienzprogramme einzuführen, gegebenenfalls durch den zügigeren Einsatz von Energieeffizienztechnologien;*

i) *erschwingliche und sauberere Energieeffizienz- und Energieeinsparungstechnologien rascher zu entwickeln, zu verbreiten, einzusetzen und zu günstigen Konditionen, namentlich zu gegenseitig vereinbarten Konzessions- und Vorzugsbedingungen, weiterzugeben, insbesondere an die Entwicklungsländer;*

j) *den internationalen Finanzinstitutionen und anderen Organisationen zu empfehlen, mit ihren Politiken die Anstrengungen zu unterstützen, die die Entwicklungs- und Transformationsländer unternehmen, um die grundsatz- und ordnungspolitischen Rahmenbedingungen zu schaffen, die gleiche Ausgangsvoraussetzungen für erneuerbare Energien, Energieeffizienz, moderne Energietechnologien, namentlich moderne und sauberere Technologien zur Nutzung fossiler Brennstoffe, und zentrale, verteilte und dezentrale Energiesysteme herstellen;*

k) *sowohl auf nationaler Ebene als auch im Rahmen der internationalen Zusammenarbeit die Verstärkung der Forschungs- und Entwicklungsarbeit zu verschiedenen Energietechnologien, namentlich regenerativer Energie, Energieeffizienz und modernen Energietechnologien, einschließlich moderner und sauberer Technologien zur Nutzung fossiler Brennstoffe, zu fördern und die nationalen und regionalen Forschungs- und Entwicklungsinstitutionen/-zentren im Hinblick auf zuverlässige, erschwingliche, wirtschaftlich tragbare, sozial- und umweltverträgliche Energien zu Gunsten der nachhaltigen Entwicklung zu stärken;*

l) *den Aufbau eines Beziehungsnetzes, einschließlich regionaler Netzwerke, zwischen Kompetenzzentren auf dem Gebiet der Energie zu Gunsten der nachhaltigen Entwicklung zu fördern, durch Herstellung von Verbindungen zwischen zuständigen Zentren für Energietechnologien zu Gunsten der nachhaltigen Entwicklung, die die insbesondere von den Entwicklungsländern unternommenen Bemühungen um den Aufbau von Kapazitäten und den Technologietransfer fördern und unterstützen sowie als Clearingstelle für Informationen fungieren könnten;*

m) *die Aufklärungsarbeit zu fördern, um sowohl Männer als auch Frauen über verfügbare Energiequellen und -technologien zu informieren;*

n) *Finanzinstrumente und -mechanismen zu nutzen, insbesondere die Globale Umweltfazilität im Rahmen ihres Mandats, um den Entwicklungsländern, insbesondere den am wenigsten entwickelten Ländern und den kleinen Inselentwicklungsländern, die finanziellen Ressourcen zur Verfügung zu stellen, die sie benötigen, um ihren Kapazitätsbedarf auf dem Gebiet der Ausbildung und des technischen Wissens zu decken und ihre nationalen Institutionen im Hinblick auf eine zuverlässige, erschwingliche, wirtschaftlich tragbare, sozial- und umweltverträgliche Energieversorgung zu stärken, namentlich unter Förderung von Energieeffizienz und -einsparung, erneuerbarer Energien und moderner Energietechnologien, einschließlich moderner und sauberer Technologien zur Nutzung fossiler Brennstoffe;*

o) die Anstrengungen zu unterstützen, die unternommen werden, um die Funktionsfähigkeit und die Transparenz der Energiemärkte sowie die Informationen bezüglich Angebot und Nachfrage auf diesen Märkten zu verbessern, mit dem Ziel, eine größere Stabilität und Berechenbarkeit herbeizuführen und den Zugang der Verbraucher zu zuverlässigen, erschwinglichen, wirtschaftlich tragbaren, sozial- und umweltverträglichen Energiedienstleistungen zu gewährleisten;

p) Politiken zum Abbau von Marktverzerrungen würden mit der nachhaltigen Entwicklung vereinbare Energiesysteme durch die Nutzung besserer Marktsignale und die Beseitigung von Marktverzerrungen fördern, namentlich durch eine Steuerumstrukturierung und, in Anbetracht ihrer ökologischen Auswirkungen, die schrittweise Beseitigung schädlicher Subventionen dort, wo sie existieren, wobei diese Politiken den besonderen Bedürfnissen und Gegebenheiten der Entwicklungsländer Rechnung tragen müssen, damit etwaige nachteilige Auswirkungen auf ihre Entwicklung so gering wie möglich bleiben;

q) gegebenenfalls Maßnahmen zu ergreifen, um die Subventionen auf diesem Gebiet, die die nachhaltige Entwicklung hemmen, schrittweise abzubauen, unter voller Berücksichtigung der besonderen Gegebenheiten und des unterschiedlichen Entwicklungsstands der einzelnen Länder und im Bewusstsein der nachteiligen Auswirkungen dieser Subventionen, insbesondere auf die Entwicklungsländer;

r) den Regierungen wird nahe gelegt, die Arbeitsweise ihrer jeweiligen nationalen Energiemärkte dahin gehend zu verbessern, dass sie die nachhaltige Entwicklung unterstützen, Marktbarrieren überwinden und den Marktzugang verbessern, unter voller Berücksichtigung dessen, dass solche Politiken von jedem Land selbst zu beschließen sind und dass seine jeweiligen Besonderheiten und Kapazitäten sowie sein jeweiliger Entwicklungsstand, insbesondere wie sie sich in etwaigen nationalen Strategien für eine nachhaltige Entwicklung niederschlagen, dabei in Betracht gezogen werden müssen;

s) die nationalen und regionalen Institutionen oder Mechanismen im Energiebereich zu stärken, um die regionale und internationale Zusammenarbeit auf dem Gebiet der Energie zu Gunsten der nachhaltigen Entwicklung zu verbessern und insbesondere den Entwicklungsländern bei ihren Eigenanstrengungen behilflich zu sein, allen Teilen ihrer Bevölkerung zuverlässige, erschwingliche, wirtschaftlich tragbare, sozial- und umweltverträgliche Energiedienstleistungen zu gewähren;

t) den Ländern wird eindringlich nahe gelegt, im Rahmen der neunten Tagung der Kommission für Nachhaltige Entwicklung Maßnahmen auszuarbeiten und durchzuführen, namentlich mittels öffentlich-privater Partnerschaften, unter Berücksichtigung der unterschiedlichen Gegebenheiten in jedem Land, auf der Grundlage der von den Regierungen, den internationalen Institutionen und den beteiligten Interessengruppen, einschließlich der Unternehmen und der Industrie, gewonnenen Erfahrungen im Hinblick auf den Zugang zu Energie, namentlich zu erneuerbaren Energiequellen, sowie auf energieeffiziente und moderne Energietechnologien, einschließlich moderner und saubererer Technologien zur Nutzung fossiler Brennstoffe;

u) eingedenk Ziffer 46 h) des Programms für die weitere Umsetzung der Agenda 21 die Zusammenarbeit zwischen den internationalen und regionalen

Institutionen und Organen zu fördern, die sich im Rahmen ihres jeweiligen Mandats mit verschiedenen Aspekten der Energie zu Gunsten der nachhaltigen Entwicklung befassen, und gegebenenfalls die auf regionaler und nationaler Ebene unternommenen Aktivitäten zur Förderung der Aufklärungsarbeit und des Kapazitätsaufbaus auf dem Gebiet der Energie zu Gunsten der nachhaltigen Entwicklung zu verstärken;

v) *gegebenenfalls die regionalen Kooperationsvereinbarungen auszubauen und zu erleichtern, um den grenzüberschreitenden Energiehandel zu fördern, namentlich die Herstellung von Verbundnetzen für Strom- sowie Erdöl- und Erdgasleitungen;*

w) *Foren für den Dialog zwischen regionalen, nationalen und internationalen Energieerzeugern und -verbrauchern zu stärken beziehungsweise gegebenenfalls zu ermöglichen.*

21. *Unter Berücksichtigung der einzelstaatlichen Prioritäten und Gegebenheiten einen integrierten Ansatz zur nationalen, regionalen und lokalen Politikformulierung auf dem Gebiet der Verkehrsdienste und Verkehrssysteme zur Förderung der nachhaltigen Entwicklung herbeiführen, namentlich Politiken und Planungen in den Bereichen Flächennutzung, Infrastruktur, öffentliche Verkehrssysteme und Güterversorgungssysteme, mit dem Ziel, sichere, erschwingliche und effiziente Verkehrsmittel bereitzustellen, die Energieeffizienz zu erhöhen, die Umweltverschmutzung zu verringern, die Verkehrsbelastung zu vermindern, gesundheitsschädliche Auswirkungen zu reduzieren und die ungeregelte Urbanisierung einzudämmen. Dazu gehören Maßnahmen auf allen Ebenen, die darauf gerichtet sind,*

a) *Verkehrsstrategien zu Gunsten der nachhaltigen Entwicklung umzusetzen, die den jeweiligen regionalen, nationalen und lokalen Gegebenheiten Rechnung tragen, mit dem Ziel, das Angebot an erschwinglichen, effizienten und günstigen Verkehrsmitteln zu verbessern sowie die Luftqualität und die Gesundheit in den Städten zu verbessern und die Treibhausgasemissionen zu verringern, namentlich durch die Entwicklung umweltverträglicherer, erschwinglicherer und sozialverträglicherer Fahrzeugtechnologien;*

b) *Investitionen und Partnerschaften zu Gunsten der Entwicklung nachhaltiger und energieeffizienter kombinierter Verkehrsmittel zu fördern, namentlich öffentliche Massenverkehrsmittel und bessere Verkehrsmittel in ländlichen Gebieten, und den Entwicklungs- und Transformationsländern dabei technische und finanzielle Hilfe zu gewähren.*

22. *Unter Beteiligung staatlicher Behörden und aller Interessengruppen Abfall vermeiden beziehungsweise das Abfallaufkommen minimieren und in möglichst großem Umfang zur Wiederverwendung, Wiederverwertung und Verwendung alternativer umweltschonender Materialien schreiten, um die schädlichen Auswirkungen auf die Umwelt so gering wie möglich zu halten und die Ressourceneffizienz zu erhöhen, und den Entwicklungsländern dabei finanzielle, technische und sonstige Hilfe gewähren. Dazu gehören Maßnahmen auf allen Ebenen, die darauf gerichtet sind,*

a) *Systeme zur Behandlung von Abfällen zu entwickeln, wobei höchste Priorität auf die Abfallvermeidung und Minimierung des Abfallaufkommens, die Wiederverwendung und Wiederverwertung zu legen ist, und umweltverträgliche Entsorgungseinrichtungen zu schaffen, einschließlich Technologien zur Energie-*

gewinnung aus Abfällen, sowie Kleininitiativen zur Wiederverwertung von Abfällen zu fördern, die die städtische und ländliche Abfallwirtschaft unterstützen und Möglichkeiten zum Einkommenserwerb bieten, und den Entwicklungsländern dabei internationale Unterstützung zu gewähren;

b) *die Abfallvermeidung und Minimierung des Abfallaufkommens zu fördern, indem die Herstellung wiederverwendbarer Konsumgüter und biologisch abbaubarer Produkte gefördert und die dazu notwendige Infrastruktur geschaffen wird.*

23. *Die in der Agenda 21 eingegangene Verpflichtung auf einen umweltverträglichen Umgang mit Chemikalien während ihres gesamten Lebenszyklus sowie mit gefährlichen Abfällen zum Zwecke der nachhaltigen Entwicklung sowie des Schutzes der menschlichen Gesundheit und der Umwelt erneuern, unter anderem um bis zum Jahr 2020 zu erreichen, dass Chemikalien derart verwendet und hergestellt werden, dass die menschliche Gesundheit und die Umwelt so weit wie möglich von schwerwiegenden Schäden verschont bleiben, und dass dabei transparente, wissenschaftlich fundierte Verfahren der Risikobewertung und des Risikomanagements Anwendung finden, unter Berücksichtigung des in Grundsatz 15 der Rio-Erklärung über Umwelt und Entwicklung enthaltenen Vorsorgegrundsatzes, und die Entwicklungsländer durch die Gewährung technischer und finanzieller Hilfe dabei unterstützen, ihre Fähigkeit zum umweltverträglichen Umgang mit Chemikalien und gefährlichen Abfällen zu verbessern. Dazu gehören Maßnahmen auf allen Ebenen, die darauf gerichtet sind,*

a) *die Ratifikation und Anwendung der einschlägigen internationalen Übereinkünfte über Chemikalien und gefährliche Abfälle zu fördern, namentlich des Rotterdamer Übereinkommens über das Verfahren der vorherigen Zustimmung nach Inkenntnissetzung für bestimmte gefährliche Chemikalien sowie Pflanzenschutz- und Schädlingsbekämpfungsmittel im internationalen Handel[10], damit es 2003 in Kraft treten kann, und des Stockholmer Übereinkommens über persistente organische Schadstoffe[11], damit es 2004 in Kraft treten kann, und die Koordination in diesem Bereich zu fördern und zu verbessern sowie die Entwicklungsländer bei der Anwendung dieser Übereinkünfte zu unterstützen;*

b) *bis zum Jahr 2005 auf der Grundlage der Erklärung von Bahia und der Handlungsprioritäten nach 2000 des Zwischenstaatlichen Forums für Chemikaliensicherheit[12] weiter an einem strategischen Konzept für den internationalen Umgang mit Chemikalien zu arbeiten und dem Umweltprogramm der Vereinten Nationen, dem Zwischenstaatlichen Forum für Chemikaliensicherheit, den anderen internationalen Organisationen, die sich mit dem Umgang mit Chemikalien befassen, und sonstigen einschlägigen internationalen Organisationen und Akteuren eindringlich nahe zu legen, zu diesem Zweck gegebenenfalls eng zusammenzuarbeiten;*

c) *die Länder zu ermutigen, das neue, weltweit harmonisierte System zur Einstufung und Kennzeichnung von Chemikalien so bald wie möglich anzuwenden, damit es bis 2008 voll funktionsfähig wird;*

---

[10] UNEP/FAO/PIC/CONF.5, Anhang III.
[11] www.chem.unep.ch/sc.
[12] Zwischenstaatliches Forum für Chemikaliensicherheit, dritte Tagung, Forum III-Abschlussbericht (IFCS/Forum III/23w), Anhang 6.

d) Partnerschaften zur Förderung von Aktivitäten anzuregen, die das Ziel haben, den Umgang mit Chemikalien und gefährlichen Abfällen umweltverträglicher zu gestalten, die multilateralen Umweltübereinkommen durchzuführen, die Öffentlichkeit für Fragen im Zusammenhang mit Chemikalien und gefährlichen Abfällen zu sensibilisieren und die Erfassung und Nutzung weiterer wissenschaftlicher Daten zu fördern;

e) im Einklang mit den Verpflichtungen, die in den einschlägigen internationalen Übereinkünften eingegangen wurden, beispielsweise im Basler Übereinkommen über die Kontrolle der grenzüberschreitenden Verbringung gefährlicher Abfälle und ihrer Entsorgung[13], die Anstrengungen zur Verhütung des illegalen internationalen Verkehrs mit gefährlichen Chemikalien und Abfällen und der aus der grenzüberschreitenden Verbringung und Entsorgung gefährlicher Abfälle resultierenden Schäden zu fördern;

f) die Erfassung kohärenter und integrierter Informationen über Chemikalien zu fördern, beispielsweise durch nationale Register über Freisetzungen und Transfers von Schadstoffen;

g) die Verringerung der Gefahren zu fördern, die von den für die menschliche Gesundheit und die Umwelt schädlichen Schwermetallen ausgehen, namentlich durch eine Überprüfung der einschlägigen Studien wie beispielsweise der vom Umweltprogramm der Vereinten Nationen durchgeführten globalen Bewertung von Quecksilber und seinen Verbindungen.

* * *

IV. Schutz und Bewirtschaftung der natürlichen Ressourcenbasis der wirtschaftlichen und sozialen Entwicklung

24. Die Tätigkeit des Menschen hat zunehmende Auswirkungen auf die Unversehrtheit der Ökosysteme, die für das menschliche Wohl und für die Wirtschaftstätigkeit unverzichtbare Ressourcen und Dienste bereitstellen. Eine nachhaltige und integrierte Bewirtschaftung der natürlichen Ressourcenbasis ist für die nachhaltige Entwicklung von wesentlicher Bedeutung. Um die derzeitigen Tendenzen in Richtung auf die Zerstörung der natürlichen Ressourcen möglichst bald umzukehren, müssen in diesem Zusammenhang Strategien eingesetzt werden, die auf nationaler und gegebenenfalls regionaler Ebene angenommene Zielvorgaben beinhalten und die darauf abstellen, die Ökosysteme zu schützen und eine integrierte Bewirtschaftung der Flächen- und Wasserressourcen sowie der lebenden Ressourcen herbeizuführen sowie gleichzeitig die regionalen, nationalen und lokalen Kapazitäten zu stärken. Dazu gilt es, auf allen Ebenen die nachstehenden Maßnahmen zu ergreifen.

* * *

25. Mit finanzieller und technischer Hilfe ein Aktionsprogramm zur Verwirklichung des Millenniums-Entwicklungsziels betreffend hygienisches Trinkwasser einleiten. In diesem Zusammenhang kommen wir überein, wie in der Millenniums-Erklärung

---

[13] Vereinten Nationen, *Treaty Series*, vol. 1673, Nr. 28911.

vorgesehen, bis zum Jahr 2015 den Anteil der Menschen, die hygienisches Trinkwasser nicht erreichen oder es sich nicht leisten können, zu halbieren, ebenso wie den Anteil der Menschen, die keinen Zugang zu grundlegenden Sanitäreinrichtungen haben. Dazu gehören Maßnahmen auf allen Ebenen, die darauf gerichtet sind,

a) auf allen Ebenen internationale und einheimische Finanzmittel zu mobilisieren, Technologie zu transferieren, den Einsatz der besten Verfahrensweisen zu fördern und den Aufbau von Kapazitäten zur Entwicklung der Infrastruktur und der Dienstleistungen auf dem Gebiet der Wasserversorgung und Abwasserentsorgung zu unterstützen und dabei sicherzustellen, dass diese den Bedarf der Armen decken und geschlechtersensibel sind;

b) zur Unterstützung der Politikformulierung und Entscheidungsfindung im Zusammenhang mit der Bewirtschaftung von Wasserressourcen und der Projektdurchführung auf allen Ebenen den Zugriff auf öffentliche Informationen und die Partizipation, namentlich von Frauen, zu erleichtern;

c) die Regierungen dazu zu bewegen, mit Unterstützung aller Interessengruppen prioritäre Maßnahmen auf dem Gebiet der Wasserbewirtschaftung und des Kapazitätsaufbaus auf einzelstaatlicher und gegebenenfalls auf regionaler Ebene zu ergreifen, sowie neue und zusätzliche Finanzmittel und innovative Technologien zur Durchführung des Kapitels 18 der Agenda 21 zu fördern und bereitzustellen;

d) verstärkt vorbeugende Maßnahmen gegen die Wasserverschmutzung zu ergreifen, um Gesundheitsrisiken zu verringern und die Ökosysteme zu schützen, indem Technologien für eine erschwingliche Abwasserentsorgung und Behandlung von Industrie- und Haushaltsabwässern eingeführt, die Auswirkungen der Grundwasserverschmutzung abgemildert sowie auf einzelstaatlicher Ebene Überwachungssysteme eingerichtet und ein wirksamer rechtlicher Rahmen geschaffen werden;

e) Vorbeugungs- und Schutzmaßnahmen zu verabschieden, um eine nachhaltige Wassernutzung zu fördern und Abhilfe gegen Wasserknappheit zu schaffen.

26. Mit Unterstützung für die Entwicklungsländer bis zum Jahr 2005 integrierte Pläne zur Bewirtschaftung der Wasserressourcen und zur effizienten Wassernutzung aufstellen, mittels Maßnahmen auf allen Ebenen, die darauf gerichtet sind,

a) einzelstaatliche/regionale Strategien, Pläne und Programme für eine integrierte Bewirtschaftung von Flussbecken, Wassereinzugsgebieten und Grundwasservorkommen zu erarbeiten und durchzuführen und Maßnahmen einzuleiten, um die Wasserinfrastruktur effizienter zu machen, Verluste zu verringern und die Wasserwiederaufbereitung auszubauen;

b) sämtliche politischen Instrumente einzusetzen, namentlich Regulierung, Überwachung, freiwillige Maßnahmen, markt- und informationsgestützte Instrumente, Flächenbewirtschaftung und Kostendeckung der Wasserdienstleistungen, wobei Kostendeckungsziele den Zugang armer Menschen zu hygienisch einwandfreiem Wasser nicht behindern dürfen, sowie ein integriertes Konzept zur Bewirtschaftung von Wassereinzugsgebieten;

c) die Nutzung der Wasserressourcen effizienter zu gestalten und darauf hinzuwirken, dass sie so auf konkurrierende Nutzungsformen aufgeteilt werden, dass die Befriedigung menschlicher Grundbedürfnisse Vorrang erhält und dass ein Gleichgewicht zwischen der Notwendigkeit, Ökosysteme, insbesondere sensible Ökosysteme, und ihre Funktionen zu erhalten beziehungsweise wiederherzustellen, und der Befriedigung der Bedürfnisse von Haushalten, Industrie und Landwirtschaft, namentlich der Sicherung der Trinkwasserqualität, hergestellt wird;

d) Programme auszuarbeiten, um die Auswirkungen extremer wasserbezogener Ereignisse abzumildern;

e) durch Gewährung technischer und finanzieller Unterstützung und durch Kapazitätsaufbau die Verbreitung von Technologien sowie den Aufbau von Kapazitäten in den Entwicklungsländern und -regionen zu unterstützen, in denen Wasserknappheit besteht und die Dürre und Wüstenbildung ausgesetzt sind, damit sie mit nichttraditionellen Technologien Wasserressourcen erschließen und erhalten können;

f) gegebenenfalls Anstrengungen und Programme für eine energieeffiziente, nachhaltige und kostenwirksame Meerwasserentsalzung, Wasserwiederaufbereitung und Wassergewinnung aus Küstennebel in den Entwicklungsländern zu unterstützen, durch technologische, technische und finanzielle Hilfe und andere Maßnahmen;

g) die Schaffung von öffentlich-privaten Partnerschaften und anderer Partnerschaftsformen zu erleichtern, die den Bedürfnissen der Armen innerhalb stabiler und transparenter, von den Regierungen aufgestellter innerstaatlicher Ordnungsrahmen Vorrang einräumen und gleichzeitig die örtlichen Gegebenheiten achten, alle betroffenen Interessengruppen einbeziehen, die Leistung öffentlicher Einrichtungen und privater Unternehmen überwachen und deren Rechenschaftspflicht verbessern.

27. Die Entwicklungs- und Transformationsländer bei den Bemühungen unterstützen, die sie unternehmen, um die Menge und Güte der Wasserressourcen zu überwachen und zu bewerten, so auch indem sie einzelstaatliche Kontrollnetze sowie Datenbanken für Wasserressourcen einrichten und/oder ausbauen und einschlägige einzelstaatliche Indikatoren erarbeiten.

28. Die Bewirtschaftung der Wasserressourcen sowie das wissenschaftliche Verständnis des Wasserkreislaufs durch Zusammenarbeit bei der gemeinsamen Beobachtung und Forschung verbessern und zu diesem Zweck den Wissensaustausch anregen und fördern sowie insbesondere den Entwicklungs- und Transformationsländern auf Vereinbarung mit Kapazitätsaufbau und Technologietransfer, einschließlich Fernerkundungs- und Satellitentechnologie, behilflich sein.

29. Die wirksame Koordinierung zwischen den verschiedenen mit Wasserfragen befassten internationalen und zwischenstaatlichen Organen und Prozessen sowohl innerhalb des Systems der Vereinten Nationen als auch zwischen den Vereinten Nationen und den internationalen Finanzinstitutionen fördern und dabei die Beiträge anderer internationaler Institutionen und der Zivilgesellschaft heranziehen, um die zwischenstaatliche Entscheidungsfindung auf eine fundierte Grundlage zu stellen; außerdem sollte eine engere Koordinierung bei der Erarbeitung und Unterstützung von Vorschlägen im Zusammenhang mit dem Internationalen Jahr des Süßwassers

(2003) und darüber hinaus gefördert und entsprechende Aktivitäten durchgeführt werden.

* * *

30. Ozeane, Meere, Inseln und Küstengebiete bilden einen untrennbaren und wesentlichen Teil des Ökosystems der Erde und sind von kritischer Bedeutung für die globale Ernährungssicherung und die Erhaltung der wirtschaftlichen Prosperität und des Wohlergehens vieler Volkswirtschaften, insbesondere in den Entwicklungsländern. Die Gewährleistung einer nachhaltigen Entwicklung der Ozeane erfordert eine wirksame Koordinierung und Zusammenarbeit zwischen den zuständigen Stellen, so auch auf globaler und regionaler Ebene, sowie Maßnahmen auf allen Ebenen, die darauf gerichtet sind,

a) die Staaten einzuladen, das Seerechtsübereinkommen der Vereinten Nationen[14], das den allgemeinen rechtlichen Rahmen für Tätigkeiten im Zusammenhang mit den Ozeanen vorgibt, zu ratifizieren beziehungsweise ihm beizutreten und es umzusetzen;

b) die Umsetzung von Kapitel 17 der Agenda 21 zu fördern, das das Aktionsprogramm zur Herbeiführung der nachhaltigen Entwicklung der Ozeane, Küstengebiete und Meere darstellt, durch seine Programmbereiche betreffend die integrierte Bewirtschaftung und nachhaltige Entwicklung der Küstengebiete, einschließlich ausschließlicher Wirtschaftszonen; den Schutz der Meeresumwelt; die nachhaltige Nutzung und Erhaltung der lebenden Meeresressourcen; die Behebung schwerwiegender Unsicherheiten im Hinblick auf die Bewirtschaftung der Meeresumwelt und die Klimaänderung; die Stärkung der internationalen sowie der regionalen Zusammenarbeit und Koordinierung und die nachhaltige Entwicklung kleiner Inseln;

c) im System der Vereinten Nationen einen wirksamen, transparenten und regelmäßig zusammentretenden interinstitutionellen Koordinierungsmechanismus zu Fragen der Ozeane und Küsten einzurichten;

d) eingedenk der Erklärung von Reykjavik über verantwortungsvolle Fischerei im Meeresökosystem[15] und des Beschlusses V/6 der Konferenz der Vertragsstaaten des Übereinkommens über die biologische Vielfalt[16] bis zum Jahr 2010 zur Anwendung des Ökosystemkonzepts aufzufordern;

e) auf einzelstaatlicher Ebene eine integrierte, multidisziplinäre und multisektorale Küsten- und Meeresbewirtschaftung zu fördern und die Küstenstaaten zur Ausarbeitung einer Meerespolitik und von Mechanismen für eine integrierte Küstenbewirtschaftung zu ermutigen und ihnen dabei behilflich zu sein;

f) die regionale Zusammenarbeit und Koordinierung zwischen den zuständigen Regionalorganisationen und -programmen, den Regionalmeerprogrammen des Umweltprogramms der Vereinten Nationen, den Regionalorganisationen für

---

[14] *Official Records of the Third United Nations Conference on the Law of the Sea*, vol XVII (Veröffentlichung der Vereinten Nationen, Best.-Nr. E.84.V.3), Dokument A/CONF.62/122.
[15] Siehe Dokument C200/IMF/25 der Ernährungs- und Landwirtschaftsorganisation der Vereinten Nationen, Anlage I.
[16] Siehe UNEP/CBD/COP/5/23, Anhang III.

Fischereibewirtschaftung sowie anderen auf den Gebieten Wissenschaft, Gesundheit und Entwicklung tätigen Regionalorganisationen zu stärken;

g) den Entwicklungsländern dabei behilflich zu sein, Politiken und Programme auf regionaler und subregionaler Ebene zu koordinieren, die auf die Erhaltung und nachhaltige Bewirtschaftung von Fischereiressourcen abzielen, und integrierte Bewirtschaftungspläne für Küstengebiete umzusetzen, namentlich durch die Förderung einer nachhaltigen kleingewerblichen Fischereitätigkeit in den Küstengebieten und bei Bedarf durch den Aufbau einer entsprechenden Infrastruktur;

h) von der Arbeit des mit Resolution 54/33 der Generalversammlung geschaffenen, allen Mitgliedstaaten offen stehenden informellen Beratungsprozesses, der es der Versammlung ermöglichen soll, alljährlich die Entwicklungen auf dem Gebiet der Meeresangelegenheiten zu prüfen, sowie von der gemäß der genannten Resolution auf der siebenundfünfzigsten Tagung vorzunehmenden Prüfung seiner Wirksamkeit und seines Nutzens Kenntnis zu nehmen.

31. Zur Herbeiführung einer nachhaltigen Fischerei sind auf allen Ebenen die folgenden Maßnahmen erforderlich:

a) Fischbestände auf einem Stand zu erhalten oder auf diesen zurückzuführen, der den größtmöglich erreichbaren Dauerertrag sichert, wobei diese Ziele für erschöpfte Bestände dringend und nach Möglichkeit spätestens 2015 erreicht werden sollen;

b) die einschlägigen Übereinkünfte der Vereinten Nationen beziehungsweise verwandte regionale Fischereiübereinkünfte oder -vereinbarungen zu ratifizieren, ihnen beizutreten und sie wirksam durchzuführen, insbesondere im Hinblick auf das Übereinkommen zur Durchführung der Bestimmungen des Seerechtsübereinkommens der Vereinten Nationen vom 10. Dezember 1982 über die Erhaltung und Bewirtschaftung von gebietsübergreifenden Fischbeständen und Beständen weit wandernder Fische[17] und das Übereinkommen von 1993 zur Förderung der Einhaltung internationaler Erhaltungs- und Bewirtschaftungsmaßnahmen durch Fischereifahrzeuge auf Hoher See[18];

c) den Verhaltenskodex von 1995 für verantwortungsvolle Fischerei[19] umzusetzen und dabei gemäß Artikel 5 des Kodex von den besonderen Bedürfnissen der Entwicklungsländer Kenntnis zu nehmen, sowie die einschlägigen internationalen Aktionspläne und technischen Leitlinien der Ernährungs- und Landwirtschaftsorganisation der Vereinten Nationen durchzuführen;

d) dringend einzelstaatliche und gegebenenfalls regionale Aktionspläne zu erarbeiten und durchzuführen, um die internationalen Aktionspläne der Ernährungs- und Landwirtschaftsorganisation der Vereinten Nationen umzusetzen, insbesondere bis 2005 den Internationalen Aktionsplan für die Steuerung der Fangkapazitäten[20]

---

[17] Siehe International Fisheries Instruments (Veröffentlichung der Vereinten Nationen, Best.-Nr. E.98.V.11) Abschn. I; siehe auch A/CONF.164/37.
[18] ebd.
[19] ebd., Abschn. III.
[20] *International Plan of Action for Reducing Incidental Catch of Seabirds in Longline Fisheries: Internatinal Plan of Action for the Conservation and Management of Sharks:*

und bis 2004 den Internationalen Aktionsplan zur Verhinderung, Abschreckung und Beseitigung der illegalen, nicht gemeldeten und ungeregelten Fischerei[21]. Zur Förderung des Internationalen Aktionsplans zur Verhinderung, Abschreckung und Beseitigung der illegalen, nicht gemeldeten und ungeregelten Fischerei sind wirksame Überwachungs-, Berichterstattungs-, Durchsetzungs- und Kontrollmechanismen für Fischereifahrzeuge einzurichten, namentlich durch die Flaggenstaaten;

e) die zuständigen regionalen Organisationen und Abmachungen für Fischereibewirtschaftung zur gebührenden Berücksichtigung der Rechte, Pflichten und Interessen der Küstenstaaten sowie der besonderen Bedürfnisse der Entwicklungsländer anzuhalten, wenn es um die Frage der Zuteilung von Fischereiressourcen bei gebietsübergreifenden Fischbeständen und Beständen weit wandernder Fische auf hoher See und innerhalb der ausschließlichen Wirtschaftszonen geht, und dabei die Bestimmungen des Seerechtsübereinkommens der Vereinten Nationen und des Übereinkommens zur Durchführung der Bestimmungen des Seerechtsübereinkommens der Vereinten Nationen vom 10. Dezember 1982 über die Erhaltung und Bewirtschaftung von gebietsübergreifenden Fischbeständen und Beständen weit wandernder Fische zu beachten;

f) Subventionen abzuschaffen, die zu illegaler, nicht gemeldeter und ungeregelter Fischerei und zu Überkapazitäten beitragen, und gleichzeitig die Anstrengungen zu Ende zu führen, die in der Welthandelsorganisation zur Klarstellung und Verbesserung der Disziplinen betreffend Fischereisubventionen unternommen werden, unter Berücksichtigung der Bedeutung dieses Sektors für die Entwicklungsländer;

g) die Koordinierung zwischen den Gebern sowie Partnerschaften zwischen internationalen Finanzinstitutionen, bilateralen Stellen und anderen maßgeblichen Interessengruppen zu stärken, um die Entwicklungsländer, insbesondere die am wenigsten entwickelten Länder und die kleinen Inselentwicklungsländer, sowie die Transformationsländer in die Lage zu versetzen, ihre nationalen, regionalen und subregionalen Kapazitäten auf dem Gebiet der Infrastruktur sowie der integrierten Bewirtschaftung und nachhaltigen Nutzung der Fischerei auszubauen;

h) die nachhaltige Entwicklung der Aquakultur, auch im kleinen Maßstab, in Anbetracht ihrer zunehmenden Bedeutung für die Ernährungssicherung und die wirtschaftliche Entwicklung zu unterstützen.

32. Im Einklang mit Kapitel 17 der Agenda 21 die Erhaltung und Bewirtschaftung der Ozeane fördern, durch Maßnahmen auf allen Ebenen, die unter gebührender Berücksichtigung der einschlägigen internationalen Übereinkünfte ergriffen werden und darauf gerichtet sind,

a) die Produktivität und die biologische Vielfalt großer und sensibler Meeres- und Küstengebiete zu erhalten, so auch in Gebieten, die innerhalb und jenseits des Bereichs nationaler Hoheitsbefugnisse liegen;

International Plan of Action for the Management of Fishing Capacity (Rom, Ernährungs- und Landwirtschaftsorganisation der Vereinten Nationen, 1999).
[21] Siehe *Food and Agriculture Organization of the United Natins Technical Guidelines for Responsible Fisheries, No. 9*, Anlage I.

b) das Arbeitsprogramm durchzuführen, das aus dem "Mandat von Jakarta für die Erhaltung und nachhaltige Nutzung der biologischen Vielfalt der Meere und Meeresküsten" des Übereinkommens über die biologische Vielfalt[22] hervorgegangen ist, namentlich durch die dringende Mobilisierung von Finanzmitteln und technischer Hilfe und den Aufbau personeller und institutioneller Kapazitäten, insbesondere in den Entwicklungsländern;

c) verschiedene Konzepte und Instrumente auszuarbeiten und ihren Einsatz zu erleichtern, darunter das Ökosystemkonzept, die Beseitigung destruktiver Fischfangpraktiken, die Einrichtung von Meeresschutzgebieten gemäß dem Völkerrecht und auf der Grundlage wissenschaftlicher Erkenntnisse, so auch repräsentative Netzwerke bis zum Jahr 2012 sowie Schonzeiten und -gebiete zum Schutz von Laichgründen und -zeiten, eine sachgerechte Nutzung von Küstenland sowie die Planung der Bewirtschaftung von Wassereinzugsgebieten und die Einbindung der Bewirtschaftung von Meeres- und Küstengebieten in Schlüsselsektoren;

d) nationale, regionale und internationale Programme aufzustellen, um die Abnahme der meeresbiologischen Vielfalt, namentlich in Korallenriffen und Feuchtgebieten, aufzuhalten;

e) das Übereinkommen über Feuchtgebiete, insbesondere als Lebensraum für Wasser- und Watvögel, von internationaler Bedeutung[23], einschließlich des gemeinsamen Arbeitsprogramms dieses Übereinkommens und des Übereinkommens über die biologische Vielfalt[24], sowie das im Rahmen der Internationalen Korallenriff-Initiative geforderte Aktionsprogramm durchzuführen, um die gemeinsamen Bewirtschaftungspläne und die internationalen Netzwerke zu Gunsten der Feuchtgebietsökosysteme in Küstenzonen, einschließlich Korallenriffen, Mangrovenwäldern, Seetangfeldern und Wattenmeeren, zu verstärken.

* * *

33. *Die Umsetzung des Weltaktionsprogramms zum Schutz der Meeresumwelt gegen vom Lande ausgehende Tätigkeiten[25] sowie der Erklärung von Montreal über den Schutz der Meeresumwelt gegen vom Lande ausgehende Tätigkeiten[26] vorantreiben und dabei im Zeitraum 2002-2006 das Hauptgewicht auf Haushaltsabwässer, die Veränderung und Zerstörung von Lebensräumen sowie auf Nährstoffe legen, durch Maßnahmen auf allen Ebenen, die darauf gerichtet sind,*

a) *Partnerschaften, wissenschaftliche Forschung und die Verbreitung von technischem Wissen zu erleichtern, innerstaatliche, regionale und internationale Ressourcen zu mobilisieren sowie den Aufbau personeller und institutioneller Kapazitäten zu fördern und dabei insbesondere den Bedürfnissen der Entwicklungsländer Rechnung zu tragen;*

b) *die Kapazitäten der Entwicklungsländer zu stärken, damit sie einzelstaatliche und regionale Programme und Mechanismen entwickeln können, um die*

---

[22] Siehe A/51/312, Anhang II, Beschluss II/10.
[23] Vereinte Nationen, *Treaty Series*, vol. 996, Nr. 14583.
[24] Siehe *Übereinkommen über die biologische Vielfalt* vom 5. Juni 1992.
[25] A/51/116, Anhang II.
[26] Siehe E/CN.17/2002/PC.2/15.

Ziele des Weltaktionsprogramms in allen Bereichen durchgängig zu berücksichtigen und gegen die Risiken und Folgen der Meeresverschmutzung vorzugehen;

c) regionale Aktionsprogramme auszuarbeiten und die Querverbindungen zu strategischen Plänen für die nachhaltige Erschließung von Küsten- und Meeresressourcen zu verbessern, insbesondere im Hinblick auf die Gebiete, die schnellen Umweltveränderungen und Entwicklungsdruck ausgesetzt sind;

d) alles zu tun, um bis zur nächsten Konferenz über das Weltaktionsprogramm im Jahr 2006 maßgebliche Fortschritte beim Schutz der Meeresumwelt gegen vom Lande ausgehende Tätigkeiten zu erzielen.

34. Die Schiffssicherheit und den Schutz der Meeresumwelt vor Verschmutzung verbessern, durch Maßnahmen auf allen Ebenen, die darauf gerichtet sind,

a) die Staaten einzuladen, die Übereinkünfte, Protokolle und sonstigen einschlägigen Rechtsakte der Internationalen Seeschifffahrts-Organisation im Zusammenhang mit der Verbesserung der Schiffssicherheit, dem Schutz der Meeresumwelt vor Meeresverschmutzung und durch Schiffe verursachte Umweltschäden, einschließlich der Verwendung toxischer Antifouling-Farben, zu ratifizieren beziehungsweise ihnen beizutreten und sie durchzuführen und der Internationalen Seeschifffahrts-Organisation eindringlich nahe zu legen, verschärfte Mechanismen in Erwägung zu ziehen, um die Umsetzung ihrer Rechtsinstrumente durch die Flaggenstaaten sicherzustellen;

b) die Erarbeitung von Maßnahmen gegen invasive nichteinheimische Organismen in Ballastwasser zu beschleunigen und der Internationalen Seeschifffahrts-Organisation eindringlich nahe zu legen, das Internationale Übereinkommen über die Kontrolle und Behandlung von Schiffs-Ballastwasser und Sedimenten fertigzustellen.

35. Unter Berücksichtigung der einzelstaatlichen Gegebenheiten wird den Regierungen nahe gelegt, unter Hinweis auf Ziffer 8 der Resolution GC (44)/RES/17 der Generalkonferenz der Internationalen Atomenergie-Organisation (IAEO) und in Anbetracht des außerordentlich ernsten Gefahrenpotenzials radioaktiver Abfälle für die Umwelt und die menschliche Gesundheit Anstrengungen zu unternehmen, um Maßnahmen und auf internationaler Ebene vereinbarte Sicherheitsregelungen zu prüfen und weiter zu verbessern, wobei zu betonen ist, dass es gilt, über wirksame Haftungsregelungen zu verfügen, soweit es um internationale Seetransporte und sonstige grenzüberschreitende Verbringungen radioaktiven Materials, radioaktiver Abfälle und verbrauchter Brennstäbe geht, darunter namentlich auch Vereinbarungen über die vorherige Notifikation und Konsultationen gemäß den maßgeblichen internationalen Übereinkünften.

36. Das wissenschaftliche Verständnis von Meeres- und Küstenökosystemen und ihre wissenschaftliche Beurteilung als Grundlage einer fundierten Entscheidungsfindung verbessern, durch Maßnahmen auf allen Ebenen, die darauf gerichtet sind,

a) die wissenschaftlich-technische Zusammenarbeit auszubauen, namentlich integrierte Beurteilungen auf globaler und regionaler Ebene sowie den angemessenen Transfer meereswissenschaftlicher Erkenntnisse, Technologien und Techniken zur Erhaltung und Bewirtschaftung lebender und nichtlebender Meeresressourcen, sowie die Kapazitäten zur Meeresbeobachtung zu steigern, um den Zustand der Meeresumwelt rechtzeitig voraussagen und beurteilen zu können;

b) bis 2004 im Rahmen der Vereinten Nationen einen regelmäßig ablaufenden Prozess für die globale Beurteilung des Zustands der Meeresumwelt samt aktueller und absehbarer sozioökonomischer Aspekte sowie die Berichterstattung darüber einzurichten und dabei die bestehenden Regionalbeurteilungen zugrunde zu legen;

c) Kapazitäten auf dem Gebiet der Meereskunde, der Erfassung von Meeresdaten und der Meeresbewirtschaftung aufzubauen, unter anderem durch Förderung des Einsatzes von Umweltverträglichkeitsprüfungen, Umweltbewertungen und Berichterstattungstechniken für Projekte oder Aktivitäten, die der Küsten- und Meeresumwelt und ihren lebenden und nichtlebenden Ressourcen potenziell Schaden zufügen können;

d) die Zwischenstaatliche Ozeanografische Kommission der Organisation der Vereinten Nationen für Bildung, Wissenschaft und Kultur, die Ernährungs- und Landwirtschaftsorganisation der Vereinten Nationen sowie andere zuständige internationale, regionale und subregionale Organisationen besser in die Lage zu versetzen, einzelstaatliche und lokale Kapazitäten auf dem Gebiet der Meereskunde und der nachhaltigen Bewirtschaftung der Ozeane und ihrer Ressourcen auszubauen.

* * *

37. Ein integrierter, die verschiedenen Gefahrenherde abdeckender und alle Parteien einbeziehender Ansatz in Bezug auf Vulnerabilität, Risikobewertung und Katastrophenmanagement, einschließlich Katastrophenvorbeugung, Katastrophenvorsorge, Katastrophenbereitschaft, Katastrophenbewältigung und Schadensbeseitigung, ist ein wesentlicher Baustein einer sichereren Welt im 21. Jahrhundert. Dies erfordert Maßnahmen auf allen Ebenen, die darauf gerichtet sind,

a) die Rolle der Internationalen Katastrophenvorbeugungsstrategie auszubauen und der internationalen Gemeinschaft nahe zu legen, die notwendigen Finanzmittel an den im Rahmen der Strategie eingerichteten Treuhandfonds zu entrichten;

b) die Erarbeitung wirksamer regionaler, subregionaler und nationaler Strategien zu unterstützen und auf wissenschaftlich-technischem Gebiet institutionelle Unterstützung beim Katastrophenmanagement zu gewähren;

c) die institutionellen Kapazitäten der Länder zu steigern und die gemeinsame internationale Beobachtung und Forschung zu fördern, durch verbesserte oberflächengestützte Überwachung und die verstärkte Nutzung von Satellitendaten, die Verbreitung wissenschaftlich-technischer Kenntnisse und die Gewährung von Hilfe an katastrophenanfällige Länder;

d) in den gefährdeten Ländern das Überschwemmungs- beziehungsweise Dürrerisiko zu mindern, unter anderem durch die Förderung des Schutzes und der Renaturierung von Feucht- und Wassereinzugsgebieten, durch eine bessere Flächennutzungsplanung, die Verbesserung und breitere Anwendung von Techniken und Methoden zur Beurteilung der möglichen nachteiligen Auswirkungen der Klimaänderung auf Feuchtgebiete und gegebenenfalls die Unterstützung derjenigen Länder, die für diese Auswirkungen besonders anfällig sind;

e) die Techniken und Methoden zur Beurteilung der Auswirkungen der Klimaänderung zu verbessern und der Zwischenstaatlichen Sachverständigengruppe über Klimaänderungen nahe zu legen, diese nachteiligen Auswirkungen auch künftig zu beurteilen;

f) zur Verbreitung und Nutzung von traditionellem und indigenem Wissen zu ermutigen, um Katastrophenfolgen abzumildern, und eine gemeindenahe Planung des Katastrophenmanagements seitens der Kommunen zu fördern, namentlich durch Fortbildungsmaßnahmen und Öffentlichkeitsarbeit;

g) die laufenden freiwilligen Beiträge der nichtstaatlichen Organisationen, der Wissenschaft beziehungsweise der anderen Partner bei der Bewältigung von Naturkatastrophen im Einklang mit einvernehmlich vereinbarten einschlägigen Leitlinien zu unterstützen;

h) im Einklang mit der Internationalen Katastrophenvorbeugungsstrategie Frühwarnsysteme und Informationsnetze für Katastrophenmanagement einzurichten beziehungsweise auszubauen;

i) auf allen Ebenen Kapazitäten zur Gewinnung und Verbreitung wissenschaftlich-technischer Informationen auf- und auszubauen und namentlich die Frühwarnsysteme zur Vorhersage extremer Wetterereignisse, insbesondere El Niño/La Niña, durch die Gewährung von Hilfe an diejenigen Institutionen zu verbessern, die sich mit diesen Ereignissen befassen, darunter das Internationale Zentrum zur Erforschung des El-Niño-Phänomens;

j) die Zusammenarbeit bei der Vorbeugung, Vorsorge, Bereitschaft, Bewältigung und Nachsorge bei technologischen und sonstigen Großkatastrophen mit schädlichen Umweltfolgen zu fördern, um die betroffenen Länder besser zur Bewältigung solcher Situationen zu befähigen.

38. Änderungen des Erdklimas und ihre nachteiligen Auswirkungen erfüllen die gesamte Menschheit mit Sorge. Wir sind nach wie vor tief darüber besorgt, dass alle Länder, insbesondere Entwicklungsländer, einschließlich der am wenigsten entwickelten Länder und kleinen Inselentwicklungsländer, der erhöhten Gefahr negativer Auswirkungen des Klimawandels ausgesetzt sind, und erkennen an, dass in diesem Zusammenhang die Probleme der Armut, der Verödung, des Zugangs zu Wasser und Nahrungsmitteln und der menschlichen Gesundheit im Mittelpunkt der Weltaufmerksamkeit bleiben. Das Rahmenübereinkommen der Vereinten Nationen über Klimaänderungen[27] ist das Schlüsselinstrument für die Behandlung der Klimaänderungen, einer Angelegenheit, der weltweite Sorge gilt, und wir bekräftigen unsere Entschlossenheit, das Endziel dieses Übereinkommens zu erreichen, das darin besteht, die Treibhausgaskonzentrationen in der Atmosphäre auf einem Niveau zu stabilisieren, auf dem eine gefährliche anthropogene Störung des Klimasystems verhindert wird, innerhalb eines Zeitraums, der ausreicht, damit sich die Ökosysteme auf natürliche Weise den Klimaänderungen anpassen können, die Nahrungsmittelerzeugung nicht bedroht wird und die wirtschaftliche Entwicklung auf nachhaltige Weise fortgeführt werden kann, entsprechend unseren gemeinsamen, aber unterschiedlichen Verantwortlichkeiten und unseren jeweiligen Fähigkeiten. Unter Hinweis auf die Millenniums-Erklärung der Vereinten Nationen, in der die Staats- und Regierungschefs den Beschluss getroffen haben, alles zu tun, um sicherzustellen, dass das Protokoll von Kyoto zum Rahmenübereinkommen der Vereinten Nationen über Klimaänderungen[28] möglichst bis zum zehnten Jahrestag der Konferenz der

---

[27] A/AC.237/18 (Teil II)/Add.1 und Corr.1, Anhang I.
[28] FCCC/CP/1997/Add.1, Beschluss 1/CP.3, Anhang.

Vereinten Nationen über Umwelt und Entwicklung im Jahre 2002 in Kraft tritt, und mit der verlangten Senkung des Ausstoßes von Treibhausgasen zu beginnen, fordern die Staaten, die das Kyoto-Protokoll ratifiziert haben, diejenigen Staaten, die dies noch nicht getan haben, nachdrücklich auf, das Kyoto-Protokoll umgehend zu ratifizieren. Dies erfordert Maßnahmen auf allen Ebenen, die darauf gerichtet sind,

a) alle Verpflichtungen aus dem Rahmenübereinkommen der Vereinten Nationen über Klimaänderungen zu erfüllen;

b) gemeinsam auf die Erreichung der Ziele des Übereinkommens hinzuarbeiten;

c) im Einklang mit den Verpflichtungen aus dem Übereinkommen, einschließlich der Übereinkommen von Marrakesch[29], den Entwicklungs- und Transformationsländern technische und finanzielle Unterstützung zu gewähren und ihnen beim Kapazitätsaufbau zu helfen;

d) wissenschaftlich-technische Kapazitäten auf- und auszubauen, unter anderem durch fortgesetzte Unterstützung der Zwischenstaatlichen Sachverständigengruppe über Klimaänderungen im Hinblick auf den Austausch wissenschaftlicher Daten und Informationen, insbesondere in den Entwicklungsländern;

e) Technologielösungen zu entwickeln und weiterzugeben;

f) innovative Technologien für Schlüsselsektoren der Entwicklung, namentlich den Energiebereich, und für diesbezügliche Investitionen zu entwickeln und zu verbreiten, unter anderem auch durch Beteiligung des Privatsektors, marktorientierte Ansätze sowie eine förderliche öffentliche Politik und internationale Zusammenarbeit;

g) die systematische Beobachtung der Atmosphäre, der Landflächen und der Ozeane der Erde zu fördern, durch verbesserte Messstationen, die stärkere Nutzung von Satelliten und die entsprechende Integration dieser Beobachtungen in qualitativ hochwertige Daten, die zur Verwendung durch alle Länder, insbesondere die Entwicklungsländer, verteilt werden könnten;

h) die Umsetzung nationaler, regionaler und internationaler Strategien zur Beobachtung der Atmosphäre, der Landflächen und der Ozeane der Erde zu verbessern, gegebenenfalls unter Einschluss von Strategien für integrierte globale Beobachtungen, unter anderem mit der Zusammenarbeit zuständiger internationaler Organisationen, insbesondere der Sonderorganisationen der Vereinten Nationen in Zusammenarbeit mit dem Übereinkommen;

i) Initiativen, wie etwa die Initiative des Arktis-Rates, zur Beurteilung der Folgen des Klimawandels, einschließlich der ökologischen, wirtschaftlichen und sozialen Folgen für örtliche und indigene Gemeinschaften, zu unterstützen.

* * *

39. *Eingedenk der Grundsätze von Rio, so unter anderem auch des Grundsatzes, dass den Staaten in Anbetracht ihres unterschiedlichen Beitrags zur weltweiten Umweltverschmutzung eine gemeinsame, wenngleich unterschiedliche Verantwortung zukommt, die Zusammenarbeit auf internationaler, regionaler und nationaler Ebene auszubauen, um die Luftverschmutzung, so auch die grenzüberschreitende*

---

[29] FCCC/CP/2001/13 und Add. 1-4.

Luftverschmutzung, den sauren Regen und den Ozonabbau zu verringern, mit Maßnahmen auf allen Ebenen, die darauf gerichtet sind,

a) *die Entwicklungs- und Transformationsländer besser zu befähigen, die Auswirkungen, namentlich die Gesundheitsauswirkungen der Luftverschmutzung zu messen, zu verringern und zu beurteilen, und diese Tätigkeiten finanziell und technisch zu unterstützen;*

b) *die Durchführung des Montrealer Protokolls über Stoffe, die zu einem Abbau der Ozonschicht führen, zu erleichtern, indem bis 2003/2005 eine angemessene Wiederauffüllung seines Fonds sichergestellt wird;*

c) *den wirksamen Ordnungsrahmen zum Schutz der Ozonschicht weiter zu unterstützen, der mit dem Wiener Übereinkommen zum Schutz der Ozonschicht und dem Montrealer Protokoll, so auch mit seinem Mechanismus zur Erfüllungskontrolle aufgestellt wurde;*

d) *dafür zu sorgen, dass die Entwicklungsländer bis 2010 leichteren Zugang zu erschwinglichen, zugänglichen, kostenwirksamen, sicheren und umweltverträglichen Alternativen zu ozonabbauenden Stoffen erhalten, und ihnen bei der Einhaltung des im Montrealer Protokoll festgelegten Zeitplans für den schrittweisen Ausstieg aus der Verwendung dieser Stoffe behilflich zu sein und dabei zu bedenken, dass der Abbau der Ozonschicht und die Klimaänderung auf wissenschaftlich-technischer Ebene miteinander in Zusammenhang stehen;*

e) *Maßnahmen gegen den unerlaubten Handel mit ozonabbauenden Stoffen zu ergreifen.*

* * *

40. Der Landwirtschaft kommt eine entscheidende Rolle bei der Deckung des Bedarfs einer wachsenden Weltbevölkerung zu, und sie ist auf untrennbare Weise mit der Bekämpfung der Armut, insbesondere in den Entwicklungsländern, verbunden. Es ist unabdingbar, dass die Rolle der Frau auf allen Ebenen und bei allen Aspekten der ländlichen Entwicklung, der Landwirtschaft, der Ernährung und der Ernährungssicherung aufgewertet wird. Eine nachhaltige Landwirtschaft und ländliche Entwicklung sind grundlegende Voraussetzung für die Durchführung eines integrierten Konzepts zur umweltverträglichen Steigerung der Nahrungsmittelproduktion und Verbesserung von Ernährungssicherung und Lebensmittelsicherheit. Dazu gehören Maßnahmen auf allen Ebenen, die darauf gerichtet sind,

a) das in der Millenniums-Erklärung gesetzte Ziel zu erreichen, bis zum Jahr 2015 den Anteil der Menschen auf der Welt, die Hunger leiden, zu halbieren, sowie das Recht auf einen Lebensstandard zu verwirklichen, der angemessen ist, um ihre Gesundheit und ihr Wohlergehen sowie Gesundheit und Wohlergehen ihrer Familien zu gewährleisten, namentlich was die Ernährung betrifft, so auch durch die Förderung der Ernährungssicherheit und die Bekämpfung des Hungers im Verbund mit Maßnahmen gegen die Armut, im Einklang mit den Ergebnissen des Welternährungsgipfels und für die Vertragsstaaten im Einklang mit ihren Verpflichtungen nach Artikel 11 des Internationalen Paktes über wirtschaftliche, soziale und kulturelle Rechte[30];

---

[30] Siehe Resolution 2200 A (XXI) der Generalversammlung, Anlage.

b) integrierte Flächenbewirtschaftungs- und Wassernutzungspläne auszuarbeiten und durchzuführen, die auf einer nachhaltigen Nutzung erneuerbarer Ressourcen und auf der integrierten Bewertung des sozioökonomischen und ökologischen Potenzials gründen, und die Regierungen, die Kommunen und die Gemeinschaften besser zu befähigen, Menge und Güte der Flächen- und Wasserressourcen zu überwachen und zu steuern;

c) das Verständnis der nachhaltigen Nutzung und Bewirtschaftung sowie des dauerhaften Schutzes der Wasserressourcen zu vertiefen, um für die langfristige Bestandfähigkeit der Süßwasser-, Küsten- und Meeresumwelt zu sorgen;

d) Programme zur nachhaltigen Steigerung des Flächenertrags und zur effizienteren Nutzung von Wasserressourcen in Land- und Forstwirtschaft, Feuchtgebieten, der handwerklichen Fischerei und Aquakultur zu fördern, insbesondere unter Anwendung der Methoden indigener Gruppen und ortsansässiger Gemeinschaften;

e) durch die Gewährung geeigneter technischer und finanzieller Hilfe die Anstrengungen der Entwicklungsländer zum Schutz von Oasen vor Silt, Landverödung und Versalzung zu unterstützen;

f) die Teilhabe von Frauen an allen Aspekten und auf allen Ebenen einer nachhaltigen Landwirtschaft und Ernährungssicherung auszubauen;

g) mit Hilfe der zuständigen internationalen Organisationen vorhandene Informationssysteme über Flächennutzungspraktiken miteinander zu integrieren, durch den Ausbau einzelstaatlicher Forschungsbemühungen und Beratungsdienste sowie von Landwirtschaftsorganisationen mit dem Ziel, einen Austausch bewährter Bewirtschaftungsmethoden zwischen den einzelnen Landwirten anzuregen, beispielsweise im Hinblick auf umweltverträgliche, kostengünstige Technologien;

h) nach Bedarf Maßnahmen zu ergreifen, um die indigenen Systeme zur Ressourcenbewirtschaftung zu schützen und die Beiträge aller in Betracht kommenden Interessengruppen, Männer wie Frauen, zur ländlichen Planung und Entwicklung zu fördern;

i) grundsatzpolitische Maßnahmen zu ergreifen und Rechtsvorschriften umzusetzen, die klar abgegrenzte und durchsetzbare Boden- und Wassernutzungsrechte verbriefen, die rechtliche Absicherung der Grundbesitzverhältnisse zu fördern und dabei anzuerkennen, dass es in den einzelnen Ländern unterschiedliche Gesetze und/oder Systeme gibt, die den Zugang zu Grund und Boden sowie Besitzverhältnisse regeln, sowie den Entwicklungs- und Transformationsländern, die Agrarreformen durchführen, um für nachhaltige Existenzgrundlagen zu sorgen, technische und finanzielle Hilfe zu gewähren;

j) die rückläufige Tendenz bei der Bereitstellung öffentlicher Finanzmittel für die nachhaltige Landwirtschaft umzukehren, geeignete technische und finanzielle Hilfe zu gewähren und in den Entwicklungs- und Transformationsländern Privatsektorinvestitionen zu fördern und Anstrengungen zu unterstützen, die darauf gerichtet sind, die landwirtschaftliche Forschung zu verstärken, die Bewirtschaftungskapazitäten für natürliche Ressourcen zu steigern und Forschungsergebnisse unter den Landwirten zu verbreiten;

k) landwirtschaftliche Betriebe und Landwirte durch marktorientierte Anreize dazu zu veranlassen, den Wasserverbrauch und die Wasserqualität zu überwachen und zu steuern, unter anderem durch Methoden wie kleine Bewässerungsprojekte sowie die Wiederaufbereitung und Wiederverwendung von Brauchwasser;

l) für veredelte landwirtschaftliche Erzeugnisse den Zugang zu vorhandenen Märkten zu verbessern und neue Märkte zu erschließen;

m) in entwickelten Ländern und Transformationsländern verstärkt Flächenrecycling zu betreiben, mit geeigneter technischer Unterstützung, soweit Kontamination schwere Probleme bereitet;

n) die internationale Zusammenarbeit zur Bekämpfung des unerlaubten Anbaus von Suchtstoffpflanzen zu verstärken, unter Berücksichtigung ihrer negativen sozialen, wirtschaftlichen und ökologischen Auswirkungen;

o) Programme für eine umweltschonende, wirksame und effiziente Nutzung von Maßnahmen zur Steigerung der Bodenfruchtbarkeit und zur landwirtschaftlichen Schädlingsbekämpfung zu fördern;

p) die bestehenden Initiativen zu stärken und besser zu koordinieren, um für eine nachhaltigere landwirtschaftliche Erzeugung und Ernährungssicherung zu sorgen;

q) die Länder zu bitten, soweit noch nicht geschehen, den Internationalen Vertrag über pflanzengenetische Ressourcen für Ernährung und Landwirtschaft[31] zu ratifizieren;

r) die Erhaltung sowie die nachhaltige Nutzung und Bewirtschaftung traditioneller und indigener Agrarsysteme zu fördern und indigene landwirtschaftliche Produktionsmodelle zu stärken.

* * *

41. *Die Durchführung des Übereinkommens der Vereinten Nationen zur Bekämpfung der Wüstenbildung in den von Dürre und/oder Wüstenbildung schwer betroffenen Ländern, insbesondere in Afrika[7], stärken, um gegen die Ursachen von Wüstenbildung und Landverödung anzugehen, mit dem Ziel, Land zu erhalten und zu sanieren, und durch Landverödung verursachte Armut zu bekämpfen. Dazu gehören Maßnahmen auf allen Ebenen, die darauf gerichtet sind,*

a) *ausreichende und berechenbare Finanzmittel zu mobilisieren sowie den Technologietransfer und den Kapazitätsaufbau auf allen Ebenen anzuregen;*

b) *einzelstaatliche Aktionsprogramme aufzustellen, um die rechtzeitige wirksame Durchführung des Übereinkommens und der damit zusammenhängenden Projekte zu gewährleisten, mit Unterstützung der internationalen Gemeinschaft, namentlich durch dezentralisierte Projekte auf lokaler Ebene;*

c) *bei der Aufstellung und Durchführung von Plänen und Strategien im Kontext des Rahmenübereinkommens der Vereinten Nationen über Klimaänderungen, des Übereinkommens über die biologische Vielfalt und des Übereinkommens zur Bekämpfung der Wüstenbildung weitere Synergien zu finden und unter Berücksichtigung der jeweiligen Aufgabenbereiche der Übereinkommen zu nutzen;*

---

[31] *Report of the Conference of the Food and Agriculture Organization of the United Nations, Thirty-first Session, Rome, 2-13 November 2001* (C2001/REP), Anlage D.

d) Maßnahmen miteinander zu verbinden, die dazu dienen, die Wüstenbildung zu verhüten und zu bekämpfen sowie die Auswirkungen der Dürre durch einschlägige Politiken und Programme abzumildern, darunter Strategien für Flächen-, Wasser- und Waldbewirtschaftung, Landwirtschaft, ländliche Entwicklung, Frühwarnsysteme, Umwelt, Energie, natürliche Ressourcen, Gesundheit und Bildung sowie Armutsbeseitigung und nachhaltige Entwicklung;

e) vor Ort erschwinglichen Zugang zu Informationen zu schaffen, mit dem Ziel, die Überwachung und Frühwarnung im Zusammenhang mit Wüstenbildung und Dürre zu verbessern;

f) die zweite Versammlung der Globalen Umweltfazilität (GEF) aufzufordern, den Empfehlungen des Rates der GEF zu entsprechen und die Landverödung (Wüstenbildung und Entwaldung) zum Schwerpunktgebiet der GEF zu bestimmen, damit diese so die erfolgreiche Umsetzung des Übereinkommens zur Bekämpfung der Wüstenbildung unterstützen kann; und demzufolge in Erwägung zu ziehen, die GEF zu einem Finanzierungsmechanismus des Übereinkommens zu machen, unter Berücksichtigung der Vorrechte und Entscheidungen der Konferenz der Vertragsparteien des Übereinkommens, unter Anerkennung der sich gegenseitig ergänzenden Funktionen, die der GEF und dem Globalen Mechanismus des Übereinkommens dabei zukommen, Mittel für die Erarbeitung und Durchführung von Aktionsprogrammen bereitzustellen und zu mobilisieren;

g) durch verstärkte Steuerung und Rechtsdurchsetzung sowie durch die Bereitstellung finanzieller und technischer Unterstützung seitens der internationalen Gemeinschaft an die Entwicklungsländer für die größere Nachhaltigkeit von Graslandressourcen zu sorgen.

* * *

42. Gebirgsökosysteme unterstützen spezielle Formen der Existenzsicherung und enthalten bedeutende Wassereinzugsgebiete, biologische Vielfalt und eine einzigartige Flora und Fauna. Viele sind besonders sensibel und anfällig für die nachteiligen Auswirkungen der Klimaänderung und bedürfen eines besonderen Schutzes. Es sind Maßnahmen auf allen Ebenen erforderlich, die darauf gerichtet sind,

a) Programme, Politiken und Konzepte zu erarbeiten und zu fördern, die die ökologischen, wirtschaftlichen und sozialen Komponenten einer nachhaltigen Entwicklung der Berggebiete miteinander verbinden, sowie die internationale Zusammenarbeit zu verstärken, da sie sich positiv auf Programme zur Bekämpfung der Armut, insbesondere in den Entwicklungsländern, auswirkt;

b) Programme durchzuführen, die sich nach Bedarf mit Entwaldung, Erosion, Bodendegradation, Artenschwund, der Störung von Wasserläufen und dem Rückzug von Gletschern auseinandersetzen;

c) gegebenenfalls geschlechtsspezifisch differenzierende Politiken und Programme auszuarbeiten und umzusetzen, einschließlich öffentlicher und privater Investitionen, die Ungleichbehandlungen ausräumen helfen, denen sich Gemeinwesen in Berggebieten gegenübersehen;

d) Programme durchzuführen, die Diversifizierung, traditionelle Gebirgs-Wirtschaftsformen, nachhaltige Lebensgrundlagen und Kleinerzeugersysteme fördern, namentlich durch gezielte Ausbildungsprogramme und besseren Zugang zu innerstaatlichen und internationalen Märkten sowie Kommunikations- und

Verkehrsplanung, unter Berücksichtigung der besonderen Sensibilität von Berggebieten;

  e) die volle Partizipation und Teilhabe der Gebirgsgemeinschaften an den sie betreffenden Entscheidungen zu fördern und das Wissen, das Erbe und die Werte indigener Gruppen in alle Entwicklungsinitiativen einzubinden;

  f) innerstaatliche und internationale Unterstützung für angewandte Forschung and Kapazitätsaufbau zu mobilisieren, finanzielle und technische Hilfe bei der wirksamen und nachhaltigen Entwicklung von Gebirgsökosystemen in den Entwicklungs- und Transformationsländern zu gewähren sowie mittels konkreter Pläne, Projekte und Programme mit ausreichender Unterstützung durch alle Interessengruppen und unter Berücksichtigung des Geistes des Internationalen Jahres der Berge (2002) gegen Armut bei den Bergbewohnern vorzugehen.

* * *

43. *Im Geiste des Internationalen Jahres des Ökotourismus (2002), des Jahres des Kulturerbes (2002), des Weltgipfels für Ökotourismus 2002 und der dort verabschiedeten Erklärung von Québec sowie des von der Weltorganisation für Tourismus verabschiedeten Globalen Ethikkodex für den Tourismus die Entwicklung eines sanften Tourismus, namentlich eines ressourcenschonenden Tourismus und des Ökotourismus, fördern, um dafür zu sorgen, dass die Bevölkerung der Gastgemeinden größere Vorteile aus den Tourismusressourcen ziehen kann, unter Wahrung der kulturellen und ökologischen Unversehrtheit dieser Gemeinden und bei verbessertem Schutz ökologisch sensibler Gebiete und Naturerbestätten. Die Entwicklung eines sanften Tourismus und den Kapazitätsausbau fördern, um zur Stärkung der ländlichen und ortsansässigen Gemeinschaften beizutragen. Dazu gehören Maßnahmen auf allen Ebenen, die darauf gerichtet sind,*

  a) die internationale Zusammenarbeit, ausländische Direktinvestitionen sowie Partnerschaften mit dem öffentlichen und dem privaten Sektor auf allen Ebenen zu verstärken;

  b) Programme, namentlich im Bildungs- und Ausbildungsbereich, zu erarbeiten, die die Menschen zur Teilnahme am Ökotourismus ermutigen, indigene und ortsansässige Gemeinschaften zu befähigen, den Ökotourismus auszubauen und Nutzen daraus zu ziehen, sowie die Kooperation aller Interessengruppen bei der Tourismusentwicklung und der Erhaltung des Kultur- und Naturerbes zu verstärken, um den Schutz der Umwelt, der natürlichen Ressourcen und des Kulturerbes zu verbessern;

  c) den Entwicklungs- und Transformationsländern technische Hilfe zu gewähren, um die Entwicklung eines sanften Tourismus als Einnahmequelle sowie entsprechende Investitionen und Aufklärungsprogramme über Tourismus zu unterstützen, um den Inlandstourismus zu verbessern und die Unternehmensentwicklung anzuregen;

  d) den Gastgemeinden mit Unterstützung der Weltorganisation für Tourismus und der sonstigen zuständigen Organisationen dabei behilflich zu sein, die Besucherzahl ihrer touristischen Anziehungspunkte auf für sie möglichst vorteilhafte Weise zu steuern und gleichzeitig sicherzustellen, dass möglichst wenige nachteilige Auswirkungen auf und Risiken für ihre Traditionen, ihre Kultur und ihre Umwelt entstehen;

e) die Diversifizierung der Wirtschaftstätigkeit zu fördern, namentlich durch die Erleichterung des Marktzugangs und des Zugangs zu Handelsinformationen, sowie die Partizipation neu gegründeter lokaler Unternehmen, insbesondere von Klein- und Mittelbetrieben, zu fördern.

* * *

44. Der biologischen Vielfalt kommt insgesamt eine entscheidende Rolle bei der nachhaltigen Entwicklung und der Armutsbekämpfung zu, und sie ist für unsere Erde, das Wohl der Menschheit sowie den Lebensunterhalt und die kulturelle Integrität der Menschen unverzichtbar. Durch menschliche Einwirkungen geht die biologische Vielfalt heute jedoch mit beispielloser Geschwindigkeit verloren; dieser Trend lässt sich nur dann umkehren, wenn die Menschen vor Ort von der Erhaltung und nachhaltigen Nutzung der biologischen Vielfalt profitieren, insbesondere in den Ursprungsländern der genetischen Ressourcen, gemäß Artikel 15 des Übereinkommens über die biologische Vielfalt. Das Übereinkommen ist das wichtigste Rechtsinstrument für die Erhaltung und nachhaltige Nutzung der biologischen Vielfalt und für die gerechte und ausgewogene Verteilung der Vorteile aus der Nutzung der genetischen Ressourcen. Wenn die drei Zielsetzungen des Übereinkommens effizienter und kohärenter umgesetzt und bis 2010 eine erhebliche Reduzierung der gegenwärtigen Rate des Artenschwunds herbeigeführt werden soll, werden den Entwicklungsländern neue und zusätzliche finanzielle und technische Ressourcen zur Verfügung gestellt und außerdem auf allen Ebenen Maßnahmen ergriffen werden müssen, die darauf gerichtet sind,

a) die Ziele des Übereinkommens in globale, regionale und nationale sektorale und sektorübergreifende Programme und Politiken einzubinden, insbesondere in die Programme und Politiken des Wirtschaftssektors der einzelnen Länder und der internationalen Finanzinstitutionen;

b) die laufenden Arbeiten im Rahmen des Übereinkommens zur nachhaltigen Nutzung der biologischen Vielfalt, namentlich zum sanften Tourismus, als Querschnittsthema zu fördern, das auf verschiedene Ökosysteme, Sektoren und Themenbereiche Anwendung findet;

c) wirksame Synergien zwischen dem Übereinkommen und anderen multilateralen Umweltübereinkommen zu fördern, unter anderem durch die Erarbeitung gemeinsamer Pläne und Programme zu gemeinsamen Aufgaben und Anliegen unter gebührender Berücksichtigung der jeweiligen Geltungsbereiche;

d) das Übereinkommen und seine Einzelbestimmungen durchzuführen und namentlich seine Arbeitsprogramme und Beschlüsse mittels nationaler, regionaler und globaler Aktionsprogramme aktiv weiterzuverfolgen, insbesondere durch einzelstaatliche Strategien und Aktionspläne zur Erhaltung der biologischen Vielfalt, sowie sie verstärkt in die jeweiligen sektorübergreifenden Strategien, Programme und Politiken einzubinden, namentlich in diejenigen auf dem Gebiet der nachhaltigen Entwicklung und der Armutsbekämpfung, so auch in Initiativen, die eine nachhaltige Nutzung der biologischen Vielfalt auf Gemeinwesenebene fördern;

e) die umfassende Anwendung und die Weiterentwicklung des Ökosystemkonzepts zu fördern, das derzeit im Rahmen der nach dem Übereinkommen durchgeführten Arbeiten ausgearbeitet wird;

f) eine konkrete internationale Unterstützung und Partnerschaft für die Erhaltung und nachhaltige Nutzung der biologischen Vielfalt, so auch in den Ökosystemen, an Stätten des Welterbes und zum Schutz gefährdeter Arten, zu fördern, insbesondere indem Finanzmittel und Technologien auf geeignete Weise in die Entwicklungs- und Transformationsländer geleitet werden;

g) die biologische Vielfalt wirksam zu erhalten und nachhaltig zu nutzen, Initiativen für bedrohte, besonders artenreiche Gebiete und andere für die biologische Vielfalt unerlässliche Gebiete zu fördern und zu unterstützen sowie für den Auf- und Ausbau einzelstaatlicher und regionaler ökologischer Netze und Korridore einzutreten;

h) den Entwicklungsländern finanzielle und technische Unterstützung zu gewähren, namentlich auf dem Gebiet des Kapazitätsaufbaus, um die Anstrengungen zu untermauern, die auf der Ebene indigener und örtlicher Gemeinschaften zur Erhaltung der biologischen Vielfalt unternommen werden;

i) die nationalen, regionalen und internationalen Anstrengungen zur Bekämpfung invasiver nichteinheimischer Organismen, eine der Hauptursachen für den Artenschwund, zu verstärken sowie auf allen Ebenen zur Ausarbeitung wirksamer Arbeitsprogramme gegen nichteinheimische Organismen anzuregen;

j) vorbehaltlich innerstaatlicher Rechtsvorschriften die Rechte ortsansässiger und indigener Gemeinschaften anzuerkennen, die über traditionelle Kenntnisse und daraus hervorgehende Innovationen und Praktiken verfügen, und mit ihrer Zustimmung und Mitwirkung einvernehmlich vereinbarte Mechanismen zum Ausgleich der Vorteile aus deren Nutzung auszuarbeiten und anzuwenden;

k) alle Interessengruppen zu ermutigen und zu befähigen, zur Verwirklichung der Ziele des Übereinkommens beizutragen, und insbesondere die besondere Rolle anzuerkennen, die Jugendlichen, Frauen sowie indigenen und ortsansässigen Gemeinschaften bei der Erhaltung und nachhaltigen Nutzung der biologischen Vielfalt zukommt;

l) die wirksame Teilhabe indigener und ortsansässiger Gemeinschaften an der Entscheidungsfindung und Politikformulierung betreffend die Nutzung ihrer traditionellen Kenntnisse zu fördern;

m) die technische und finanzielle Unterstützung der Entwicklungs- und Transformationsländer bei ihren Bemühungen um die Erarbeitung beziehungsweise Durchführung unter anderem von nationalen Systemen sui generis und traditionellen Systemen zu begünstigen, im Einklang mit den Prioritäten und der Rechtsordnung des jeweiligen Landes und mit dem Ziel, die biologische Vielfalt zu erhalten und nachhaltig zu nutzen;

n) die breite Anwendung der Bonner Leitlinien über den Zugang zu genetischen Ressourcen und die gerechte und ausgewogene Verteilung der Vorteile aus ihrer Nutzung und weitere Arbeit daran durch die Vertragsparteien des Übereinkommens zu fördern, als Beitrag, um den Parteien bei der Erarbeitung und Formulierung rechtlicher, verwaltungstechnischer oder politischer Maßnahmen betreffend Zugang und Vorteilsausgleich sowie vertraglicher und sonstiger einvernehmlich festgelegter Regelungen des Zugangs und Vorteilsausgleichs behilflich zu sein;

o) innerhalb des Rahmens des Übereinkommens über die biologische Vielfalt und eingedenk der Bonner Leitlinien eine internationale Ordnung zur Förderung und zum Schutz der gerechten und ausgewogenen Verteilung der Vorteile aus der Nutzung genetischer Ressourcen auszuhandeln;

p) auf einen erfolgreichen Abschluss der im Gang befindlichen Prozesse hinzuwirken, die in dem von der Weltorganisation für geistiges Eigentum eingerichteten Zwischenstaatlichen Ausschuss für geistiges Eigentum und genetische Ressourcen, traditionelles Wissen und Folklore sowie in der allen Mitgliedstaaten offen stehenden Arbeitsgruppe zu Artikel 8 Buchstabe j und den damit zusammenhängenden Bestimmungen des Übereinkommens ablaufen;

q) praxisnahe Maßnahmen zu fördern, um im Einklang mit den Artikeln 15 und 19 des Übereinkommens den Zugang zu den Ergebnissen und Vorteilen aus Biotechnologien, die auf genetischen Ressourcen beruhen, zu eröffnen, namentlich durch verstärkte wissenschaftlich-technische Zusammenarbeit im Bereich der Biotechnologie und der biologischen Sicherheit, so auch durch den Austausch von Sachverständigen, die Ausbildung von Fachkräften und den Aufbau forschungsorientierter institutioneller Kapazitäten;

r) die Gespräche über das Verhältnis zwischen dem Übereinkommen und Übereinkünften betreffend internationalen Handel und geistige Eigentumsrechte, wie in der Ministererklärung von Doha[32] angesprochen, zu fördern, ohne ihren Ergebnissen vorzugreifen, mit dem Ziel, zu größeren Synergien und verstärkter gegenseitiger Unterstützung zu gelangen, unter Berücksichtigung der nach den einschlägigen Übereinkünften getroffenen Beschlüsse;

s) die Durchführung des Arbeitsprogramms der Globalen Taxonomie-Initiative zu fördern;

t) alle Staaten zu bitten, soweit noch nicht geschehen, das Übereinkommen, das Protokoll von Cartagena über biologische Sicherheit[33] und die sonstigen Übereinkünfte mit Bezug auf die biologische Vielfalt zu ratifizieren, und diejenigen Staaten, die dies bereits getan haben, zu bitten, die wirksame Durchführung dieser Übereinkünfte auf nationaler, regionaler und internationaler Ebene zu fördern und die Entwicklungs- und Transformationsländer dabei technisch und finanziell zu unterstützen.

45. Beinahe ein Drittel der Erdoberfläche ist mit Waldgebieten beziehungsweise Bäumen bedeckt. Die nachhaltige Bewirtschaftung von Wäldern und Forsten sowie im Hinblick auf Holz- und Nichtholzprodukte ist für die Herbeiführung einer nachhaltigen Entwicklung von ebenso grundlegender Bedeutung wie dafür, die Armut zu bekämpfen, die Entwaldung erheblich zu verringern, den Artenschwund in den Waldgebieten sowie die Zerstörung von Flächen und Ressourcen aufzuhalten, die Ernährungssicherung sowie den Zugang zu unbedenklichem Trinkwasser und erschwinglicher Energie zu verbessern; des Weiteren macht sie die vielfältigen Vorteile von Wäldern, Forsten und Bäumen deutlich und trägt zum Wohl des Planeten und der Menschheit bei. Die Verwirklichung einer nachhaltigen Waldbewirtschaftung auf einzelstaatlicher und weltweiter Ebene, namentlich durch Partnerschaften zwischen den interessierten Regierungen und den sonstigen

---

[32] Siehe A/C.2/56/7, Anhang.
[33] http://www.biodiv.org/biosafety/protocol.asp.

Interessengruppen, so auch dem Privatsektor, den indigenen und ortsansässigen Gemeinschaften und den nichtstaatlichen Organisationen, ist ein wesentliches Ziel der nachhaltigen Entwicklung. Dazu gehören Maßnahmen auf allen Ebenen, die darauf gerichtet sind,

    a) die politische Verpflichtung auf die Herbeiführung einer nachhaltigen Waldbewirtschaftung zu verstärken, indem sie als Vorrangbereich auf der internationalen politischen Agenda bestätigt wird, und dabei den Querverbindungen zwischen dem Forstsektor und den anderen Sektoren durch integrierte Konzepte umfassend Rechnung zu tragen;

    b) das Waldforum der Vereinten Nationen und die es unterstützende Kollaborative Partnerschaft für Wälder als die wichtigsten zwischenstaatlichen Mechanismen zu unterstützen, die eine nachhaltige Waldbewirtschaftung auf nationaler, regionaler und globaler Ebene erleichtern und koordinieren und so unter anderem zur Erhaltung und nachhaltigen Nutzung der biologischen Vielfalt der Wälder beitragen;

    c) mit Unterstützung der internationalen Gemeinschaft Sofortmaßnahmen zum Vollzug der einzelstaatlichen Waldgesetze sowie gegen den unerlaubten internationalen Handel mit Waldprodukten, namentlich mit den biologischen Ressourcen der Wälder, zu ergreifen und im Zusammenhang mit dem einzelstaatlichen Rechtsvollzug auf diesem Gebiet Hilfe beim Aufbau personeller und institutioneller Kapazitäten zu gewähren;

    d) auf einzelstaatlicher und internationaler Ebene Sofortmaßnahmen zu ergreifen, um dafür zu sorgen, dass eine nachhaltige Holzernte herbeigeführt wird, und um die Bereitstellung von Finanzmitteln sowie den Transfer und die Entwicklung umweltgerechter Technologien zu erleichtern und so nichtnachhaltigen Holzerntepraktiken entgegenzuwirken;

    e) Initiativen zu erarbeiten und durchzuführen, um den Bedürfnissen derjenigen Weltregionen gerecht zu werden, die gegenwärtig unter Armut und den höchsten Entwaldungsraten leiden und in denen die betroffenen Regierungen eine internationale Zusammenarbeit begrüßen würden;

    f) Partnerschaften und die internationale Zusammenarbeit auf- und auszubauen, um die vermehrte Bereitstellung von Finanzmitteln, den Transfer umweltgerechter Technologien, den Handel, den Kapazitätsaufbau, den Vollzug der Waldgesetze und eine entsprechende Ordnungspolitik auf allen Ebenen sowie eine integrierte Boden- und Ressourcenbewirtschaftung im Hinblick auf nachhaltige Waldbewirtschaftung zu erleichtern, namentlich die Maßnahmenvorschläge der Zwischenstaatlichen Sachverständigengruppe für Wälder/des Zwischenstaatlichen Waldforums;

    g) für die beschleunigte Durchführung der Maßnahmenvorschläge der Zwischenstaatlichen Sachverständigengruppe für Wälder/des Zwischenstaatlichen Waldforums durch die Länder und die Kollaborative Partnerschaft für Wälder zu sorgen und die Berichterstattung an das Waldforum der Vereinten Nationen zu verstärken, um zu einer Sachstandsbewertung im Jahr 2005 beizutragen;

    h) die Waldbewirtschaftungssysteme indigener und ortsansässiger Gemeinschaften anzuerkennen und zu unterstützen, damit deren volle und wirksame Teilhabe an einer nachhaltigen Waldbewirtschaftung gewährleistet ist;

i) das erweiterte maßnahmenorientierte Arbeitsprogramm des Übereinkommens über die biologische Vielfalt im Hinblick auf alle Arten der biologischen Vielfalt von Wäldern in enger Zusammenarbeit mit dem Forum, den Mitgliedern der Partnerschaft und anderen Wälder betreffenden Prozessen und Übereinkünften sowie unter Beteiligung aller maßgeblichen Interessengruppen durchzuführen.

46. Bergbau, Mineralien und Metalle sind für die wirtschaftliche und soziale Entwicklung vieler Länder wichtig. Mineralien sind für das Leben in der heutigen Zeit unabdingbar. Die Steigerung des Beitrags von Bergbau, Mineralien und Metallen zur nachhaltigen Entwicklung umfasst Maßnahmen auf allen Ebenen, die darauf gerichtet sind,

a) die Bemühungen um die Auseinandersetzung mit den negativen wie positiven ökologischen, wirtschaftlichen, gesundheitlichen und sozialen Folgen zu unterstützen, die während des gesamten Lebenszyklus durch Bergbau, Mineralien und Metalle entstehen, so auch in Bezug auf die Gesundheit und Sicherheit der Arbeiter, und dabei unter Erweiterung auf einzelstaatlicher und internationaler Ebene laufender Aktivitäten ein breites Spektrum von Partnerschaften zwischen interessierten Regierungen, zwischenstaatlichen Organisationen, Bergbauunternehmen und Bergarbeitern sowie anderen Interessengruppen zu nutzen, um Transparenz und Rechenschaftspflicht bei der nachhaltigen Entwicklung des Bergbaus und der auf Dauer tragfähigen Erschließung von Mineralien zu fördern;

b) die Mitwirkung der Interessengruppen, namentlich ortsansässiger und indigener Gemeinschaften sowie Frauen, auszubauen, sodass sie eine aktive Rolle bei der Erschließung von Mineralien und Metallen sowie bei der Entwicklung des Bergbaus während des gesamten Lebenszyklus von Bergwerken spielen, so auch nach deren Schließung zu Sanierungszwecken, im Einklang mit den einzelstaatlichen Vorschriften und unter Berücksichtigung bedeutender grenzüberschreitender Auswirkungen;

c) nachhaltige Bergbaumethoden zu fördern, indem den Entwicklungs- und Transformationsländern finanzielle und technische Unterstützung sowie Hilfe beim Kapazitätsaufbau im Hinblick auf den Abbau und die Verarbeitung von Mineralien, so auch den Kleinbergbau, gewährt wird, und wenn möglich und angebracht die Veredelungsmethoden zu verbessern, die wissenschaftlich-technischen Informationen auf den neuesten Stand zu bringen und geschädigte Stätten zu regenerieren und zu sanieren.

V. Nachhaltige Entwicklung in einer sich globalisierenden Welt

47. Die Globalisierung bietet Chancen und Herausforderungen für die nachhaltige Entwicklung. Wir erkennen an, dass Globalisierung und Interdependenz neue Chancen für Handel, Investitionen und Kapitalströme sowie technologische Fortschritte, namentlich bei der Informationstechnologie, eröffnen, die zum Wachstum der Weltwirtschaft, zur Entwicklung und zur Verbesserung des Lebensstandards überall auf der Welt beitragen können. Gleichzeitig bleiben gravierende Herausforderungen bestehen, namentlich schwerwiegende Finanzkrisen, Unsicherheit, Armut, Ausgrenzung und Ungleichheit innerhalb der Gesellschaften und zwischen ihnen. Die Entwicklungs- und Transformationsländer müssen besondere Schwierigkeiten überwinden, wenn sie auf diese Herausforderungen und Chancen eingehen wollen. Die Globalisierung sollte alle voll mit einschließen und ausgewogen sein, und es besteht ein großer Bedarf an Politiken und Maßnahmen auf nationaler und internationaler Ebene, die unter voller und effektiver Beteiligung der Entwicklungs- und Transformationsländer ausgearbeitet und durchgeführt werden und die ihnen dabei helfen sollen, diesen Herausforderungen und Chancen wirksam zu begegnen. Dies wird vordringliche Maßnahmen auf allen Ebenen erfordern, die darauf gerichtet sind,

a) weiterhin ein offenes, ausgewogenes, regelgestütztes, berechenbares und nichtdiskriminierendes multilaterales Handels- und Finanzsystem zu fördern, das allen Ländern bei dem Streben nach nachhaltiger Entwicklung zugute kommt; den erfolgreichen Abschluss des in der Ministererklärung von Doha enthaltenen Arbeitsprogramms und die Umsetzung des Konsenses von Monterrey zu unterstützen; den in der Ministererklärung von Doha enthaltenen Beschluss zu begrüßen, die Bedürfnisse und Interessen der Entwicklungsländer in den Mittelpunkt des Arbeitsprogramms der Erklärung zu stellen, namentlich auch durch die Verbesserung des Marktzugangs für Produkte, die für die Entwicklungsländer von Interesse sind;

b) die Bemühungen zu fördern, die die internationalen Finanz- und Handelsinstitutionen zurzeit unternehmen, um Offenheit und Transparenz der Entscheidungsprozesse und institutionellen Strukturen zu gewährleisten;

c) die Entwicklungsländer, einschließlich der am wenigsten entwickelten Länder, der Binnenentwicklungsländer und der kleinen Inselentwicklungsländer, verstärkt dazu zu befähigen, die Möglichkeiten wahrzunehmen, die die Handelsliberalisierung ihnen darbietet, auf dem Wege der internationalen Zusammenarbeit sowie durch Maßnahmen zur Verbesserung der Produktivität, der Diversifizierung und der Wettbewerbsfähigkeit im Rohstoffbereich, der lokalen unternehmerischen Kapazität und durch den Ausbau der Verkehrs- und Kommunikationsinfrastruktur;

d) entsprechend Ziffer 64 des Konsenses von Monterrey die Internationale Arbeitsorganisation zu unterstützen und ihre laufende Arbeit zur sozialen Dimension der Globalisierung zu fördern;

e) die Erbringung koordinierter, effektiver und zielgerichteter handelsbezogener technischer Hilfe und die Durchführung entsprechender Kapazitätsaufbauprogramme zu verstärken, namentlich mit dem Ziel, bestehende und künftige Marktzugangschancen zu nutzen, und das Verhältnis zwischen Handel, Umwelt und Entwicklung zu prüfen.

48. Dafür Sorge tragen, dass die Mitglieder der Welthandelsorganisation die Ergebnisse der Ministerkonferenz von Doha umsetzen, die handelsbezogene technische Hilfe und den entsprechenden Kapazitätsaufbau weiter verstärken und die ernsthafte, wirksame und volle Beteiligung der Entwicklungsländer an den multilateralen Handelsverhandlungen gewährleisten, indem ihre Bedürfnisse und Interessen zu einem Kernanliegen des Arbeitsprogramms der Welthandelsorganisation gemacht werden.

49. Auf der Grundlage der Grundsätze von Rio aktiv die Unternehmensverantwortung und die Rechenschaftspflicht von Unternehmen fördern, namentlich durch die volle Ausarbeitung und wirksame Umsetzung zwischenstaatlicher Übereinkünfte und Maßnahmen, internationaler Initiativen und öffentlich-privater

Partnerschaften sowie geeigneter einzelstaatlicher Regelungen, und die fortlaufende Verbesserung der Unternehmenspraktiken in allen Ländern unterstützen.

50. Die Entwicklungsländer verstärkt dazu befähigen, öffentlich/private Initiativen zu fördern, mit deren Hilfe leichter Zugang zu Informationen über Länder und Finanzmärkte geschaffen, die Genauigkeit und Aktualität dieser Informationen verbessert und der durch sie erfasste Bereich erweitert werden kann. Multilaterale und regionale Finanzinstitutionen könnten diesbezüglich weitere Hilfe gewähren.

51. Mit dem multilateralen Handelssystem vereinbare regionale Handels- und Kooperationsübereinkünfte zwischen entwickelten Ländern und Entwicklungs- und Transformationsländern sowie zwischen den Entwicklungsländern stärken, gegebenenfalls mit Unterstützung seitens der internationalen Finanzinstitutionen beziehungsweise der regionalen Entwicklungsbanken, um so die Ziele der nachhaltigen Entwicklung zu verwirklichen.

52. Durch Technologietransfer unter gegenseitig vereinbarten Bedingungen und durch die Bereitstellung finanzieller und technischer Unterstützung den Entwicklungs- und Transformationsländern dabei behilflich sein, die digitale Kluft zu verringern, digitale Chancen zu schaffen und das Potenzial der Informations- und Kommunikationstechnologien für die Entwicklung nutzbar zu machen, und in diesem Zusammenhang den Weltgipfel über die Informationsgesellschaft unterstützen.

VI. Gesundheit und nachhaltige Entwicklung

53. In der Rio-Erklärung über Umwelt und Entwicklung wird festgestellt, dass die Menschen im Mittelpunkt der Bemühungen um eine nachhaltige Entwicklung stehen und dass sie Anspruch auf ein gesundes und produktives Leben im Einklang mit der Natur haben. Die Ziele der nachhaltigen Entwicklung lassen sich nicht erreichen, solange zehrende Krankheiten weit verbreitet sind, und Fortschritte im Hinblick auf die Gesundheit der gesamten Bevölkerung setzen Armutsbeseitigung voraus. Es ist dringend erforderlich, die Ursachen von Krankheiten, auch sofern sie umweltbedingt sind, und ihre Auswirkungen auf die Entwicklung auszuräumen, unter besonderer Berücksichtigung von Frauen und Kindern sowie der schwächeren Gesellschaftsgruppen wie der Behinderten, älteren Menschen und indigenen Bevölkerungsgruppen.

* * *

54. *Die Kapazität der Gesundheitsversorgungssysteme zur Bereitstellung effizienter, zugänglicher und bezahlbarer Basisgesundheitsdienste für alle stärken, mit dem Ziel der Verhütung, Bekämpfung und Behandlung von Krankheiten, und umweltbedingte Gesundheitsgefahren reduzieren, im Einklang mit den Menschenrechten und Grundfreiheiten und in Übereinstimmung mit den innerstaatlichen Rechtsvorschriften und kulturellen und religiösen Werten sowie unter Berücksichtigung der Berichte der jüngsten Konferenzen und Gipfeltreffen der Vereinten Nationen und der Sondertagungen der Generalversammlung. Dazu gehören Maßnahmen auf allen Ebenen, die darauf gerichtet sind,*

a) Gesundheitsanliegen, namentlich auch diejenigen der anfälligsten Bevölkerungsgruppen, in Strategien, Politiken und Programme für Armutsbekämpfung und nachhaltige Entwicklung zu integrieren;

b) den ausgewogenen und verbesserten Zugang zu bezahlbaren und effizienten Gesundheitsversorgungsdiensten, einschließlich Vorsorge, auf allen Ebenen des Gesundheitssystems, zu unentbehrlichen und unbedenklichen Medikamenten zu erschwinglichen Preisen, zu Immunisierungsdiensten und sicheren Impfstoffen sowie zu medizinischer Technologie zu fördern;

c) Entwicklungs- und Transformationsländern technische und finanzielle Hilfe zur Umsetzung der Strategie "Gesundheit für alle" zu gewähren, einschließlich Gesundheitsinformationssystemen und integrierten Datenbanken über Entwicklungsrisiken;

d) die Ausbildung und Verwaltung der im Gesundheitswesen tätigen Humanressourcen zu verbessern;

e) Partnerschaften zur Verbesserung der Gesundheitserziehung zu fördern und auszubauen, um bis 2010 weltweit eine bessere Gesundheitsalphabetisierung zu erzielen, nach Bedarf unter Beteiligung von Organisationen der Vereinten Nationen;

f) Programme und Initiativen zu entwickeln, um bis zum Jahr 2015 die Sterblichkeitsraten von Säuglingen und Kindern unter fünf Jahren um zwei Drittel und die Müttersterblichkeitsraten um drei Viertel der Rate des Jahres 2000 zu senken, und die Disparitäten sowohl zwischen den entwickelten Ländern und den Entwicklungsländern als auch innerhalb dieser Länder so schnell wie möglich zu verringern, wobei der Beseitigung der unverhältnismäßig hohen und verhütbaren Sterblichkeit weiblicher Säuglinge und Kinder besondere Aufmerksamkeit zu widmen ist;

g) Forschungsanstrengungen gezielt auf vorrangige Probleme der öffentlichen Gesundheit auszurichten und die Forschungsergebnisse auf diese anzuwenden, insbesondere soweit anfällige und schwächere Bevölkerungsgruppen davon betroffen sind, und zwar mit Hilfe der Entwicklung neuer Impfstoffe, der reduzierten Exposition gegenüber Gesundheitsgefährdungen, der Erweiterung des gleichen Zugangs zu Gesundheitsdiensten, Bildung, Ausbildung und medizinischer Behandlung und Technologie und der Bekämpfung der Sekundärwirkungen schlechter Gesundheit;

h) die Bewahrung, Weiterentwicklung und Nutzung wirksamer traditioneller medizinischer Kenntnisse und Praktiken zu fördern, gegebenenfalls in Verbindung mit der modernen Medizin, wobei die indigenen und ortsansässigen Gemeinschaften als Hüter traditioneller Kenntnisse und Praktiken anerkannt werden, während gleichzeitig, soweit angezeigt, ein wirksamer Schutz des traditionellen Wissens im Einklang mit dem Völkerrecht gefördert wird;

i) den gleichberechtigten Zugang der Frau zu Gesundheitsdiensten zu gewährleisten, unter besonderer Berücksichtigung von Gesundheitsdiensten für Mütter und von Geburtshilfenotdiensten;

j) wirksame Maßnahmen ergreifen, um bei allen Personen entsprechenden Alters eine gesunde Lebensweise zu fördern, so auch im Hinblick auf die *reproduktive und sexuelle Gesundheit, im Einklang mit den Verpflichtungen und Ergebnissen der jüngsten Konferenzen und Gipfeltreffen der Vereinten Nationen, so auch des Weltkindergipfels, der Konferenz der Vereinten Nationen über Umwelt und Entwicklung, der Internationalen Konferenz über Bevölkerung und Entwicklung, des Weltgipfels für soziale Entwicklung und der Vierten Weltfrauenkonferenz, und ihrer jeweiligen Überprüfungen und Berichte;*

k) gegebenenfalls internationale Initiativen für den Aufbau von Kapazitäten einzuleiten, um die Zusammenhänge zwischen Gesundheit und Umwelt zu bewerten und die gewonnenen Erkenntnisse dafür einzusetzen, wirksamere nationale und regionale Politikmaßnahmen gegen umweltbedingte Gesundheitsgefährdungen zu entwickeln;

l) Technologien zu übertragen und zu verbreiten, mit deren Hilfe in ländlichen und städtischen Gebieten in Entwicklungs- und Transformationsländern die Versorgung mit sauberem Trinkwasser, die Abwasserentsorgung und die Abfallbewirtschaftung sichergestellt werden kann, unter gegenseitig vereinbarten Bedingungen, so auch durch öffentlich-private multisektorale Partnerschaften und mit internationaler finanzieller Unterstützung, unter Berücksichtigung der länderspezifischen Gegebenheiten und der Gleichstellung der Geschlechter, einschließlich der spezifischen Technologiebedürfnisse der Frau;

m) die Programme der Internationalen Arbeitsorganisation und der Weltgesundheitsorganisation zur Verringerung berufsbedingter Todesfälle, Verletzungen und Krankheiten zu verstärken und zu fördern und den Arbeitsschutz an das öffentliche Gesundheitswesen anzubinden, mit dem Ziel, die öffentliche Gesundheit und die Gesundheitserziehung zu fördern;

n) die Verfügbarkeit von ausreichenden, gesundheitlich unbedenklichen, kulturell akzeptablen Nahrungsmitteln von angemessenem Nährwert und den Zugang aller Menschen dazu zu verbessern, den Gesundheitsschutz der Verbraucher zu verbessern, Probleme des Mangels an Mikronährstoffen zu beheben und bestehende international vereinbarte Verpflichtungen sowie einschlägige Normen und Richtlinien umzusetzen;

o) wo angezeigt, präventive, gesundheitsfördernde und kurative Programme zu entwickeln oder zu stärken, die sich auf nicht übertragbare Krankheiten und Leiden richten, wie etwa Herz-Kreislauf-Erkrankungen, Krebs, Diabetes, chronische Erkrankungen der Atemwege, Verletzungen, Gewalt und psychische Störungen und damit zusammenhängende Risikofaktoren, einschließlich Alkohol, Tabak, ungesunder Ernährung und Mangel an körperlicher Betätigung.

55. Innerhalb der vereinbarten Fristen alle Verpflichtungen umsetzen, die in der von der Generalversammlung auf ihrer sechsundzwanzigsten Sondertagung verabschiedeten Verpflichtungserklärung zu HIV/Aids[34] vereinbart wurden, mit besonderem Nachdruck auf der Reduzierung der Verbreitung von HIV unter jungen Männern und Frauen zwischen 15 und 24 Jahren um 25 Prozent in den am stärksten betroffenen Ländern bis 2005 und weltweit bis 2010, sowie Malaria, Tuberkulose und andere Krankheiten bekämpfen, unter anderem

---

[34] Resolution S-26/2 der Generalversammlung, Anlage.

a) durch die Durchführung nationaler Präventions- und Behandlungsstrategien sowie regionaler und internationaler Kooperationsmaßnahmen und die Ausarbeitung internationaler Initiativen zur Gewährung spezieller Hilfe für HIV/Aids-Waisen;

b) durch die Erfüllung der Verpflichtungen zur Bereitstellung ausreichender Mittel zur Unterstützung des Globalen Fonds zur Bekämpfung von Aids, Tuberkulose und Malaria, während gleichzeitig der Zugang der bedürftigsten Länder zu dem Fonds gefördert wird;

c) durch den Schutz der Gesundheit der Arbeitnehmer und die Förderung des Arbeitsschutzes, unter anderem, soweit angezeigt, durch die Berücksichtigung der auf Freiwilligkeit basierenden Richtliniensammlung der Internationalen Arbeitsorganisation für HIV/Aids und die Welt der Arbeit, um die Bedingungen am Arbeitsplatz zu verbessern;

d) durch die Aufbringung ausreichender öffentlicher Mittel und die Anregung zur Bereitstellung privater Finanzmittel, um unter dem Schwerpunkt Biomedizin und Gesundheitsforschung die Forschungs- und Entwicklungsarbeit in Bezug auf Armutskrankheiten wie HIV/Aids, Malaria und Tuberkulose sowie die Entwicklung neuer Impfstoffe und Medikamente voranzutreiben.

56. Erkrankungen der Atemwege und andere durch Luftverschmutzung bewirkte Gesundheitsprobleme verringern, unter besonderer Berücksichtigung von Frauen und Kindern,

a) durch Stärkung regionaler und nationaler Programme, unter anderem durch öffentlich-private Partnerschaften, wobei den Entwicklungsländern technische und finanzielle Hilfe gewährt wird;

b) durch Unterstützung der schrittweisen Beendigung der Benzinverbleiung;

c) durch die Verstärkung und Unterstützung von Bemühungen zur Senkung der Schadstoffemissionen durch den Einsatz saubererer Brennstoffe und moderner Techniken der Verschmutzungskontrolle;

d) durch Unterstützung der Entwicklungsländer bei der Versorgung ländlicher Gemeinden mit bezahlbarer Energie, vor allem, damit sie zum Kochen und Heizen weniger abhängig von traditionellen Brennstoffquellen werden, die die Gesundheit von Frauen und Kindern beeinträchtigen.

57. Bleihaltige Farben und andere Quellen der Bleibelastung für den Menschen schrittweise beseitigen, sich dafür einsetzen, dass insbesondere der Bleibelastung von Kindern vorgebeugt wird, und sich verstärkt um die Beobachtung und Überwachung sowie um die Behandlung von Bleivergiftungen bemühen.

VII. Nachhaltige Entwicklung der kleinen Inselentwicklungsländer

58. Die kleinen Inselentwicklungsländer stellen sowohl unter dem Gesichtspunkt der Umwelt als auch unter dem der Entwicklung einen Sonderfall dar. Obwohl sie auf beispielhafte Weise den Weg zur nachhaltigen Entwicklung beschreiten, sehen sie sich zunehmend behindert durch das Zusammenspiel nachteiliger Faktoren, die in der Agenda 21, im Aktionsprogramm für die nachhaltige Entwicklung der kleinen Inselstaaten unter den Entwicklungsländern[35] und in den auf der zweiundzwanzigsten Sondertagung der Generalversammlung verabschiedeten Beschlüssen klar dargestellt wurden. Es müssen daher Maßnahmen auf allen Ebenen ergriffen werden, die darauf gerichtet sind,

a) die nationale und regionale Umsetzung des Aktionsprogramms mit angemessenen Finanzmitteln zu beschleunigen, so auch über die Schwerpunktbereiche der Globalen Umweltfazilität, durch den Transfer umweltgerechter Technologien und durch Unterstützung des Kapazitätsaufbaus seitens der internationalen Gemeinschaft;

b) auch weiterhin nachhaltige Fischereibewirtschaftung zu betreiben und die finanziellen Erträge aus der Fischerei gegebenenfalls über die Unterstützung und Stärkung der zuständigen regionalen Fischereibewirtschaftungsorganisationen, wie etwa des vor kurzem geschaffenen Regionalen karibischen Fischereimechanismus, und von Übereinkünften wie etwa des Übereinkommens über die Erhaltung und Bewirtschaftung der Bestände weit wandernder Fische im West- und Zentralpazifik zu verbessern;

c) unter anderem durch die Ausarbeitung spezifischer Initiativen die kleinen Inselentwicklungsländer bei der Abgrenzung und nachhaltigen Bewirtschaftung ihrer Küstengebiete und ausschließlichen Wirtschaftszonen sowie des Festlandsockels, gegebenenfalls einschließlich der Gebiete des Festlandsockels, die mehr als 200 Meilen von den Basislinien der Küsten entfernt sind, sowie bei entsprechenden regionalen Bewirtschaftungsinitiativen im Rahmen des Seerechtsübereinkommens der Vereinten Nationen und der Regionalmeerprogramme des Umweltprogramms der Vereinten Nationen zu unterstützen;

d) Unterstützung zu gewähren, so auch auf dem Gebiet des Kapazitätsaufbaus, für die Ausarbeitung und weitere Durchführung

i) von speziell auf die kleinen Inselentwicklungsländer zugeschnittenen Komponenten der Arbeitsprogramme für Meeres- und Küstenbiodiversität;

ii) von Süßwasserprogrammen für die kleinen Inselentwicklungsländer, namentlich mittels der Schwerpunktbereiche der Globalen Umweltfazilität;

e) Abfälle und Verschmutzung und ihre gesundheitlichen Auswirkungen wirksam zu verringern, zu verhüten und zu kontrollieren, indem in den kleinen Inselentwicklungsländern bis 2004 Initiativen zur Umsetzung des Weltaktionsprogramms zum Schutz der Meeresumwelt gegen vom Lande ausgehende Tätigkeiten ergriffen werden;

---

[35] *Report of the Global Conference on the Sustainable Development of Small Island Developing States, Bridgetown, Barbados, 25 April-4 May 1994* (Veröffentlichung der Vereinten Nationen, Best.-Nr. E.94.I.18 und Corrigenda), Kap. I, Resolution 1, Anlage II.

f) darauf hinzuwirken, dass den kleinen Inselentwicklungsländern bei den laufenden Verhandlungen und der weiteren Ausarbeitung des Arbeitsprogramms der Welthandelsorganisation betreffend den Handel kleiner Volkswirtschaften gebührend Rechnung getragen wird, da sie bei der Integration in die Weltwirtschaft im Rahmen der Entwicklungsagenda von Doha unter schweren strukturellen Benachteiligungen leiden;

g) bis 2004 gemeindenahe Initiativen für einen umweltverträglichen Tourismus auszuarbeiten und die Kapazitäten aufzubauen, die es gestatten, die Tourismusprodukte zu diversifizieren und dabei gleichzeitig Kultur und Traditionen zu schützen und die natürlichen Ressourcen wirksam zu erhalten und zu bewirtschaften;

h) den kleinen Inselentwicklungsländern Hilfe zu gewähren, um lokale Gemeinschaften und in Betracht kommende nationale und regionale Organisationen in diesen Ländern bei einem umfassenden Gefahren- und Risikomanagement sowie bei der Katastrophenvorbeugung, -vorsorge und -bereitschaft zu unterstützen, und Hilfe bei der Behebung der Folgen von Katastrophen, extremen Wetterphänomenen und anderen Notsituationen zu gewähren;

i) die abschließende Aufstellung und nachfolgende rasche, unter vereinbarten Bedingungen erfolgende Operationalisierung wirtschaftlicher, sozialer und umweltbezogener Gefährdungsindizes und ähnlicher Indikatoren als Instrumente für die Herbeiführung der nachhaltigen Entwicklung der kleinen Inselentwicklungsländer zu unterstützen;

j) die kleinen Inselentwicklungsländer dabei zu unterstützen, ausreichende Mittel aufzubringen und entsprechende Partnerschaften zu bilden, damit sie die erforderlichen Anpassungen im Hinblick auf die nachteiligen Auswirkungen der Klimaänderung, des Meeresspiegelanstiegs und der Klimavariabilität vornehmen können, soweit zutreffend im Einklang mit den Verpflichtungen aus dem Rahmenübereinkommen der Vereinten Nationen über Klimaänderungen;

k) die Anstrengungen der kleinen Inselentwicklungsländer zu unterstützen, Kapazitäten und institutionelle Voraussetzungen für die Anwendung von Regelungen betreffend das geistige Eigentum zu schaffen.

* * *

59. *Die Verfügbarkeit von angemessenen, erschwinglichen und umweltgerechten Energiedienstleistungen zu Gunsten der nachhaltigen Entwicklung der kleinen Inselentwicklungsländer unterstützen, unter anderem*

a) durch Stärkung der laufenden und Unterstützung neuer Anstrengungen auf dem Gebiet der Energieversorgung und Energiedienstleistungen bis 2004, namentlich durch Initiativen des Systems der Vereinten Nationen und durch Partnerschaftsinitiativen;

b) durch die Erschließung und Förderung der effizienten Nutzung der Energiequellen, einschließlich indigener Quellen und erneuerbarer Energieträger, und durch den Aufbau der Kapazitäten der kleinen Inselentwicklungsländer, Ausbildung und technisches Know-how im Bereich der Energiebewirtschaftung bereitzustellen und die entsprechenden nationalen Institutionen zu stärken.

60. Die kleinen Inselentwicklungsländer dabei unterstützen, Kapazitäten aufzubauen und Folgendes zu verstärken:

a) die Gesundheitsdienste zur Förderung des gleichen Zugangs zur Gesundheitsversorgung;

b) die Gesundheitssysteme, mit dem Ziel, die erforderlichen Arzneimittel und die entsprechende Technologie in nachhaltiger und bezahlbarer Weise zur Verfügung zu stellen, um übertragbare und nicht übertragbare Krankheiten zu bekämpfen und einzudämmen, insbesondere HIV/Aids, Tuberkulose, Diabetes, Malaria und Dengue-Fieber;

c) ihre Anstrengungen zur Abfall- und Schadstoffreduzierung und -behandlung und zum Kapazitätsaufbau für die Unterhaltung und Verwaltung von Wasserversorgungssystemen und Abwasserentsorgungsdiensten, in ländlichen wie in städtischen Gebieten;

d) ihre Anstrengungen zur Durchführung von Initiativen zur Armutsbekämpfung, wie sie in Abschnitt II dieses Dokuments ausgeführt wurden.

61. Die Durchführung des Aktionsprogramms von Barbados für die nachhaltige Entwicklung der kleinen Inselentwicklungsländer im Jahr 2004 vollständig und umfassend überprüfen, im Einklang mit der Resolution S-22/2 der Generalversammlung, und ersucht in diesem Zusammenhang die Generalversammlung, auf ihrer siebenundfünfzigsten Tagung die Einberufung einer internationalen Tagung über die nachhaltige Entwicklung der kleinen Inselentwicklungsländer zu erwägen.

VIII. Nachhaltige Entwicklung für Afrika

62. Seit der Konferenz der Vereinten Nationen über Umwelt und Entwicklung hat sich die nachhaltige Entwicklung für viele afrikanische Länder nicht konkretisiert. Armut bildet weiterhin eine große Herausforderung, und die meisten Länder des Kontinents konnten die Chancen der Globalisierung nicht in vollem Umfang nutzen, was die Marginalisierung des Kontinents weiter verstärkt hat. Die Bemühungen Afrikas um nachhaltige Entwicklung wurden durch Konflikte, unzureichende Investitionen, begrenzte Marktzugangschancen und angebotsseitige Begrenzungen, eine langfristig nicht tragbare Schuldenbelastung, historisch rückläufige öffentliche Entwicklungshilfeleistungen und die Auswirkungen von HIV/Aids behindert. Der Weltgipfel für nachhaltige Entwicklung muss die Entschlossenheit der internationalen Gemeinschaft neu beleben, sich diesen besonderen Herausforderungen zu stellen, und einer neuen, auf konkreten Maßnahmen zur Umsetzung der Agenda 21 in Afrika beruhenden Vision Geltung verschaffen. Die Neue Partnerschaft für die Entwicklung Afrikas verkörpert eine Verpflichtung der afrikanischen Führer gegenüber den Menschen Afrikas. In ihr erkennen sie an, dass Partnerschaften zwischen den afrikanischen Ländern selbst sowie zwischen ihnen und der internationalen Gemeinschaft Schlüsselelemente einer gemeinsamen Vision der Armutsbeseitigung sind, und setzen sie sich das Ziel, die afrikanischen Länder einzeln und gemeinsam auf den Weg zu dauerhaftem Wirtschaftswachstum und nachhaltiger Entwicklung zu bringen, bei gleichzeitiger aktiver Beteiligung an der Weltwirtschaft und an der Staatengemeinschaft. Die Neue Partnerschaft stellt einen Rahmen für die nachhaltige Entwicklung auf dem Kontinent bereit, an der alle Völker Afrikas Anteil haben sollen. Die internationale Gemeinschaft begrüßt die Neue Partnerschaft und verpflichtet sich zur Unterstützung der Umsetzung dieser Vision, so auch durch die Nutzung der Vorteile der Süd-Süd-Zusammenarbeit, die unter anderem auf der Internationalen Konferenz von Tokio über die Entwicklung Afrikas anerkannt wurden. Sie verpflichtet sich ebenfalls zur Unterstützung anderer bereits vorhandener Entwicklungsrahmen, die von den afrikanischen Ländern auf nationaler Ebene selbst getragen und gesteuert werden und Armutsminderungsstrategien beinhalten, so auch Strategiedokumente zur Armutsbekämpfung. Um eine nachhaltige Entwicklung herbeizuführen, sind Maßnahmen auf allen Ebenen erforderlich, die darauf gerichtet sind,

a) auf regionaler, subregionaler, nationaler und lokaler Ebene ein förderliches Umfeld zu schaffen, um ein beständiges Wirtschaftswachstum und eine nachhaltige Entwicklung herbeizuführen und die afrikanischen Bemühungen um Frieden, Stabilität und Sicherheit, die Beilegung und Verhütung von Konflikten, Demokratie, gute Staatsführung, Achtung vor den Menschenrechten und Grundfreiheiten, einschließlich des Rechts auf Entwicklung und Geschlechtergleichheit, zu unterstützen;

b) die Umsetzung der in der Neuen Partnerschaft für die Entwicklung Afrikas enthaltenen Vision und anderer auf regionaler und subregionaler Ebene bereits laufender Bemühungen zu unterstützen, namentlich durch Finanzierung, technische Zusammenarbeit und institutionelle Kooperation sowie den Aufbau personeller und institutioneller Kapazitäten auf regionaler, subregionaler und nationaler Ebene, im Einklang mit den nationalen Politiken, Programmen und den von den Ländern selbst getragenen und gesteuerten Strategien zur Armutsbekämpfung und zur nachhaltigen Entwicklung, wie gegebenenfalls den Strategiedokumenten zur Armutsbekämpfung;

c) die Entwicklung und den Transfer von Technologien und ihre Verbreitung in Afrika zu fördern und die in den afrikanischen Kompetenzzentren zur Verfügung stehenden Technologien und Kenntnisse weiterzuentwickeln;

d) die afrikanischen Länder dabei zu unterstützen, leistungsfähige wissenschaftlich-technische Institutionen aufzubauen und Forschungstätigkeiten zu entfalten, mit denen sie dem Weltniveau entsprechende Technologien entwickeln und anpassen können;

e) die Entwicklung nationaler Programme und Strategien zu unterstützen, um im Rahmen einzelstaatlich getragener und gesteuerter Strategien zur Armutsbekämpfung die Bildung zu fördern, und Bildungsforschungsinstitutionen zu stärken, um besser in der Lage zu sein, die Verwirklichung international vereinbarter Entwicklungsziele im Bildungsbereich umfassend zu unterstützen, einschließlich der in der Millenniums-Erklärung enthaltenen Ziele, wonach sichergestellt werden soll, dass bis 2015 Kinder in der ganzen Welt, Jungen wie Mädchen, eine Primarschulbildung vollständig abschließen können und dass Mädchen wie Jungen gleichberechtigten Zugang zu allen für die nationalen Bedürfnisse relevanten Bildungsebenen haben;

f) die industrielle Produktivität, Vielfalt und Wettbewerbsfähigkeit der afrikanischen Länder zu verstärken, durch eine Kombination von finanzieller und technologischer Unterstützung für die Entwicklung von Schlüsselbereichen der Infrastruktur, den Technologiezugang, die Vernetzung von Forschungszentren, die Wertschöpfung bei Exportprodukten, die Qualifikationssteigerung und die Verbesserung des Marktzugangs zu Gunsten der nachhaltigen Entwicklung;

g) den Beitrag des Industriesektors, insbesondere des Bergbau-, Mineral- und Metallsektors, zur nachhaltigen Entwicklung Afrikas zu steigern, indem die Entwicklung wirksamer und transparenter Ordnungs- und Verwaltungsrahmen sowie Wertschöpfung, breit angelegte Partizipation, soziale und Umweltverantwortung und größerer Marktzugang unterstützt werden, um ein für Investitionen attraktives und förderliches Umfeld zu schaffen;

h) finanzielle und technische Unterstützung bereitzustellen, um afrikanische Länder besser zu befähigen, Rechtsvorschriften im Umweltbereich zu erlassen und institutionelle Reformen im Hinblick auf eine nachhaltige Entwicklung durchzuführen sowie Umweltverträglichkeitsprüfungen vorzunehmen und gegebenenfalls multilaterale Umweltübereinkünfte auszuhandeln und umzusetzen;

i) Projekte, Programme und Partnerschaften mit in Betracht kommenden Interessengruppen zu entwickeln und Ressourcen für die wirksame Durchführung der Ergebnisse des Afrikanischen Prozesses für den Schutz und die Entwicklung der Meeres- und Küstenumwelt zu mobilisieren;

j) wirksame Lösungen für die Energieprobleme Afrikas zu finden, namentlich durch Initiativen, die darauf abzielen,

i) Programme, Partnerschaften und Initiativen zu schaffen und zu fördern, um die afrikanischen Bemühungen zur Verwirklichung der in der Neuen Partnerschaft für die Entwicklung Afrikas festgelegten Energieziele zu unterstützen, wonach sichergestellt werden soll, dass innerhalb von 20 Jahren mindestens 35 Prozent der afrikanischen Bevölkerung Zugang zu Energie erhalten, vor allem in den ländlichen Gebieten;

ii) die Durchführung weiterer Energieinitiativen zu unterstützen, einschließlich der Förderung einer saubereren und effizienteren Nutzung von Erdgas und der verstärkten Nutzung erneuerbarer Energieträger, und die Energieeffizienz und den Zugang zu modernen Energietechnologien, namentlich Technologien für eine sauberere Nutzung fossiler Brennstoffe, zu verbessern, insbesondere in ländlichen und randstädtischen Gebieten;

k) afrikanischen Ländern dabei behilflich zu sein, ausreichende Mittel für ihre Bedürfnisse im Hinblick auf die Anpassung an die negativen Folgen der Klimaänderung, extremer Wetterereignisse, der Meeresspiegelerhöhung und der Klimavariabilität aufzubringen sowie nationale Strategien betreffend die Klimaänderung und Programme zur Folgenmilderung aufzustellen, und auch weiterhin Maßnahmen zu ergreifen, um Vorsorge gegen die negativen Folgen der Klimaänderung in Afrika zu treffen, in Übereinstimmung mit dem Rahmenübereinkommen der Vereinten Nationen über Klimaänderungen;

l) die afrikanischen Bemühungen um die Entwicklung erschwinglicher Verkehrssysteme und einer entsprechenden Infrastruktur zu unterstützen, die die nachhaltige Entwicklung und die Verkehrsvernetzung in Afrika fördern;

m) entsprechend Ziffer 42 gegen die Armut in den Berggemeinden Afrikas vorzugehen;

n) finanzielle und technische Unterstützung für Aufforstung und Wiederaufforstung in Afrika und für den Aufbau von Kapazitäten für eine nachhaltige Forstbewirtschaftung bereitzustellen, namentlich für Maßnahmen gegen die Entwaldung und zur Verbesserung der politischen und rechtlichen Rahmenvorgaben für den Forstsektor.

* * *

63. *Finanzielle und technische Unterstützung für die Bemühungen Afrikas bereitstellen, das Übereinkommen zur Bekämpfung der Wüstenbildung auf nationaler Ebene durchzuführen, gegebenenfalls Systeme indigenen Wissens in die Verfahrensweisen zur Bewirtschaftung der Flächen und der natürlichen Ressourcen integrieren, die Beratungsdienste für ländliche Gemeinwesen verbessern und bessere Verfahrensweisen für die Bewirtschaftung von Flächen und Wassereinzugsgebieten fördern, namentlich durch verbesserte landwirtschaftliche Praktiken, die der Schädigung der Böden entgegenwirken, um Kapazitäten für die Durchführung nationaler Programme aufzubauen.*

64. *Finanzielle und sonstige Unterstützung mobilisieren, um Gesundheitssysteme zu entwickeln und zu verstärken, die darauf abzielen,*

a) *gerechten Zugang zu Gesundheitsdiensten zu fördern;*

b) *dauerhaft und in bezahlbarer Weise die erforderlichen Medikamente und die entsprechende Technologie zur Verfügung zu stellen, um übertragbare Krankheiten einschließlich HIV/Aids, Malaria und Tuberkulose und Trypanosomiase sowie nicht übertragbare Krankheiten, einschließlich derjenigen, die durch Armut verursacht werden, zu bekämpfen und einzudämmen;*

c) *Kapazität an medizinischem und paramedizinischem Personal aufzubauen;*

d) *gegebenenfalls das indigene medizinische Wissen zu fördern, einschließlich der traditionellen Medizin;*

e) *die Ebola-Krankheit zu erforschen und zu bekämpfen.*

65. *Ein wirksames Vorgehen in Bezug auf Naturkatastrophen und Konflikte finden, so auch in Bezug auf ihre humanitären und ökologischen Auswirkungen, in der Erkenntnis, dass Konflikte in Afrika die Fortschritte und die Anstrengungen auf dem Gebiet der nachhaltigen Entwicklung behindert und vielfach zunichte gemacht haben, wobei die am stärksten gefährdeten Mitglieder der Gesellschaft, insbesondere Frauen und Kinder, die besonders betroffenen Opfer sind; dies erfordert Anstrengungen und Initiativen auf allen Ebenen, die darauf gerichtet sind,*

a) *finanzielle und technische Hilfe bereitzustellen, um die Kapazitäten der afrikanischen Länder, einschließlich der institutionellen und personellen Kapazitäten, auch auf lokaler Ebene, für ein wirksames Katastrophenmanagement zu stärken, so auch in Bezug auf Beobachtungs- und Frühwarnsysteme, Situationsanalyse, Vorbeugung, Bereitschaft, Bewältigung und Schadensbeseitigung;*

b) den afrikanischen Ländern Unterstützung zu gewähren, damit sie Vertreibungssituationen infolge von Naturkatastrophen und Konflikten besser bewältigen können, und Schnelleingreifmechanismen zu schaffen;

c) die Bemühungen Afrikas zu unterstützen, Konflikte zu verhüten, beizulegen, zu bewältigen und zu reduzieren und rasch auf neu entstehende Konfliktsituationen zu reagieren, um tragische humanitäre Folgen abzuwenden;

d) Länder, die Flüchtlinge aufnehmen, dabei zu unterstützen, die Infrastruktur und die Umwelt wiederherzustellen, einschließlich der Ökosysteme und Lebensräume, die durch den Prozess der Aufnahme und Ansiedlung von Flüchtlingen geschädigt wurden.

66. Eine integrierte Erschließung der Wasserressourcen fördern und die daraus erwachsenden Vorteile im vor- und nachgelagerten Bereich optimieren, die Erschließung und wirksame Bewirtschaftung von Wasserressourcen für alle Nutzungszwecke sowie den Schutz der Wasserqualität und der aquatischen Ökosysteme fördern, namentlich durch Initiativen auf allen Ebenen, die darauf abzielen,

a) auf der Ebene der Haushalte Zugang zu Trinkwasser, Hygieneerziehung und verbesserter Abwasserentsorgung und Abfallbewirtschaftung zu schaffen, durch Initiativen, die innerhalb von den Regierungen aufgestellter stabiler und transparenter nationaler Ordnungsrahmen öffentliche und private Investitionen in die Wasserversorgung und Abwasserentsorgung fördern, die den Bedürfnissen der Armen Vorrang einräumen, wobei die örtlichen Bedingungen zu achten, alle betroffenen Interessengruppen einzubeziehen sowie die Leistung der öffentlichen Institutionen und Privatunternehmen zu überwachen und ihre Rechenschaftspflicht zu erhöhen sind; und die grundlegende Infrastruktur für die Wasserversorgung, das Wasserversorgungsnetz und die Wasserbehandlung sowie Kapazitäten für die Aufrechterhaltung und Bewirtschaftung der Wasserversorgungs- und Abwassersysteme sowohl in ländlichen als auch in städtischen Gebieten aufzubauen;

b) integrierte Strategien und Pläne für die Bewirtschaftung von Flussbecken und Wassereinzugsgebieten für alle größeren Gewässer auszuarbeiten und umzusetzen, im Einklang mit Ziffer 25;

c) die regionalen, subregionalen und nationalen Kapazitäten für die Sammlung und Verarbeitung von Daten und für die Planung, Forschung, Überwachung, Bewertung und Durchsetzung sowie auch die Regelungen für die Bewirtschaftung der Wasserressourcen zu stärken;

d) die Wasserressourcen, einschließlich des Grundwassers und der Feuchtgebietsökosysteme, vor Verschmutzung zu schützen, sowie im Fall akuter Wasserknappheit Anstrengungen zur Erschließung nicht-konventioneller Wasserressourcen zu unterstützen, einschließlich der energieeffizienten, kosteneffektiven und nachhaltigen Entsalzung von Meerwasser, der Sammlung von Regenwasser und der Wiederaufbereitung von Wasser.

67. Die landwirtschaftliche Produktivität und die Ernährungssicherheit maßgeblich und nachhaltig verbessern, um die vereinbarten Millenniums-Entwicklungsziele, namentlich diejenigen der Millenniums-Erklärung, voranzubringen, insbesondere das Ziel, den Anteil der unter Hunger leidenden Menschen bis zum Jahr 2015 zu halbieren, namentlich durch Initiativen auf allen Ebenen, die darauf abzielen,

a) die Entwicklung und Durchführung nationaler Politiken und Programme zu unterstützen, so auch von Forschungsprogrammen und Entwicklungsplänen afrikanischer Länder zur Regeneration ihres Agrarsektors und zur nachhaltigen Entwicklung ihrer Fischerei, und je nach den Bedürfnissen des einzelnen Landes die Investitionen in die Infrastruktur, die Technologie und die Beratungsdienste zu verstärken. Die afrikanischen Länder sollten bis 2005 im Rahmen der nationalen Armutsbekämpfungsprogramme Ernährungssicherungsstrategien ausarbeiten und durchführen;

b) Bemühungen und Initiativen zur Sicherung des gerechten Zugangs zu Landbesitz zu fördern und zu unterstützen und die Rechtslage und die Verantwortung in Bezug auf die Ressourcen zu klären, durch Landreform und Reformen der Nutzungs- und Besitzrechte, die die Rechtsstaatlichkeit achten und im einzelstaatlichen Recht verankert sind, und allen, insbesondere Frauen, Zugang zu Darlehen zu geben, die wirtschaftliche und soziale Gleichstellung und die Armutsbeseitigung sowie die effiziente und umweltschonende Flächennutzung zu ermöglichen und Agrarerzeugerinnen zu befähigen, Entscheidungsträger und Eigentümer im Agrarsektor zu werden, unter Einschluss des Rechts, Land zu erben;

c) den Marktzugang für Güter, einschließlich solcher aus afrikanischen Ländern, insbesondere aus den am wenigsten entwickelten Ländern, im Rahmen der Ministererklärung von Doha zu verbessern, ohne den Ergebnissen der Verhandlungen der Welthandelsorganisation vorzugreifen, sowie im Rahmen von Präferenzabkommen;

d) die afrikanischen Länder dabei zu unterstützen, die regionalen Handelsbeziehungen und die wirtschaftliche Integration untereinander zu verbessern. Investitionen in die regionale Marktinfrastruktur anzuziehen und zu verstärken;

e) Tierzuchtprogramme zu unterstützen, die auf die schrittweise und wirksame Bekämpfung von Tierkrankheiten gerichtet sind.

68. Ein gutes Chemikalienmanagement herbeiführen, unter besonderer Berücksichtigung gefährlicher Chemikalien und Abfallstoffe, unter anderem durch Initiativen zur Unterstützung der afrikanischen Länder bei der Erstellung nationaler chemischer Profile und regionaler und nationaler Rahmen und Strategien für das Chemikalienmanagement und bei der Einrichtung von Koordinierungsstellen, die sich mit Chemikalien befassen.

69. Durch integrierte Initiativen für Afrika die digitale Kluft überbrücken und in Form von Zugangsinfrastruktur, Technologietransfer und Technologieanwendung digitale Chancen schaffen. Ein investitionsförderndes Umfeld schaffen, bestehende und neue Programme und Projekte beschleunigen, um die wichtigsten Institutionen untereinander zu verbinden, und die Einführung von Informations- und Kommunikationstechnologien in staatlichen und kommerziellen Programmen sowie in anderen Aspekten des nationalen wirtschaftlichen und sozialen Lebens fördern.

70. Die Bemühungen Afrikas unterstützen, einen umweltverträglichen Tourismus zu verwirklichen, der zur sozialen und wirtschaftlichen Entwicklung und zum Ausbau der Infrastruktur beiträgt, und zwar durch folgende Maßnahmen:

a) Durchführung von Projekten auf lokaler, nationaler und subregionaler Ebene, unter Betonung der Vermarktung afrikanischer Tourismusprodukte, wie etwa Abenteuertourismus, Ökotourismus und Kulturtourismus;

b) Schaffung und Unterhaltung nationaler und grenzüberschreitender Schutzgebiete, um die Erhaltung der Ökosysteme entsprechend dem Ökosystem-Konzept zu fördern und einen umweltverträglichen Tourismus zu begünstigen;

c) Achtung lokaler Traditionen und Kulturen und Förderung der Heranziehung indigenen Wissens für die Bewirtschaftung der natürlichen Ressourcen und den Ökotourismus;

d) Unterstützung der Gastgemeinden dabei, ihre Tourismusprojekte so zu steuern, dass sie möglichst große Vorteile abwerfen, gleichzeitig aber möglichst geringe nachteilige Auswirkungen auf ihre Traditionen, ihre Kultur und ihre Umwelt haben;

e) Unterstützung der Erhaltung der biologischen Vielfalt Afrikas, der nachhaltigen Nutzung ihrer Bestandteile und der ausgewogenen und gerechten Aufteilung der sich aus der Nutzung der genetischen Ressourcen ergebenden Vorteile, im Einklang mit den Verpflichtungen, die die Länder nach den Übereinkünften zur biologischen Vielfalt, deren Vertragspartei sie sind, namentlich dem Übereinkommen über die biologische Vielfalt und dem Übereinkommen über den internationalen Handel mit gefährdeten Arten freilebender Tiere und Pflanzen, sowie regionalen Übereinkünften über die biologische Vielfalt eingegangen sind.

71. Durch Initiativen zur Stärkung der nationalen und lokalen institutionellen Kapazitäten auf dem Gebiet einer zukunftsfähigen Urbanisierung und umweltverträglicher menschlicher Siedlungen die afrikanischen Länder bei ihren Anstrengungen unterstützen, die Habitat-Agenda und die Istanbul-Erklärung umzusetzen, Unterstützung für angemessenen Wohnraum und Grundversorgungseinrichtungen und für den Aufbau effizienter und wirksamer Verwaltungssysteme in Städten und anderen menschlichen Siedlungen bereitstellen und unter anderem das vom Programm der Vereinten Nationen für menschliche Siedlungen und vom Umweltprogramm der Vereinten Nationen gemeinsam getragene Programm über Wasserbewirtschaftung für afrikanische Städte unterstützen.

IX. Sonstige regionale Initiativen

72. In anderen Regionalgruppen der Vereinten Nationen und in weiteren regionalen, subregionalen und transregionalen Foren wurden wichtige Initiativen eingeleitet, um die nachhaltige Entwicklung zu fördern. Die internationale Gemeinschaft begrüßt diese Anstrengungen und die bereits erzielten Ergebnisse, fordert, dass auf allen Ebenen Maßnahmen zu ihrer Erweiterung ergriffen werden, befürwortet gleichzeitig eine diesbezügliche interregionale, intraregionale und internationale Zusammenarbeit und bekundet ihre Unterstützung für ihren weiteren Ausbau und ihre Umsetzung durch die Länder der jeweiligen Regionen.

A. Nachhaltige Entwicklung in Lateinamerika und der Karibik

73. Die Initiative Lateinamerikas und der Karibik für nachhaltige Entwicklung verkörpert eine von den Führern dieser Region eingegangene Verpflichtung, die auf der im Oktober 2001 in Rio de Janeiro gebilligten Aktionsplattform von Rio in der

Perspektive von Johannesburg 2002[36] aufbaut, sich der Bedeutung regionaler Maßnahmen zu Gunsten der nachhaltigen Entwicklung bewusst ist und die Besonderheiten der Region, die von ihnen geteilten Leitvorstellungen und ihre kulturelle Vielfalt anerkennt. Sie ist gerichtet auf die Verabschiedung konkreter Maßnahmen in verschiedenen Bereichen der nachhaltigen Entwicklung, wie etwa Artenvielfalt, Wasserressourcen, Gefährdungspotenziale und zukunftsfähige Städte, soziale Aspekte, einschließlich Gesundheit und Armut, wirtschaftliche Aspekte, einschließlich Energie, und institutionelle Vorkehrungen, einschließlich Kapazitätsaufbau, Indikatoren und Partizipation der Zivilgesellschaft, unter Berücksichtigung ethischer Normen auf dem Gebiet der nachhaltigen Entwicklung.

74. Die Initiative sieht vor, dass zwischen den Ländern der Region Maßnahmen ausgearbeitet werden, die die Süd-Süd-Zusammenarbeit fördern und auf die Unterstützung durch bestimmte Ländergruppen sowie durch multilaterale und regionale Organisationen zählen können, einschließlich der Finanzinstitutionen. Als ein Rahmen für die Zusammenarbeit steht die Initiative Partnerschaften mit Regierungen und allen wichtigen Gruppen offen.

B. **Nachhaltige Entwicklung in Asien und im Pazifik**

75. Eingedenk des in der Millenniums-Erklärung vorgesehenen Ziels, die Anzahl der in Armut lebenden Menschen bis zum Jahr 2015 zu halbieren, erkennt die Regionalplattform von Phnom Penh über nachhaltige Entwicklung für Asien und den Pazifik[37] an, dass in der Region über die Hälfte der Weltbevölkerung und die größte Anzahl der Armen der Welt leben. Infolgedessen ist die nachhaltige Entwicklung der Region von entscheidender Bedeutung für die Verwirklichung der nachhaltigen Entwicklung auf weltweiter Ebene.

76. Die Regionalplattform benennt sieben Initiativbereiche, in denen Folgemaßnahmen ergriffen werden sollen: Kapazitätsaufbau zu Gunsten einer nachhaltigen Entwicklung; Armutsbekämpfung zu Gunsten einer nachhaltigen Entwicklung; sauberere Produktion und nachhaltige Energie; Flächenbewirtschaftung und Erhaltung der Artenvielfalt; Schutz und Bewirtschaftung der Süßwasserressourcen und Zugang zu ihnen; Ozeane, Küsten- und Meeresressourcen und nachhaltige Entwicklung der kleinen Inselentwicklungsländer; und Maßnahmen betreffend die Atmosphäre und den Klimawandel. Die Folgemaßnahmen in diesen Initiativbereichen werden auf dem Wege über einzelstaatliche Strategien und entsprechende regionale und subregionale Initiativen ergriffen, so etwa das regionale Aktionsprogramm für umweltschonende und nachhaltige Entwicklung und die Kitayushu-Initiative für eine saubere Umwelt, die auf der von der Wirtschafts- und Sozialkommission für Asien und den Pazifik veranstalteten Vierten Ministerkonferenz über Umwelt und Entwicklung in Asien und im Pazifik verabschiedet wurden.

---

[36] E/CN.17/2002/PC.2/5/add.2.
[37] E/CN.17/2002/PC.2/8.

C. Nachhaltige Entwicklung in der Region Westasien

77. Die Region Westasien ist bekannt dafür, dass sie über knappe Wasserressourcen und begrenzte fruchtbare Flächen verfügt. Die Region hat Fortschritte dabei erzielt, Güter mit höherer Wertschöpfung zu produzieren, bei denen Wissen und Technologie eine größere Rolle spielen.

78. Auf der regionalen Vorbereitungstagung wurden die folgenden Prioritäten festgelegt: Armutslinderung, Schuldenentlastung und nachhaltige Bewirtschaftung der natürlichen Ressourcen, was unter anderem die integrierte Bewirtschaftung der Wasserressourcen, die Durchführung von Programmen zur Bekämpfung der Wüstenbildung, die integrierte Bewirtschaftung der Küstenzone und die Bekämpfung der Boden- und Wasserverschmutzung umfasst.

D. Nachhaltige Entwicklung in der Region der Wirtschaftskommission für Europa

79. Die im Hinblick auf den Weltgipfel für nachhaltige Entwicklung abgehaltene regionale Ministertagung der Wirtschaftskommission für Europa erkannte an, dass der Region bei den weltweiten Bemühungen, durch konkrete Maßnahmen zu nachhaltiger Entwicklung zu gelangen, eine wichtige Rolle und bedeutsame Verantwortlichkeiten zukommen. Die Region erkannte an, dass das unterschiedliche Niveau der wirtschaftlichen Entwicklung in den Ländern der Region möglicherweise die Anwendung unterschiedlicher Konzepte und Mechanismen zur Umsetzung der Agenda 21 erforderlich machen wird. Um auf synergetische Art und Weise an die drei Säulen der nachhaltigen Entwicklung heranzugehen, benannte die Region in ihrer Ministererklärung an den Gipfel[38] die vorrangigen Maßnahmen, die in der Region der Wirtschaftskommission für Europa im Hinblick auf eine nachhaltige Entwicklung zu ergreifen sind.

80. Um das Engagement der Region für die nachhaltige Entwicklung zu konkretisieren, sind zurzeit Bemühungen auf regionaler, subregionaler und transregionaler Ebene im Gang, so unter anderem der Prozess "Umwelt für Europa", die für Mai 2003 in Kiew anberaumte fünfte Ministerkonferenz der Wirtschaftskommission für Europa, die Entwicklung einer Umweltstrategie für die zwölf Länder Osteuropas, des Kaukasus und Zentralasiens, die zentralasiatische Agenda 21, die Arbeit der Organisation für wirtschaftliche Zusammenarbeit und Entwicklung auf dem Gebiet der nachhaltigen Entwicklung, die Strategie der Europäischen Union für nachhaltige Entwicklung sowie regionale und subregionale Übereinkommen und Initiativen, die für die nachhaltige Entwicklung relevant sind, so unter anderem das Übereinkommen über den Zugang zu Informationen, die Öffentlichkeitsbeteiligung an Entscheidungsverfahren und den Zugang zu Gerichten in Umweltangelegenheiten (Übereinkommen von Aarhus), die Alpenkonvention, die Nordamerikanische Kommission für Umweltzusammenarbeit, der *International Boundary Waters Treaty* Act (Gesetz zu dem Internationalen Grenzgewässervertrag), die Iqaluit-Erklärung des Arktis-Rates, die Agenda 21 für den Ostseeraum und die Agenda 21 für den Mittelmeerraum.

---

[38] ECE/ACC.22/2001/2, Anhang I.

X. Mittel zur Umsetzung

81. Die Umsetzung der Agenda 21 und die Verwirklichung der international vereinbarten Entwicklungsziele, namentlich derjenigen, die in der Millenniums-Erklärung und in dem vorliegenden Aktionsplan enthalten sind, erfordern wesentlich verstärkte Anstrengungen sowohl seitens der Länder selbst als auch seitens der übrigen internationalen Gemeinschaft, wobei davon auszugehen ist, dass jedes Land in erster Linie selbst die Verantwortung für seine eigene Entwicklung trägt und dass die Rolle der nationalen Politiken und Entwicklungsstrategien gar nicht genug betont werden kann, unter voller Berücksichtigung der Grundsätze von Rio, insbesondere des Grundsatzes gemeinsamer, jedoch unterschiedlicher Verantwortlichkeiten, der wie folgt lautet:

"Die Staaten arbeiten im Geist einer weltweiten Partnerschaft zusammen, um die Gesundheit und die Unversehrtheit des Ökosystems der Erde zu erhalten, zu schützen und wiederherzustellen. Angesichts der unterschiedlichen Beiträge zur Verschlechterung der globalen Umweltsituation tragen die Staaten gemeinsame, jedoch unterschiedliche Verantwortlichkeiten. Die entwickelten Staaten erkennen ihre Verantwortung an, die sie beim weltweiten Streben nach nachhaltiger Entwicklung im Hinblick auf den Druck, den ihre Gesellschaften auf die globale Umwelt ausüben, sowie im Hinblick auf die ihnen zur Verfügung stehenden Technologien und Finanzmittel tragen."

Die international vereinbarten Entwicklungsziele, namentlich diejenigen, die in der Millenniums-Erklärung und der Agenda 21 sowie in dem vorliegenden Aktionsplan enthalten sind, werden wesentlich erhöhte Mittelzuflüsse, wie im Konsens von Monterrey festgelegt, einschließlich neuer und zusätzlicher Finanzmittel, insbesondere in die Entwicklungsländer erfordern, um die Umsetzung der von diesen ausgearbeiteten innerstaatlichen Politiken und Programme, die Schaffung verbesserter Handelschancen, den Zugang zu umweltverträglichen Technologien und ihren Transfer auf der Grundlage gegenseitig vereinbarter Konzessions- oder Vorzugsbedingungen, die Bildung und Sensibilisierung, den Kapazitätsaufbau sowie das Informationsangebot für die Entscheidungsfindung und die Wissenschaft im Rahmen des vereinbarten Zeitplans für die Verwirklichung dieser Ziele und Initiativen zu unterstützen. Um diesbezüglich Fortschritte zu erzielen, muss die internationale Gemeinschaft die Ergebnisse der von den Vereinten Nationen veranstalteten Großkonferenzen, namentlich die auf der Dritten Konferenz der Vereinten Nationen über die am wenigsten entwickelten Länder[39] und der Weltkonferenz über die nachhaltige Entwicklung der kleinen Inselstaaten unter den Entwicklungsländern verabschiedeten Aktionsprogramme und die seit 1992 geschlossenen einschlägigen internationalen Vereinbarungen, insbesondere diejenigen der Internationalen Konferenz über Entwicklungsfinanzierung und der Vierten Ministerkonferenz der Welthandelsorganisation, umsetzen und als Teil eines Prozesses der Herbeiführung nachhaltiger Entwicklung auf ihnen aufbauen.

82. Um sicherzustellen, dass das 21. Jahrhundert zum Jahrhundert der nachhaltigen Entwicklung für alle wird, werden wir als ersten Schritt finanzielle Mittel mobilisieren und diese wirksamer einsetzen und die nationalen und internationalen Wirtschaftsbedingungen herstellen, die zur Verwirklichung der international vereinbarten Entwicklungsziele, namentlich der in der Millenniums-Erklärung enthaltenen

---
[39] A/CONF.192.13.

Ziele der Armutsbeseitigung, der Verbesserung der sozialen Bedingungen, der Erhöhung des Lebensstandards und des Schutzes unserer Umwelt, erforderlich sind.

83. Bei unserem gemeinsamen Streben nach Wachstum, Armutsbeseitigung und nachhaltiger Entwicklung besteht eine entscheidende Herausforderung darin, innerhalb unserer Länder die notwendigen Voraussetzungen für die Mobilisierung öffentlicher wie privater einheimischer Ersparnisse, für die dauerhafte Sicherung ausreichender produktiver Investitionen und für vermehrte Qualifikationsförderung zu schaffen. Eine wesentliche Aufgabe ist es, die Wirksamkeit, Kohärenz und Stimmigkeit der makroökonomischen Politiken zu verbessern. Ein förderliches Umfeld im Inland ist unerlässlich dafür, einheimische Ressourcen zu mobilisieren, die Produktivität zu steigern, die Kapitalflucht einzudämmen, die Privatwirtschaft anzuregen und internationale Investitionen und Hilfe anzuziehen und wirksam zu nutzen. Die internationale Gemeinschaft sollte Bemühungen zur Herstellung eines solchen Umfelds unterstützen.

***

84. *Den stärkeren Zufluss ausländischer Direktinvestitionen erleichtern, um die von Entwicklungsländern zu Gunsten einer nachhaltigen Entwicklung, namentlich zu Gunsten des Infrastrukturaufbaus, unternommenen Aktivitäten zu unterstützen, und den Entwicklungsländern größere Vorteile aus ausländischen Direktinvestitionen verschaffen, insbesondere durch Maßnahmen, die darauf gerichtet sind,*

a) *die erforderlichen nationalen und internationalen Bedingungen zu schaffen, um einen erheblich verstärkten Zufluss ausländischer Direktinvestitionen in die Entwicklungsländer, insbesondere in die am wenigsten entwickelten Länder, zu erleichtern, da dies von entscheidender Bedeutung für die nachhaltige Entwicklung ist, was besonders für ausländische Direktinvestitionen gilt, die in den Infrastrukturaufbau und sonstige vorrangige Bereiche in den Entwicklungsländern fließen und die von diesen mobilisierten einheimischen Ressourcen ergänzen;*

b) *ausländische Direktinvestitionen in Entwicklungs- und Transformationsländern durch Exportkredite anzuregen, die für die nachhaltige Entwicklung von instrumentaler Bedeutung sein können.*

85. *Anerkennen, dass eine beträchtliche Erhöhung der öffentlichen Entwicklungshilfe und anderer Mittel erforderlich sein wird, wenn die Entwicklungsländer die international vereinbarten Entwicklungsziele, namentlich die in der Millenniums-Erklärung enthaltenen Ziele, erreichen sollen. Zum Aufbau von Unterstützung für die öffentliche Entwicklungshilfe werden wir zusammenarbeiten, um die Politiken und Entwicklungsstrategien national wie international weiter zu verbessern und so die Wirksamkeit der Hilfe zu steigern, durch Maßnahmen, die darauf gerichtet sind,*

a) *die von einigen entwickelten Ländern auf der Internationalen Konferenz über Entwicklungsfinanzierung zugesagten erhöhten Beiträge an öffentlicher Entwicklungshilfe verfügbar zu machen. Die entwickelten Länder nachdrücklich auffordern, soweit sie es noch nicht getan haben, konkrete Anstrengungen zur Erreichung des Zielwerts von 0,7 Prozent ihres Bruttosozialprodukts als öffentliche Entwicklungshilfe für die Entwicklungsländer zu unternehmen und die Verpflichtungen in Bezug auf die öffentliche Entwicklungshilfe zu Gunsten der am wenigsten entwickelten Länder tatsächlich einzulösen, die von ihnen in Ziffer 83 des am 20. Mai 2001 in Brüssel verabschiedeten Aktionsprogramms für die am wenigsten ent-*

wickelten Länder für die Dekade 2001-2010[40] eingegangen worden sind. Wir ermutigen außerdem die Entwicklungsländer, auf den erzielten Fortschritten aufzubauen, um sicherzustellen, dass die öffentliche Entwicklungshilfe effektiv eingesetzt wird, um im Einklang mit dem Ergebnis der Internationalen Konferenz über Entwicklungsfinanzierung die Entwicklungsziele und -zielwerte erreichen zu helfen. Wir erkennen die Anstrengungen aller Geber an, sprechen denjenigen Gebern, deren Beiträge zur öffentlichen Entwicklungshilfe die Zielwerte überschreiten, erreichen oder sich darauf zubewegen, unsere Anerkennung aus, und unterstreichen, wie wichtig es ist, die Mittel und Fristen zur Erreichung der Zielwerte und Ziele zu überprüfen;

b) die Empfänger- und Geberländer sowie die internationalen Institutionen dazu zu ermuntern, die öffentliche Entwicklungshilfe im Hinblick auf Armutsbeseitigung, dauerhaftes Wirtschaftswachstum und nachhaltige Entwicklung effizienter und wirksamer zu gestalten. In dieser Hinsicht die Anstrengungen der multilateralen und bilateralen Finanz- und Entwicklungsinstitutionen, im Einklang mit Ziffer 43 des Konsenses von Monterrey verstärken, insbesondere dahin gehend, dass sie unter Berücksichtigung der nationalen Entwicklungsbedürfnisse und -ziele im Rahmen der Eigenverantwortung der Empfängerländer ihre operativen Verfahren entsprechend der höchsten Norm aufeinander abstimmen, um die Transaktionskosten zu senken und die Auszahlung und Erbringung der öffentlichen Entwicklungshilfe zu flexibilisieren und den Bedürfnissen der Entwicklungsländer besser anzupassen, und auf Antrag Entwicklungshilferahmenpläne, die von den Entwicklungsländern in Eigenverantwortung erstellt und umgesetzt werden und Armutsbekämpfungsstrategien, namentlich Strategiedokumente zur Armutsbekämpfung, umfassen, als Instrumente zur Bereitstellung von Entwicklungshilfe zu verwenden.

86. *Die bestehenden Finanzierungsmechanismen und Finanzinstitutionen in vollem Umfang und wirksam nutzen, namentlich durch Maßnahmen auf allen Ebenen, die darauf gerichtet sind,*

a) die laufenden Anstrengungen zur Reform der bestehenden internationalen Finanzarchitektur zu stärken, um ein transparentes, gerechtes und integratives System zu fördern, das in der Lage ist, den Entwicklungsländern eine wirksame Teilhabe an internationalen wirtschaftlichen Entscheidungsprozessen und Institutionen sowie eine wirksame und ausgewogene Teilhabe an der Ausarbeitung von finanziellen Normen und Regeln einzuräumen;

b) in den Ursprungs- und Empfängerländern unter anderem Maßnahmen zur Verbesserung der Transparenz und der Informationen über Finanzströme zu fördern, um zur Stabilität des internationalen Finanzumfelds beizutragen. Maßnahmen zur Abfederung der Auswirkungen übermäßiger Schwankungen der kurzfristigen Kapitalströme sind wichtig und müssen erwogen werden;

c) darauf hinzuwirken, dass die Bereitstellung der Mittel an internationale Organisationen und Institutionen für die Durchführung ihrer Tätigkeiten, Programme und Projekte zu Gunsten der nachhaltigen Entwicklung, soweit zutreffend, rechtzeitig und auf einer gesicherteren und berechenbareren Grundlage erfolgt;

---

[40] A/CONF.191/11.

d) dem Privatsektor, einschließlich der transnationalen Unternehmen, der privaten Stiftungen und der Institutionen der Zivilgesellschaft, nahe zu legen, den Entwicklungsländern finanzielle und technische Hilfe zu gewähren;

e) neue und bestehende öffentlich/private Finanzierungsmechanismen zu Gunsten der Entwicklungs- und Transformationsländer zu unterstützen, die insbesondere Kleinunternehmern und kleinen, mittleren und gemeinwesengestützten Unternehmen zugute kommen und die Infrastruktur dieser Länder verbessern sollen, unter Gewährleistung der Transparenz und Rechenschaftspflicht dieser Mechanismen.

87. Die erfolgreiche und umfangreiche dritte Wiederauffüllung der Globalen Umweltfazilität begrüßen, die sie in die Lage versetzen wird, dem Finanzbedarf der neuen sowie der bestehenden Schwerpunktbereiche zu entsprechen und weiter auf die Bedürfnisse und Belange ihrer Empfängerländer, insbesondere der Entwicklungsländer, einzugehen, und die Globale Umweltfazilität weiterhin auffordern, von öffentlichen und privaten Schlüsselorganisationen zusätzliche Mittel zu beschaffen, die Mittelverwaltung durch zügigere und vereinfachte Verfahren zu verbessern und ihren Projektzyklus zu vereinfachen.

88. Wege erkunden, um für die Zwecke der Entwicklung neue öffentliche und private innovative Finanzierungsquellen zu erschließen, vorausgesetzt, dass diese den Entwicklungsländern keine ungebührliche Last aufbürden, wobei von dem in Ziffer 44 des Konsenses von Monterrey genannten Vorschlag Kenntnis genommen wird, zugeteilte Sonderziehungsrechte für Entwicklungszwecke einzusetzen.

89. Untragbare Schuldenlasten durch Maßnahmen wie Schuldenerleichterung und gegebenenfalls Schuldenerlass sowie sonstige innovative Mechanismen abbauen, die darauf ausgerichtet sind, die Schuldenprobleme der Entwicklungsländer umfassend zu bewältigen, insbesondere diejenigen der ärmsten und am stärksten verschuldeten Länder. Soweit erforderlich sollten die Entschuldungsmaßnahmen daher energisch und zügig vorangetrieben werden, namentlich im Pariser und Londoner Club und in anderen einschlägigen Foren, um einen Beitrag zur Schuldentragfähigkeit zu leisten und eine nachhaltige Entwicklung zu ermöglichen, wobei anzuerkennen ist, dass die Schuldner und die Gläubiger die Verantwortung für die Verhütung und Überwindung untragbarer Verschuldungssituationen teilen müssen und dass Erleichterungen bei der Auslandsverschuldung eine entscheidende Rolle bei der Freisetzung von Mitteln spielen können, die für Maßnahmen verwendet werden können, die mit der Erreichung nachhaltigen Wachstums und nachhaltiger Entwicklung vereinbar sind. Darum unterstützen wir die Ziffern 47 bis 51 des Konsenses von Monterrey betreffend die Auslandsverschuldung. Bei Entschuldungsvereinbarungen soll möglichst vermieden werden, anderen Entwicklungsländern unfaire Lasten aufzubürden. Die Verwendung von Zuschüssen für die ärmsten schuldenanfälligen Länder soll verstärkt werden. Den Ländern wird nahe gelegt, als Schlüsselelement zur Verringerung ihrer Risikoanfälligkeit umfassende einzelstaatliche Strategien zur Überwachung und Verwaltung der Auslandsschulden auszuarbeiten. In dieser Hinsicht sind Maßnahmen erforderlich, die darauf gerichtet sind,

a) die erweiterte Initiative für hochverschuldete arme Länder, die ausschließlich aus zusätzlichen Mitteln finanziert werden sollte, rasch, wirksam und vollständig umzusetzen, wobei, unter Berücksichtigung bereits ergriffener Initiativen *zum Verschuldungsabbau, gegebenenfalls Maßnahmen zum Ausgleich grundlegender Veränderungen der wirtschaftlichen Umstände derjenigen Entwicklungsländer in Erwägung zu ziehen sind, die auf Grund von Naturkatastrophen, schweren Erschütterungen bei den Austauschrelationen oder Konflikten mit einer untragbaren Schuldenlast konfrontiert sind;*

b) *alle Gläubiger aufzufordern, sich, soweit noch nicht geschehen, an der Initiative für hochverschuldete arme Länder zu beteiligen;*

c) *internationale Schuldner und Gläubiger in den entsprechenden internationalen Foren zusammenzubringen, um zu einer raschen, effizienten Umstrukturierung untragbarer Schuldenlasten zu gelangen, unter Berücksichtigung der Notwendigkeit, soweit erforderlich den Privatsektor in die Lösung von Verschuldungskrisen einzubeziehen;*

d) *die Probleme in Bezug auf die Schuldentragfähigkeit anzuerkennen, denen sich einige Länder mit niedrigem Einkommen gegenübersehen, die nicht an der Initiative für hochverschuldete arme Länder beteiligt sind, insbesondere soweit sie mit außergewöhnlichen Umständen konfrontiert sind;*

e) *die Erkundung innovativer Mechanismen zur umfassenden Bewältigung der Verschuldungsprobleme der Entwicklungsländer, einschließlich der Länder mit mittleren Einkommen und der Transformationsländer, anzuregen. Diese Mechanismen können einen Schuldenerlass gegen Maßnahmen zur Förderung einer nachhaltigen Entwicklung einschließen;*

f) *den Geberländern nahe zu legen, durch entsprechende Schritte dafür Sorge zu tragen, dass die für Schuldenerleichterungen bereitgestellten Mittel nicht zu Lasten der öffentlichen Entwicklungshilfemittel gehen, die für die Entwicklungsländer zur Verfügung stehen sollen.*

* * *

90. In Anerkennung der wichtigen Rolle, die dem Handel bei der Herbeiführung einer nachhaltigen Entwicklung und bei der Armutsbeseitigung zukommen kann, ermutigen wir die Mitglieder der Welthandelsorganisation (WTO), das auf ihrer vierten Ministerkonferenz vereinbarte Arbeitsprogramm umzusetzen. Damit die Entwicklungsländer, insbesondere die am wenigsten entwickelten Länder, sich einen Anteil am Wachstum des Welthandels sichern können, der den Bedürfnissen ihrer wirtschaftlichen Entwicklung entspricht, fordern wir die Mitglieder der WTO nachdrücklich auf, folgende Maßnahmen zu ergreifen:

a) den Beitritt aller Entwicklungsländer, insbesondere der am wenigsten entwickelten Länder, und der Transformationsländer, die in die WTO aufgenommen werden wollen, im Einklang mit dem Konsens von Monterrey zu erleichtern;

b) das auf der Ministerkonferenz von Doha angenommene Arbeitsprogramm als eine wichtige Verpflichtung zu unterstützen, die die entwickelten Länder und die Entwicklungsländer dahin gehend eingegangen sind, dass sie in alle Bereiche ihrer jeweiligen Entwicklungspolitiken und -programme durchgängig geeignete Handelspolitiken einbeziehen werden;

c) umfangreiche handelsbezogene Maßnahmen auf dem Gebiet der technischen Hilfe und des Kapazitätsaufbaus durchzuführen und den nach der

Ministerkonferenz von Doha eingerichteten Weltweiten Treuhandfonds für die Entwicklungsagenda von Doha als einen wichtigen Schritt zur Sicherstellung einer soliden und berechenbaren Grundlage für die technische Hilfe und den Kapazitätsaufbau zu unterstützen, die von der WTO ausgehen;

d) die in der Erklärung von Doha gebilligte Neue Strategie für technische Zusammenarbeit zu Gunsten von Kapazitätsaufbau, Wachstum und Integration umzusetzen;

e) die Umsetzung des Integrierten Rahmenplans für handelsbezogene technische Hilfe zu Gunsten der am wenigsten entwickelten Länder voll zu unterstützen und die Entwicklungspartner nachdrücklich aufzufordern, ihre Beiträge an den Treuhandfonds des Rahmenplans im Einklang mit der Ministererklärung von Doha maßgeblich zu erhöhen.

91. Im Einklang mit der Erklärung von Doha sowie mit den in Doha gefassten einschlägigen Beschlüssen sind wir entschlossen, konkrete Maßnahmen zu ergreifen, um die von Entwicklungsländern vorgebrachten Fragen und Anliegen in Bezug auf die Durchführung einiger Vereinbarungen und Beschlüsse der WTO auszuräumen, namentlich die Schwierigkeiten und finanziellen Zwänge, denen sie sich bei der Durchführung dieser Vereinbarungen gegenübersehen.

* * *

92. *Die Mitglieder der Welthandelsorganisation auffordern, ihre in der Ministererklärung von Doha abgegebenen Zusagen, namentlich in Bezug auf den Marktzugang, insbesondere für Erzeugnisse, die für die Entwicklungsländer, insbesondere die am wenigsten entwickelten Länder, von Exportinteresse sind, zu erfüllen, indem sie unter Beachtung von Ziffer 45 der Ministererklärung von Doha:*

a) im Einklang mit Ziffer 44 der Ministererklärung von Doha alle Bestimmungen über eine besondere und differenzierte Behandlung überprüfen, um sie zu stärken und präziser, wirksamer und funktionaler zu machen;

b) die Senkung oder gegebenenfalls Aufhebung der Zölle auf nichtlandwirtschaftliche Erzeugnisse anstreben, einschließlich der Senkung oder Aufhebung von Spitzenzöllen, hohen und progressiven Zöllen sowie nichttarifären Hemmnissen, insbesondere in Bezug auf Erzeugnisse, die für Entwicklungsländer von Exportinteresse sind. Dies soll sich ohne von vornherein festgelegte Ausnahmen auf eine umfassende Palette von Erzeugnissen erstrecken. Im Einklang mit der Ministererklärung von Doha soll bei den Verhandlungen den besonderen Bedürfnissen und Interessen der Entwicklungsländer und der am wenigsten entwickelten Länder voll Rechnung getragen werden, so auch durch Verpflichtungen zur Zollsenkung ohne vollständige Gegenseitigkeit;

c) die Verpflichtung zu umfassenden Verhandlungen gemäß Artikel 20 des in der Erklärung von Doha[41] genannten Übereinkommens über die Landwirtschaft erfüllen, die, ohne den Ergebnissen der Verhandlungen vorzugreifen, darauf gerichtet sind, den Marktzugang erheblich zu verbessern, alle Formen von Ausfuhrsubventionen im Hinblick auf ihre schrittweise Abschaffung abzubauen und handelsverzerrende inländische Stützungsmaßnahmen erheblich zu verringern, wobei Einvernehmen darüber besteht, dass die Bestimmungen über die besondere

---

[41] A/C.2/56/2, Anhang, Ziffern 13 und 14.

und differenzierte Behandlung der Entwicklungsländer fester Bestandteil aller Verhandlungsabschnitte sein werden und in die Listen der Zugeständnisse und Verpflichtungen sowie gegebenenfalls in die auszuhandelnden Regeln und Disziplinen Eingang finden werden, damit sie operative Wirksamkeit entfalten und die Entwicklungsländer in die Lage versetzen, ihren Entwicklungsbedürfnissen, namentlich Ernährungssicherung und ländliche Entwicklung, wirksam nachzukommen. Von den nicht handelsbezogenen Anliegen Kenntnis nehmen, die in den von den Mitgliedern der Welthandelsorganisation vorgelegten Verhandlungsvorschlägen zum Ausdruck kommen, und bestätigen, dass nicht handelsbezogene Anliegen in den in dem Übereinkommen über die Landwirtschaft vorgesehenen Verhandlungen gemäß der Ministererklärung von Doha Berücksichtigung finden werden.

93. *Die entwickelten Länder auffordern, soweit sie es noch nicht getan haben, wie in dem Aktionsprogramm für die am wenigsten entwickelten Länder für die Dekade 2001-2010 vorgesehen, auf das Ziel des zoll- und quotenfreien Zugangs für alle Ausfuhren der am wenigsten entwickelten Länder hinzuarbeiten.*

94. *Sich verpflichten, das Arbeitsprogramm der Welthandelsorganisation aktiv voranzutreiben, um gemäß Ziffer 35 der Erklärung von Doha die handelsbezogenen Fragen und Anliegen, die sich auf die vollere Integration kleiner, anfälliger Volkswirtschaften in das multilaterale Handelssystem auswirken, in einer Weise anzugehen, die den besonderen Umständen dieser Volkswirtschaften entspricht und ihre auf eine nachhaltige Entwicklung gerichteten Anstrengungen unterstützt.*

95. *Die Kapazität rohstoffabhängiger Länder zur Diversifizierung ihrer Exporte unter anderem durch finanzielle und technische Hilfe, internationale Unterstützung für die wirtschaftliche Diversifizierung und eine nachhaltige Ressourcenbewirtschaftung ausbauen, gegen die Instabilität der Rohstoffpreise und die sich verschlechternden Austauschverhältnisse vorgehen und die im Zweiten Konto des Gemeinsamen Fonds für Rohstoffe erfassten Tätigkeiten stärken, um die nachhaltige Entwicklung zu unterstützen.*

96. *Den Entwicklungsländern sowie den Transformationsländern größere Vorteile aus der Handelsliberalisierung verschaffen, namentlich auch durch öffentlich-private Partnerschaften, unter anderem durch Maßnahmen auf allen Ebenen, so auch indem den Entwicklungsländern finanzielle Unterstützung für technische Hilfe, die Technologieentwicklung und den Kapazitätsaufbau gewährt wird, mit dem Ziel,*

    a) *die Handelsinfrastruktur auszubauen und die Institutionen zu stärken;*

    b) *die Kapazität der Entwicklungsländer zur Diversifizierung und Steigerung ihrer Ausfuhren zu erhöhen, damit sie der Instabilität und den sich verschlechternden Austauschverhältnissen entgegentreten können;*

    c) *die Wertschöpfung bei den Ausfuhren der Entwicklungsländer zu steigern.*

97. *Dafür Sorge tragen, dass Handel, Umwelt und Entwicklung einander künftig noch besser stützen, mit dem Ziel, eine nachhaltige Entwicklung herbeizuführen, durch Maßnahmen auf allen Ebenen, die darauf gerichtet sind,*

    a) *den Ausschuss für Handel und Umwelt und den Ausschuss für Handel und Entwicklung der WTO anzuregen, im Rahmen ihres jeweiligen Mandats als Forum zu dienen, in dem entwicklungs- und umweltbezogene Aspekte der*

Verhandlungen abgegrenzt und erörtert werden, um so dazu beizutragen, ein Ergebnis zu erzielen, das entsprechend den Verpflichtungen aus der Ministererklärung von Doha einer nachhaltigen Entwicklung förderlich ist;

b) die vollständige Durchführung des auf Subventionen bezogenen Arbeitsprogramms der Ministererklärung von Doha zu unterstützen, um so die nachhaltige Entwicklung zu fördern und den Umweltschutz zu stärken, und Reformen derjenigen Subventionen anzuregen, die erhebliche negative Umweltfolgen haben und nicht mit einer nachhaltigen Entwicklung vereinbar sind;

c) im Bereich des Handels, der Umwelt und der Entwicklung, einschließlich der technischen Hilfe für Entwicklungsländer, zu Anstrengungen zur Förderung der Zusammenarbeit zwischen den Sekretariaten der WTO, der Handels- und Entwicklungskonferenz der Vereinten Nationen (UNCTAD), des Entwicklungsprogramms der Vereinten Nationen (UNDP), des Umweltprogramms der Vereinten Nationen (UNEP) und sonstiger einschlägiger auf dem Gebiet der Umwelt und der Entwicklung tätiger internationaler Organisationen sowie regionaler Organisationen zu ermutigen;

d) zur freiwilligen Vornahme von Umweltverträglichkeitsprüfungen als eines wichtigen auf einzelstaatlicher Ebene einzusetzenden Instruments anzuregen, das es gestattet, die Verflechtungen zwischen Handel, Umwelt und Entwicklung besser zu erkennen. Die Länder und internationalen Organisationen, die über Erfahrungen auf diesem Gebiet verfügen, weiterhin aufzufordern, den Entwicklungsländern für diese Zwecke technische Hilfe zu gewähren.

98. Im Einklang mit den Zielen der nachhaltigen Entwicklung darauf hinwirken, dass das multilaterale Handelssystem und die multilateralen Umweltübereinkünfte sich gegenseitig stützen, in Unterstützung des im Rahmen der WTO vereinbarten Arbeitsprogramms, wobei anzuerkennen ist, dass es gilt, die Integrität beider Regelwerke zu wahren.

99. Die Ministererklärung von Doha und den Konsens von Monterrey ergänzen und unterstützen, durch weitere Maßnahmen auf einzelstaatlicher, regionaler und internationaler Ebene, namentlich durch Partnerschaften zwischen dem öffentlichen Sektor und dem Privatsektor, um insbesondere den Entwicklungsländern sowie den Transformationsländern größere Vorteile aus der Handelsliberalisierung zu verschaffen, unter anderem durch Maßnahmen auf allen Ebenen, die darauf gerichtet sind,

a) im Einklang mit dem multilateralen Handelssystem stehende Handels- und Kooperationsvereinbarungen zu treffen beziehungsweise bestehende Vereinbarungen zu stärken, um eine nachhaltige Entwicklung herbeizuführen;

b) freiwillige marktorientierte und mit den Regeln der WTO im Einklang stehende Initiativen für die Schaffung und Erweiterung einheimischer und internationaler Märkte für umweltfreundliche Güter und Dienstleistungen, einschließlich organischer Erzeugnisse, zu unterstützen, die unter anderem durch die Schaffung von Kapazitäten und die Gewährung von technischer Hilfe an Entwicklungsländer möglichst große Umwelt- und Entwicklungsvorteile mit sich bringen;

c) Maßnahmen zu unterstützen, die auf die Vereinfachung und transparentere Gestaltung der den Handel berührenden einheimischen Regelwerke und

Verfahren gerichtet sind, um Exporteuren, insbesondere aus Entwicklungsländern, zu helfen.

100. *Die Probleme der öffentlichen Gesundheit zu beheben suchen, von denen viele der Entwicklungsländer und der am wenigsten entwickelten Länder betroffen sind, insbesondere auf Grund von HIV/Aids, Tuberkulose, Malaria und sonstigen Epidemien, und dabei von der Wichtigkeit der Erklärung von Doha über das Übereinkommen über handelsbezogene Aspekte der Rechte des geistigen Eigentums (TRIPS-Übereinkommen) und die öffentliche Gesundheit[42] Kenntnis nehmen, in der vereinbart wurde, dass das TRIPS-Übereinkommen die Mitglieder der WTO nicht daran hindert und nicht daran hindern darf, Maßnahmen zum Schutz der öffentlichen Gesundheit zu ergreifen. Wenngleich wir uns erneut auf das TRIPS-Übereinkommen verpflichten, bekräftigen wir demzufolge, dass das Übereinkommen in einer Weise ausgelegt und durchgeführt werden kann und soll, die dem Recht der Mitglieder der WTO auf den Schutz der öffentlichen Gesundheit und insbesondere auf die Förderung des Zugangs aller Menschen zu Medikamenten förderlich ist.*

* * *

101. *Die Staaten sollten gemeinsam daran arbeiten, ein stützendes und offenes internationales Wirtschaftssystem zu fördern, das in allen Ländern zu Wirtschaftswachstum und nachhaltiger Entwicklung führt, um so besser gegen die Probleme der Umweltzerstörung vorgehen zu können. Umweltbezogene handelspolitische Maßnahmen sollten weder ein Mittel zur willkürlichen oder ungerechtfertigten Diskriminierung noch eine versteckte Beschränkung des internationalen Handels darstellen. Einseitige Maßnahmen zur Bewältigung von Umweltproblemen außerhalb des Hoheitsbereichs des Einfuhrlandes sollten vermieden werden. Umweltmaßnahmen zur Behebung grenzüberschreitender oder weltweiter Umweltprobleme sollten soweit möglich auf internationalem Konsens beruhen.*

* * *

102. *Schritte zur Vermeidung beziehungsweise Unterlassung aller einseitigen Maßnahmen unternehmen, die nicht im Einklang mit dem Völkerrecht und der Charta der Vereinten Nationen stehen und die die volle wirtschaftliche und soziale Entwicklung der Bevölkerung der betroffenen Länder, insbesondere der Frauen und Kinder, behindern, ihr Wohl beeinträchtigen und ein Hindernis für die volle Ausübung ihrer Menschenrechte darstellen, namentlich des Rechts aller Menschen auf einen im Hinblick auf Gesundheit und Wohlergehen angemessenen Lebensstandard sowie ihres Rechts auf Nahrungsmittel, ärztliche Versorgung und die notwendigen sozialen Dienstleistungen. Sicherstellen, dass Nahrungsmittel und Medikamente nicht als politische Druckmittel eingesetzt werden.*

103. *Weitere wirksame Maßnahmen ergreifen, um die Hindernisse zu beseitigen, die sich dem Selbstbestimmungsrecht der Völker, insbesondere der Völker unter kolonialer und ausländischer Besetzung, entgegenstellen, ihre wirtschaftliche und soziale Entwicklung weiter beeinträchtigen, mit der Würde und dem Wert des Menschen unvereinbar sind und bekämpft und beseitigt werden müssen. Im Einklang*

---

[42] ebd., Ziffern 17-19.

mit dem humanitären Völkerrecht müssen Menschen, die unter ausländischer Besetzung leben, geschützt werden.

* * *

104. Dies ist gemäß der Erklärung über völkerrechtliche Grundsätze für freundschaftliche Beziehungen und Zusammenarbeit zwischen den Staaten im Einklang mit der Charta der Vereinten Nationen[43] nicht als Ermächtigung oder Ermutigung zu Maßnahmen auszulegen, die die territoriale Unversehrtheit oder politische Einheit souveräner und unabhängiger Staaten, die sich nach dem Grundsatz der Gleichberechtigung und Selbstbestimmung der Völker verhalten und deren Regierung das gesamte Volk des Hoheitsgebiets ohne jeden Unterschied repräsentiert, ganz oder teilweise zerstören oder beeinträchtigen würden.

* * *

105. *Wie in Kapitel 34 der Agenda 21 vorgesehen, die Entwicklung, den Transfer und die Verbreitung von umweltverträglichen Technologien und entsprechendem Know-how und den Zugang dazu insbesondere in den Entwicklungs- und Transformationsländern zu gegenseitig vereinbarten günstigen Bedingungen, so auch konzessionären und Vorzugsbedingungen, fördern, erleichtern beziehungsweise finanzieren, einschließlich durch dringliche Maßnahmen auf allen Ebenen, die darauf gerichtet sind,*

    a) *Informationen wirksamer zur Verfügung zu stellen;*

    b) *in den Entwicklungsländern vorhandene nationale institutionelle Kapazitäten auszubauen, um die Entwicklung, den Transfer und die Verbreitung von umweltverträglichen Technologien und entsprechendem Know-how und den Zugang dazu zu verbessern;*

    c) *von den Länder selbst veranlasste Einschätzungen ihres Technologiebedarfs zu erleichtern;*

    d) *in den Liefer- und Empfängerstaaten die rechtlichen und ordnungspolitischen Rahmenbedingungen zu schaffen, durch die der kostenwirksame Transfer umweltverträglicher Technologien durch den öffentlichen und den privaten Sektor beschleunigt wird, und deren Umsetzung zu unterstützen;*

    e) *den Zugang der von Naturkatastrophen betroffenen Entwicklungsländer zu Technologien im Zusammenhang mit Frühwarnsystemen und Katastrophenschutzprogrammen und deren Transfer zu fördern.*

106. *Den Transfer von Technologien an Entwicklungsländer, insbesondere auf bilateraler und regionaler Ebene, verbessern, einschließlich durch dringliche Maßnahmen auf allen Ebenen, die darauf gerichtet sind,*

    a) *den gegenseitigen Austausch und die Zusammenarbeit, die Beziehungen zwischen beteiligten Interessengruppen sowie die Netzwerke zwischen Universitäten, Forschungseinrichtungen, staatlichen Organisationen und dem Privatsektor zu verbessern;*

---

[43] Resolution 2625 (XXV) der Generalversammlung, Anlage.

b) die Vernetzung in ähnlichen Bereichen tätiger institutioneller Unterstützungsstrukturen, wie etwa von Zentren für Technologie und für Produktivitätssteigerung, von Forschungs-, Ausbildungs- und Entwicklungseinrichtungen sowie von einzelstaatlichen und regionalen Zentren für sauberere Produktion auszubauen und zu stärken;

c) Partnerschaften aufzubauen, die der Investitionstätigkeit sowie dem Transfer, der Entwicklung und der Verbreitung von Technologien förderlich sind, um die Entwicklungsländer wie auch die Transformationsländer beim Austausch der besten Verfahrensweisen und bei der Förderung von Hilfsprogrammen zu unterstützen, und die Zusammenarbeit zwischen Unternehmen und Forschungsinstituten anzuregen und damit die Effizienz der Industrie, die Agrarproduktivität, das Umweltmanagement und die Wettbewerbsfähigkeit zu verbessern;

d) Entwicklungsländern wie auch Transformationsländern beim Zugriff auf umweltverträgliche Technologien, die sich im öffentlichen Eigentum befinden oder öffentlich zugänglich sind, sowie auf öffentlich zugängliches wissenschaftlichtechnologisches Wissen ebenso Unterstützung zu gewähren wie beim Zugriff auf das Know-how und die Fachkenntnisse, die sie benötigen, um dieses Wissen bei der Verfolgung ihrer Entwicklungsziele selbständig nutzbar zu machen;

e) bestehende Mechanismen für die Entwicklung, den Transfer und die Verbreitung umweltverträglicher Technologien in den Entwicklungs- und Transformationsländern zu unterstützen beziehungsweise gegebenenfalls neue Mechanismen zu schaffen.

107. Den Entwicklungsländern dabei behilflich sein, Kapazitäten aufzubauen, um Zugang zu einem größeren Anteil multilateraler und globaler Forschungs- und Entwicklungsprogramme zu erhalten. In dieser Hinsicht in den Entwicklungsländern Zentren für eine nachhaltige Entwicklung stärken beziehungsweise gegebenenfalls einrichten.

108. Größere wissenschaftlich-technologische Kapazitäten zu Gunsten der nachhaltigen Entwicklung aufbauen und dazu Maßnahmen ergreifen, um Zusammenarbeit und Partnerschaften im Bereich der Forschung und Entwicklung zu verbessern und bei den Forschungseinrichtungen, den Universitäten, dem Privatsektor, den Regierungen, den nichtstaatlichen Organisationen und Netzwerken sowie den Wissenschaftlern und Forschern der Entwicklungsländer und der entwickelten Länder weithin zum Einsatz zu bringen, und in dieser Hinsicht die Vernetzung mit wissenschaftlichen Fachzentren in den Entwicklungsländern sowie deren Vernetzung untereinander anregen.

109. Die Politikgestaltung und die Entscheidungsfindung auf allen Ebenen verbessern, unter anderem durch eine verbesserte Zusammenarbeit zwischen Natur- und Sozialwissenschaftlern sowie zwischen Wissenschaftlern und politischen Entscheidungsträgern, einschließlich durch dringliche Maßnahmen auf allen Ebenen, die darauf gerichtet sind,

a) wissenschaftliche Erkenntnisse und Technologien stärker zu nutzen und die nutzbringende Anwendung lokalen und indigenen Wissens in einer Weise zu verstärken, die gegenüber denjenigen, die dieses Wissen besitzen, Achtung beweist und mit dem innerstaatlichen Recht vereinbar ist;

b) verstärkt integrierte wissenschaftliche Beurteilungen, Risikobewertungen sowie interdisziplinäre und intersektorale Ansätze zu nutzen;

c) auch weiterhin internationale wissenschaftliche Beurteilungen als Grundlage der Entscheidungsfindung zu unterstützen und daran mitzuwirken, so auch mit der Zwischenstaatlichen Sachverständigengruppe über Klimaänderungen unter umfassender Beteiligung von Sachverständigen aus Entwicklungsländern;

d) die Entwicklungsländer bei der Ausarbeitung und Umsetzung von Politiken im Bereich der Wissenschaft und Technologie zu unterstützen;

e) Partnerschaften zwischen wissenschaftlichen, öffentlichen und privaten Einrichtungen aufzubauen und in Entscheidungsorganen wissenschaftlichen Rat entgegenzunehmen, um sicherzustellen, dass der Wissenschaft, der Technologieentwicklung und der Ingenieurtechnik eine größere Rolle zukommt;

f) wissenschaftlich fundierte Entscheidungsprozesse zu fördern und zu verbessern und den Vorsorgegrundsatz zu bekräftigen, der in Grundsatz 15 der Rio-Erklärung über Umwelt und Entwicklung festgeschrieben ist, welcher wie folgt lautet:

"Zum Schutz der Umwelt wenden die Staaten im Rahmen ihrer Möglichkeiten weitgehend den Vorsorgegrundsatz an. Drohen schwerwiegende oder bleibende Schäden, so darf ein Mangel an vollständiger wissenschaftlicher Gewissheit kein Grund dafür sein, kostenwirksame Maßnahmen zur Vermeidung der Umweltzerstörung aufzuschieben."

110. Die Entwicklungsländer auf dem Wege der internationalen Zusammenarbeit bei der Verbesserung der Kapazität unterstützen, die ihnen bei ihren Anstrengungen zur Auseinandersetzung mit Fragen des Umweltschutzes, namentlich bei der Konzipierung und Umsetzung ihrer Umweltmanagement- und Umweltschutzpolitik, zur Verfügung steht, einschließlich durch dringliche Maßnahmen auf allen Ebenen, die darauf gerichtet sind,

a) ihre Nutzung der Wissenschaft und der Technologie zur Umweltüberwachung sowie von Evaluierungsmodellen, genauen Datenbanken und integrierten Informationssystemen zu verbessern;

b) ihre Nutzung der Satellitentechnik zur Datenerfassung, -verifizierung und -aktualisierung sowie zur weiteren Verbesserung der luft- und bodengestützten Beobachtung zu fördern und soweit erforderlich zu verbessern und damit ihre Anstrengungen zur Erhebung hochwertiger, genauer, langfristiger, einheitlicher und zuverlässiger Daten zu unterstützen;

c) einzelstaatliche statistische Dienste, die in der Lage sind, die für eine wirksame Gestaltung der Politik im Bereich der Wissenschaft und Technologie benötigten zuverlässigen Daten über die wissenschaftliche Ausbildung sowie über Forschungs- und Entwicklungsaktivitäten bereitzustellen, einzurichten und soweit erforderlich weiterzuentwickeln.

111. Regelmäßige Kontakte zwischen politischen Entscheidungsträgern und der Wissenschaft herstellen, die dazu dienen, wissenschaftliche und technologische Beratung zur Umsetzung der Agenda 21 zu erbitten und entgegenzunehmen, und auf allen Ebenen Wissenschafts- und Bildungsnetzwerke im Dienste der nachhaltigen Entwicklung schaffen und stärken, um Wissen, Erfahrungen und die besten

Verfahrensweisen auszutauschen und insbesondere in Entwicklungsländern wissenschaftliche Kapazitäten aufzubauen.

112. Nach Bedarf Informations- und Kommunikationstechnologien als Instrument nutzen, um häufiger zu kommunizieren und Erfahrungen und Wissen auszutauschen, und die Qualität von Informations- und Kommunikationstechnologien und den Zugang dazu in allen Ländern verbessern, aufbauend auf der durch die Arbeitsgruppe Informations- und Kommunikationstechnologie der Vereinten Nationen koordinierten Arbeit und den Bemühungen anderer einschlägiger internationaler und regionaler Foren.

113. Durch öffentliche Mittel finanzierte Forschungs- und Entwicklungsinstitutionen darin unterstützen, strategische Allianzen zur Verstärkung von Forschung und Entwicklung einzugehen, um unter anderem durch die Mobilisierung ausreichender finanzieller und technischer Ressourcen, einschließlich neuer und zusätzlicher Ressourcen, aus allen Quellen zu saubereren Produktions- und Produkttechnologien zu gelangen, und den Transfer und die Weitergabe dieser Technologien, insbesondere an die Entwicklungsländer, anregen.

114. Fragen von weltweitem öffentlichem Interesse mittels offener, transparenter und integrativer Arbeitstagungen prüfen, um der Öffentlichkeit ein besseres Verständnis dieser Fragen zu vermitteln.

115. Ferner beschließen, konzertierte Maßnahmen gegen den internationalen Terrorismus zu ergreifen, der der nachhaltigen Entwicklung ernste Hindernisse entgegenstellt.

* * *

116. Bildung ist für die Förderung einer nachhaltigen Entwicklung von entscheidender Bedeutung. Deshalb ist es unerlässlich, die erforderlichen Ressourcen zu mobilisieren, einschließlich finanzieller Mittel auf allen Ebenen, von bilateralen und multilateralen Gebern, namentlich der Weltbank, den regionalen Entwicklungsbanken, der Zivilgesellschaft und den Stiftungen, um die Anstrengungen zu ergänzen, welche die Regierungen im Hinblick auf die folgenden Ziele und Tätigkeiten unternehmen:

a) das in der Millenniums-Erklärung enthaltene Entwicklungsziel der weltweiten Verwirklichung einer Primarschulbildung zu erreichen und sicherzustellen, dass alle Kinder, Jungen wie Mädchen, bis 2015 die Möglichkeit haben werden, eine Primarschulbildung vollständig abzuschließen;

b) allen Kindern, insbesondere denjenigen, die in ländlichen Gebieten wohnen, sowie denjenigen, die in Armut leben, besonders Mädchen, Zugang zur Primarschulbildung zu gewähren und ihnen Gelegenheit zu geben, diese vollständig abzuschließen.

* * *

117. Institutionen für Bildung, Forschung, Öffentlichkeitsarbeit und Entwicklung in den Entwicklungs- und Transformationsländern finanzielle Hilfe und Unterstützung gewähren, um

a) ihre Infrastruktur und ihre Programme im Bereich der Bildung, namentlich der Bildung auf dem Gebiet der Umwelt und der öffentlichen Gesundheit, aufrechtzuerhalten;

b) Wege zur Vermeidung der häufig auftretenden ernsten finanziellen Zwänge zu prüfen, denen sich viele Hochschulen, namentlich Universitäten, in der ganzen Welt, insbesondere in Entwicklungs- und Transformationsländern, gegenübersehen.

118. Die Auswirkungen von HIV/Aids auf das Bildungssystem in den von dieser Pandemie schwer betroffenen Ländern zu beheben suchen.

119. Nationale und internationale Ressourcen für die Grundbildung, wie im Rahmenaktionsplan von Dakar für Bildung für alle vorgesehen, sowie für die verbesserte Einbeziehung der nachhaltigen Entwicklung in die Bildung und in bilaterale und multilaterale Entwicklungsprogramme bereitstellen und die öffentlich finanzierte Forschung und Entwicklung und die Entwicklungsprogramme besser miteinander integrieren.

120. Die geschlechtsspezifischen Disparitäten in der Primar- und Sekundarschulbildung bis 2005 beseitigen, wie im Rahmenaktionsplan von Dakar für Bildung für alle vorgesehen, und dieses Ziel auf allen Bildungsebenen bis spätestens 2015 verwirklichen, um die in der Millenniums-Erklärung enthaltenen Entwicklungsziele zu verwirklichen, so auch durch Maßnahmen, die durch die Integration einer Gleichstellungsperspektive in alle Politikbereiche und die Schaffung eines gleichstellungsorientierten Bildungssystems unter anderem den gleichberechtigten Zugang zu allen Ebenen und Formen der Bildung, der Ausbildung und des Kapazitätsaufbaus sicherstellen.

121. Auf allen Bildungsebenen die nachhaltige Entwicklung in die Bildungssysteme integrieren und so die Bildung in stärkerem Maße zum Schlüsselkatalysator für den Wandel machen.

122. In Übereinstimmung mit dem Rahmenaktionsplan von Dakar für Bildung für alle auf der nationalen, subnationalen und lokalen Ebene nach Bedarf und entsprechend den lokalen Bedingungen und Bedürfnissen der Gemeinwesenentwicklung dienende Aktionspläne und -programme für die Bildung ausarbeiten, umsetzen, überwachen und überprüfen und die Erziehung zur nachhaltigen Entwicklung in diese Pläne einbeziehen.

123. Allen Mitgliedern der Gemeinwesen vielfältige Möglichkeiten der formellen und informellen Weiterbildung bieten, namentlich durch auf Freiwilligendienste gestützte soziale Programme, um dem Analphabetentum ein Ende zu setzen, die Bedeutung des lebenslangen Lernens hervorzuheben und die nachhaltige Entwicklung zu fördern.

124. Die Nutzung der Bildung zur Förderung einer nachhaltigen Entwicklung unterstützen, einschließlich durch dringliche Maßnahmen auf allen Ebenen, die darauf gerichtet sind,

a) Informations- und Kommunikationstechnologien in die Ausarbeitung der Schullehrpläne einzubeziehen, um den Zugang ländlicher und städtischer Gemeinschaften dazu sicherzustellen, und insbesondere den Entwicklungsländern Unter-

stützung zu gewähren, um unter anderem ein geeignetes und förderliches Umfeld für diese Technologien zu schaffen;

b) *gegebenenfalls den erschwinglichen und verstärkten Zugang zu Programmen für Studenten, Forscher und Ingenieure aus Entwicklungsländern an den Universitäten und Forschungseinrichtungen der entwickelten Länder zu fördern, um so den Austausch von Erfahrungen und Kapazitäten zum Vorteil aller Partner zu unterstützen;*

c) *das Arbeitsprogramm der Kommission für Nachhaltige Entwicklung über Bildung für eine nachhaltige Entwicklung weiter umzusetzen;*

d) *der Generalversammlung der Vereinten Nationen zu empfehlen, die Annahme einer 2005 beginnenden Dekade der Bildung für eine nachhaltige Entwicklung zu prüfen.*

125. *Die Initiativen im Bereich der Qualifikationsförderung sowie des institutionellen und infrastrukturbezogenen Kapazitätsaufbaus verstärken und beschleunigen und diesbezügliche Partnerschaften, die auf die besonderen Bedürfnisse der Entwicklungsländer im Kontext der nachhaltigen Entwicklung eingehen, fördern.*

126. *Lokale, nationale, subregionale und regionale Initiativen unterstützen, mit Maßnahmen zur Entwicklung, Nutzung und Anpassung des Wissens und der Methoden und zur Stärkung lokaler, nationaler, subregionaler und regionaler Fachzentren auf dem Gebiet der Bildung, der Forschung und der Ausbildung unter anderem durch die Mobilisierung ausreichender finanzieller und sonstiger Ressourcen, einschließlich neuer und zusätzlicher Ressourcen, aus allen Quellen, um die Wissenskapazität der Entwicklungs- und Transformationsländer zu stärken.*

127. *Den Entwicklungsländern technische und finanzielle Hilfe gewähren, namentlich durch die Stärkung der Anstrengungen zum Kapazitätsaufbau, wie beispielsweise des Programms "Kapazität 21" des Entwicklungsprogramms der Vereinten Nationen, mit dem Ziel,*

a) *ihre Bedürfnisse und Möglichkeiten zum Aufbau von Kapazitäten auf der individuellen, institutionellen und gesellschaftlichen Ebene zu evaluieren;*

b) *Programme zum Kapazitätsaufbau und zur Unterstützung lokaler, nationaler und auf der Ebene der Gemeinwesen angesiedelter Programme auszuarbeiten, die darauf abzielen, den Herausforderungen der Globalisierung wirksamer zu begegnen und die international vereinbarten Entwicklungsziele, namentlich die in der Millenniums-Erklärung enthaltenen Ziele, zu verwirklichen;*

c) *die Zivilgesellschaft, namentlich die jungen Menschen, besser dazu zu befähigen, entsprechend den Gegebenheiten auf allen Ebenen an der Konzipierung, Umsetzung und Überprüfung der Maßnahmen und Strategien für eine nachhaltige Entwicklung mitzuwirken;*

d) *einzelstaatliche Kapazitäten zur wirksamen Umsetzung der Agenda 21 aufzubauen beziehungsweise gegebenenfalls zu stärken.*

128. *Auf einzelstaatlicher Ebene den Zugang zu Umweltinformationen und zu Gerichts- und Verwaltungsverfahren in Umweltangelegenheiten sowie die Beteiligung der Öffentlichkeit an Entscheidungsprozessen sicherstellen, um den Grundsatz 10* der Rio-Erklärung über Umwelt und Entwicklung unter voller Berücksichtigung der Grundsätze 5, 7 und 11 der Erklärung zu fördern.

129. Einzelstaatliche und regionale Informationsdienste sowie statistische und analytische Dienste, die für die Politiken und Programme der nachhaltigen Entwicklung von Belang sind, stärken, namentlich die Aufschlüsselung von Daten nach dem Geschlecht, dem Alter und sonstigen Faktoren, und die Geber ermutigen, den Entwicklungsländern finanzielle und technische Hilfe zu gewähren, um ihre Kapazitäten zur Konzipierung von Politiken und zur Umsetzung von Programmen für eine nachhaltige Entwicklung zu stärken.

130. Den Staaten nahe legen, auf einzelstaatlicher Ebene weiter an Indikatoren für eine nachhaltige Entwicklung zu arbeiten, so nach Maßgabe ihrer einzelstaatlichen Bedingungen und Prioritäten auch durch die Einbeziehung geschlechtsspezifischer Aspekte auf freiwilliger Grundlage.

131. Gemäß Ziffer 3 des Beschlusses 9/4 der Kommission für Nachhaltige Entwicklung[44] die weitere Arbeit an Indikatoren fördern.

132. Die Entwicklung und breitere Anwendung von Erdbeobachtungstechnologien, namentlich von satellitengestützten Systemen zur Fernerkundung, zur globalen Kartierung und für geografische Informationen, fördern, um qualitativ hochwertige Daten über Umweltauswirkungen, die Flächennutzung und Veränderungen in der Flächennutzung zu gewinnen, einschließlich durch dringliche Maßnahmen auf allen Ebenen, die darauf gerichtet sind,

    a)   die Zusammenarbeit und Koordinierung zwischen globalen Beobachtungssystemen und Forschungsprogrammen für integrierte globale Beobachtungen zu stärken, unter Berücksichtigung der Notwendigkeit, Kapazitäten aufzubauen und Daten aus der landgestützten Beobachtung, der Satellitenfernerkundung und sonstigen Quellen zwischen allen Staaten auszutauschen;

    b)   Informationssysteme zu entwickeln, die die Weitergabe wertvoller Daten ermöglichen, namentlich den aktiven Austausch von Erdbeobachtungsdaten;

    c)   Initiativen und Partnerschaften für die globale Kartierung anzuregen.

133. Die Staaten, insbesondere die Entwicklungsländer, bei ihren einzelstaatlichen Anstrengungen unterstützen, die darauf gerichtet sind,

    a)   genaue, langfristige, schlüssige und zuverlässige Daten zu sammeln;

    b)   Satelliten- und Fernerkundungstechnologien für die Datenerhebung und die weitere Verbesserung der bodengestützten Beobachtung zu nutzen;

    c)   geografische Informationen durch die Nutzung der Satellitenfernerkundung, der GPS-Technologie sowie der Kartierungstechnologie und von geografischen Informationssystemen zugänglich zu machen, zu erkunden und zu nutzen.

---

[44] Siehe *Official Records of the Economic and Social Council, 2001, Supplement No. 9* (E-2001-29)

134. Die Anstrengungen zur Vorbeugung gegen Naturkatastrophen und zur Milderung ihrer Auswirkungen unterstützen, einschließlich durch dringliche Maßnahmen auf allen Ebenen, die darauf gerichtet sind,

a) für die Zwecke der Frühwarnung erschwinglichen Zugang zu katastrophenbezogenen Informationen herzustellen;

b) verfügbare Daten, insbesondere von globalen meteorologischen Beobachtungssystemen, in zeitgerechte, nützliche Produkte umzusetzen.

135. Die breitere Anwendung von Umweltverträglichkeitsprüfungen, unter anderem gegebenenfalls als nationales Instrument, entwickeln und fördern, damit in Bezug auf Projekte, die die Umwelt erheblich beeinträchtigen könnten, die maßgeblichen entscheidungsrelevanten Informationen vorliegen.

136. Auf der politischen, der strategischen und der projektbezogenen Ebene Methoden für die lokale und einzelstaatliche sowie gegebenenfalls regionale Entscheidungsfindung auf dem Gebiet der nachhaltigen Entwicklung fördern und weiterentwickeln. In dieser Hinsicht betonen, dass die Anwendung der von den Ländern gewählten geeigneten Methoden den landesspezifischen Bedingungen und Gegebenheiten entsprechen, auf freiwilliger Grundlage erfolgen und mit ihren vorrangigen Entwicklungsbedürfnissen übereinstimmen soll.

XI. Der institutionelle Rahmen für die nachhaltige Entwicklung

137. Ein wirksamer institutioneller Rahmen für die nachhaltige Entwicklung auf allen Ebenen ist der Schlüssel zur vollinhaltlichen Umsetzung der Agenda 21, zur Weiterverfolgung der Ergebnisse des Weltgipfels für nachhaltige Entwicklung und zur erfolgreichen Auseinandersetzung mit neuen Herausforderungen der nachhaltigen Entwicklung. Maßnahmen zur Stärkung eines solchen Rahmens sollten auf der Agenda 21 und dem Programm für ihre weitere Umsetzung von 1997 sowie den Grundsätzen der Rio-Erklärung über Umwelt und Entwicklung aufbauen und die Verwirklichung der international vereinbarten Entwicklungsziele, namentlich der in der Millenniums-Erklärung enthaltenen Ziele, fördern, wobei der Konsens von Monterrey und die einschlägigen Ergebnisse der anderen großen Konferenzen der Vereinten Nationen seit 1992 und die seither geschlossenen internationalen Übereinkünfte zu berücksichtigen sind. Der Rahmen sollte den Bedürfnissen aller Länder entsprechen, unter Berücksichtigung der besonderen Bedürfnisse der Entwicklungsländer, namentlich in Bezug auf die Mittel zur Umsetzung. Er sollte unter Beachtung der bestehenden Mandate zur Stärkung der mit der nachhaltigen Entwicklung befassten internationalen Organe und Organisationen sowie zur Stärkung der einschlägigen regionalen, nationalen und lokalen Institutionen führen.

138. Eine gute Regierungs- und Verwaltungsführung ist eine wesentliche Voraussetzung für nachhaltige Entwicklung. Eine solide Wirtschaftspolitik, stabile demokratische Institutionen, die auf die Bedürfnisse der Bevölkerung eingehen, und eine verbesserte Infrastruktur bilden die Grundlage für ein dauerhaftes Wirtschaftswachstum, die Armutsbekämpfung und die Schaffung von Arbeitsplätzen. Freiheit, Frieden und Sicherheit, Stabilität im Inneren, die Achtung der Menschenrechte, so auch des Rechts auf Entwicklung, sowie Rechtsstaatlichkeit, die Gleichstellung der Geschlechter, eine marktorientierte Politik und eine allgemeine Verpflichtung auf eine gerechte und demokratische Gesellschaft sind ebenfalls von wesentlicher Bedeutung und stärken sich gegenseitig.

A. Ziele

139. Die Maßnahmen zur Stärkung der institutionellen Regelungen für eine nachhaltige Entwicklung auf allen Ebenen sollten innerhalb des Rahmens der Agenda 21[45] ergriffen werden, auf den Entwicklungen beruhen, die sich seit der Konferenz der Vereinten Nationen über Umwelt und Entwicklung vollzogen haben, und unter anderem dazu führen, dass die folgenden Ziele verwirklicht werden:

    a) die Stärkung der Verpflichtungen auf eine nachhaltige Entwicklung;

    b) eine ausgewogene Integration der wirtschaftlichen, sozialen und ökologischen Dimensionen der nachhaltigen Entwicklung;

    c) die verstärkte Umsetzung der Agenda 21, namentlich durch die Mobilisierung finanzieller und technologischer Ressourcen sowie durch Programme zum Kapazitätsaufbau, insbesondere zu Gunsten der Entwicklungsländer;

    d) verstärkte Kohärenz, Koordinierung und Überwachung;

    e) die Förderung der Rechtsstaatlichkeit und die Stärkung staatlicher Institutionen;

    f) erhöhte Wirksamkeit und Effizienz durch die Verminderung von Überschneidungen und Doppelarbeit bei den Tätigkeiten der internationalen Organisationen innerhalb und außerhalb des Systems der Vereinten Nationen auf der Grundlage ihrer Mandate und komparativen Vorteile;

    g) eine verstärkte Beteiligung und wirksamere Mitwirkung der Zivilgesellschaft und sonstiger beteiligter Interessengruppen an der Umsetzung der Agenda 21 sowie die Förderung der Transparenz und der breiten Beteiligung der Öffentlichkeit;

    h) der Ausbau der Kapazitäten für eine nachhaltige Entwicklung auf allen Ebenen, namentlich auf lokaler Ebene, insbesondere in den Entwicklungsländern;

    i) die Stärkung der internationalen Zusammenarbeit mit dem Ziel, die Umsetzung der Agenda 21 und der Ergebnisse des Gipfels zu stärken.

B. Stärkung des institutionellen Rahmens für eine nachhaltige Entwicklung auf internationaler Ebene

140. Die internationale Gemeinschaft sollte

    a) die Integration der in der Agenda 21 genannten Ziele in Bezug auf eine nachhaltige Entwicklung sowie die Unterstützung für die Umsetzung der Agenda 21 und der Ergebnisse des Gipfels in die Politiken, Arbeitsprogramme und operativen Leitlinien der zuständigen Organisationen, Programme und Fonds der Vereinten Nationen, der Globalen Umweltfazilität und der internationalen Finanz- und Handelsinstitutionen im Rahmen ihrer Mandate verstärken, um zu einer nachhaltigen

---

[45] In diesem Abschnitt enthaltene Bezugnahmen auf die Agenda 21 sind als Bezugnahmen auf die Agenda 21, das Programm für die weitere Umsetzung der Agenda 21 und die Ergebnisse des Gipfels zu verstehen.

Entwicklung zu gelangen, wobei zu betonen ist, dass die einzelstaatlichen Programme und Prioritäten, insbesondere diejenigen der Entwicklungsländer sowie gegebenenfalls der Transformationsländer, bei ihren Aktivitäten in vollem Umfang berücksichtigt werden sollen;

b) unter Heranziehung des Koordinierungsrats der Leiter der Organisationen des Systems der Vereinten Nationen, der Gruppe der Vereinten Nationen für Entwicklungsfragen, der Leitungsgruppe für Umweltfragen und sonstiger interinstitutioneller Koordinierungsgremien die Zusammenarbeit innerhalb des Systems der Vereinten Nationen sowie zwischen diesem und den internationalen Finanzinstitutionen, der Globalen Umweltfazilität und der Welthandelsorganisation stärken. In allen sachdienlichen Zusammenhängen sollte eine verstärkte interinstitutionelle Zusammenarbeit angestrebt werden, insbesondere auf der operativen Ebene, auch durch Partnerschaftsvereinbarungen zu konkreten Fragen, die es gestatten, insbesondere die Anstrengungen der Entwicklungsländer zur Umsetzung der Agenda 21 zu unterstützen;

c) die drei Dimensionen der Politiken und Programme für eine nachhaltige Entwicklung stärken und besser integrieren und die volle Integration der Zielsetzungen der nachhaltigen Entwicklung in die Programme und Politiken von Gremien fördern, die primär mit sozialen Fragen befasst sind. Vor allem die soziale Dimension der nachhaltigen Entwicklung sollte gestärkt werden, unter anderem durch Schwerpunktsetzung bei den Anschlussmaßnahmen an die Ergebnisse des Weltgipfels für soziale Entwicklung und seiner Fünfjahresüberprüfung und durch Berücksichtigung ihrer Berichte sowie durch Unterstützung der Sozialschutzsysteme;

d) die Ergebnisse des vom Verwaltungsrat des Umweltprogramms der Vereinten Nationen auf seiner siebenten Sondertagung verabschiedeten Beschlusses[46] über eine internationale Umweltordnung vollinhaltlich umsetzen und die Generalversammlung bitten, sich auf ihrer siebenundfünfzigsten Tagung mit der wichtigen, aber komplexen Frage der Herstellung einer universalen Mitgliedschaft im Verwaltungsrat/Globalen Ministerforum Umwelt zu befassen;

e) sich aktiv und konstruktiv für den baldigen Abschluss der Verhandlungen über ein umfassendes Übereinkommen der Vereinten Nationen gegen Korruption, das auch die Frage der Rückführung unrechtmäßig erworbener Gelder in die Herkunftsländer umfasst, einsetzen;

f) die Verantwortlichkeit und Rechenschaftspflicht der Unternehmen sowie den Austausch der besten Verfahrensweisen im Kontext der nachhaltigen Entwicklung fördern, gegebenenfalls auch durch den Dialog zwischen den verschiedenen beteiligten Interessengruppen, beispielsweise über die Kommission für Nachhaltige Entwicklung, und sonstige Initiativen;

g) konkrete Maßnahmen ergreifen, um den Konsens von Monterrey auf allen Ebenen umzusetzen.

141. Eine gute Ordnungspolitik auf internationaler Ebene ist für die Verwirklichung einer nachhaltigen Entwicklung von grundlegender Bedeutung. Um ein dynamisches und förderliches internationales wirtschaftliches Umfeld sicherzustellen, ist es wichtig, durch die Auseinandersetzung mit den internationalen Finanz-, Handels-,

---

[46] UNEP/GCSS.VII/6, Anhang I.

Technologie- und Investitionsmustern, die sich auf die Entwicklungsaussichten der Entwicklungsländer auswirken, eine weltweite wirtschaftliche Ordnungspolitik zu fördern. Zu diesem Zweck sollte die internationale Gemeinschaft alle erforderlichen und geeigneten Maßnahmen ergreifen, namentlich die Gewährleistung von Unterstützung für strukturelle und makroökonomische Reformen, eine umfassende Lösung des Problems der Auslandsverschuldung und die Erweiterung des Marktzugangs für Entwicklungsländer. Anstrengungen zur Reform der internationalen Finanzarchitektur müssen mit verstärkter Transparenz und unter effektiver Beteiligung der Entwicklungsländer an Entscheidungsprozessen fortgesetzt werden. Ein universales, regelgestütztes, offenes, nichtdiskriminierendes und gerechtes multilaterales Handelssystem und eine sinnvolle Handelsliberalisierung können bedeutsame Antriebsfaktoren für die weltweite Entwicklung darstellen, die den Ländern aller Entwicklungsstufen zugute käme.

142. Ein dynamisches und effektives System der Vereinten Nationen ist für die Förderung der internationalen Zusammenarbeit zu Gunsten einer nachhaltigen Entwicklung sowie für ein globales Wirtschaftssystem, das allen zugute kommt, unerlässlich. Dafür bedarf es unbedingt eines festen Bekenntnisses zu den Idealen der Vereinten Nationen und den Grundsätzen des Völkerrechts und der Charta der Vereinten Nationen, zur Stärkung des Systems der Vereinten Nationen und der anderen multilateralen Institutionen und zur Förderung der Verbesserung ihrer Tätigkeiten. Die Staaten sollten außerdem ihrer Verpflichtung nachkommen, so bald wie möglich ein Übereinkommen zur Bekämpfung der Korruption unter allen Aspekten auszuhandeln und zum Abschluss zu bringen, das auch die Frage der Rückführung unrechtmäßig erworbener Gelder in die Herkunftsländer umfasst, und eine engere Zusammenarbeit zur Beseitigung der Geldwäsche zu fördern.

C. Die Rolle der Generalversammlung

143. Die Generalversammlung der Vereinten Nationen sollte die nachhaltige Entwicklung zu einem Schlüsselelement des umfassenden Tätigkeitsrahmens der Vereinten Nationen erheben, insbesondere um die international vereinbarten Entwicklungsziele, namentlich die in der Millenniums-Erklärung enthaltenen Ziele, zu verwirklichen, und die allgemeinen politischen Leitlinien für die Umsetzung der Agenda 21 und ihren Überprüfungsprozess vorgeben.

D. Die Rolle des Wirtschafts- und Sozialrats

144. Im Einklang mit den einschlägigen Bestimmungen der Charta der Vereinten Nationen, den Bestimmungen der Agenda 21 betreffend den Wirtschafts- und Sozialrat und den Resolutionen 48/162 und 50/227 der Generalversammlung, mit denen der Rat in seiner Funktion als zentrale Einrichtung für die Koordinierung des Systems der Vereinten Nationen und seiner Sonderorganisationen sowie für die Überwachung seiner Nebenorgane, insbesondere der Fachkommissionen, bestätigt wurde, und mit dem Ziel, die Umsetzung der Agenda 21 durch die Stärkung der systemweiten Koordinierung zu fördern, sollte der Rat

  a) seine Aufsichtsfunktion über die systemweite Koordinierung und über die ausgewogene Integration der wirtschaftlichen, sozialen und umweltbezogenen Teilaspekte der Politiken und Programme der Vereinten Nationen ausbauen, die auf die Förderung einer nachhaltigen Entwicklung gerichtet sind;

b) in Bezug auf die Umsetzung der Agenda 21, namentlich in Bezug auf die Mittel zur Umsetzung, die regelmäßige Behandlung von Themen der nachhaltigen Entwicklung organisieren. Empfehlungen zu solchen Themen könnten von der Kommission für Nachhaltige Entwicklung abgegeben werden;

c) seine Tagungsteile auf hoher Ebene, für Koordinierungsfragen und für operative Tätigkeiten sowie seine allgemeinen Tagungsteile in vollem Umfang nutzen, um alle relevanten Aspekte der Arbeit der Vereinten Nationen im Bereich der nachhaltigen Entwicklung wirksam zu berücksichtigen. In diesem Zusammenhang sollte der Rat die aktive Beteiligung wichtiger Gruppen an seinem Tagungsteil auf hoher Ebene und im Einklang mit der jeweiligen Geschäftsordnung an der Arbeit der zuständigen Fachkommissionen anregen;

d) die stärkere Koordinierung, Komplementarität, Wirksamkeit und Effizienz der Tätigkeiten seiner Fachkommissionen und sonstiger Nebenorgane, die für die Umsetzung der Agenda 21 von Bedeutung sind, fördern;

e) die Tätigkeit des Ausschusses für Energie und natürliche Ressourcen im Dienste der Entwicklung beenden und auf die Kommission für Nachhaltige Entwicklung übertragen;

f) in dauerhafter und koordinierter Weise für eine enge Verbindung zwischen der Rolle des Rates bei den Folgemaßnahmen zum Gipfel und seiner Rolle im Folgeprozess zu dem Konsens von Monterrey sorgen. Zu diesem Zweck sollte der Rat sondieren, wie im Einklang mit dem Konsens von Monterrey Regelungen für seine Tagungen mit den Bretton-Woods-Institutionen und der Welthandelsorganisation entwickelt werden können;

g) seine Anstrengungen verstärken, um sicherzustellen, dass die Integration einer Gleichstellungsperspektive in alle Politikbereiche einen untrennbaren Bestandteil seiner Tätigkeiten zur koordinierten Umsetzung der Agenda 21 bildet.

E. Die Rolle und Funktion der Kommission für Nachhaltige Entwicklung

145. Die Kommission für Nachhaltige Entwicklung sollte innerhalb des Systems der Vereinten Nationen auch weiterhin als hochrangige Kommission für die nachhaltige Entwicklung fungieren und als Forum für die Behandlung von Fragen in Bezug auf die Integration der drei Dimensionen der nachhaltigen Entwicklung dienen. Wenngleich die Rolle, die Funktionen und das Mandat der Kommission, wie sie in den entsprechenden Teilen der Agenda 21 enthalten sind und von der Generalversammlung mit Resolution 47/191 angenommen wurden, ihre Bedeutung nicht verloren haben, muss die Kommission unter Berücksichtigung der Rolle der zuständigen Institutionen und Organisationen dennoch gestärkt werden. Im Zuge ihrer erweiterten Rolle sollte die Kommission namentlich auch den Umsetzungsstand der Agenda 21 überprüfen und überwachen sowie Kohärenz bei der Umsetzung und bei Initiativen und Partnerschaften fördern.

146. In diesem Zusammenhang sollte die Kommission mehr Gewicht auf Maßnahmen legen, die die Umsetzung auf allen Ebenen ermöglichen, namentlich die Förderung und Erleichterung von Partnerschaften zur Umsetzung der Agenda 21 unter Einbeziehung von Regierungen, internationalen Organisationen und beteiligten Interessengruppen.

147. Die Kommission sollte

a) den Umsetzungsstand überprüfen und bewerten und die weitere Umsetzung der Agenda 21 fördern;

b) den Schwerpunkt auf die sektorübergreifenden Aspekte konkreter sektoraler Fragen legen und ein Forum für die bessere Politikintegration bilden, namentlich dadurch, dass Minister, die sich mit verschiedenen Dimensionen und Sektoren der nachhaltigen Entwicklung befassen, auf den hochrangigen Tagungsteilen miteinander in Austausch treten;

c) im Zusammenhang mit der Umsetzung der Agenda 21 neue Herausforderungen und Chancen ergreifen;

d) den Schwerpunkt ihrer Arbeit auf Maßnahmen im Zusammenhang mit der Umsetzung der Agenda 21 legen und nur alle zwei Jahre während der Kommissionstagungen Verhandlungen führen;

e) die Zahl der auf jeder Tagung erörterten Themen begrenzen.

148. In Bezug auf ihre Rolle im Hinblick auf die Erleichterung der Umsetzung sollte die Kommission schwerpunktmäßig

a) den Umsetzungsstand überprüfen und die weitere Umsetzung der Agenda 21 fördern. In diesem Zusammenhang sollte die Kommission Hindernisse aufzeigen, die sich der Umsetzung entgegenstellen, und Empfehlungen zu ihrer Überwindung abgeben;

b) als Koordinierungsstelle für Erörterungen über Partnerschaften dienen, die einer nachhaltigen Entwicklung förderlich sind, so auch für den Austausch von Erfahrungen und die Weitergabe von Informationen über erzielte Fortschritte und beste Verfahrensweisen;

c) unter voller Nutzung vorhandener Informationen Fragen im Zusammenhang mit finanzieller Unterstützung und dem Technologietransfer zu Gunsten der nachhaltigen Entwicklung sowie mit dem Kapazitätsaufbau prüfen. In dieser Hinsicht könnte die Kommission für Nachhaltige Entwicklung die wirksame Heranziehung einzelstaatlicher Berichte und regionaler Erfahrungen in Erwägung ziehen und dazu geeignete Empfehlungen abgeben;

d) ein Forum für die Auswertung und den Austausch von Erfahrungen mit Maßnahmen bilden, die bei der Planung, der Entscheidungsfindung und der Umsetzung von Strategien im Bereich der nachhaltigen Entwicklung hilfreich sind. In dieser Hinsicht könnte die Kommission die wirksamere Heranziehung einzelstaatlicher und regionaler Berichte in Erwägung ziehen;

e) bedeutende rechtliche Entwicklungen auf dem Gebiet der nachhaltigen Entwicklung berücksichtigen, unter gebührender Beachtung der Rolle zuständiger zwischenstaatlicher Gremien bei der Umsetzung der Agenda 21, was internationale Rechtsinstrumente und -mechanismen anbelangt.

149. Was die praktischen Modalitäten für die Arbeit und das Arbeitsprogramm der Kommission angeht, so sollte diese auf ihrer nächsten Tagung, wenn das thematische Arbeitsprogramm ausgearbeitet wird, konkrete diesbezügliche Beschlüsse fassen. Insbesondere sollten die folgenden Fragen behandelt werden:

a) die ausgewogene Auseinandersetzung mit der Erfüllung aller in Resolution 47/191 der Generalversammlung enthaltenen Mandate der Kommission;

b) die weitere Gewährleistung einer direkteren, sachbezogeneren Beteiligung internationaler Organisationen und wichtiger Gruppen an der Arbeit der Kommission;

c) die verstärkte Berücksichtigung der wissenschaftlichen Beiträge zur nachhaltigen Entwicklung, beispielsweise durch die Heranziehung der Erkenntnisse von Wissenschaftlern sowie die Anregung zur Mitwirkung nationaler, regionaler und internationaler wissenschaftlicher Netzwerke an der Arbeit der Kommission;

d) die Förderung des Beitrags von Bildungssachverständigen zur nachhaltigen Entwicklung und gegebenenfalls auch zur Tätigkeit der Kommission;

e) die Anberaumung und Dauer von Sitzungen außerhalb der kalendermäßigen Tagungen.

150. Weitere Maßnahmen zur Förderung der besten Verfahrensweisen und der Erfahrungsauswertung im Bereich der nachhaltigen Entwicklung ergreifen und darüber hinaus die Nutzung zeitgemäßer Methoden der Datenerhebung und -verbreitung, namentlich die breitere Anwendung von Informationstechnologien, fördern.

F. Die Rolle internationaler Institutionen

151. Betonen, dass die internationalen Institutionen innerhalb und außerhalb des Systems der Vereinten Nationen, einschließlich der internationalen Finanzinstitutionen, der Welthandelsorganisation und der Globalen Umweltfazilität, im Rahmen ihres jeweiligen Mandats ihre gemeinsam unternommenen Bemühungen verstärken müssen, die darauf gerichtet sind,

a) eine wirksame, kollektive Unterstützung für die Umsetzung der Agenda 21 zu fördern;

b) dafür zu sorgen, dass die internationalen Institutionen wirksamer und koordinierter vorgehen, um die Agenda 21, die Ergebnisse des Weltgipfels für nachhaltige Entwicklung, die relevanten auf die nachhaltige Entwicklung bezogenen Aspekte der Millenniums-Erklärung, den Konsens von Monterrey sowie die Ergebnisse der im November 2001 in Doha abgehaltenen vierten Ministertagung der Welthandelsorganisation umzusetzen.

152. Den Generalsekretär der Vereinten Nationen ersuchen, unter Heranziehung des Koordinierungsrats der Leiter der Organisationen des Systems der Vereinten Nationen, so auch durch informelle gemeinsame Bemühungen, die systemweite interinstitutionelle Zusammenarbeit und Koordinierung zu Gunsten der nachhaltigen Entwicklung weiter zu fördern, geeignete Maßnahmen zu ergreifen, um den Informationsaustausch zu erleichtern, und den Wirtschafts- und Sozialrat und die Kommission weiter über die zur Umsetzung der Agenda 21 ergriffenen Maßnahmen unterrichtet zu halten.

153. Aufbauend auf den aus dem Programm "Kapazität 21" gewonnenen Erfahrungen die Unterstützung für Programme des Entwicklungsprogramms der Vereinten Nationen zum Kapazitätsaufbau zu Gunsten einer nachhaltigen Entwicklung, die insbesondere in Entwicklungsländern als wichtige Mechanismen zur Unterstützung lokaler und nationaler Anstrengungen zum Aufbau von Entwicklungskapazitäten wirken, erheblich verstärken.

154. Die Zusammenarbeit zwischen dem Umweltprogramm der Vereinten Nationen und sonstigen Organen und Sonderorganisationen der Vereinten Nationen, den Bretton-Woods-Institutionen und der Welthandelsorganisation im Rahmen ihres jeweiligen Mandats stärken.

155. Das Umweltprogramm der Vereinten Nationen, das Zentrum der Vereinten Nationen für Wohn- und Siedlungswesen, das Entwicklungsprogramm der Vereinten Nationen und die Handels- und Entwicklungskonferenz der Vereinten Nationen sollten ihre Beiträge zu Programmen zu Gunsten einer nachhaltigen Entwicklung und der Umsetzung der Agenda 21 im Rahmen ihres jeweiligen Mandats auf allen Ebenen stärken, insbesondere im Bereich der Förderung des Kapazitätsaufbaus.

156. Zur Förderung der wirksamen Umsetzung der Agenda 21 auf internationaler Ebene sollten außerdem folgende Schritte unternommen werden:

a) der internationale Sitzungskalender im Bereich der nachhaltigen Entwicklung sollte gestrafft und die Zahl und Dauer der Tagungen sowie die auf die Aushandlung von Ergebnissen verwendete Zeit vermindert, dafür aber mehr Zeit auf praktische Belange im Zusammenhang mit der Umsetzung aufgewandt werden;

b) es sollte angeregt werden, dass alle maßgeblichen Akteure Partnerschaftsinitiativen durchführen, um die Ergebnisse des Weltgipfels für nachhaltige Entwicklung zu unterstützen. Hierbei ist festzuhalten, dass bei dem weiteren Ausbau von Partnerschaften und bei partnerschaftlichen Folgemaßnahmen die Vorbereitungsarbeiten für den Gipfel berücksichtigt werden sollten;

c) die Entwicklungen auf dem Gebiet der Informations- und Kommunikationstechnologie sollten in vollem Umfang genutzt werden.

157. Die Stärkung des internationalen institutionellen Rahmens für die nachhaltige Entwicklung ist ein evolutionärer Prozess. Es ist erforderlich, einschlägige Regelungen zu überprüfen, Lücken zu identifizieren, funktionelle Überschneidungen zu vermeiden und bei der Umsetzung der Agenda 21 weiter nach verstärkter Integration, Effizienz und Koordinierung der wirtschaftlichen, sozialen und ökologischen Dimensionen der nachhaltigen Entwicklung zu streben.

G. Stärkung der institutionellen Regelungen für eine nachhaltige Entwicklung auf regionaler Ebene

158. Die Umsetzung der Agenda 21 und der Ergebnisse des Gipfels sollte auf regionaler und subregionaler Ebene durch die Regionalkommissionen und anderen regionalen und subregionalen Institutionen und Organisationen wirksam vorangetrieben werden.

159. Die intraregionale Koordinierung und Zusammenarbeit zu Gunsten der nachhaltigen Entwicklung zwischen den Regionalkommissionen, Fonds, Programmen und Organisationen der Vereinten Nationen, den regionalen Entwicklungsbanken und sonstigen regionalen und subregionalen Institutionen und Organisation sollte verbessert werden. Dies sollte unter Berücksichtigung nationaler und regionaler Prioritäten gegebenenfalls Unterstützung für die Entwicklung, Erweiterung und Umsetzung einvernehmlicher regionaler Strategien und Aktionspläne für eine nachhaltige Entwicklung umfassen.

160. Insbesondere sollten die Regionalkommissionen unter Berücksichtigung der einschlägigen Bestimmungen der Agenda 21 in Zusammenarbeit mit anderen regionalen und subregionalen Organisationen

a) die ausgewogene Integration der drei Dimensionen der nachhaltigen Entwicklung in ihre Tätigkeit fördern, namentlich durch die Umsetzung der Agenda 21. Zu diesem Zweck sollten die Regionalkommissionen ihre Kapazität durch interne Maßnahmen erweitern und gegebenenfalls externe Unterstützung erhalten;

b) die ausgewogene Integration der wirtschaftlichen, sozialen und ökologischen Dimensionen der nachhaltigen Entwicklung in die Tätigkeit der regionalen, subregionalen und sonstigen Organisationen erleichtern und fördern, beispielsweise durch die Erleichterung und Stärkung des Austauschs von Erfahrungen, namentlich einzelstaatlicher Erfahrungen, und der Weitergabe von Informationen über beste Verfahrensweisen, Fallstudien und Erfahrungen mit Partnerschaften bei der Umsetzung der Agenda 21;

c) bei der Mobilisierung technischer und finanzieller Hilfe behilflich sein und die Bereitstellung ausreichender Finanzmittel für die Umsetzung von auf regionaler und subregionaler Ebene vereinbarten Programmen und Projekten zu Gunsten der nachhaltigen Entwicklung erleichtern, wobei sie sich auch dem Ziel der Armutsbekämpfung zuwenden sollten;

d) die Mitwirkung der verschiedenen beteiligten Interessengruppen weiter fördern und Partnerschaften anregen, um die Umsetzung der Agenda 21 auf der regionalen und subregionalen Ebene zu unterstützen.

161. Auf regionaler und subregionaler Ebene vereinbarte Initiativen und Programme für eine nachhaltige Entwicklung, wie die Neue Partnerschaft für die Entwicklung Afrikas und die interregionalen Aspekte des auf weltweiter Ebene vereinbarten Aktionsprogramms für die nachhaltige Entwicklung der kleinen Inselstaaten unter den Entwicklungsländern, sollten unterstützt werden.

H. Stärkung des institutionellen Rahmens für eine nachhaltige Entwicklung auf einzelstaatlicher Ebene

162. Die Staaten sollten

a) auch weiterhin eine kohärente und koordinierte Vorgehensweise in Bezug auf den institutionellen Rahmen für eine nachhaltige Entwicklung auf allen innerstaatlichen Ebenen fördern, gegebenenfalls auch durch die Schaffung neuer beziehungsweise die Stärkung bestehender Behörden und Mechanismen, die für die Politikgestaltung, die Koordinierung und Umsetzung und die Durchsetzung von Rechtsvorschriften erforderlich sind;

b) unverzüglich Schritte unternehmen, um Fortschritte bei der Konzipierung und Ausarbeitung einzelstaatlicher Strategien für eine nachhaltige Entwicklung zu erzielen, und bis 2005 mit ihrer Umsetzung beginnen. Zu diesem Zweck sollten

Strategien gegebenenfalls durch internationale Zusammenarbeit unterstützt werden, wobei den besonderen Bedürfnissen der Entwicklungsländer, insbesondere der am wenigsten entwickelten Länder, Rechnung zu tragen ist. Diese Strategien, die soweit erforderlich als Armutsbekämpfungsstrategien konzipiert werden können, in die die wirtschaftlichen, sozialen und ökologischen Aspekte der nachhaltigen Entwicklung integriert sind, sollten im Einklang mit den innerstaatlichen Prioritäten eines jeden Landes verfolgt werden.

163. Jedes Land trägt die Hauptverantwortung für seine eigene nachhaltige Entwicklung, und die Rolle der nationalen Politiken und Entwicklungsstrategien kann gar nicht genügend betont werden. Jedes Land sollte die nachhaltige Entwicklung auf innerstaatlicher Ebene unter anderem durch die Verabschiedung und die Durchsetzung klarer und wirksamer Rechtsvorschriften zu Gunsten einer nachhaltigen Entwicklung fördern. Alle Länder sollten ihre staatlichen Institutionen stärken, namentlich durch die Bereitstellung der erforderlichen Infrastruktur sowie durch die Förderung der Transparenz, der Rechenschaftspflicht und fairer Verwaltungs- und Justizinstitutionen.

164. Die Mitwirkung der Öffentlichkeit sollte von allen Ländern gefördert werden, namentlich durch Maßnahmen, durch die der Zugang zu Informationen über Rechtsvorschriften, Verordnungen, Maßnahmen, Politiken und Programme hergestellt wird. Die Länder sollten außerdem die volle Mitwirkung der Öffentlichkeit an der Konzipierung und Umsetzung von Politiken für eine nachhaltige Entwicklung fördern. Frauen sollten die Möglichkeit haben, uneingeschränkt und gleichberechtigt an der Politikformulierung und der Entscheidungsfindung mitzuwirken.

* * *

165. Auf innerstaatlicher Ebene, namentlich auf lokaler Ebene, die Schaffung beziehungsweise Stärkung von Beiräten und/oder Koordinierungsstrukturen für eine nachhaltige Entwicklung weiter fördern, um auf hoher Ebene eine Schwerpunktsetzung bei Politiken für eine nachhaltige Entwicklung zu gewährleisten. In diesem Zusammenhang sollte die Mitwirkung der verschiedenen beteiligten Interessengruppen gefördert werden.

166. Die auf die Stärkung der innerstaatlichen institutionellen Vorkehrungen für eine nachhaltige Entwicklung, auch auf lokaler Ebene, gerichteten Anstrengungen aller Länder, insbesondere der Entwicklungs- und Transformationsländer, unterstützen. Dies könnte die Förderung sektorübergreifender Ansätze bei der Konzipierung von Strategien und Plänen für eine nachhaltige Entwicklung, wie etwa Armutsbekämpfungsstrategien, die Koordinierung von Hilfsmaßnahmen, die Anregung partizipativer Ansätze sowie die Stärkung der Politikanalyse und der Management- und Umsetzungskapazitäten, einschließlich der Integration einer Gleichstellungsperspektive in alle diese Tätigkeiten, umfassen.

167. Die Rolle und die Kapazität der Kommunen und der beteiligten Interessengruppen erweitern, was die Umsetzung der Agenda 21 und der Ergebnisse des Gipfels sowie die Stärkung der weiter aufrechtzuerhaltenden Unterstützung für lokale Programme zur Umsetzung der Agenda 21 und damit verbundene Initiativen und Partnerschaften angeht, und insbesondere Partnerschaften unter den Kommunen sowie zwischen diesen und anderen Regierungsebenen und beteiligten Interessen-

gruppen anregen, um die nachhaltige Entwicklung, wie unter anderem in der Habitat-Agenda[47] gefordert, voranzubringen.

I. **Beteiligung wichtiger Gruppen**

168. Partnerschaften zwischen staatlichen und nichtstaatlichen Akteuren, einschließlich aller wichtigen Gruppen sowie auch Freiwilligengruppen, zu Gunsten von Programmen und Aktivitäten zur Verwirklichung einer nachhaltigen Entwicklung auf allen Ebenen stärken.

169. Die Prüfung möglicher Zusammenhänge zwischen der Umwelt und den Menschenrechten, einschließlich des Rechts auf Entwicklung, unter voller und transparenter Beteiligung der Mitgliedstaaten der Vereinten Nationen sowie der Beobachterstaaten, zur Kenntnis nehmen.

170. Die Beteiligung von jungen Menschen an Programmen und Aktivitäten für eine nachhaltige Entwicklung fördern und unterstützen, beispielsweise dadurch, dass lokale Jugendräte oder äquivalente Einrichtungen unterstützt werden, beziehungsweise soweit solche Einrichtungen noch nicht bestehen, dadurch, dass ihre Schaffung angeregt wird.

---

[47] A/CONF.165/14, Kap. I, Resolution 1, Anlage II.

InWEnt – Internationale Weiterbildung und Entwicklung gGmbH

Neue Gesellschaft ging hervor aus Carl Duisberg Gesellschaft und Deutscher Stiftung für internationale Entwicklung

InWEnt – Internationale Weiterbildung und Entwicklung gemeinnützige GmbH ist eine Organisation für internationale Personalentwicklung, Weiterbildung und Dialog. Im Jahr 2002 hervorgegangen aus der Fusion von Carl Duisberg Gesellschaft e.V. und Deutscher Stiftung für internationale Entwicklung, baut sie auf deren jahrzehntelanger Erfahrung in der weltweiten Zusammenarbeit auf. Ihre praxisorientierten Fortbildungsprogramme richten sich an Fach- und Führungskräfte sowie Entscheidungsträger aus Wirtschaft, Politik, Verwaltung und Zivilgesellschaft aus aller Welt.

Mit ihren Bildungs-, Austausch- und Dialogprogrammen für jährlich rund 35.000 Menschen ist InWEnt *die* große Gemeinschaftsinitiative von Bund, Ländern und Wirtschaft für weltweite Bildung und Zusammenarbeit. Sie zählt in ihren Zentralen in Bonn und Köln und an über 30 weiteren Standorten im In- und Ausland etwa 900 Mitarbeiter und verfügt über ein Finanzvolumen von rund 130 Mio. Euro. Hauptgesellschafter ist die Bundesregierung, wichtigster Auftraggeber das Bundesministerium für wirtschaftliche Zusammenarbeit und Entwicklung.

Geschäftsfelder der InWEnt sind:
- Fortbildung von Fach- und Führungskräften aus Entwicklungsländern
- internationale berufliche Qualifizierung von Nachwuchs-, Fach- und Führungskräften aus Deutschland, anderen Industrie- sowie Transformationsländern
- internationaler Erfahrungsaustausch und Dialog
- Politikdialog mit internationalen Organisationen
- entwicklungsbezogene Bildungs- und Informationsarbeit in Deutschland
- Vorbereitung von Fachkräften der deutschen Entwicklungszusammenarbeit

InWEnt – Internationale Weiterbildung und Entwicklung gGmbH
Tulpenfeld 5
53113 Bonn
Tel. (0228) 24 34-5
Fax (0228) 24 34-766
Internet: http://www.inwent.org

Informationszentrum Entwicklungspolitik (IZEP)

Unsere Themen

- Globalisierung, Armutsminderung, Umwelt und Entwicklung
- Wirtschaftliche, soziale und politische Prozesse in Entwicklungsländern
- Entwicklungstheorien, -strategien, -probleme; Evaluierung
- Entwicklungspolitik und Entwicklungszusammenarbeit
- Institutionen der Entwicklungszusammenarbeit

Unsere Angebote und Dienstleistungen

- **Spezialbibliothek** für Entwicklungspolitik und Entwicklungsländer mit 70.000 Bänden und 800 laufend bezogenen Periodika; Weltbank-Informationskiosk
- **Pressedokumentation**: Auswertung von in- und ausländischen Tages- und Wochenzeitungen sowie Informationsdiensten – Archiv mit 700.000 Dokumenten
- **Informations- und Publikationsstelle**: Materialien deutscher und ausländischer Organisationen zu Entwicklungspolitik und Entwicklungsländern
- **Datenbanken**: Literaturdatenbank LITDOK (Informationen zu 125.000 Büchern und Aufsätzen); Forschungsdatenbank (Nachweis von 14.000 Forschungsarbeiten); Institutionendatenbank (deutsche Organisationen der Entwicklungszusammenarbeit)
- **Recherchen** zu Literatur und Fakten
- **Publikationen** (Auswahl): Information über Entwicklungspolitik + Entwicklungsländer (Merkblätter); Institutionen der Entwicklungszusammenarbeit; Fachkräfte für die Entwicklungszusammenarbeit; Entwicklungsbezogene Aufbaustudien; Aktuelle Themendienste

InWEnt - Informationszentrum Entwicklungspolitik –
Tulpenfeld 5, 53113 Bonn
Tel. (0228) 24 34-746 ● Fax –766 ● E-Mail: izep@inwent.org
Internet: http://www.inwent.org/izep